“十四五”时期国家重点出版物出版专项规划项目

国家出版基金项目
NATIONAL PUBLICATION FOUNDATION

中国生物学教育研究丛书

赵占良 主编

中学生物学实验教学研究

解凯彬　马建兴——著

广西教育出版社
·南宁·

图书在版编目（CIP）数据

中学生物学实验教学研究 / 解凯彬，马建兴著 . -- 南宁：广西教育出版社，2021.12

（中国生物学教育研究丛书 / 赵占良主编）

ISBN 978-7-5435-9011-3

Ⅰ . ①中… Ⅱ . ①解…②马… Ⅲ . ①生物课 - 教学研究 - 中学 Ⅳ . ① G633.912

中国版本图书馆 CIP 数据核字 (2021) 第 270584 号

策　　划：廖民锂　潘姿汝　黄力平

责任编辑：梁立为　**装帧设计：**李浩丽

责任校对：何　云　杨红斌　卢佳慧　**责任技编：**蒋　媛

出 版 人：石立民

出版发行：广西教育出版社

地　　址：广西南宁市鲤湾路 8 号　**邮政编码：**530022

电　　话：0771-5865797

本社网址：http://www.gxeph.com

电子信箱：gxeph@vip.163.com

印　　刷：广西壮族自治区地质印刷厂

开　　本：787mm×1092mm　1/16

印　　张：23.75

字　　数：373 千字

版　　次：2021 年 12 月第 1 版

印　　次：2021 年 12 月第 1 次印刷

书　　号：ISBN 978-7-5435-9011-3

定　　价：62.00 元

○ 序 ○

2001 年，叶佩珉教授主编的“学科现代教育理论书系 · 生物学”由广西教育出版社出版。这套丛书系统总结了我国改革开放以来中学生物学教育在课程论、教学论、学习论、实验论、测量评价理论等方面的研究成果，在我国中学生物学教育领域产生了广泛影响。

20 年过去了，在中国共产党 100 周年华诞，党团结带领全国人民全面建成小康社会，实现第一个百年奋斗目标，正意气风发地向着全面建成社会主义现代化强国的第二个百年奋斗目标迈进之际，回首本世纪的这第一个 20 年，我们不禁感慨，我国的中学生物学教育也走过了一段极不平凡的探索历程。这 20 年，是新一轮基础教育课程改革从启动到深化的 20 年。在这 20 年中，我们经受了新课程理念的洗礼，实施新课标，使用新教材，探索新的教学方式和考试评价方式，改革创新的热潮一波又一波地兴起，新观点、新模式、新经验不断涌现。从总体上看，我国的中学生物学课程、教材和教学的质量和水平，已经迅速赶上了时代，极大缩短了与发达国家的距离，具有中国特色的生物学课程教材体系和学术话语体系正在形成。当然，还有许多问题需要研究，也有不少挑战需要面对，一些困惑需要破解。

展望开启新征程的未来 30 年，我们更是豪情满怀。未来 30 年，中学生物学教育更是大有可为的，并且应该大放异彩！为实现第二个百年目标培养人才，是我们每一位教育工作者肩负的重任。如何让生物学教育更好地服务于立德树人根本任务，更好地服务于国家创新驱动战略的实施？如何让生物学课程更加充分地彰显育人价值，使它在“培根铸魂、启智增慧”中发挥独特的作用？这是每一位生物学教育工作者应该认真思考和研究的问题。

站在新的历史交汇点上，总结我国这 20 年中学生物学教育的理论与实践研究成果，研究新时期我国生物学教育面临的任务和挑战，构建中国特色生物学教育理论体系和课程教材体系，探索生物学教育高质量发展的实践路径、策略和方法，是时代的需要，是生物学教育研究者的责任，也是广西教育出版社策划、我和诸位作者一道撰写“中国生物学教育研究丛书”的出发点。

我作为本套丛书的主编，主要思考和解决三个问题：写哪几本书？找谁写？如何写？

写哪几本书？我的思路是从问题到选题。这里所说的“问题”，多数是我国中学生物学教育理论和实践研究中长期关注的问题，如概念教学问题、实验教学问题、学生科学过程技能培养问题、国际教材比较问题、信息技术与生物学教学融合问题等。这些方面的研究虽然已有丰富的成果，但随着时代的发展，还有许多问题需要与时俱进地继续研究；有些是近年来研究的热点问题，如学业评价问题、STEAM 教育问题等，这些方面的研究虽然热度很高，但体现生物学学科特点、系统而实用的研究不多，有较大影响力的原创性研究成果更少；有些则属于需要重视但缺少系统深入研究的问题，如课堂教学行为分析的科学化问题、农村课程资源的开发和利用问题。问题梳理出来了，选题也就随之确定了。

找谁写？我借助自己长期担任中国教育学会生物学教学专业委员会理事长的便利条件，大致了解到圈内同行近期研究的方向和成果，比如，崔鸿教授团队对学业评价有较深入的研究，王永胜教授前些年承担了农村课程资源研究课题，谭永平编审承担过生物学课堂教学行为分析研究课题，李高峰教授联合众多大学和中学教师集体攻关、开发本土化的 STEAM 教育课程，王健教授在科学过程技能培养方面学术视野宽广，解凯彬教授关于中学生物学实验教学的讲座在全国广受欢迎，黄世勇主任带领中山市的老师们在信息技术与学科教学融合方面进行了多年不懈的探索，张秀红博士在人民教育出版社做了为期两年的国际高中生物学教材比较研究，等等。于是，我请他们分别担纲相应选题的撰写。只有“概念教学论”这一本，本来想请这方面的专家胡玉华教授写的，但她因为其他工作太忙而无暇承担，情急之下，加之广西教育出版社的热诚鼓励，我就不自量力地将它放在自己名下了。应该说，除我之外，其他八本书的担纲者都是在相应领域有较深入的研究、有较高学术造诣的专家，自然是能够胜任书稿撰写的。这里并没有“要写此书，非他莫属”的意思。中国之大，藏龙卧虎，我们抱有“苔花如米小，也学牡丹开”的心态。

如何写？首先要明确为谁写。虽然这套丛书的读者范围包括高校生物学教育专业的教师和研究生，但主要还是面向广大中学生物学教师和教研人员（以下统称“教师”）。因此，必须让教师觉得这套书有用、好用。这就需要针对教师的需求来写，而教师的需求是多方面、多层次和多样化的。教师有提升专业素养或学科教学知识（PCK）的需求，也有对教学资源、工具和环境的需求；有的教师更需要提升理论修养，有的教师更需要实用的方法；有的教师更需要提升教学成绩，有的教师更需要探索实践育人。一套书旨在满足教师什么样的需求，是由其选题定位决定的。本丛书名称中的“研究”二字，说明它不是一般的教学参考书，也不是教学设计和教案，更不是教学辅助资源，而是反映我国生物学教育研究成果的系列专著，重在针对教育教学中存在的实际问题，总结相关理论研究成果和实践经验，提出未来深化改革、提高学科育人功能的基本原则和具体举措。换言之，本丛书主要是满足教师提升专业素养和综合能力的需要，助力教师专业发展。当然，本丛书突出的“研究”，并不是“象牙之塔”中的纯学术的研究，而是扎根于课程设计、教材编写和教学实施等方面活生生的实践，触角伸向教和学的各方面和各环节，具有理论与实践密切结合、学术性与实用性相得益彰的显著特点。

为了写好这套书，广西教育出版社于 2019 年 2 月在北京专门召开编写启动会，各册主要作者围绕丛书框架体系、编写思路、内容、体例等进行了热烈而深入的讨论。在确定丛书上述定位的基础上，我们还就丛书的编写要求达成以下共识：一是落实新课标中“核心素养为宗旨”的理念，将发展学生的生物学核心素养作为贯穿各册内容的一条主线；二是注重一般理论与生物学学科特点的有机结合，避免生搬硬套、“穿靴戴帽”，要着力实现教育教学一般理论在生物学学科中的创造性转化；三是要立足本土、借鉴国外，对国外的教育教学理念和方法，要在消化的基础上，根据我国经济、社会、文化和教育教学特点有选择地吸收，力求构建有中国特色的生物学教育理论框架、话语体系和实践路径；四是在继承的基础上创新，突出研究成果的原创性，正所谓“重复别人一百句名言不如说出一句自己的创见”，研究的目的是创新，而创新也离不开对优良传统的继承。

为了写好这套书，各册作者牺牲了节假日，夜以继日埋头苦干。针对作者较多的册次，开了许多次编写研讨会和统稿会，几易其稿，反复打磨。我作为丛书主编，谨向大家致以由衷的敬意和谢忱！

在本丛书还未完全成稿之际，欣闻它荣获国家出版基金资助，这让我们备受鼓舞，也更加感到责任重大。感谢北京师范大学刘恩山教授和华东师范大学郑晓蕙教授在基金申报中的热情推荐。感谢广西教育出版社在选题立项、编辑加工和出版发行工作中的大力支持和倾情付出。感谢学界先贤同侪在各自论著中奉献的智慧和经验，这些著述带给我们多方面的滋养和启迪。

我们深知，任何一个学科的教育教学都是一个复杂的、开放的、动态的系统。相比之下，我们每个人的视野都太有局限性了，费九牛二虎之力捕捉到的也许只是这个系统的一鳞半爪，甚至是幻影假象。何况中学生物学教育领域需要研究的问题和已经涌现的成果，绝不仅限于本丛书所囊括的九个方面。好在世界上完美无缺的事物是不存在的，正如没有一种生物能够完全地、绝对地适应环境一样。如果本丛书能够给广大同行一些理论上的启发和行动中的参照，能够为我们情之所系的生物学教育事业增砖添瓦，我们就甚感欣慰了。至于书中的偏颇疏漏之处，还望读者批评指正。

赵占良

2021 年 7 月 31 日

○ 前　言 ○

生物学是自然科学中的一门基础学科，是研究生命现象和生命活动规律的科学。其研究经历了从现象到本质、从定性到定量的过程。生物学所特有的“研究对象的特殊性、思想观念的人文性、概念和规律的概率性、思维方式的灵活性、研究方法的综合性、学科地位的领先性、实践应用的广泛性”[1]等属性，使其呈现出明显不同于其他自然科学学科的特征本质。观察与实验是学习生物学的基本方法，也是探索生命世界奥秘、认识生命现象本质、理解生命活动规律、追求生命幸福价值的根本路径。生物学是一门以实验为基础的科学，构成生物科学体系的概念、规律都是在实验基础上形成的。实验不仅可以让学生熟练操作技能，形成并理解概念，还可以有效提高学生综合运用多种探究技能开展探究活动的能力，发展科学思维方法，提升社会责任感。无论在何种情况下，生物学教师都要检查一下作为增进学生理解之手段的探究活动和直接实验在课程中所占的比例有多大。因此，实验教学是中学生物学课程的主要特点，也是生物学教学的基本形式之一，更是促成学生达成生物学学科核心素养的重要支撑。

“教学过程重实践”[2]理念的提出与实施，意味着中学生物学教学应关注学生学习过程中的实践经历，通过探究性学习活动或完成工程学任务，加深对生物学概念的理解，提升应用知识的能力。为此，中学生物学实验教学不仅要重视《普通高中生物学课程标准（2017 年版）》（以下简称《课标》）中要求的各种验证和

[1] 赵占良 . 试论中学生物学的学科本质 [J]. 中学生物教学，2016（1）：4-8.
[2] 同 [1].

模拟实验，以及探究实践、模型建构和调查走访等教学活动的规范组织开展，还要创新定性探究、定量探究和模拟探究等递进式探究活动的设计与实施。因为这种由浅入深、由表及里、由定性到定量的探究实践活动，不仅发展了学生推理分析、模型与建模、归纳演绎等科学思维能力，还能帮助学生更好地理解掌握“因果关系：机制与预测”“尺度、比例与数量”等跨学科概念。

实验教学历来都是中学生物学教学的一个难点，尤其是学生实验探究实践活动的教学组织，更是难点中的难点。当前，还普遍存在实验的开出率不高，以解答实验题代替做实验，学生体验不深刻，以演示实验代替分组实验，费力费时效果低，实验教学目标难以达成等“教育内卷”现象。究其原因，固然有实验室建设不达标，实验仪器设备落后和材料、用具不足，班额过大，难以组织实验教学等客观原因，但也不乏受功利主义教育思想影响，部分学校对实验教学缺乏应有重视，教师自身的实验能力薄弱，对开展实验教学心生畏惧，缺乏创新意识，不能因地制宜改进或完善实验，实验教学评价标准和奖惩机制不明确，不能调动师生实验的积极性 [1] 等主观因素。

基础教育阶段自然科学学科实验教学的弱化甚至脱节将直接影响学生创新意识、实践能力、合作与交往、运用知识解决复杂问题的能力等核心素养的发展。刘敏认为，我国“现有的教育模式仍然以获取知识为主，强调创新思维和动手能力的素质教育模式没有从根本上建立起来，教育与科技、经济发展严重脱节，导致人才创新意识不强，创业创新能力总体偏低” [2]。创新型、复合型、高水平技能型人才的缺乏会成为我国经济转型、科技腾飞、社会发展的瓶颈 [3]。上述问题的解决是一个长期的过程，需要站在“为党育人、为国育才”的高度，教育决策者、管理者、评价者与实施者各方携手而行，积极探索问题解决方案。而开展实验及其教学的专题研究、培训与实践探索无疑是较为有效的办法。

本书聚焦新课程背景下高中生物学实验教学的基本理论与方法、技术与技能、实践与评价、信息化与智能化，结合高中生物学有关教材和教学特点，重点介绍了生物学实验教学的内涵及教育功能、发展历程与现状、基本理论、方法与

---

[1] 马建兴，季忠云 . 在高中生物学教学中显化科学探究技能教育的教学建议 [J]. 生物学通报，2013，48（12）：39-42.

[2] 刘敏 . 提升人力资本　支撑创新发展战略 [J]. 宏观经济管理，2016（1）：29-32.

[3] 马建兴 .STEM 教育的缘起及本土化实施的路径策略 [J]. 福建教育，2019（14）：16-19.

技能、教学评价、平台建设及应用，并提供了丰富的实验教学案例。

本书注重实践应用，以丰富的实验知识理论为指导，以多种实验技术条件为支撑，以帮助教师发展实验教学技能和提升学生生物学学科核心素养为两大目标，对《课标》中要求的实验进行了分门别类的分析阐述——对每个案例的实验原理进行了细致入微的剖析，并提出了可达成的素养发展目标，特别是详尽提供了每一个案例实验教学研究的文献综述与优化方案，以展示同行经验，实现典型示范。在此基础上，提供了实验教学的组织与评价建议，帮助教师认识高中生物学实验教学的价值意义，并从不同角度思考教材中实验的组织实施与评价问题，更好地达成帮助教师教、促进学生学之目的。建议教师要按照《课标》之要求，在组织实验教学时，除了要关注“多样化设计实验”“实验安全教育”[1]，还要努力让实验教学实现从演示走向自主、从验证走向探究、从探究走向实践、从定性走向定量的转变，以进一步提升实验教学的效率与效益。

从体例结构来看，本书由六章组成。第一章主要是高中生物学实验教学情况，旨在帮助师生了解实验教学的内涵、功能、发展历程与现状等；第二章重点介绍生物学实验教学的基本理论与方法，介绍了实验教学的基本理论、策略和教学组织形式，特别介绍了核心素养背景下的生物学实验教学的基本理念与主要类型；第三章主要介绍了生物学实验教学的基本技能，尤其强调了实验教学设计的基本技能与改进的研究技能；第四章是本书的核心内容，依据《课标》和人教版高中生物学教材的实验内容，对江苏、北京、湖南和福建等地的实验教学研究项目进行整体梳理，按验证、探究、模拟和模型构建四个类别，以案例的形式分别展示各个实验的实验原理、发展素养、研究综述、实验优化、教学组织、过程及评价等；第五章主要介绍实验教学的评价，这既是实验教学的难点，又是中学生物学实验教学应该倡导、坚持的方向；第六章重点介绍了生物学实验教学平台的建设，体现了本书面向基层、贴近一线的实践指向。本书由解凯彬和马建兴合著。解凯彬长期在高校从事植物学、生物学课程论的教学与研究工作，具有全面的教育教学视野、丰富的实验教学经验和深厚的理论功底。马建兴长期在中学一线从事生物学教学、研究工作，主持的多个关于生物学

[1] 中华人民共和国教育部 . 普通高中生物学课程标准（2017 年版）[M]. 北京：人民教育出版社，2018：2.

实验教学的课题获省、市级教学成果一等奖和省级教育科学优秀成果一、二等奖，对中学生物学实验教学有丰富的实操经验和扎实的理论功底。合著本书旨在以理论—实践—理论的螺旋上升式研究方式，帮助生物学教师更好地组织开展实验教学，帮助学生更好地完成实验、体验实验、享受实验，为普通高中生物学课程改革贡献绵薄之力。

本书引用的国内外学者的研究成果，已在参考文献中一一列出，如有遗漏，恳请谅解，在再版时定将增补。最后，要特别感谢人民教育出版社赵占良先生对本书的精心指导，感谢广西教育出版社对本书的出版给予的大力支持和帮助。正是由于他们的努力，本书才得以按时付梓，我们在此致以诚挚的谢意。

由于编者水平有限，加上工作更迭、任务繁重，书中存在问题和错漏在所难免，恳请广大读者批评、指正。

解凯彬

2021 年 8 月 27 日

○ 目　录 ○

第一章

生物学实验教学概述

生物学的发展史就是一部建立在实验基础上的科学探究史，一部建立在科学实证走向科学探究进而走向科学实践上的科学发展史。[1]历史不仅是知识中很有价值的一部分，而且还打开了通向其他许多部分的门径，并为许多科学领域提供了材料。[2]生物学实验教学史就为我们打开了通向课程改革、学科教学、科技创新的大门。

知往鉴今，实验对于生物学的形成与发展产生了怎样的作用？中学生物学实验教学究竟有着怎样丰富的内涵，其功能定位是什么，主要价值有哪些？生物学实验教学经历了怎样的发展历程，其现状如何？面向未来，中学生物学实验教学又该进行怎样的变革与创新呢？让我们一起进入本章，循着生物学实验教学的发展脉络与阶段印迹，探究生物学实验教学的内涵，寻求其发展的一般规律与未来方向。

---

[1] 卢姗姗，毕华林 . 从“科学探究”到“科学实践”：科学教育的观念转变 [J]. 教育科学研究，2015（1）：65-70.

[2] 段艳 . 论休谟史学 [D]. 淮北：淮北师范大学，2010：42.

第一节　生物学实验教学内涵及教育功能定位

一、生物学实验是探究生命活动规律和获取生物学知识的基本手段

生物学是自然科学中的一门基础学科，是研究生命现象和生命活动规律的科学。它是农业科学、医药科学、环境科学及其他相关科学和技术的基础。生命是一种比物理、化学等运动形式更高级的物质运动形式。这种复杂精细的物质运动形式，既呈现出生命的本质特征，又受非生命变量的影响和制约。生物学的研究经历了从现象到本质、从定性到定量的发展过程。因此，生物学实验大都是综合性的，既要突出生命性，又必须运用物理、化学等学科的判断标准；在微观和宏观两个方面的发展都非常迅速,并且与信息技术和工程技术的结合日益紧密，对社会、经济和人类生活产生越来越大的影响。生物学实验是生物学赖以形成和发展的基础，是探究生命活动规律的基本手段。

生物学实验教学是指教师根据教学目的、学生认知水平、教学条件，有目的地安排、设计一些类似科学实验的模式、程序，指导学生利用一定的材料、药品和仪器设备按照指定的条件去进行生物学实验的教学活动。生物学实验是整个生物学教学的基础,生物学实验课是培养学生动手操作能力的主要途径，也是帮助学生理解生物学基本概念、基本原理的有效手段，在生物学教学中具有重要意义。

生物学实验在教学中所起的作用是独特的、高效的，不是粉笔加黑板、教师口头传授或电脑模拟所能替代的，无论是知

识的获得、技能的训练，还是智力的发展、人格的培养，都离不开生物学实验。在获得生物学知识方面，生物学实验教学能加深学生对知识的理解与记忆，并有可能发现新知识；在实验操作技能方面，生物学实验教学的训练作用是其他任何方式不能替代的，实验操作技能只有在生物学实验中才能得到训练和提升；在学生智力发展方面，实验是手脑并用的实践活动，是培养学生观察能力最直接、最有效的途径，能够使学生较为容易地抓住事物的本质，找出解决问题的根本方法和措施；在人格培养方面，生物学实验教学能使学生直接接触生物，观察生命现象，激发他们的学习兴趣和积极性，培养学生实事求是的科学态度和团结协作的精神。因此，生物学实验教学是提高学生的生物学学科素养和培养学生创新精神的平台，形成的实验能力更是学生将来从事科学研究的基础。

生物学实验教学在教学中所起的作用主要表现在以下几个方面。

（一）培养科学的观察与思维方法

观察是科学研究方法的第一步。要提高观察能力，必须掌握准确的观察方法。对事物进行观察时必须周详，并将观察到的现象记录下来，而尤为重要的是在观察过程中保持客观的态度。进行实验观察教学时首先要强调观察的顺序，然后下达观察目标的指令和思考问题的指令。

生物学实验中，学生的认识活动不仅仅是理解已学的原理、规律，学会做几个实验，更重要的是掌握生物学实验的思维方法，因为思维方法比实验结果更为重要。生物学实验从实验的设计、操作到实验结果的分析、总结与归纳，都离不开科学的思维方法，思维方法在方法论层面上指导着实验的操作和思考问题、解决问题所采用的手段与方式。具备正确的生物学思维方法，有助于揭示要研究的生物现象、生物规律的本质属性和内部规律。

在生物学的发展史上，随处闪烁着科学家们巧妙而灵活的思维方法。如“遗传学之父”——孟德尔的豌豆杂交实验，把实验与数理统计结合起来，总结出两大遗传规律。这套思维方法一直为后人所继承、发扬，并创造了比两大遗传规律价值高出千百倍的财富。由此可见，掌握孟德尔的思维方法的价值比让学生懂得和验证两大遗传规律大得多。

（二）培养科学的世界观

科学的世界观不是天生的，是后天教育培养的结果。因此，教师在教学中要充分利用实验教学这一有力武器，培养学生科学的世界观。例如，通过观察分析化石、各类动物的胚胎发育过程，以及对各类动物的器官和系统进行解剖比较研究，认识人类的“过去”“现在”和“将来”。通过新陈代谢、遗传变异等实验，揭示人类生命活动的规律，解释“鬼火”“仙境”等现象，帮助学生破除迷信、战胜愚昧。只有把科学的世界观深深植入学生的头脑中，才能将学生的求知欲、注意力和兴趣纳入科学轨道。

（三）培养严谨的科学态度

科学态度是人们能够正确对待客观事物的一种持久的、内在的反应倾向，是经过长期的实践活动养成的。科学家之所以能够取得举世瞩目的成就，最重要的一点就是他们具有严谨治学、实事求是的科学态度。例如，清朝科学家王清任为了查清人体内脏的确切位置，纠正前人的错误，在瘟疫流行时期，亲自解剖并观察尸体，经过长年累月的潜心研究，确定了内脏器官在人体中的实际位置，写出了《医林改错》一书，纠正了其他错误的描述，为人体解剖学做出了重大贡献。教师在生物学教学中可充分发挥生物学实验这一得天独厚的优势，指导学生精心准备实验所需的药品、材料、仪器，细心预测实验过程中可能出现的问题，使学生有序地进行实验操作，实事求是地完成实验的每一个过程，认真仔细地分析研究观察到的实验现象。

在进行生物学实验时，一定要避免学生出现以下不良现象：1. 发现异常现象时，没有认真思考和分析实验过程中可能出现的问题，仅以书本给出的结论作为依据，随意修改或臆造实验结果；2. 定量实验缺乏精确性，取用药品时不按要求，造成误差；3. 浪费实验材料和药品，损坏实验设备；4. 实验过程中缺乏耐性、半途而废等。对上述不良现象，教师要做好充分的思想准备，及时发现并纠正，并以此为素材对学生进行科学态度的教育。

（四）培养交流与合作能力

很多重大的科学发明和创造都是通过团队协作来实现的。我国“两弹一星”的伟大成就，就是老一辈科学家共同奋斗的结果。1965 年 9 月，我国科学工作者首先用化学方法人工合成了具有完整生物活性的结晶牛胰岛素，这是世界上第一次用人工方法合成具有生物活性的蛋白质，是一项伟大的创举。1973 年，在测定猪胰岛素晶体结构的研究工作中，我国科学家又取得了重要的成果。1981 年，我国科学家又人工合成了酵母丙氨酸转移核糖核酸。这些科研成果是我国科学工作者团队攻关的结果，推动了科学的进步，为国家争得了荣誉。DNA 和蛋白质，究竟谁是遗传物质？这曾是困扰生物学界很长时间的问题。1944 年，美国科学家艾弗里和他的同事们经过 10 年的努力，在总结前人研究成果的基础上，提出了 DNA 是绝大多数生物的遗传物质，为遗传学的发展及生命研究做出了重大贡献。由此可见，良好的交流与合作能力是保证科学发明和创造顺利进行的重要因素。因此，教师在实验教学中要教导学生学会合作，正确认识自己在团队中的地位和作用，学会和他人积极配合与协作，共同完成实验过程。如进行分组实验时，教师要为学生营造团结协作、互帮互学的氛围，引导学生互相配合、共同努力。操作规范的学生要做示范辅导，操作不规范的学生要认真学习；要求学生在仪器安装、实验操作、记录观察时要各负其责，人人参与；遇到问题时要集体讨论，出现故障时要共同排除，以培养学生的协作精神。

（五）培养热爱科学的情感

热爱科学的情感主要包括对科学知识的热爱和渴求，关心自然现象、环境保护以及对各种资源的合理开发和利用，具有强烈的社会责任感、爱国热情和创新精神。例如，被誉为“杂交水稻之父”的袁隆平，长期从事杂交水稻的研究工作，培育了多个杂交水稻新品种，使水稻得以大面积高产稳产，为解决我国人口多、吃饭难的问题做出了巨大贡献。我国幅员辽阔，具有丰富的自然资源，如水杉、银杉、银杏、熊猫、金丝猴等，但由于人口增多、环境破坏，有些珍贵的动植物资源正日趋减少，甚至有的已经灭绝或濒临灭绝。科学的发展是无止境的，自然界还有很多未知的奥秘需要我们去探索、去研究。教师在生物学实验教学中，可以通过科学家的事迹，培养学生的科学情感。

二、生物学实验既是教学内容也是教学形式

生物学是自然科学中的一门基础学科，其知识的学习与掌握离不开实验。生物学实验具有独特的教育价值，实验教学的有效进行有助于促进学生科学思维的发展和实验技能、探究能力等的提高。实验教学是生物学教学内容，也是生物学教学的基本形式之一。

回顾生物学的发展史，生物学许多概念的形成、原理和规律的发现都离不开实验，都需要实验的反复验证，如 DNA 双螺旋结构的发现和验证凝聚着科学家无数实验的汗水和智慧。实验教学再现了科学家的探究历程，对学生来说，实验内容是没有学过的新知识，是未知的，故实验过程就是学习新知识的过程；学生亲自做实验体验科学的发现过程，也能够对实验内容及原理等理解深刻，并巩固记忆。因而实验既是学好生物学知识的基础，又是一种非常直观的教学方式。在教学过程中，将学生不易理解的抽象知识具体化，使学生先获得感性认识，而后在教师的启发下，经过积极思考，形成正确的理解、掌握相关知识点。对于某一生物学现象或问题，让学生在实验中观察，会比教师的单纯教授更加有效，可以使学生的某种错误观点或潜概念得以纠正，加深对科学概念、原理的认知，这对学生加深记忆、巩固知识非常有效。《普通高中生物学课程标准（2017 年版）》中也强调，为了更好地开展实验教学，建议教师在重视定性实验的同时，不要忽略定量实验的价值，要培养学生量的概念，同时要加强实验安全教育，力求实验设计多样化。

第二节　生物学实验教学发展历程及现状研究

在我国，生物学实验作为生物学教学的一部分已有一百多年的历史。中学生物学实验教学的历史随着人们对科学本质理解的转变以及整个教育的社会目标的转变而转变。生物学作为科学的一个分支，是随着近代科学的发展而逐渐发展的。19 世纪，近代科学在“师夷长技以制夷”的思想下传入我国。1840 年后，外国传教士在我国开办教会学校，揭开了我国

近代生物学教育的序幕，生物学实验教学开始萌芽。随着历史的变迁，生物学实验教学也不断向前发展。

一、生物学实验教学经历了五个不同的发展阶段

新中国成立后，虽然经历了许多曲折，但我国生物学实验教学一直在不断发展和完善。根据发展过程的特点，可大致分为五个阶段：初步发展阶段（1949—1965）、停滞发展阶段（1966—1976）、恢复发展阶段（1977—1987）、快速发展阶段（1988—1995）、不断完善阶段（1996—）。[1]

（一）初步发展阶段（1949—1965）

新中国成立后，根据教育部颁发的《中学暂行教学计划（草案）》和《中等学校暂行校历（草案）》规定，高中开设生物学课程，其中高中一年级开设“人体解剖生理学”，高中二年级开设“达尔文主义基础”。在《中学生物科课程标准草案》中，首先就教学目标对学生的能力做了要求，包括观察、采集、实验、实习、栽培、饲养等能力。在教学方法要点的第一条又明确提出生物学的教学应经常用实验、实习来进行，并要求养成学生基本的观察、实验、实习、栽培、饲养等知识和能力，指导学生写作实验报告、绘图、采集标本等工作，训练学生爱好劳动、爱好独立工作的精神和能力，以发展为人民服务的思想。

此外，首次在教材中出现了实验，如高中一年级《人体解剖生理学》教材中“消化器官”一节安排了两项实验：“唾液对淀粉的作用”“利用显微镜观察小肠（绒毛）的切片”。1952年的《中学生物教学大纲（草案）》中，又对生物学的具体教学进行了规定，其中包括生物学实验的开设课时和内容（表1-1）。第一次将实验内容正式写入中学生物学教材。例如，在初中一年级《植物学》教材中“种子和种子的萌发”一节安排了10项实验内容，并要求在课内或课外完成“观察菜豆（或豌豆）”“玉蜀黍（或小麦）种子的构造”“用实验证明小麦种子内含水分、有机物和无机盐”“从小麦面粉内析出淀粉和面筋蛋白质”等。高中一年级“人体

[1] 张成军．中学生物学实验教学 [M]. 北京：科学出版社，2009：7-13.

解剖生理学”，总学时为72课时，其中演示实验有10课时、学生实验有6课时。高中二年级“达尔文主义基础”总学时也为72课时，其中学生实验2课时。值得一提的是，大纲中规定了学生独立实验或是参观旅行，其形式和我们现在所倡导的探究性学习有一些相似。例如，独立实验：“学生独立研究本地区动植物适应性和变异性”。参观旅行：“利用课外时间到当地博物馆去参观原始人的历史过程”。从这个大纲中我们不难发现，教师在课堂上也逐渐采用实验的方式让学生了解生物学，同时，学生也有一定的机会开始接触生物学实验，并且生物学实验的形式开始趋于多样化。

表1–1　1952—1986年中学生物学教学大纲中所列实验教学的数量及课时

教学大纲颁布的年份及科目内容		学生实验数量 / 项	演示实验 / 项	参观或观察 / 项
1952年	植物学	35（21课时）	21	5
	动物学	12（10课时）	13	4
	高中生物	9（10课时）	15	4
1956年	植物学	22	62	5
	动物学	12	18	4
	高中生物	13	40	4
1963年	植物学	9（12课时）	21	1
	动物学	12（7课时）	31	1
	生理卫生	8（6课时）	11	1
	高中生物	10（12课时）	3	1
1978年	动植物学	11（10课时）	24	2
	生理卫生	9（5课时）	9	
	高中生物	1（2课时）		
1980年	动植物学	12（10课时）	27	2
	生理卫生	8（5课时）	11	
	高中生物	2（2课时）		
1984年	甲种本	4（4课时）		
	乙种本	4（4课时）		

续表

教学大纲颁布的年份及科目内容		学生实验数量/项	演示实验/项	参观或观察/项
1986 年	植物学	10	20	1
	动物学	8	22	
	生理卫生	14	9	
	高中生物	4	6	

1956 年，我国颁布了《中学生物学教学大纲（修订草案）》，先后编写出版了新的生物学教材，增加了生物学实验项目和课时总数，同时，颁布了《初级中学实验园地实习教学大纲（草案）》。初级中学实验园地实习是对学生进行基本生产技术教育的重要途径之一，它的任务是使学生获得栽培植物、饲养动物的技能。该大纲规定：初一、初二、初三年级实验园地实习的教学总课时数各为 34 课时，各年级每周均为 2 课时，其中分配给实验园地实习的课时数，各年级每周也均为 1 课时。实验园地实习内容包括以下几个方面：蔬菜栽培、家禽家畜的饲养和管理、养蚕和病虫害防治。

1963 年制订的《全日制中学生物教学大纲（草案）》中提出，生物学实验和实习在生物学教学中具有很重要的意义，必须予以足够重视，并对实验目的、教学要求、实验场地、注意事项等做了详细的规定。例如，植物学实验要求学生掌握使用低倍显微镜、制作装片和徒手切片、做简单植物生理实验、画植物简图、采集和制作标本（蜡叶标本）等技能。在教学上，大纲要求教师制订实验实习计划，规定实验实习的课时必须用在实验和实习上，课外时间也要积极利用，同时实验实习要密切结合基础知识来进行等。

（二）停滞发展阶段（1966—1976）

1966—1976 年“文化大革命”期间，学校教育难以正常进行，生物学实验教学停滞甚至倒退。生物学教学重点被改成了“三大作物一头猪”，由于片面强调联系生产、社会实际，全盘否定了过去使用的生物学教材，取而代之的是《农业基础知识》《医疗卫生》。实验室的光学显微镜等仪器是属于“资产阶级的东西，是谁都不能动也不敢动的”，生物学实验也就无从谈起了。

（三）恢复发展阶段（1977—1987）

1978 年，教育部颁布了新中国成立后的第三个中学生物学教学大纲，规定高中二年级开设生物课程，学时为 30 课时，这在生物学教育历史上是课时较少的一个时期，但比起“文化大革命”时期已经是有很大的改观了。大纲仍旧提出了必须重视实验，但实际安排上，高中生物 30 课时中，实验只有 1 项，2 课时，即“用显微镜观察细胞的有丝分裂”。由此可见，生物学实验教学处于一种缓慢的复苏状态。1981 年恢复生物高考，生物学实验题也随之出现在生物高考试题中。例如，1981 年全国高考生物试题中的实验题为一道填充题：在观察植物细胞有丝分裂的实验中，可以用_______的_______部位作为实验材料。把制成的装片先放在_______下观察，然后换上_______进行观察。1982 年生物高考实验题仍然是一道填充题：取甲、乙两个试管，各注入 2 mL 1% 浓度的淀粉糊，再各加入两滴_______，淀粉糊都变成蓝色。然后，向试管甲加入 2 mL 清水，向试管乙加入 2 mL 唾液，振荡两个试管，并将它们插入盛有温水的烧杯中，10 min 以后，甲管呈_______色，乙管呈_______色。1983 年生物高考试题中实验为简答题：①怎样用已固定的葱根尖制作细胞有丝分裂装片？②怎样进行脊蛙反射时的测定？

纵观 1981 至 1983 年的生物高考试题的实验题，不难发现实验题多以填充题或简答题的形式出现，考查的内容从实验过程的识记以及简单的分析到实验设计以及现象或结果分析，内容不断增多。1982 年版的《中学生物学实验教师用书》中，在引言部分就明确规定了中学生物学实验在技能培养中的作用：培养学生观察生物和生命现象、识记和绘制简单生物图以及熟悉生物学实验基本装置和操作的能力。书中罗列了中学生物学实验的基本要求，其中包括能正确使用放大镜、显微镜、解剖器；能制作简易装片，进行徒手切片，进行简单的植物、动物生理实验和简单的遗传实验；能根据实验目的要求，正确观察、记录、分析、比较和总结实验结果；能绘制简单生物图示；能采集和制作一般的动植物标本。这些能力要求，即便是在新课程实施的今天来看，也已经是相当的系统和完善了。但是，当时中学生物学实验的实施目的是为生物学教学服务，即以通过实验获取生物学知识为目的，而不是以学生为实验的中心，因此，这些能力是作为实验的要求而不是结果。虽然学生通过生物学实验能获得技能的发展，但这个发展与实验中知识的获得相比就居于次要地位了。

1984 年教育部调整了高中生物学的教学内容，实行两种教学要求，教材分甲、乙两个版本，甲种本难度大一些。高中生物学学时改为 56 课时，不论是基本要求的乙种本还是较高要求的甲种本，实验内容都改为 4 课时。其中，观察植物细胞的有丝分裂、植物细胞的质壁分离和复原实验，主要培养学生的观察能力、操作显微镜的能力和制作装片的能力，以及对实验设计的了解；观察根对矿质离子的交换吸附现象实验中，对照组的设置培养了学生的对照思想；叶绿体中色素的提取和分离实验涉及有机溶剂的使用、研磨等技能的培养。大纲涉及的实验材料、仪器以及实验的技能要求都大为提高，不再是简单地要求学生观察，而是有意识地培养学生对科学过程的理解。

1986 年版的初中《植物学》教材中实验内容包括 19 个教师课堂演示实验、9 个学生课堂实验和 11 个课外实验及实习作业。课堂演示实验如“观察细胞的原生质流动”“观察不同种类松树的枝条”等。这些实验和观察，在一定条件下，有的可以作为学生实验的内容，采取边观察边学习边讲授的方法进行教学。教师全面了解这些演示实验，可以为制订授课计划和尽早准备实验材料打下基础。课外实验及实习作业如“播种菜豆和玉米种子”“观察记录幼苗出土状况”等，可以培养学生的实践能力。学生课堂实验如“认识显微镜的结构、练习使用显微镜”“制作临时装片”“观察植物细胞”“采集和制作植物标本”等。这些实验培养了学生使用显微镜、制作装片、徒手切片、绘制生物图、采集和制作植物标本的能力。但从内容上看，这些实验主要是验证性的、观察有关形态结构方面的实验。由于受实验条件的限制，多数学校不能按要求开设全部实验，因此，课堂上教师在黑板上讲（画）实验、学生在下面背实验的现象比比皆是。

（四）快速发展阶段（1988—1995）

党的十一届三中全会以后，随着改革开放向纵深发展，我国经济取得了长足进步，国家对教育的投入不断增加。大多数中学逐步建立了生物学专用实验室。这一阶段实验考查的范围是高中生物学教学大纲所规定的高中生物学必修课的实验内容。考虑到各地对实验材料的准备和实验操作所需要的时间等实际情况不同，各省（自治区、直辖市）教育行政部门可以根据当地的实际情况，从高中生物学必修课中选定实验项目作为本学年中生物学实验考查的内容，同时，要明确考查的具体要求和具体方法。由此可见，生物学实验在改革开放以后得到了稳步的发展。首先，大纲对生物学实验的开设做了要求，包括实验教学的目标、实验教学的重要性以及实验的课时数等。其次，出现了专门的实验室和实验管理人员，实验的仪器和设备也得到丰富。再次，对生物学实验进行了评价，这个评价不仅出现在课堂上，还出现在省一级的会考乃至全国的高考中；不仅有总结性评价，还出现了诊断性评价，这无疑会对生物学实验的发展起到很大的推动作用。最后，出现了大批研究生物学实验教学的一线教师、教学论专家，生物学实验的教育功能得到了广泛的认同。

（五）不断完善阶段（1996—）

21 世纪初，我国新一轮基础教育课程改革为生物学实验教学的改革带来了契机。2000 年，教育部全面启动基础教育阶段课程标准的制订和教材的开发。2001 年 7 月，教育部颁布了《全日制义务教育生物课程标准（实验稿）》。这一课程标准按照教育部的部署，于 2001 年秋季首先在全国约 20 个区、县级实验区开始教学实验。这一标准的实施对我国生物学教育产生了重大影响，标准中明确提出了生物课程在实验方面的总目标：初步具有生物学实验操作的基本技能、一定的科学探究和实践能力，养成科学思维的习惯。2003 年，教育部颁布了《普通高中生物课程标准（实验）》，标准提出了新的教育理念，注重人的发展，强调以人为本，强调培养学生的实践动手能力和创新能力。2004 年秋季起，广东、山东、海南和宁夏四省（自治区）开始实施高中生物新课改。

步入新世纪，借助课程改革的平台，生物学实验教学得到了飞速的发展。不论是对实验教学的地位、作用的认识，还是从实验的数量和质量上考虑，实验教学体系都在逐步完善。首先，生物学实验的数量得到了很大提高。其次，生物学实验的类型也发生了很大改变，由验证性实验一统天下的格局，发展成积极倡导探究性实验的课程理念的实施。这是由于随着对科学认识的发展，人们发现科学不再是一成不变的经典知识体系。面对飞速发展的生物学，人们提出了倡导探究性学习课程理念，突出了生物学实验在学生学习中的独特作用，也彻底转变了学生的学习方式和对科学的态度。最后，生物学实验从生物学课堂教学的补充地位中解放出来，成为体现科学本质的必要环节。探究性实验的增加补充了生物学实验独特的教育价值，生物学实验已成为学生获得所需知识、技能、情感、态度、价值观的桥梁。

二、生物学实验教学的现状

（一）国外高中生物学实验教学研究概述

在国外的教育中，生物学课程被划分为科学课程中的一部分，实验教学在其中有着举足轻重的作用。1996 年美国颁布的《美国国家科学教育标准》中“科学内容标准”就明确了科学探究要成为学习科学的中心环节。这一举措标志着科学探究已经成为世界理科课程改革的基本趋势。2011 年 7 月，美国颁布了《K-12 科学教育的框架：实践、交叉概念以及核心观念》，对“科学与工程实践”做出了更深层次的阐释，关注如何更好地培养学生学科核心观念。从内容上看，对实践的要求更为具体化，详细提出了学生在学习过程中应该理解和实践的八个学科和工程任务：提出并定义问题，开发并定义模型，计划并实施研究，分析并解释数据，运用数学、信息及计算机技术以及计算式思维，建立解释或设计解决方案，获取评价并交流信息，基于证据的论证。K-12 科学教育的框架也倡导整合科学实践与观念及概念，说明了教师要如何引导学生在学习过程中将知识和实践整合起来。澳大利亚 2016 年颁布的科学课程中提出“科学理解”、“科学是人类的事业”和“科学探究技巧”这三个部分，对科学探究的过程进行了详细的描述，并指出科学探究技巧是学生深入理解科学概念和形成科学思维的工具。英国的国家科学课程中要求学生能够进行科学实践，并给出了一系列具体的探究步骤。新加坡2020年颁布的《科学课程框架》要求科学教育能够使学生像科学家一样进行探究，学生应具有探究精神，能够自信地进行科学实践并使用科学思维参与社会活动，最终创造性地解决人类所面对的复杂问题。

从近年来国外有关教育改革的文献来看，生物学教育朝着重联系、重互动、早启发、系统化的方向发展。欧洲的黑山从小学开始就培养学生在生物学领域运用二歧式检索表学习植物分类的能力。美国学者认为，在科学教育过程中，跨学科教育的STEM课程应该被重视，同时也应该教给学生有关STEM数据集的收集分析技能，达到一种真实科学学习的效果。对66个国家参与国际学生评估项目（PISA）的学生进行统计分析：相比于单纯的基于自主探究的科学教学，在教师指导的科学教学中，学生倾向于表现出更高的科学享受、科学兴趣和自我效能感。这也启示我们，在鼓励学生发挥主观能动性自主探究的同时，也不能忽视教师指导在科学教育中的重要性。这些发现凸显了教师提供的结构建构的重要性，如向学生传达清晰的期望，并在明确的指导下安排学生的学习活动。与此同时，研究也明确提出了理科教师需要足够的培训和支持，才能在课程上成功实施混合教学模式。

在美国的一些生物学教材中，每一个探究活动都有自己独立的单元，包含且不局限于学科内容主题和探究过程主题，鼓励并要求学生亲自参与实验，甚至主动开发、设计实验。每一个单元都安排了两个课时或两个以上的综合性实验，实验在保证较强学术性的基础上，和日常生活、社会实践有机结合在一起，种类形式多样，包括观察类实验、调查类实验、模拟类实验以及探究类实验等。由此可见，美国十分重视生物学实验课程的实践，注重培养学生的科学探究意识和能力。

总体来说，国外的中学，尤其是发达国家的中学，对于中学生物学实验教学的投入从教材的编排、师资的培养到课时的安排都比较充足。并且在落实过程中注重理论与实践相联系，重点培养学生的动手操作能力，注重培养学生的科学探究意识和能力，这对国内的生物学实验教学，尤其是在课程编排方面，有着很大的借鉴和启示作用。

（二）国内高中生物学实验教学研究现状

1. 生物学实验教学的现状

许多学者对我国中学生物学实验教学现状进行了调查与研究，以期改善我国生物学实验教学情况，更好地落实实验教学需求。对江苏省内 10 个地级市的各级各类高中进行问卷调查与访谈的结果显示，就实验室建设的硬件条件而言，41.3% 的学校设置了两个及两个以上的实验室，44.4% 的学校有两个及两个以上的标本室，50.3% 的学校有两个及两个以上的仪器室，少部分学校是与其他学科共用实验室；80% 以上的学校教学用的标本、模型情况良好；65.7% 的学校实验室设备质量一般；52% 的学校实验室药品配备较完善，但更新周期较长；90% 的学校配备了投影仪、电脑等现代化教学设备；但与此同时，65.7% 的学校没有科技活动室，近一半的学校没有观察室，11.4% 的学校没有仪器室，10.9% 的学校没有实验准备室，10.0% 的学校没有标本室，6.0% 的学校没有实验室。实验室硬件条件与地区存在明显的相关性（主要硬件条件由各地区的经济发展水平决定）。而在实验室师资方面，从调查结果来看，约 50% 的学校配备了专职实验员，其中生物学专业毕业的约占 50%，其他为化学、计算机、地理等专业。实验员实验技能的好坏直接影响实验的开出率（开出率 = 开出实验的学校数量 / 调查的学校总数）及实验效果。有一定专业理论水平和实验教学经验，具有较强责任心，能独立完成生物学科所有实验，并指导学生实验操作的专职生物学实验员是开展好生物学实验教学的必要条件。实验员的教学素质参差不齐，也为生物学实验教学的开展带来很大不便。

在生物学实验课程的开设上，按照开出率高低将人教版普通高中生物学教材（2007 年版）所列部分实验进行排序，结果如表 1-2 所示。开设情况较好的实验依次是“检测生物组织中的糖类、脂肪和蛋白质”“植物细胞的吸水和失水”“绿叶中色素的提取和分离”“使用高倍显微镜观察几种细胞”“观察根尖分生组织细胞的有丝分裂”，开出率达到 70% 以上。这五个实验均是沿袭旧教材上的经典实验。2007 年版教材中添加的实验如“利用计算机辅助模拟人体内环境的维持”和“低温诱导植物细胞染色体数目的变化”，开出率为 0，开设情况最差。同时，调查中还有 11 个实验的开出率都小于 50%，这些实验均为 2007 年版教材中新增的实验。

表 1–2 部分实验开出率统计表

开出率归类	实验名称	开出率
开出率超过 50%	检测生物组织中的糖类、脂肪和蛋白质	88.10%
	植物细胞的吸水和失水	82.10%
	绿叶中色素的提取和分离	77.60%
	使用高倍显微镜观察几种细胞	77.10%
	观察根尖分生组织细胞的有丝分裂	76.60%
	影响酶活性的条件	65.70%
	用高倍显微镜观察叶绿体和线粒体	53.70%
	制作 DNA 双螺旋结构模型	51.70%
	设计并制作生态缸，观察其稳定性	51.20%
开出率不足 50%	观察 DNA 和 RNA 在细胞中的分布	31.30%
	探究酵母菌细胞呼吸的方式	30.30%
	观察蝗虫精母细胞减数分裂固定装片	29.40%
	性状分离比的模拟	27.40%
	探索生长素类似物促进插条生根的最适浓度	25.90%
	通过模拟实验探究膜的透性	24.90%
	培养液中酵母菌群数量的变化	21.40%
	模拟尿糖的检测	17.40%
	探究水族箱（或鱼缸）中的群落演替	16.40%
	土壤中小动物类群丰富度的研究	11.90%
	细胞大小与物质运输的关系	11.40%
开出率为 0	利用计算机辅助模拟人体内环境的维持	0.00%
	低温诱导植物细胞染色体数目的变化	0.00%

关于实验开出率不理想的潜在原因，55.72% 的教师认为是学校安排的实验课课时不够。学校对生物学实验教学的支持力度很大程度上决定着实验课的开设情况。调查发现，17.93% 的学生认为学校安排的实验课课时偏少，30.34% 的学生认为学校安排的实验课课时太少，35.83% 的学生认为实验课课时安排适中，还有 6% 的学生认为学校安排的实验课课时太多。46.77% 的教师认为学校安排的实验课课时偏少，30.35% 的教师认为学校安排的实验课课时太少，21.89% 的教师认为学校实验课课时安排适中，约 1% 的教师认为学校安排的实验课课时偏多或太多。此外，32.34% 的教师认为学校的硬件设施不充足；7.96% 的教师认为有些实验比较容易理解，没有必要安排课时让学生做；2.99% 的教师认为自身技能还存在欠缺，无法顺利完成实验内容；还有部分教师认为一些实验完成难度大，费时多，效果不明显，成功率低，或与高考联系不紧密。

与此同时，生物学实验室较少对学生自由开放，其中，有时开放的只占 24.17%，而从来不开放和不清楚的占 56.28%。这种较低的实验室开放率使实验教学只能集中在生物学实验课上，实验室使用安排不当，直接影响实验教学效果的提高。实验室大部分时间都闲置着，学生很少有机会主动走进实验室，主动探求知识、锻炼能力、提升生物学学科核心素养。

袁毅君等 [1] 调查了天水市省级示范高中的教师及学生，发现在生物学实验教学中存在任课教师年龄断层严重，师资力量参差不齐，教学模式难以激发学生主动性，以及学生对参与实验积极性极高，但实验能力相对较低等情况。王飞 [2] 调查了甘肃省 50 所普通高中生物学探究性实验的开展情况，发现探究性实验开出率低，教师课前准备不足，且鲜少调整实验过程以更好地适应教学。张华平等 [3] 调查了山西省临汾市的生物学实验教学

[1] 袁毅君，梁燕，卢文倩，等 . 天水市省级示范高中生物学实验教学现状调查研究：学生学习状况调查 [J]. 天水师范学院学报，2018，38（5）：112-115.

[2] 王飞 . 高中生物探究性实验教学的现状与反思：以甘肃省为例 [J]. 天津师范大学学报（基础教育版），2019，20（2）：22-28.

[3] 张华平，张苗，安建梅 . 中学生物实验教学的现状与改革探析 [J]. 实验室科学，2018，21（6）：235-236.

情况，指出目前有很多中学的实验设备不足以支撑计划实验安排。陈桂梅等[1]对延安市的中学进行了问卷调查及访谈，发现生物学实验教学普遍存在学校不重视、教学方法和评价方法不完善、学生自身实验基础不扎实等问题。

对经济欠发达地区的生物学实验教学的关注度也较高。任尚福[2]对喀什地区部分高中进行了生物学实验教学情况的调查，指出学校及教师不重视对生物学教师的实验培训和专职生物学实验员的配备。张振霞等[3]调研了粤东地区中学生生物学实验技能的掌握情况，发现大多数任课教师能够讲解该实验器材的使用方法及实验步骤的意义，但缺乏必要的生物学实验培训。

总体上看，我国生物学实验教学现状仍不理想。一方面，部分地区教育投入跟不上教育需求；另一方面，无论经济水平的高低，由于应试选拔的大环境，中学生物学实验往往不被重视，经常有被缩减课时、以简代繁的情况。

2. 实验教学优化现状

在课程改革推进过程中，针对中学生物学实验教学在落实过程中遇到的种种困难，广大学者和教师为了改善教育工作环境，提高教育教学质量，踊跃提出了自己对优化实验教学的建议。刘龙[4]分析了近几年高考命题趋势，建议教师要让学生明确仪器的原理和药品的特性，培养学生善于观察、分析实验过程和实验现象的能力。贾春东[5]指出在实验教学中要培养学生的思维能力，同时联系生活实际，培养学生的实践能力。吕晓丽[6]希望在生物学实验教学中培养和提高学生的实际操作能力，通过创建探究性实验

---

[1] 陈桂梅，徐世才．高中生物实验教学现状调查研究 [J]. 科教导刊（上旬刊），2018（19）：134-136.

[2] 任尚福．喀什地区高中生物实验教学现状与思考 [J]. 喀什大学学报，2017，38（3）：108-111.

[3] 张振霞，陈俊惠，郑玉忠．粤东地区中学生物实验教学现状调查和分析 [J]. 韩山师范学院学报，2018，39（6）：83-89.

[4] 刘龙．从高考看生物实验教学的重要性及改进措施 [J]. 实验教学与仪器，2010（S1）：80-81.

[5] 贾春东．改进实验教学　提高科学素养 [J]. 甘肃教育，2012（17）：69.

[6] 吕晓丽．人教版高中生物实验教学改进策略探析 [J]. 新课程（下），2015（4）：171.

案例等方式，提升学生的探索精神。

大多数学者从理论和实践层面，对实验教学装备、实验课时安排以及实验教学模式等方面提出了自己宝贵的建议。同时，雨后春笋般兴起的教育理念与方法被融入中学实验教学模式中，如深度学习理论、基于问题的学习、基于项目的学习等。

3. 实验改进与创新的现状

许多生物学教育学者与科研一线工作者在开展实验教学时发现，既有实验安排或实验步骤存在的一些问题，又有地区、季节等因素限制实验的正常开展的情况，据此提出了很多在实践过程中累积的经验与建议。还有一些学者充分利用当地的教育文化资源，结合学生的意见与建议，创造性地开展具有地方特色的实验实践活动。如 2019 年版人教版高中生物学教材必修 2 第 3 章“基因的本质”第 2 节“DNA 的结构”中有一个模型建构实验——“制作 DNA 双螺旋结构模型”。DNA 的结构属于分子水平，无法在显微镜下进行观察，如果仅通过语言描述，学生很难掌握其结构。针对该实验，诸多学者提出了关于材料的选择、制作模型的方法流程、制作模型的技术等方面的建议。沈泉[1]秉承环保、低成本的理念，选择卡纸、草稿纸、订书机、矿泉水和饮料瓶盖等简易材料制作 DNA 双螺旋结构模型。董鸣鸣[2]在实验室就地取材，采用化学实验的铁架台作为模型的架座和中心轴，利用化学原子结构模型的圆球作为磷酸分子，用泡沫板或硬纸板作脱氧核糖，用长方形木板作碱基。吴圣潘[3]提出可以以棉绳、塑料片、纸等为材料制作 DNA 双螺旋结构模型。李莺[4]提出制作过程：制作基本成分（磷酸、脱氧核糖和四种碱基）、制作基本单位、制作 DNA 单链、制作 DNA 双链、形成 DNA 双螺旋结构模型。沈红梅[5]结合高二学生所学

[1] 沈泉 . 一种制作 DNA 双螺旋结构的新方法 [J]. 实验教学与仪器，2015，32（7/8）：80-81.

[2] 董鸣鸣 . 制作 DNA 双螺旋立体结构模型 [J]. 教育学报，1989（1）：50.

[3] 吴圣潘 . 制作 DNA 双螺旋结构模型实验材料的筛选 [J]. 生物学教学，2009，34（5）：50-54.

[4] 李莺 . 用简易材料制作 DNA 双螺旋结构模型 [J]. 生物学通报，2012，47（3）：60-61.

[5] 沈红梅 . 谈运用计算机技术制作 DNA 双螺旋结构模型 [J]. 中学生物学，2012，28（4）：14-15.

的信息技术，安排学生利用计算机技术，运用 Flash 软件制作 DNA 双螺旋结构模型。

可见，仅仅是关于实验材料的改进就引发了很多学者的探究和讨论，这证明大家对实验不断创新和优化的态度是非常积极的，我们是以一种接纳、学习的态度来对待有关实验的合理建议的。这些建议既包含理论层面的建议，也包含对实践层面的改进建议，遗憾的是这些建议过于分散，缺少一个完整系统的归纳与总结，对探究性实验进行的系统研究较少。

（三）生物学实验教学存在的问题

1. 实验教学的开展与课标要求严重不符

生物学是研究生命现象及生命规律的科学，是一门以实验为基础的自然学科。实验是生物学的生命与灵魂，生物学的形成源于实验，其发展更依赖于实验，著名物理学家丁肇中在诺贝尔奖颁奖典礼中说道："我希望由于我这次得奖，能够唤起发展中国家的学生们的兴趣，使他们注意实验工作的重要性。"由此可见，他的成功与实验密切相关。中学生物学实验教学带领学生感受、经历科学家的探究过程和实验历程，使学生认识、领悟科学实验的实验方法、思维过程，在教学过程中潜移默化地影响学生的科学思维和观念，对于巩固基础知识、培养创新能力、提高学生科学素养等具有重要意义。因此，实验教学是生物学教学的重要组成部分，是实现教学目标的根本途径和方法，其在教学中的地位至关重要。

然而，长期以来，我国基础教育注重知识的传递，而忽视学生对科学过程的理解和分析。科学教育的根本目的在于教给学生对科学的理解，培养其严谨的思维习惯，让学生完成必要的技能准备，培养今后人生所需的情感等。要达到这些目标，我们必须对当下的课程有所反思。

在中学里，生物课长期以来被定为副课。很多地区和学校对生物学实验教学不重视，教师缺乏对中学生实验能力的了解与研究，不能很好地把握实验主导方向。不同类型的实验多数是教师演示，学生只是观看，而"看实验"与学生自己动手"做实验"的效果相差甚远。生物学的实验很少且难以完成，更容易因各种原因被某些基层学校省略，那些没做过实验甚至连演示实验都没看过的学生，只能依靠机械背诵的方式来死记实验的现象和结论，以应付考试。实验缺乏所带来的能力缺陷是显而易见的。而有些开展实验的学校，教师的做法一般是先讲解实验理论知识，再进行实验操作。在实验前，教师已详尽地讲解了理论依据、基本要求、整套的实验方法、所使用的各种仪器试剂乃至最终的实验现象和结论。然后，学生按照事先被告知的实验步骤进行操作。这样的实验教学并不能达成培养学生生物学学科核心素养的课程目标。可见，生物学实验教学的作用还没有得到发挥，实验教学的现状不容乐观。

2. 教师的态度和能力成为制约实验教学正常开展的瓶颈

长期以来，中学生物学实验教学质量不高的情况一直困扰着师生们。过去师生们一直认为硬件设施如专门的实验室、实验仪器设备、实验材料等是影响实验教学质量的最主要因素，但许多研究表明，绝大多数学校有独立的生物学实验室，也基本能提供现有教材中实验内容所需的实验仪器设备及材料，可是实验教学效果仍不佳。也有人认为是受高考评价机制的影响，高考评价机制中并没有对生物学实验操作进行系统有效的评价。还有人把生物学实验教学实效不高归因于教材，但我们可以看到各个版本的新教材都安排了大量的生物实验，而且实验类型多样，可见新教材非常重视生物学实验。经过了多年的新课程改革，为什么理论课教学有改进而实验教学却一直没有实质性的变化？以上几个方面均属客观原因，在某种程度上对生物学实验教学质量的确有一定的影响，但不是根本原因。实验教学质量不高的根本原因包括教师的教学理念、实验教学方式、实验教学评价等。

实验教学理念主要指教师对实验教学目标、意义的认识，教师对实验教学中角色扮演的理解等。新课程改革已经进行一段时间，生命科学的教学改革也轰轰烈烈地开展，新课程改革所提出的新理念和新要求也已经逐步被教师所接受和认可。但是在调查中发现，部分教师的教学观念仍然落后于新课程改革的理念。

（1）教师实验教学理念与现代教育理念契合度不高

有相当一部分学者对实验教学的目标和意义定位不准确，把实验课看成是理论课的补充。大部分教师认为实验教学的目的是巩固理论知识、培养技能和能力，只有少数教师认为实验教学还应培养学生良好的科学实验习惯、思维和态度，以及创新意识、创新精神。实验教学被看作是一种辅助性教学，在知识和能力培养目标中，侧重于知识；在思维能力和动手能力的培养中，侧重于思维能力。大部分教师在高考制度的影响下只注重知识和技能的传授，遵从“高分即优、听话即好”的学生观，没有意识到教师的任务不再只是传道授业解惑，更重要的是学习方法的给予，因为授之以鱼不如授之以渔。人为地割裂核心素养、教学目标的定位，造成目前令人担忧的实验教学状况——重实验结果、轻实验过程，重知识巩固、轻能力培养。

同时，教师容易误解其在实验课上的地位和任务。大多数教师认为教师应是管理者，主要任务之一是管纪律。实验课最难的，也是让教师最头痛的就是学生的管理。他们认为纪律管好了，实验课就成功了一半。可见实验教学中的组织管理在教师心目中是多么重要。因此，在实验课上，教师不惜花费大量时间、精力去维持纪律，要求学生严格按照教师的要求操作。可是，正是这种束缚扼杀了学生的尝试欲望，使得学生服从意识有余、创新思想不足。

（2）部分教师的实验教学方式陈旧

认识上的误区导致了教学模式上的偏差。虽然大部分教师接受了当前教育改革所倡导的一些教育理念，但在具体的教学实践中却没有很好地落实。大多数教师仍以传统的实验教学方式为主，教学方式比较单一，学生动手实践的机会少。在调查中发现，不少地区的高中将生物学实验课的课时压缩到最少，很多实验都得不到开展。在调查中，近 60% 的学生反映，教师多采用口头教授的方式讲授实验，还有个别教师对一些实验采用先让学生自学然后以讲解实验习题的方式代替正常的实验教学；42.7% 的学生反映，即使是学生动手操作的实验，教师预留给学生做实验的时间也不够用。

在开展实验教学的课堂中，无论是验证性实验，还是探究性实验，其实验教学环节都几乎相同，即教师讲解实验原理和步骤，然后学生模仿教师的演示或照着黑板上的步骤进行操作。操作结束后，教师提出有关实验的结论性问题让学生思考。这一教学方式又被称为操作模仿式，在生物学实验教学中已被运用多年，好处是有利于学生快速掌握实验步骤，教师易组织、管理，但弊端也显而易见。主要弊端有两点：

其一，动手与动脑环节相脱离。由于只要求学生按指定的步骤进行实验，教师没有投入时间和精力钻研、设计实验教学方案，导致实验教学形式单一、方法陈旧；单纯为了完成教学任务而进行实验教学，对学生实验能力的培养没有计划性、目的性、系统性。同时，没有落实新课标倡导的“探究性学习、合作学习、创新精神的培养、注重与现实生活的联系”的理念，让学生思考的问题又是与真实的实验过程无关的，因此学生在动手实验时无须动脑思考，动脑思考时又无须动手实验。这种动手与动脑的分离使得能力的培养止于表面。动手能力的培养是实验教学的一个重要内容，但这并不意味着动手时不需动脑。“不动脑”的记忆是机械记忆，同样“不动脑”的“动手”也仅是机械操作，根本谈不上能力的培养。只有让学生动脑与动手结合、先动脑再操作的实验教学才是真正有意义的教学。这在学生分组实验中也能看到，学生在实验中被动成分大于主动成分。小组实验中并不是每位学生都动手操作，调查中也显示，部分学生只负责记录实验结果和数据，还有些学生什么也不干，这使得部分学生在小组中并没有完全发挥自己的作用，形成不关心实验的状态，认为反正有人在做，自己等着结果出来就可以。

其二，生物学实验教学注重结果，忽视过程。这一点也是由于动脑与动手脱节造成的，原因在于实验操作过程经常被作为教学中的点缀，其实质是为理论教学服务的。有的教师甚至认为学生会不会动手做实验无关紧要，只要会动笔“考实验”就行。这主要是在当前社会的大背景下，中学教育的社会化功能被认为是为高等院校输送人才所决定的。这种单一的教育社会化功能显得过于功利，迫使学校和教师大搞应试教育，只追求高考的好成绩，强调求同思维的训练，大搞题海战术；学生则被要求进行反复机械训练，久而久之学生不愿也不敢向权威挑战。由此产生了“做实验不如讲实验”“讲实验不如背实验”的荒谬看法。加之科技的飞速发展，多媒体走进课堂，使得部分教师过分追求、迷恋多媒体的模拟实验，让学生看看了事，不重视实际操作。

（3）实验教学评价方式单一

教学评价是一种教学手段不是教学目的，在教学中主要起反馈作用。实验教学评价不仅决定着教师采用何种教学模式、教学方法，还影响着学生的实验动机、实验态度和进行实验所采取的策略，已成为影响实验教学实效的重要因素。目前，对教师的实验教学状况缺乏相应的考查和评价机制，学校很少关心教师实验技能的好坏，更多关心的是学生成绩的高低。学生对教师实验教学的满意度难以调查和反馈，这对生物学教师队伍的建设是一大阻碍因素。对实验教学常用的考评方式，分别以学生和教师群体为对象，调查结果如表 1-3 所示。由表可知，对于学生，近 30% 的学校对实验教学不考评，其他考评方式多采用实验报告、规定具体内容的作业等。这种书面形式的考评具有简便、省时的特点，易被多数教师认可，但其局限性也很明显，无论在内容上如何调整、形式上如何改进，都不能全面反映出学生的实验能力、水平及实验态度、习惯，这就造成学生做与不做实验得到的评价差异不大。这种单一的考评极易使学生养成投机取巧、不踏踏实实做实验的坏习惯，以致出现学生背实验的情况。与实验操作技能相关的考试很少，实验操作评价往往是为应付上级的检查突击开展的，学生们反复机械地训练操作流程，像流水线上的操作工一样，这样很难促进学生能力的发展。

表 1–3　生物学实验教学的主要考评方式统计

方式	考查对象为学生 /%	考查对象为教师 /%
开放性问题作业	8.9	2.5
规定具体内容的作业	27.5	17.9
实验报告	19.2	36.3
实验报告操作观察考评	11.4	10.0
不考评	29.9	29.9
其他	3.1	3.5

总而言之，目前相当数量的教师不做或少做实验，放弃了运用实验的直观教学方法，实验教学方法陈旧，评价方式单一，实验教学未能发挥出其应有的作用。

第二章

生物学实验教学基本理论与方法

纵观历史，皮亚杰的“认知发展”、马斯洛的“需求层次”、维果茨基的“最近发展区”、皮亚杰和布鲁纳等人的“认知主义”、加德纳的“多元智能理论”等学习理论为实验教学提供了强有力的理论支持。

在中学生物学教学实践中，如何理解相关学习理论的深刻意蕴，以更好地指导、组织、创新实验教学？发展学生生物学学科核心素养视阈下的高中生物学实验教学基本理念和具体目标是什么？实验教学的基本策略、范式及教学组织形式是什么？普通高中生物学实验有着不同的分类体系，通常可以分为演示、验证、探究和虚拟仿真等。每一类实验又有哪些特点？实验操作的主要方法和关键技能是什么？让我们共同开启本章的学习，遵循着理论走向实践、三维目标走向核心素养的路径策略，共同学习研究生物学实验教学基本理论与主要方法，探索不同种类生物学实验的主要特征与教学组织方法。

第一节 实验教学理论概述

一、生物学实验概述

生物学实验是由相同的要素按照一定的相互联系方式构成的有机整体。从静态角度看，生物学实验的基本要素有实验者、实验手段（包括仪器、装置以及科学方法）和实验对象。从动态角度看，生物学实验则是由实验的准备、实验的实施和实验的结束等阶段紧密相连构成的。生物学实验的静态结构和动态结构是生物学实验的两个不同方面，生物学实验的各种要素在生物学实验过程的不同阶段，以不同的方式相互联系，并通过各要素间的相互作用推动生物学实验从一个阶段向另一个阶段发展。

（一）生物学实验的功能

科学实验从生产实践中分离出来，成为比较系统的实验科学，是以运用各种专门的实验工具和形成一套系统的实验研究方法为标志的。生物学实验在生物学研究中具有重要功能。

第一，生物学实验具有丰富人的感性认识的功能。感觉是人们认识事物的开始，但是人体器官的感知能力是有限的。例如，一般人的眼睛只能感知波长为 390 ～ 770 nm 的可见光，紫外线、红外线、X 射线、γ 射线等人眼都看不到。生物学实验则扩大和改善了人的感觉器官的感知能力：借助显微镜，人眼的“分辨率”远远超过了 0.1 mm 的极限；借助 PCR 仪（基因扩增仪），人能“阅读”到大分子的精细结构等。生物学实验能为人们提供更加丰富的认识内容。生物学研究一般都是在一种特殊的、人为的、严格控制的条件下进行的，即在不受各种复杂因素干扰的情况下进行的。例如，我们在野外观察杨尺蠖的生活史，由于树太高难以观察到它的幼虫的生活情况，由于卵太小难以观察到卵在土壤中越冬和孵化过程等，这些都会妨碍我们对杨尺蠖生活史的研究。而如果我们将杨尺蠖的幼虫收集到实验室，在人工制作的昆虫饲养笼内饲养，模拟它们的生活条件，饲喂它们所喜欢吃的杨树叶等，就能清楚地观察到杨尺蠖生活史的各个阶段。

第二，生物学实验是生物学理论赖以产生的基础。生物学实验本身具有的许多优点使得生物学有可能凭借实验条件下的优势，超越自然状态下的局限性，推动生物学理论的研究和发展。许多生物学上的重大突破都是由精巧的生物学实验设计和实施取得的。

第三，生物学实验是将生物学理论运用于生产实践的媒介。生物学实验的直接成果是对生命本质及其规律性认识的精神产品，而不是物质产品。但把生物学实验中获得的认识成果运用到生产实践中去，就能够不断地促进生产实践。生产实践水平的提高依赖于生物学的发展，而其媒介就是生物学实验。19 世纪中叶以后，由于分子生物学和生物技术的迅猛发展，促进了新兴的生物学和生物技术产业的发展，这些发展都是以生物学实验为前提的。同时，生物学实验是小规模的、简化了的或在模拟状态下进行的特殊的实践活动，实验成果一般不能立即应用到大规模的、复杂的生产活动中去，还需经过生产性实验、在比较接近生产活动条件下的大实验。

第四，生物学实验是检验生物学知识真理性的依据之一。在科学实验从生产活动中分化出来以前，对科学知识的真理性的检验只能依靠生产实践活动。当科学实验分化出来后，它对检验科学认识的真理性就具有重要意义。其原因有三，首先，生物学实验所取得的结果并不取决于人的主观愿望，是客观存在的。例如，孟德尔在 18 世纪末通过对豌豆的几对相对性状的研究，得出相关的遗传规律就是生物遗传规律的客观反映。尽管当时的生物学家并未真正理解这些规律，但是当若干年后的生物学家再次研究这些规律之后，很快就接受这些规律。其次，生物学实验具有普遍性，即具有一般性、共同性和规律性。这为人们认识生命现象及其规律提供了现实的可能性和途径。最后，生物学实验具有直接现实性。相对于生物学知识的间接现实性来说，生物学实验能将生物学知识转化为直接现实的东西。我们常常通过观察或实验的方法来验证生物学理论的真理性。例如，采用测定氧气的释放量或二氧化碳的吸收量的方法，来了解植物的光合作用。

（二）生物学实验的类型

生物学实验按学科性质来分，可以分为形态学实验、解剖学实验、生理学实验、生态学实验、分类学实验、遗传学实验和生物技术实验。从中学生物学教学角度来分，生物学实验可以分为演示实验、学生实验和学生课外实验等。根据实验的精确性和实验所处的环境，还可以将生物学实验分为验证性实验和探究性实验。根据实验中量与质的关系，又可以将生物学实验分为定性实验和定量实验。根据实验在科学认知中的作用，可以将生物学实验分为对照实验、模拟实验、中间实验等。以下简单介绍中学生物学课程中常见的生物学实验类型。

实验室实验，指在实验室里，通过实验仪器和设备，在人为控制或改变实验对象的条件下，考察与研究实验对象的一种有目的、有计划的操作或实践活动。生物学研究和生物学教学中的实验大多数属于这一类型。例如，植物光合作用产生淀粉的实验、酵母菌细胞无氧呼吸产生二氧化碳的实验等。

自然实验，指在通常的自然环境中对实验对象加以考察的一种实验活动。这类实验的优点是把观察自然的自然性和实验的主动性有机地结合起来，而不足之处则表现在缺少对某些因素的严格控制，因而实验结果的精确性相对较差。例如，观察某种微量元素对作物产量的影响或某种昆虫的性外激素对某种昆虫的诱杀作用时，因为因素控制不够，实验结果可能不准确。

验证性实验，指对研究对象有了一定的了解，并形成了一定的认识或提出某种假说后，为验证这种认识或假说是否正确而进行的实验。生物学教学实验中属于这类实验的有验证人体呼出的气体中二氧化碳的含量增多的实验、验证植物光合作用产生淀粉的实验等。

探究性实验，指探究实验对象的未知属性的实验。在生物学教学中，学生的探究性实验多数为“再发现”实验，即学生积极主动地获取生物学知识、领悟科学研究方法而进行的各种活动（如探究鼠妇生活环境的活动、探究酸雨对小麦种子萌发的影响等）。探究性实验包括提出问题、做出假设、制订计划、实施计划、得出结论和表达交流等几个步骤。开展探究性实验有助于学生主动地获取生物学知识，体验科学研究的过程与方法，形成一定的科学探究能力、科学态度与价值观，培养创新精神。

二、生物学实验教学的意义

生物学作为一门基础科学，是研究生命现象、揭示生命活动规律和生命本质的科学，和国民经济、社会发展密切联系。满足生命科学理论深度科研的需求，满足高素质生物学人才培养的需求，将我国生物学迅速往前推进，跻身于世界先进行列，都依托于全民生物学知识的普及和生物学探究能力的培养。实验是生物学的一大组成部分，生物学理论的发现和形成均来源于实践，同时也需要通过实验去自我验证。在此背景之下，生物学教师需要让学生打下扎实的科学知识基础，锻炼其熟练的实验操作技能，培养其富于创新的思维能力。

生物学的发展，以及一些新的实验操作技术的出现，为基础生物学研究搭建了广阔的平台。法国的巴斯德和德国的科赫建立的分离、培养、接种和灭菌等一系列独特的微生物技术，为微生物学的产生与发展奠定了基础；奥地利的孟德尔进行的豌豆杂交实验，提出了遗传因子分离和自由组合的遗传规律，为分子生物学的产生提供了前提，后来 PCR 技术的运用，更是把分子生物学推到了前所未有的高度；对 DNA、蛋白质、氨基酸的深入研究，使得基因工程逐渐成为目前生物学界研究的热点，推动了如人类基因组计划等工程的实施和完成；原生质体融合细胞杂交技术的出现，为细胞工程的出现奠定了基础。这些成果都是人们通过无数次实验和尝试之后才总结出来的，是人类智慧的结晶。

随着素质教育的进一步深化，在实验教学过程中也要实施素质教育，以促进学生素质的全面提高。观察和实验是生物学教学的基本研究方法和手段，很多生物现象必须通过实验试误的方式才能得到解释，很多生物体的结构也必须借助显微镜等生物学仪器才能观察清楚。由此可见，生物学实验是学生获取生物学知识、建构生物学理论体系的最有效手段之一，在提高学生整体素质方面，起到了非实验教学无法替代的作用。

在前人创造的积极的生物学研究氛围中，我们能够也需要正确引导学生客观理性地认识生物学知识，培养生物学理性思维，锻炼科学探究能力。在中学生物学教育过程中，落实生物学实验课程的开设，合理创新、优化实验操作程序和步骤，有着非常重要的意义。学生通过亲自实验，得到对客观世界形象鲜活的直观认识，不但能掌握生物学的专业知识、技能与方法，运用知识解决生产生活中遇到的生物学问题，而且能培养观察能力、归纳能力、设计和实施实验的能力以及理论联系实际解决具体问题的能力。

近年来，随着新课程改革的不断推进，生物学实验中无论是学习的内容还是考查的内容都有所增加。《普通高中生物学课程标准（2017 年版）》中明确指出教学过程要注重实践。本课程高度关注学生学习过程中的实践经历，强调学生学习的过程是主动参与的过程，让学生积极参与动手和动脑的活动，通过探究性学习活动或完成工程学任务，加深对生物学概念的理解，提升应用知识的能力，培养创新精神，进而能用科学的观点、知识、思路和方法，探讨或解决现实生活中的某些问题。实验教学是促使学生养成生物学学科核心素养的重要支撑。课标也同时提出要加强生物学实验教学和探究式教学，增加学生动手实践和体验的机会。地方和学校应按照课标的要求，加强生物学实验室和学生实践活动基地的建设。

三、相关理论基础

（一）行为主义教学理论

行为主义由美国心理学家华生创立，这一学派驳斥了将意识作为一个连续整体的机能主义心理学，认为意识是看不见、摸不着的，主张要抛开意识，径直去研究行为，即有机体用于适应环境变化的各种身体反应的组合。华生认为，研究行为的任务，就在于查明刺激与反应之间的规律性关系，由此就能根据刺激推知反应，根据反应推知刺激。只要确定了刺激和反应之间的规律性关系，就可以预测行为，并通过控制环境去塑造人的心理和行为。

在行为主义教学理论中，我们就要研究如何设计和施加正面的良性刺激用于学生知识的建构、迁移以及操作技能的训练强化，在教学过程中建立合理的教学刺激，引起学生发生一系列的反应和外显行为。这些外显行为往往具有行为衡量意义，比如我们使用的操作过程性评价表就是很好的行为评价方式，教师根据行为反馈调整并优化刺激方式和方法，达到一个反复协调反复优化的效果。

（二）认知主义教学理论

布鲁纳提出的“认知—发现”学习说反对以强化为主的程序教学，认为引导学生一步一步地学习，只能导致学生的死记硬背，而不能保证学生在另一种情境中运用这些知识。布鲁纳主张，学习的目的在于以发现学习的方式，使学科的基本结构转变为学生头脑中的认知结构。教师要将学习情境和教材性质向学生解释清楚，结合学生的经验适当组织教材，根据学生心理发展水平适当安排教材的难度与逻辑顺序，确保教材的难度适中以维持学生的内部学习动机。

（三）人本主义教学理论

人本主义理论以罗杰斯和马斯洛为代表，这一理论反对把人的行为归结为本能和原始冲动的弗洛伊德主义，也反对不管意识，只研究刺激和反应之间联系的行为主义。人本主义认为，人有自我的纯主观意识，有自我实现的需要。只要有适当的环境，人就会努力去实现自我、完善自我，最终达到自我实现。所以，人本主义重视人自身的价值，提倡充分发挥人的潜能。

在人本主义教学理论中，教师要创造情境化、人文化的教学环境来帮助学生在潜移默化中思考、认同并实现自我价值。教学活动要以学生为中心，多考虑学生是否处于一种接受的氛围，通过这堂课学生获得了什么，是否具备了某种能力。同时学生应该有更多自由发挥的空间，包括思考的时间、表达交流的机会、操作实践的平台等；教师在此过程中需要及时转变角色，在指导与辅导中取得平衡。

第二节　核心素养背景下生物学实验教学的基本理念

生物学学科核心素养着眼于学生适应未来社会发展和个人生活的需要，通过学生后天学习而获得，其发展途径主要依靠在校期间的生物学课程。生物学学科核心素养的提出，将本学科的教学内容和立德树人的宏观要求有机结合，具体描述了高中生物学课程的育人价值，是高中生物学课程设计的准绳，也是教师教学实践的方向和总体要求。因此，在生物学教学中，教师有效运用生物学实验指导学生生物学学习的关键在于遵循生物学学科核心素养的要求。

生物学学科核心素养包括生命观念、科学思维、科学探究以及社会责任。生命观念对于中小学生而言，是他们学习生物学课程后获得的标志性的学习成果，是学生是否受到良好生物学教育的标尺。以生命观念为指导的学习过程更加注重以科学探究、工程实践、积极求索、合作交流为特征的学习。科学思维是基于事实和严密逻辑得出更好结论的方法，是高质量的思维范式和习惯。为了在教学中发展学生的思维能力，布鲁纳强调要让学生主动进行探索，在探索发现中学习。科学探究是指学生能够针对有价值的问题、难题或者想法进行研究，使用批判性思维和逻辑思维评价多种解释。社会责任是基于生物学的认识，参与个人与社会事务的讨论，做出理性解释和判断，解决生产生活问题的担当和能力。生命观念的形成有助于学生科学思维的发展，指导学生进行科学探究，也是担当社会责任的基础，四者相互交融（见图 2-1）[1]。

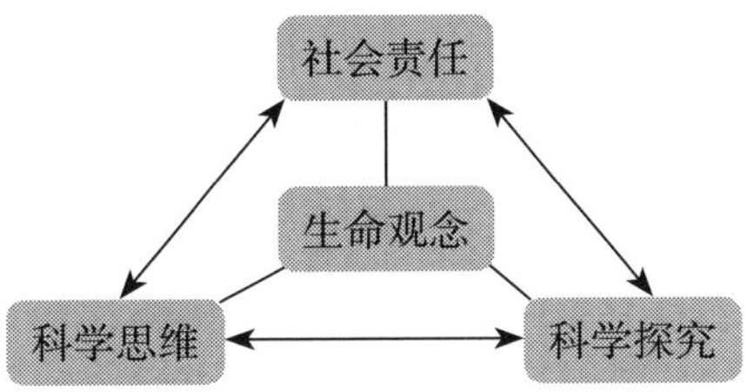

图 2-1　生物学学科核心素养的内在联系

[1] 谭永平 . 生物学学科核心素养：内涵、外延与整体性 [J]. 课程・教材・教法，2018，38（8）：86-91.

由此我们可以发现，以培养学生学科核心素养为目的的教学，更注重学生的主动学习、积极思维与探究。而生物学实验教学以其鲜明的特点，对发挥学生的主动性，提高学生的探究能力与思维能力具有不可替代的价值。实验教学中，教师可以根据是否促进学生科学思维的发展、是否促进学生的深度学习来评价课堂的有效性。因此在实验教学中，教师应首先依据新课标理念落实生物学实验课程，充分发挥实验教学的优势，学会放手，大胆地让学生去尝试、去操作，真正提高学生的生物学学科核心素养。

具体来说，教师要整理实验所涉及的生命观念，如结构与功能观、进化与适应观、物质与能量观、稳态与平衡观等，在实验教学中渗透批判性思维、创新性思维等科学思维，合理规划完整理性的科学探究的实验路径和教学路径，引导学生主动参与社会议题的讨论、承担宣传生态保护的责任等。

以“调查人群中的遗传病”实验为例，学生需要通过本实验初步学会调查和统计人类遗传病的方法；通过对这几种人类遗传病的调查，了解这几种遗传病的发病情况；通过社会调研，提高人际交往能力，培养从社会中获取信息和数据的能力。学生之前已经学习了有丝分裂、减数分裂、染色体的变异等知识，可以很好地理解遗传病的发病机制。然而由于社会分流等原因，学生可能会有一种遗传病离自己很远、遗传病都是不可治愈的、遗传病很可怕的错觉，合理开展本实验可以帮助学生建立正确的对待遗传病的态度，帮助学生学会应用相关的预防和治疗措施。这个实验的开展是具有一定难度的，一方面遗传病的发病率虽然不低，但是对学生来说，可供其调查的人群范围较小，所获得的样本基数较难以支撑一份严谨完整的调查；另一方面，因为涉及个人隐私，会有部分调查对象产生抵触情绪，不愿意透露自己的患病情况等。目前很多遗传病，如红绿色盲（弱）已经有了较好的治疗手段，调查人群中的遗传病的治疗情况也会对实验结果造成影响。“调查人群中的遗传病”属于社会调查型实验，在此过程中，学生可以迅速掌握基础的科学统计学的相关知识，更重要的是认识到遗传病其实就在自己身边，我们要科学理性地认识遗传病，并且有对待遗传病的正确的科学态度和方法。

以“建立减数分裂中染色体变化的模型”实验为例，本实验涉及 2019 年版人教版高中生物学必修 2 第 2 章“基因和染色体的关系”中第 1 节“减数分裂和受精作用”的内容，有助于提升学生对于模型与建模思维的理解，有助于加深学生对减数分裂过程和特点的认识，理解配子中染色体组合的多样性，领悟减数分裂的意义。运用模型模拟减数分裂的过程，也是进行科学探究的过程，可以加深对科学探究的理解。具体而言，减数分裂是高中生物学教学的重要内容，与有丝分裂、基因的分离定律和自由组合定律、基因重组的关系紧密，是理解孟德尔遗传规律、可遗传变异、人类遗传病等知识的基础。然而，减数分裂是一个微观的、动态的、连续变化的过程，比较抽象，容易造成学生的认知困难。本实验可以让学生更深刻地掌握减数分裂各个时期 DNA 含量、染色体数目和形态等变化的规律，理解配子中染色体组合的多样性，从而领悟减数分裂的意义。模型建构活动能使学生学会模型建构的方法，认同物质运动的规律性和可认知性，理解模型方法的重要性。两个子活动——模拟减数分裂中非同源染色体的自由组合和非姐妹染色单体的交叉互换，是科学探究的过程，学生可以在该过程中加深对科学探究的理解，体验探究的快乐。

以“探究自然选择对种群基因频率变化的影响”实验为例，本实验位于 2019 年版人教版生物学必修 2“第 6 章　生物的进化”“第 3 节　种群基因组成的变化与物种的形成”中。其重点是掌握自然选择通过对种群基因频率的影响来决定生物进化的方向，探究自然选择如何影响种群的基因频率。具体而言，学生在之前已经学习了有丝分裂和减数分裂的相关知识，了解了由基因突变、染色体变异和基因重组引起的变异是可以遗传的。同时，基于生活经验，学生对“物竞天择，适者生存”等言论有着一定的理解。因此，通过本探究实验可以帮助学生理解基因突变产生新的等位基因，这就可能使种群的基因频率发生变化，并且在自然选择的作用下，种群基因频率会发生定向改变，导致生物朝着一定的方向不断进化。本实验有助于引导学生将微观抽象的基因问题和宏观的进化理论相联系，用生物进化的思想思考并解决实际问题。学生在本实验之前，对于自然选择这一作用的理解并不能做到量化、数字化。本实验可以从数学、从理性的角度，以客观事实帮助学生理解基因频率是如何变化的、为什么会产生这样的变化。对照实验的设计、数据的分析与结论的得出有助于发展学生的归纳与概括、模型与建模、批判性思维等科学思维能力。

第三节　生物学实验教学的基本策略

新课改后，教学不再是以讲授科学知识为重点，实验教学的地位得到提升，逐渐成为生物学教学的重心，我们希望通过学生的实验探究活动，让学生发现科学知识。通过生物学实验教学，学生能提高对科学的兴趣和探索未知的兴趣；养成科学态度、科学精神；认识科学的本质，树立创新意识，理解科学、技术、社会的密切关系；初步学会生物学探究的一般方法和途径，具有较强的生物学基本实验操作技能、搜集和处理信息的能力、获取新知的能力、批判性思维、分析及解决实际问题的能力以及交流和合作的能力等。

一、转变观念，提高对生物学实验教学重要性的认识

（一）转变社会、各级教育主管部门及学校管理层的态度

随着教育理念的更新以及新课程改革的推进，生物学在高考中的地位也起起落落，人们对生物学的态度也随之改变。要高质量地开展生物学实验教学，教育主管部门和学校领导必须首先转变旧观念，要从思想上真正认识到实验课的重要性，领悟实验课的真正价值所在，切实将实验教学放在重要的位置上，树立新的观念。只有观念端正了，才能在实验条件、经费投入、课程设置、师资调配及其他相关方面充分考虑到生物学实验教学的实际需求，并给实验教学改革提供保障。有了坚强的后盾，才能给广大生物学教师一个广阔的空间，使教师充分发挥主观能动性，积极投身生物学实验教学改革，在教学中大胆创新。只有得到上级教育主管部门和学校的大力支持，生物学实验教学的改革才能大步前进，才有可能改变生物学实验课质量不高的现状。

（二）提高教师对生物学实验重要性的认识

教师对生物学实验的意义认识不一，一些教师并没有给予足够的重视。教师是学生学习活动的引导者，在生物学实验教学过程中，同样充当着非常重要的角色。在培养学生的动手能力、创新思维、合作精神、探究能力等方面，教师具有关键作用。

要提高生物学实验教学质量，生物学教师首先应转变观念，必须充分认识到实验教学不仅是生物学教学的辅助手段，而且是生物学实验重要的组成部分。生物学教师应尽可能地创造条件，主动协助学校完善实验器材和设施，为实验课提供良好的硬件条件，并积极探索适合不同教学内容的实验教学模式，尽可能地鼓励学生参与到实验中来，以培养学生的实验兴趣。

（三）提高学生对生物学实验重要性的认识

学生应有权选择自己学习的内容和方法，积极参与实验教学，主动走进实验室，让自己从被动的接受观转变为主动建构、自主探究的学习观。学生是学习的主体，教育的实施应围绕着他们进行组织，教授学生科学的思维方法。实验教学的重心应定位在如何教会学生推理及思考上，把注重结果的教学变为注重过程的教学，提高学生的实验技能、动手操作能力，发展学生的思维能力。

在实验室里，学生是各种仪器的操作者。提倡在教师或实验员的指导下，学生以小组为单位自行配制实验药品，选取、采集、培养实验材料，选用实验器具，设计实验方案，优化实验过程，分析实验现象，总结反思实践经验。学生要不断审视自己对知识的理解程度，判断学习的进展与目标的差距，采取各种策略达成目标。

所以，在教学中一定要促使学生发挥主动性，让学生自己独立解决一些实验问题，教师不要越俎代庖。

二、完善教师继续教育机制，提高生物学教师专业素养

（一）树立终身学习的理念，积极主动学习

生物科技信息的更新速度非常快，生物学教师要跟上时代的步伐，掌

握最新的生物学发展动态，就必须时刻给自己的知识库输入新鲜的“血液”以应对生物学的发展，把终身学习转化为一种内心的理念和要求，更重要的是要把终身学习的理念内化为教师的行为，明确学习目标和任务。

教师要拓宽学习渠道，通过各种方式提高自己的知识水平，不断更新知识，改进教育教学方法，提高教育教学水平。因为只有不断加强学习，才能应对新课程改革带来的挑战。作为一名中学生物学教师，不仅要具备专业的学科知识，还要不断更新自己的见识，接受新思想、新知识、新方法，提升对生物学领域的科学发展程度的了解。同时学科间的互相渗透日益加深，还要求教师对临近学科有所了解，成为复合型教师。因此中学生物学教师需要具备再学习的能力，按照科学的方法，进行终身的、自觉的自我培训。

（二）完善教师继续教育机制

对教师进行新课程培训，主要内容包括课程标准的解读，新课改的指导思想、教育理念、目标及相关的政策措施等的讲解，以及教学的实施建议等。

设计继续教育培训时，要同时考虑培训对象的实际情况，针对不同培训对象及他们的需求安排培训内容。对于缺少教学经历和经验的年轻教师，对他们的培训应侧重以下内容：教材分析与研究、生物学实验技能、生物学教具的制作、生物学教学方法等，以帮助他们迅速进入角色，提高教学质量。对于获得中级职称的中青年教师，应偏向新知识的扩充，如生物学发展的新知识、新动向，科研论文写作等。对于经过长期教学实践的磨炼、教学技艺纯熟、课堂教学驾轻就熟、取得高级职称的中老年教师，应强调生物学发展的尖端知识，例如生物工程相关知识、计算机辅助生物学教学、生物学论文写作等的培训。

教师继续教育的内容还应包括跨学科交叉知识、计算机多媒体知识等。教师继续教育的方式也应该是多样的，可以是不脱产的进修或者函授，也可以是脱产的、全日制的进修；既可以是短期、中期、长期课程的进修，又可以是为解决实际问题而举办的研讨。此外，有些教师希望采取自学的方式，对这类的教师应做好积极的引导工作。灵活多样的继续教育方式可以适应不同教师的具体要求，具有很大的可操作性和实效性。

（三）不断反思，提高专业素质

首先，生物学教师要经常反思自己的教育理念，用新课程的理念来审视自己的教学行为，思考自己的教学在多大程度上体现了新课程理念的要求，还要如何改善。其次，要经常反思自己的教学行为。教学行为反思可以分为教学目的、教学手段两个方面。其中，教学手段既包括教学组织形式、教学方法、教学媒体的使用，又包括师生关系的类型等。分析和总结已经发生的教学行动的得失，有助于下次教学的改进。

生物学是实验性学科，因此，生物学实验教学技能是中学生物学教师应有的基本技能之一，教师实验技能水平的高低，直接影响实验教学的效果。生物学实验技能的内容主要包括良好的设计、组织生物学实验课教学的能力，熟练进行实验演示和操作，实验材料或标本的采集与制作，组织、指导学生开展课外科技活动。在生物学实验教学中，教师起示范作用，教师科学规范的演示必不可少，学生会不自主地将教师的操作当作典型来模仿。因此，教师应努力提高自身的实验技能，操作生物学实验所使用的仪器、设备做到准确规范，实验操作方法步骤做到科学严谨。只有生物学教师具备好的实验技能，生物学实验教学才能更好地开展。

三、加强实验教学研究

（一）培养教研教改的意识和能力

高中生物学课程改革将教学研究与学校、课堂、教师和学生紧密联系在一起。生物学教师要在教学研究过程中，带着疑问，进行理性思考，把教室变成研究室，把问题变成课题，努力由教学型教师转变为教育研究型教师。教师既要具有敏锐的洞察力，善于发现问题，及时找准解决问题的方向及方法；又要具备创新能力，大胆提出各种构想，用科学的理论指导教学改革；还要具有实践能力，把教学改革的方案付诸实践，善于分析、指导、改进教改实验过程，并及时总结。教师不但要发现问题、解决问题，而且要把结论上升到理论高度，及时归纳、整理，形成有一定理论水平和应用价值的文章，方便同行之间相互交流、共同提高。教师进行教学研究的具体方法有很多，如听专题报告、讲座，参加相应的培训，参与考察，阅读报纸、杂志、书籍，上网查询资料或做实验等。

（二）优化实验教学形式

常言道：教学有法，教无定法，贵在得法。生物学是一门实验科学，这决定了学生只有参与实验的探究，才会感到生物学真实有用，也要求教师要加强不同类型实验的教学，反对考前突击。

教材中提到的验证性实验，教师应在课堂上做演示，然后让学生自己动手，通过视觉、听觉、触觉等多种感觉感知事物，这样掌握的知识更牢固，也能增强学生学习生物学的兴趣。

因此应创设开放式的课堂和实验室，逐步增加探究性实验。学生可以随时到实验室做实验，甚至自己设计一些简单实验，并利用平常生活中易于得到、易于实验的物品，开展课后小实验、小制作。教师应组织、引导好每一节实验课，在学生出现困惑时给予指点，在学生得出结论时给予升华。和传统课相比，这样的课堂需要教师倾注更大的热情，也需要教师有更高超的教学艺术。

四、保障并开发实验教学资源

（一）加强实验员队伍建设

切实加强实验员队伍建设，配齐中学实验员，并提升实验员自身的专业素质。首先，实验员应热爱教育事业，热爱实验工作，要具有生物学相关背景。其次，实验员的实验技能要过硬，能承担相应的教学工作和科研工作。再次，实验员要看到实验教学工作的重要性和发展前景，工作中多动手、勤动脑，掌握教材内容，经常阅读实验技术资料，收集资料，同时也要学习兄弟学校的工作经验和管理经验，提高自身综合素质。最后，实验员也要进行评优评先进，自觉参加新课程培训，掌握新的教育理念，努力使自身的知识结构跟上知识更新的速度。这样才能形成一批爱岗敬业的实验员队伍。但由于多种原因，现阶段实验员在校地位不高。

（二）保证实验课课时量

虽然实验课的成功开展与实验设施的完善是密不可分的，但是如果没有充足的时间作为保障，高质量的实验教学依然无法实现。因此，各级教育主管部门、学校以及教师一定要以认真务实的精神和积极的态度，以学生的全面发展为目标，合理安排实验课，认真地协调理论课与实验课的时间，为实验教学的高质量开展提供时间保障。生物学教师和实验员也要密切合作，使理论课与实验课有机地结合起来，互相促进，提高实验教学质量。

（三）创造条件，开足开好教材实验

生物学教师应根据教学内容，积极创造条件，充分挖掘可利用资源，在实验教学中开足开好教材中的实验，保证学生有更多机会动手操作。在实验前，教师要做好充分的准备和安排，让学生明确仪器的原理和药品的特性，明确实验目的要求，实验过程中的注意事项等。在实验中，教师应提示学生既要重视实验结果的记录，又要重视实验过程中现象的观察和记录；既要重视结果分析，又要重视实验失败原因的查找，重视异常实验现象的分析。教师应学会设计实验，注重实验过程的分析和改进，切实提高学生解决实际问题的能力，培养学生严谨踏实的科学态度。教师要给学生提供足够的实验时间，提供独立动手的机会，使学生能独立观察、独立思考。针对学生的认知水平和个体差异，教师应提出不同的实验要求，有的放矢地提高学生的实验能力，培养学生收集和处理生物学信息的能力。

（四）拓展生物课外活动

做好教材要求的实验后，教师应引导学生做有利于激发兴趣或和教材知识密切联系的实验。实验室应在实验员管理下向学生开放，在活动课和规定的时间内允许学生以小组为单位进行实验。学生在课外实验活动中可以充分发挥自己的主动性、创造性，在教师的指导下将自己的想法付诸实践。这样的课外实验活动，不仅可以提高学生对生物学的兴趣，还可以为部分热爱生命科学的学生提供良好的平台，为其进一步研究、拓展学习提供机会。

第四节 实验教学的基本范式及教学组织

一、生物学实验教学的过程

生物学实验教学大体可以分为三个阶段，分别是准备阶段、实施阶段和结果处理阶段。

（一）生物学实验的准备阶段

做好实验前的准备，是上好实验课的基本保证。该阶段的重要任务是确定实验课题和设计实验方案。实验准备一般包括制订实验教学目标、选择实验材料、实验预试和布置预习实验等方面。

制订实验教学目标是指根据课程标准和教材的要求，结合本地、本校实际条件，具体确定每学期、每学年的实验教学的总目标、每个实验的子目标以及实验的具体要求。例如，应明确实验能使学生获得哪些知识和技能、巩固或验证哪些知识。应有选择、有重点、分层次地安排好各项要求的具体落实，并要明确实验作业的内容和形式，认真撰写实验课教案。生物学实验成败的关键之一是选择实验材料。实验材料常常受地区、季节的制约，因而必须提前准备。例如，“花和果实”的内容的教学一般安排在深秋进行，而比较典型的花是桃花，有心的教师通常在春天预先采集、浸制好桃花，以备深秋时教学的需要。有些材料（如用于光合作用产生氧气实验的藻）需要经过一定时间的培养，实验效果才会更好。所以制订教学计划时，对教学中所需的实验材料应有一个全面的计划和安排，以便及时采集、购买、浸制或培养。此外，对实验所需的仪器、设备、器具和药品等也必须做好充分的准备。

实验预试是实验教学中不可忽视的一环。根据教案和相关器材、药品等进行预备实验，通过预试可知道选用哪些材料、哪些方法和怎样组织安排的效果较好，可发现哪些方面必须给以具体的指导，还可检验实验的材料数量和时间安排是否合理等。教师要根据预试的情况，对实验课的教案加以认真修改和调整。

每次实验课前布置给学生预习任务，包括预习实验教材和有关的知识内容，收集部分实验资料，理解实验原理、技术和操作要求，设计探究性实验的方案等。预习可保证学生能自主地、顺利地进行实验，提高实验课的效率。

（二）生物学实验的实施阶段

该阶段的重要任务除有效地组织实验外，还包括引导学生控制好实验条件、认真观察实验现象以及仔细收集实验数据。

学生在实验时不仅要操作和观察，还要积极思考并和同组的同学展开讨论。学生对仪器、材料的好奇心促使的盲目操作也会产生许多技术问题，这些都会使实验课秩序混乱、组织困难。教师只有重视实验课的教学组织，才能保证实验教学发挥应有的作用。

在生物学实验的实施阶段，应采用不同的方法组织和指导学生实验。一般根据教学的需要、学生的接受能力和实验的内容等采用不同的方式。例如，采用分段实验的方式能够很好地组织学生有条不紊地完成比较复杂的实验。在组织实验时，教师将一个实验分成几个阶段，先演示或讲解一个阶段的实验方法和注意事项后，再组织学生进行实验。前一阶段实验完成后，教师再讲解或演示下一阶段的实验，再组织学生进行实验，直到最后一个阶段的实验结束。例如，教师在指导学生进行“观察植物细胞的结构和功能”实验时，将实验分成三个阶段：分别用肉眼、放大镜观察洋葱鳞片叶；撕取鳞片叶内表皮；制作临时标本，观察细胞结构。这种分段实验既能使学生逐步培养独立实验的能力，又方便教师控制课堂秩序。

经过一定时间的训练后，学生已初步具备独立实验的能力和较好的实验习惯，教师可以指导学生独立操作、观察等。实验开始时，教师可以与学生一起讨论实验步骤、注意事项等，重点讲清操作中的关键问题，并进行必要的示范。在学生实验过程中，教师要依据课程标准进行具体指导，在发现共性问题时，可暂停全班实验，进行集体指导。教师在巡视中发现学生操作有错误或要领没有掌握时，应诱导启发学生自己纠正，不能包办代替。要注意针对不同学生的实验情况提出一些问题，启发学生进行独立思考。

（三）生物学实验的结果处理阶段

每次实验不管用什么方式进行，都应该要求学生完成一定的实验作业——绘图、填图、记录和分析实验数据、得出实验结果等。例如，在“探究影响鼠妇分布的环境因素”的实验中，要求学生根据探究得出的数据画出相应的变化曲线或条形图，并根据数据得出影响鼠妇分布的环境因素。

在该阶段，教师应严格要求学生在认真实验、仔细观察的基础上或独立或合作地如实完成实验作业，严防抄书、抄图和互相抄袭等。有条件的学校，可在课外时间开放实验室，让学有余力、对生物学有兴趣的学生，在课后进一步探究。

二、生物学实验的指导

按照上述生物学实验过程三个阶段的分析，生物学实验的指导包括对上述实验各阶段的指导。实验准备阶段的指导主要包括引导学生提出生物学实验问题和完成生物学实验的设计工作；实验实施阶段的指导主要是引导学生科学地完成生物学实验；实验结果处理阶段的指导主要包括引导学生处理实验数据、根据数据得出结论以及指导学生撰写实验报告等工作。

（一）生物学实验问题的提出

生物学实验问题是已知与未知之间的纽带。在生物学教学中，生物学实验问题可以分为探究性生物学实验问题、验证性生物学实验问题和应用性生物学实验问题三类。

提出探究性生物学实验问题的目的是通过解决问题，直接或间接地为生物科学概念、理论等的建立和发展提供重要的实验事实。例如，“探究影响过氧化氢酶对过氧化氢催化反应的因素”实验，可以为学生形成酶促反应的概念、理解影响酶促反应的环境因素等知识提供感性认识材料。提出验证性生物学实验问题的目的是通过解决问题，直接或间接地为生物学概念、理论等的检验提供重要的实验事实。例如，“制作生态瓶”实验，可以为学生理解在一个生态系统中生物成分越复杂生态系统自动调节的能力越强的知识提供实验事实。提出应用性生物学实验问题的目的是通过解决问题，培养学生运用知识和技能解决具体的生物学问题的能力。“给庄稼施肥是否越多越好”“是不是所有的植物生长都需要施加氮肥”等就是这类问题。

（二）生物学实验的设计

生物学实验设计是指在选定课题之后，根据实验目的，确定实验原理，用一定的形式制订实验计划或实验方案。为确保实验设计科学、准确，在进行实验设计时，应掌握实验问题的性质、相关的理论知识和基本的实验技术。同时，应注意控制实验条件和实验因子，尽量减少实验误差，科学地设计对照，适当增加重复，以确保实验的准确性。

进行实验设计时，需要考虑实验方案的具体内容，包括实验目的、实验原理、实验内容、实验器材、实验方法和实验计划等，其中实验方法是特别需要考虑的内容。采用的实验方法应尽量减少人为或偶然因素造成的实验误差。设计实验方法时，除了要考虑采用先进的实验技术和仪器设备，关键是要设计对照。一般来说，无论采用什么样的实验方法都应设计对照，其方法很多。在生物学实验中，有的以进行某种处理的组别为实验组，以不进行某种处理的组别为对照组，如在“探究酸雨的危害”的实验中，将给小麦种子喷洒“酸雨”的组作为实验组，不喷洒“酸雨”的组作为对照组；有的以实验品种为实验组，以常规品种为对照组，如在“探究酶在洗涤中的作用”实验中，将加酶洗衣粉作为实验组，而将无酶洗衣粉作为对照组。

三、生物学实验教学的基本要求

（一）生物学实验课的基本要求

生物学实验课包括验证性实验课、演示实验课和探究性实验课。

验证性实验课应该做到明确实验原理，即明确实验所需要的基础知识和概念，用证据为原理提供论据；并且重视学生基本实验技能的训练和指导，也就是培养学生的观察能力和解决问题的能力；另外，要通过合作学习，加强非智力因素的培养。

演示实验课包括传统的演示实验（演示活的生物体、标本、挂图、模型等）和计算机辅助的演示实验，即计算机辅助教学（CAI）。演示实验课应有明确的目的，充分的课前准备，严格规范的实验操作，明显的实验现象，对结果的总结和及时、正确的实验解释。

探究性实验课有两种基本类型：一是“发现式”探究模式，主要步骤有提出实验目标，提供实验材料，设计实验方案并进行探究活动，学生小组互相交流讨论；二是“操作实践式”探究模式，主要步骤有观察并进行实验，在实验过程中发现问题，并针对问题进行交流讨论和进一步实验。探究性实验课要明确实验教学组织形式并给予学生充分的时间进行交流讨论。

（二）生物学实验教学对教师的要求

实验教学在新课程改革中有几个转变，即从以教师为中心转向以学生为中心，从以理论为中心转向以实践为中心，从以灌输为中心转向以探索为中心。这些转变无形中对生物学教师应具备的素质提出了更高的要求，教师已不单单是学生知识的传授者，还应该是学生学习的参与者、促进者和服务者。在实验教学的舞台上，教师的定位应是学生实验活动的组织者、引导者、规范者、监督者，是学生创新意识的培养者和实验教学的反思者。

在实验教学前，教师一定要对实验进行深入细致的研究，分析在实验中可能存在或发生的问题，做好充分的准备，有条不紊地引导学生完成实验。出现意外情况影响正常实验教学时，教师要冷静对待并和学生一起共同探究解决方法。教师应通过实验帮助学生掌握和感受科学研究的基本过程并形成生物学概念，获取知识与技能，并建立起平等、民主、和谐的学习氛围，启发创新思维。

第五节　生物学实验分类

一、生物学实验教学的不同分类体系

（一）国外研究现状

最早介绍中学实验分类研究的是英国迈克尔·J. 邓金（Michael J.

Dunkin）主编的《国际教学与教师培训百科全书》（英国培格曼出版公司于 1987 年出版，中文版由教育与科普研究所编译，学苑出版社于 1989 年出版），其中有关理科实验的教学资料来自三十多位学者于 1968—1986 年的研究成果，由赫加蒂·黑兹尔编著。20 世纪 70 年代，美国匹兹堡大学克洛普弗等学者认为，在中学理科实验室进行的教学活动主要有以下几项：按既定程序的练习、实验操作和验证活动；聆听科学方法的讲座；以个性发展为目标的技能训练（凯勒计划）；多媒体辅助的实验教学；通过实验的发现活动；设计活动；学生参与的研究活动等。他们将上述实验室教学活动的目标概括为：a. 获得知识和培养理解能力；b. 训练动作技能；c. 参与科学探究的过程，包括观察、测量、分析数据、提出问题和解决问题；d. 了解科学家的实验方法；e. 培养对科学知识的兴趣和科学态度；f. 提高对科学知识及方法的应用能力。大多数学生参加的实验室教学活动，主要是达到目标 a、c、d、e。1971 年，赫伦以探究设计为依据，将中学理科实验分为 4 个级别：0、1、2、3。其中，0 级为技能训练，1 级为验证已知，2 级和 3 级提供科学探究的机会。1978 年，赫加蒂·黑兹尔又将 2 级（教师提出问题、学生设计实验）分为 2A 级和 2B 级，2B 级为教师引导下的学生自主探究。总之，从 0 级至 2B 级学生对教师的依赖性减少，而小组合作程度增加。

（二）国内研究现状

1987 年，陈皓兮编著的《中学生物学教学法》一书指出，生物学实验因目的之不同而有探究性实验和验证性实验的区分。验证性实验有助于巩固基础知识和掌握实验技能，但学生比较被动。为此，应逐步增加实验的探究研究成分，提高学生的积极主动性，加强学生实验能力的培养。

1988 年，赵锡鑫编著的《生物学教学论》，将生物学实验分为 8 类：①形态解剖实验；②分类实验；③生理生化实验；④生态学实验；⑤生殖发育与遗传实验；⑥生产实验；⑦工具操作性实验；⑧野外观察实验。

1996 年，叶佩珉和赵占良对中学生物学的实验进行了分类，如表 2-1 所示。

表 2-1　中学生物学实验分类结果

实验类别	Ⅰ							Ⅱ		
实验类例	观察实验	生理生化分析				模拟探究	调查研究	验证实验	探究实验	
		判断	析因	定性	定量				部分	全程
鉴定组织内可溶性酶		✓		✓				✓		
高倍镜观察叶绿体	✓							✓		
探索酶及其作用特性		✓		✓					✓	
探究影响酶活性的因素			✓	✓						✓
质壁分离及复原			✓	✓				✓		
植物向性运动实验设计	✓	✓		✓						✓
性状分离比的模拟					✓	✓			✓	
调查人群中的遗传病							✓	✓		
种群密度的取样调查					✓		✓	✓		
设计、制作生态瓶	✓		✓							✓
调查环境污染对生物的影响	✓	✓	✓				✓			

2006 年，汪忠在《新编生物学教学论》中对生物学实验从不同角度进行了如下分类。

（1）按学科分，包括形态学实验、解剖学实验、生理学实验、生态学实验、分类学实验、遗传学实验、生物技术实验。

（2）从中学教学角度，可分为演示实验、学生实验、课外实验。

（3）按照实验的精确性和实验所处的环境，可分为实验室实验和自然实验。实验室实验是指在实验室里，通过实验仪器设备，在人为控制或改变实验对象的条件下，考察和研究实验对象的一种有目的、有计划的操作或实践活动。生物学研究和生物学教学中的实验大多数属于这一类型。例如，“植物光合作用产生淀粉”的实验，“酵母菌细胞无氧呼吸产生二氧化碳”的实验。自然实验是指在自然环境中对实验对象加以考察的一种实践活动。自然实验优缺点明显，优点是把观察自然的自然性和实验的主动性有机地结合起来，缺点是因为缺少对某些因素的严格控制，实验结果的精确性相对较差。例如，观察某种微量元素对作物产量的影响、某种昆虫的性外激素对某种昆虫的诱杀作用。

（4）按照实验的教学目的，可分为验证性实验和探究性实验。验证性实验是指实验者针对已知的实验结果而进行的以验证实验结果、巩固和加强有关知识内容、培养实验操作能力为目的的重复性实验。优点：①目的明确，实验步骤规范，结果已知，比较容易达到实验目的；②受季节、课时因素的影响小，可以较灵活地安排。缺点：①教学效果不明显，验证性实验犹如一道已揭过谜底的谜语一样，缺乏吸引力，学生对实验的过程、现象和结果往往不予以充分思考，不易提高实验质量；②束缚学生的思维。生物教学实验多数属于此类实验。例如，验证人体呼出的气体中 CO_2 含量增多的实验、植物光合作用产生淀粉的实验。探究性实验是指实验者在不知道实验结果的前提下，通过实验、探索、分析、研究得出结论，从而形成科学概念的一种认识活动。优点：①这类实验的内容是没有学过的新知识，学生有新奇感，容易产生浓厚的兴趣，能充分调动起学习的积极性，改变落后的学习和思维方法，有利于学生观察、分析、解决问题以及实验操作能力的培养；②由于实验的过程就是学习新知识、探索的过程，在此基础上就能更深刻地理解、掌握课本内容。

（5）按照实验中量和质的关系，可分为定性实验和定量实验。定性实验是指判断实验对象的各种属性，定性确定生物体结构与功能等的实验。定量实验是指为了深入了解生命的本质特征、揭示各个因素之间的数量关系、确定某些因素的数值等而进行的实验。

（6）按照实验在科学认识中的作用，可分为对照实验、模拟实验、中间实验。模拟实验是指在科学研究中，由于受客观条件的限制，不允许或不能对研究对象进行直接实验，为了取得对研究对象的认识，可通过模拟的方法，选定研究对象的替代物（即模型），模拟研究对象（原型）的实际情况，对替代物进行实验。例如，美国科学家米勒模拟原始地球大气层的气体在封闭的玻璃容器中探究生命起源的实验就是一个模拟实验。中间实验是指在科学研究中已取得初步成效，在生产应用前必须进行的一种模拟生产条件的实验。这种实验方法一般应用于农业、药学科学研究和工程技术试验中比较复杂、规模又比较大的研究项目，以便通过中间实验来最后确定其科研成果是否具有应用于生产的科学价值。

二、生物学实验教学中的演示实验

（一）演示实验教学的理论依据及概念

在生物教学中，无论是传授生物学基础知识，还是训练生物学基本技能，如果单凭教师用语言和文字这些抽象的符号进行教学，学生看不到生物具体的形态、构造和生理活动，是很难形成正确表象的，远不如直接作用于感官所产生的知觉那样具体、鲜明和记忆长久。

课堂演示实验教学能使学生充分利用不同的感官从不同的侧面去感知事物的各种属性，使学生获得更加丰富的感性认识，使所学的知识印象深刻，记忆牢固。

学生学习自然科学知识，一般从感知具体的物质和现象开始，从自己已有的知识出发，在教师的组织引导下，经过从已知到未知、由表及里、由浅入深，有层次地由感性认识上升到理性认识。感性认识是理性认识的基础，只有从感性材料出发才能更好地理解抽象的概念，感性认识越丰富，对概念的理解就越深刻。因此，教师在自然科学的教学中，应尽可能地利用各种直观手段，给学生提供尽可能多的生动形象的感性材料，让学生获得丰富的感性认识；然后，引导学生通过思维活动逐步建立起事物一般的表象，归纳出事物主要的本质特征或属性，由感性认识上升到理性认识。

演示实验教学符合从直观的表象到抽象的思维这一认知规律。实践证明，生物教学借助于直观形象的演示，有助于学生解决生物学中比较抽象、复杂的问题，有利于学生思维的发展及能力的培养和提高。可见，演示实验教学在生物教学中具有举足轻重的作用。

演示实验是以上述教育学、心理学理论为依据，为完成教学目标，结合教学内容，由教师或学生操作、表演示范的实验，是一种最有效、最直观的教学手段，也是教师施展教学技能的独特形式，更是深受学生欢迎的教学方法。它能把抽象的问题具体化、枯燥的知识生动化，从而更容易突破难点，完成教学目标。通过演示实验可以帮助学生形成生物学概念，进一步理解和掌握生物学知识。演示实验是学生获得感性认识的重要源泉，是教师讲解生物学概念、规律的基础，也是培养学生观察力、注意力和思维能力的重要途径。

（二）演示实验教学的特点

1. 灵活性

一般演示实验所要求的设备比较简单，操作比较方便，可塑性强。在教学过程中可以采用边演示边讲述或是边演示边谈话的方法进行，也可以先演示后讲解，或是先讲解后演示；可以演示实验的全部过程，也可以演示其中的一部分。有些演示实验需要较长时间，因而在课堂上只能演示其中的一部分，可以只演示实验的前几个步骤，也可只演示实验的最终结果。有些实验会因为学生的知识和技能不足或者是由于实验设备、教学时间的限制而无法实施，则可将有关的学生实验进行一定的简化，改为课堂演示实验，在一定程度上弥补由于实验少而给教学带来的不足。

2. 时间性

课堂演示实验教学是对时间要求比较高的一种教学形式。一方面课堂演示实验应尽可能在一个课时内完成；另一方面许多课堂演示实验对季节条件有一定要求。当有多个演示实验可供选择时，在不影响教学效果的前提下，应尽量选择比较节省时间的演示实验。对于时间跨度比较长的演示实验，要尽可能让学生观察到完整的实验过程，以加深学生对实验内容的理解。例如，演示“光合作用需要光”这一实验，可让学生提前完成植株的饥饿处理以及叶片的遮光处理等步骤，在课堂上教师只需做检验叶片的遮光部分与叶片的不遮光部分中是否存在淀粉的演示实验。演示内容与课堂教学内容是相关联的，选择有关生物实验材料时，应考虑材料生长的季节性。比如有关的教学内容正好安排在秋季，那么选择演示实验的有关生物材料时，必须考虑材料（动物、植物）在秋季的活性。在准备演示实验时，还要考虑到不同季节、不同天气情况下的温度和光照对演示实验结果带来的影响。许多教师在预备实验时，常能得到预期的实验结果，但正式上课时，却可能由于天气的变化（如温度降低、天气转阴光线不足）而影响演示效果，在这种情况下，可以通过加光（用灯光照射）和增温（使用恒温设备）来改善实验条件以增强实验效果。

3. 简洁性

演示实验不包含复杂的操作过程、复杂的实验操作技巧和复杂的设备仪器，也不要求学生有复杂的知识背景。演示实验的目的是用已掌握的知识来解释较深奥的科学知识。由于课堂教学的时间限制以及环境的限制，演示实验在设计上必须要精巧，演示结果要一目了然。

4. 直观性

演示实验不同于普通的实验课教学。多数情况下，课堂演示实验是由教师在讲台附近进行操作的，因而不论是在设计演示实验方案，还是进行演示实验操作，都应保证使全班学生能够观察到演示实验操作的全过程；同时实验的结果也要清晰明了，方便观察。

三、生物学实验教学中的验证性实验

（一）验证性实验的概念

验证性实验就是在学生既得知识经验的基础上设计出程式化实验方案，再通过学生的观察和操作，验证并巩固习得知识，同时培养实验技能的一种实验方式。验证性实验所要验证的结论在验证之前已十分清楚，实验中只需找到与预期结论相吻合的事实即可。在验证性实验中，思维相对比较聚合，指向性也比较清晰。验证性实验是以事实验证知识，它依据已得的知识结构检验和巩固习得知识并培养实验技能，属于“由理论指导实践，再由实践巩固理论”的认知方式。这种实验一般不产生新知识，更偏重的是理论知识的巩固和提高。实施验证性实验的前提条件是学生必须具备较为系统的知识和能力，因此，验证性实验教学较适于理论知识相对较为丰富的高中生。

验证性实验从实验材料的选择到实验方法步骤的设计都不是随意的、盲目的，而是有其实验原理作为依据的。验证性实验的结果是已知的、固定的，即学生通过验证性实验所要达到的终极目标是一致的。例如，在“观察根尖分生组织细胞的有丝分裂”实验中，实验的结果都是观察到根尖分生区细胞处在有丝分裂不同时期的分裂相，并由此识别出不同的分裂时期。再如，在“观察根毛和根尖的结构”实验中，观察的结果都是根尖的基本结构按照从下而上的顺序由四部分组成，依次是根冠、分生区、伸长区和成熟区。

验证性实验还常用来验证科学史上的一些经典实验，如“绿叶在光下制造淀粉”“验证植物的向光性实验”等。这种经典实验的模拟可让学生理解科学家们的思维方式和探索历程，对学生科学素养的形成具有不可估量的作用。

（二）验证性实验教学的优点

事实上，在中学生物学教学中，有很大一部分内容是对前人所探索结果的验证，因此，验证性实验是中学生学习探究自然事物的一个重要方法。在实际教学中，验证性实验教学具有如下优点。

1. 系统性、高效性

验证性实验通常采用“告诉—验证—应用”的教学模式，通过精心组织实验内容，删繁就简，将理论知识和实验原理等在较短的时间内系统地、有序地、合乎逻辑地呈现给学生，使学生在短时间内能获得稳定的、系统的知识体系。例如，通过“绿叶中色素的提取和分离”实验，学生不仅知道了叶绿体中色素的种类和颜色，还了解了色素分离的原理以及提取色素的关键所在；通过“骨的区分与骨的特性之间的关系”实验，学生不仅知道了骨的成分包括无机物和有机物，还能体会到无机物能使骨具有一定的硬度，有机物能使骨具有一定的弹性。

2. 基础性

与探究性实验相比，验证性实验在对学生实验技巧、实验能力和实验规范的培养上更占优势。如果没有这些基本的实验技能，探究性实验、研究性学习也就无从谈起，特别是在当今科学教育改革普遍认同的通过探究、实践、做科学来学习科学的教育理念下，更需要加强基本技能的培养和训练。例如，通过验证性实验“菊花的组织培养”，学生掌握了植物的组织培养技术之后，就可以在这一基础上探究不同组织或细胞全能性的高低；通过验证性实验“含氮无机盐对植物生长的影响”，学生掌握了此类实验设计的技巧之后，就可以探究其他矿质元素对该植物生长的影响，或探究同一种矿质元素对不同种类植物的影响等。

3. 示范性

在一些对前人经典实验的模拟上，验证性实验对学生科学思维的训练还有着一定的示范作用。例如，在模拟萨克斯实验验证了“绿叶在光下制造淀粉”后，可以引导学生体会萨克斯实验科学设计的严谨与精巧：为什么事先将盆栽天竺葵放到黑暗处一昼夜，然后将所选叶片一半曝光，另一半遮光处理，在滴加碘液前为何将叶片进行脱色处理；为什么采用“将叶片置于酒精中水浴加热”的方法进行脱色处理等。这对学生今后分析问题和解决问题，尤其是自主设计探究实验具有很强的示范作用。

四、生物学实验教学中的探究性实验

（一）探究性实验教学的界定

探究性实验教学是指在学生对研究对象的属性、规律及相互联系知识了解不多的情况下，通过教师的组织和指导，提出问题，设计实验，并通过实验与探究，获取科学结论的过程。其指导思想是在教师引导下，学生以探究者和发现者的身份，运用已学过的知识和初步具有的实验技能亲自通过实验获取新知识。探究性实验教学旨在充分发挥学生在实验教学中的主体地位，让学生亲自经历对未知结论的探究过程，激发学生的思维灵感，培养学生的创新意识，提高学生分析和解决实际问题的能力。

（二）探究性实验教学的特点

不同于其他的实验教学，探究性实验教学有探究性和问题性的特点。探究性主要表现在探究情境具有诱惑性，探究问题具有指向性，探究假设具有合理性等；问题性主要表现在问题是实验教学的开端，问题是实验教学的主线，以及问题是实验教学的归宿。

1. 探究性

探究情境具有引导性。教师根据探究内容精心创设教学情境，力求做到新、奇、趣，让学生触境生疑，以疑激趣，以此作为学生探究的起点。例如，在进行“馒头在口腔中的变化”探究实验之前，让学生细细咀嚼馒头，体验咀嚼过程中味觉的变化；在进行“观察叶片的结构”探究实验之前，带领学生到大自然中去观察落叶是正面向上还是背面向上的；在进行“绿叶在光下制造淀粉”探究实验前，把一个经过处理的带有蓝色五角星的叶片展示给学生看，这些探究情境的创设能够有效地激发学生的好奇心，引发学生的探究兴趣。

探究问题具有指向性。教师可以构建这样的提问程序：提出问题→梳理问题→确定问题，通过这样的择需、择要、择优，把握问题的本质，使问题具有指向性。例如，在“探究植物导管可以运输水和无机盐”时，教师请学生将带叶枝条插入已经被稀释的红墨水中，并置于阳光下，几个小时后，学生发现植物的叶片逐渐被染红。这时，学生会产生疑问：为什么会出现这种现象呢？同时学生也会提出自己的假设：可能是植物的茎具有输导作用。接着教师可以引导学生对茎的结构和功能进行回顾。通过回顾，学生意识到在茎的结构中，只有导管和筛管具有输导功能。经过这样的梳理之后，问题的本质也就出来了。这个实验实质上就是探究稀释的红墨水是由导管运输到叶片中还是由筛管运输到叶片中。这样该探究实验的目的性和指向性就会更强。

探究假设具有合理性。在进行探究假设时，教师一般要引导学生从多种假设中筛选出合理的假设。合理假设的提出一般经历这样两个阶段。①发散阶段。在假设的初期，学生的思维是发散的。学生围绕问题，运用一定的知识基础，从各自的观点，进行多角度的思考，做出多种假设。②收敛阶段。教师引导学生说出假设的角度和理由，再让学生根据探究问题的指向性标准，从多种假设中筛选出合理的假设。例如，在“探究影响植物种子萌发的因素”时，有的学生说是温度，因为在寒冷的冬天植物的种子很少能够发芽，这时，教师可以反问：既然较低的温度不能使种子发芽，那么在 80 ℃、90 ℃、100 ℃的高温下，种子能不能发芽呢？学生马上意识到种子萌发的条件应该是适宜的温度。有的学生提出是阳光，教师应立即指出，农民播种往往就是把种子播撒入土壤中，请问土壤中有阳光吗？从而把植物种子的萌发都受阳光因素的影响这一不合理假设剔除。这样的方式能帮助学生正确理解影响植物种子萌发的因素。

2. 问题性

探究性实验教学以解决问题为中心，注重学生的独立钻研，着眼于学生创造性思维的培养，以充分发挥学生的主动性。通过发现问题→分析问题（提出假设）→创造性地解决问题等步骤去掌握知识，培养其创新精神和实践能力，并在实验中建立师生之间、同学之间思维信息多边交流的新型关系。

问题是实验教学的开端。问题本身就可以激发学生的求知欲和探究欲，这对实验教学的开展和创造性思维的启动是极为有利的。因此，教师在实验教学伊始就应该创设问题情境，促使学生头脑中产生指向性的疑问。例如，在进行“观察叶片的结构”探究实验时，教师可以带领学生到校园中观察落叶，统计正面向下的叶片和正面向上的叶片的数量并进行比较。得出结果后学生自然会提出为什么大多数的落叶会正面向下的问题。落叶的这种现象很常见，容易引起学生的兴趣和疑问，因此能够较好地创设探究情境。

问题是实验教学的主线。问题不仅是激发学生求知欲和创造冲动的前提，而且是学生吸收知识和锻炼思维能力的前提。问题若能贯穿于整个实验教学过程中，实验教学活动就会自始至终围绕着问题的探究和解决而展开。例如，在创设了为什么正面向下的落叶数量相对较多的问题情境之后，学生基本上都知道解决问题的关键就是观察叶片的结构。可是如何观察叶片的结构？观察叶片的结构需要哪些仪器和药品？观察的时候有什么注意事项？再如，在观察叶片结构时，学生会发现靠近叶正面的栅栏组织细胞排列较紧密，含叶绿体较多；靠近叶背面的海绵组织细胞排列松散，含叶绿体较少。那么，叶绿体又具有什么作用，通过什么方式来判断叶绿体的作用？这些都是该由教师引导学生思考的问题。

问题是实验教学的归宿。实验教学的最终结果不是用所授知识解决问题，而是在初步解决问题的基础上发现新的问题。这些问题的出现，不仅能使实验教学延伸到课外，还能最终把学生引上创新之路。例如，在进行“绿叶在光下制造淀粉”探究实验的过程中，有一位同学把自己的作品——显色成功的天竺葵叶片，用餐巾纸包起来夹在自己的练习本中，结果两天后她发现自己用来夹作品的练习本的纸张都被染成了蓝黑色，而用来包天竺葵叶片的餐巾纸却没有颜色变化。在进行了多方询问和重复实验后，这位同学了解到，不同的纸张由于其功能和质地不同，淀粉含量也会有所差异。

（三）探究性实验教学的实施程序

盖拉格和施蒂芬等认为，对科学问题的探究最好像科学家那样完整地履行 6 个探究步骤：①想出或鉴别一个有趣、重要并可以解决的问题；②收集与问题有关的大量信息；③确定有助于解决这个问题的实验、观察、计算；④进行实验、观察或计算；⑤确定结果是否能帮助解决问题；⑥交流研究结果。在实施探究性实验教学时，一般采用以下几个基本程序。

1. 提出问题

知识向创新的转化是以问题为中介的。在创新教育看来，问题是指知识本身的内在矛盾，即知识的局限性、相对性和不足之处。只有当学生感到需要问“为什么”“是什么”“怎么办”的时候，思维才会真正启动起来。因此，教师在教学伊始应先创设问题情境，促使学生头脑中产生有指向性的疑问。教师可根据教学内容、教学目的和要求，从教材或生产、生活实践中提出富有启发性的问题，引导学生设计出一些富有探究意义的实验，使学生明确具体的实验目的，以激发学生的学习兴趣和热情，变“要我学”为“我要学”，从而增强学生学习的自主性。

2. 科学猜想

教师向学生提出问题，引起学生的好奇、怀疑、困惑和矛盾，从而激发学生的探究心理，形成探究问题的情境，促使学生积极思考，构思思路，提出实验假设，做出操作方面、现象方面或结论方面的某些预测。教师应鼓励、引导学生对现成的实验内容、步骤和要求等质疑并提问；鼓励、引导学生提出不同的设计方案和解决途径，并从中挑选最佳方案和途径。

科学猜想是研究自然科学的一种广泛应用的思想方法，它不是无根据的幻想，而应该有客观的根据。猜想是否正确，要靠实验检验。被实验肯定的猜想就是实验规律，被实验否定的猜想应该放弃，然后重新提出新的猜想，再用实验来检验。

3. 设计探索

在实验教学过程中，学生通过设计实验方案，探究解决问题的途径，分步实验、局部推理，最终获得比较准确的结论。在实验探究过程中，面对矛盾和困惑，学生不仅要去收集有关的信息，而且要能创造性地加工信息、分析矛盾、解决矛盾，这对培养学生获取新知识的能力、激发创新精神大有益处。

在实验过程中，教师要及时了解学生探究的情况，有针对性地进行指导、点拨和督促，要组织灵活多样的交流研讨活动，促使学生协作学习，完成探究任务。学生在实验探究中遇到一些有意义的、值得进一步探究的现象或问题时，教师要及时启发、引导他们进一步深入地进行研究。

此阶段主要是为了让学生找到一种科学有效地探索真理的途径和研究问题的方法，培养学生的兴趣和动手能力。学生在教师的指导下，自觉、主动地和教师、教材、同学、实验器材相互作用，进行信息交流，自我调节，形成和谐亲密、积极参与的教学气氛和思维活跃、鼓励创新的教学环境。学生的思维在开放、发散中涨落，在求异、探索中又趋于有序，有利于培养学生的独立操作能力、思维能力和创造能力。

4. 得出结论

在总结阶段，教学重点是指导学生将设计的实验过程进行归纳总结，写出设计报告，并开展设计报告会，进行成果展示和报告交流，接着组织学生评比，使学生设计实验和动手操作的能力都能上一个台阶。同时对实验得出的结果进行分析，并上升到理论高度，用结论指导实践，这不仅可以促进学生形成新的知识结构，培养学生的推理能力，又能为学生向深层次的发展奠定基础。

五、生物学实验教学中的虚拟仿真实验

虚拟仿真实验是学习者利用多媒体技术、虚拟现实技术，通过鼠标、键盘、显示器、力矩球、数据手套、数据眼镜等输入、输出设备操作虚拟环境中的实验仪器，模拟实验过程，观察实验现象，探索实验规律的实验。其中每一个设备代表一种实验器材，无论是学生还是教师都可随时进入虚

拟实验室操作仪器，通过鼠标的点击与拖曳进行各种实验。虚拟仿真实验具有以下特点：不受时空限制，方便资源共享，实验操作安全，有利于设计性和综合性实验的开发与结合。

（一）虚拟仿真实验教学设计要点

1. 创设情境，激发动机

创设与教学内容相关的情境，激发学生兴趣以切入学习主题，让学生做好认知心理准备，使教学过程更加顺畅。

2. 课堂演示讲解，探求新知

教师讲解相关教学内容、实验操作要点，最主要的是给学生演示虚拟实验操作过程，提出要探讨的问题。

3. 学习者进入实验操作

学生观看教师实验演示过程，带着问题尝试进行实验操作。

4. 半自动生成实验报告

根据实验操作生成自己的实验报告。

5. 实验教学的修改与效果的评价

教师根据实验流程及相关实验设计进行相关实验教学修改和优化，并对学生的操作结果、教学设计效果进行评价。

（二）虚拟仿真实验教学设计流程

虚拟仿真实验教学设计流程与真实实验教学设计流程一样，都需要进行前端分析及确定实验起点等。与真实实验不同的是，虚拟仿真实验需要进行实验平台操作演示，另外通过虚拟仿真实验可以直接半自动生成实验报告，而真实实验则需要学生进行绘制、编写整理才能生成实验报告。

（三）虚拟仿真实验教学设计注意事项

1. 注重实验前的预测

增设预测阶段，给予学生一定的时间，去自我探寻自己的前科学概念。虚拟仿真实验通过图像的实时展示，可以对学生的前科学概念进行判断，若发生冲突，可促使学生积极思考、寻求解释，完成概念转变。因此教学中，教师应注重实验前的预测，努力营造轻松的氛围，使学生通过语言的形式表达或以图像的形式进行绘制，有助于完成生物学的概念转变。

2. 理性选择虚拟仿真实验

教师应当注意虚拟仿真实验与生物教学的整合不是为了整合而整合，整合是为了实现教学效果的最优化。生物学是一门以实验为基础的学科，在生物学发展的历史长河中，传统实验发挥了重要作用，即便是在现代化的生物学实验中也离不开传统实验的基本原理和方法。因此，虚拟仿真实验的选择要考虑实验的目标、内容和类型，要考虑教师的能力和学习者的特征，还要考虑学校的条件和设备。

（四）虚拟仿真实验实例

目前国内较为流行的生物学虚拟仿真实验平台主要是公司或大学开发的虚拟仿真实验软件。一般大学开发的虚拟仿真实验室针对的是大学本科教学，而一些公司开发的软件平台则包括中学生物学的基本实验技巧及教材中的常见实验，图 2-2 和图 2-3 是某公司开发的虚拟仿真实验软件中使用高倍显微镜观察几种细胞的场景。

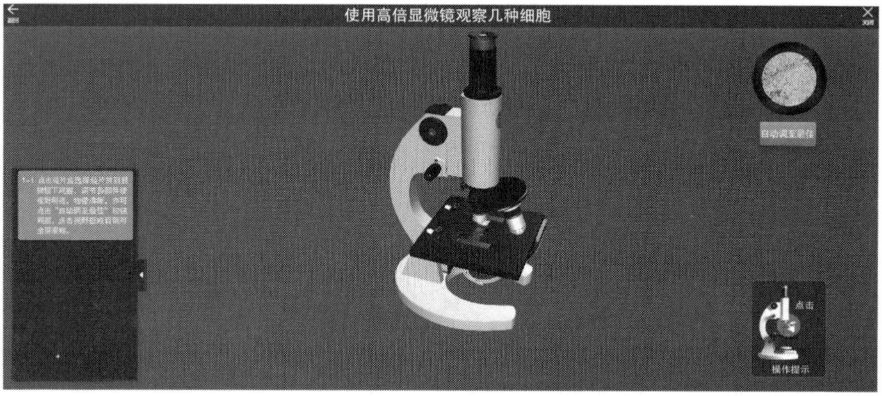

图 2-2　某虚拟仿真实验室“使用高倍显微镜观察几种细胞”的页面

国外的生物虚拟仿真实验室的开发和应用较为成熟，大学、非营利性组织和公司等开发出多种虚拟仿真实验室的平台供中学教学使用，其中包括模拟真实的实验室进行实验操作的平台（图 2-4，图 2-5），模拟真实环境下无法或不易观察到的自然现象并提供参数让学生操控实验的平台。

以 PhET 网站上的模拟自然选择的实验为例（图 2-6），该平台模拟兔子种群在不同的性状及环境因素的交互作用下繁殖数代后的情况。该平台提供数种不同类型的参数供学生选择，例如兔子不同性状的突变情况——毛的白色或棕色，耳朵的直耳或卷耳，牙齿的短牙或长牙；存在的环境因素——捕食者的存在与否，不易摄取的食物存在与否，资源（食物）是否有限。在学生自由选择了变量后，该平台会模拟种群增长，随着兔子繁殖十代甚至百个世代之后，该平台通过动态图片和表格展示具有不同性状的兔子在种群中的比例和数目。学生在这个平台上可以多次改变可控制的参数，并实时观察到种群增长的规律。学生通过与平台的互动，可以提高学习自然选择现象的兴趣，加深对自然选择过程的理解。

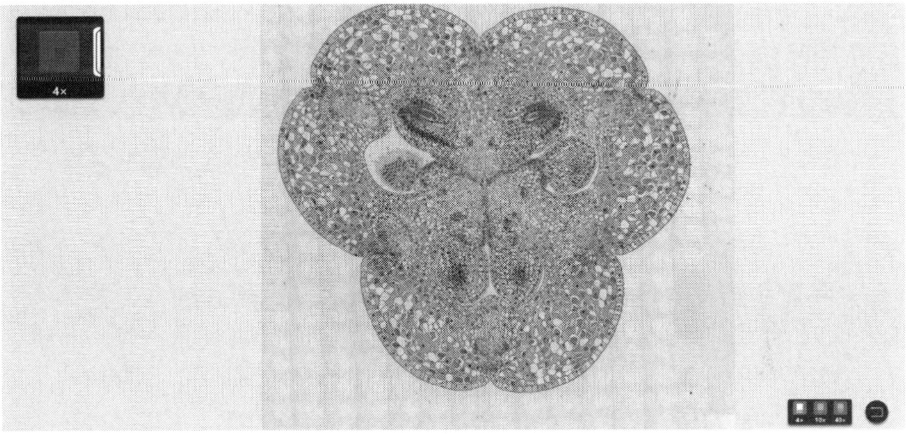

图 2-3　某虚拟仿真实验室中显微镜下的视野（以观察百合子房横切装片为例）

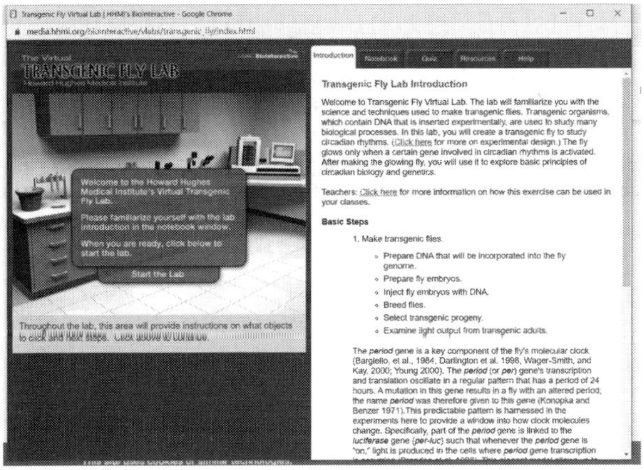

图 2-4　国外某虚拟仿真实验室网站上提供的果蝇转基因实验的操作平台

图 2-5　国外某虚拟仿真实验室网站上提供的提取 DNA 的模拟实验

图 2-6　PhET 中文网站上提供的模拟自然选择的可操控的实验

第三章

生物学实验教学基本技能研究

生物学实验教学的基本技能主要包括实验技能和实验教学技能两大部分。前者主要包括实验的方案设计、器材选择、操作实践、数据收集与分析、评价与优化等；后者包括实验教学的设计、组织实施、评价反馈和教学反思等。科学探究技能是生物学实验的主要技能。除了观察，绘图也是生物学实验中的一项主要技能。在生物学实验教学中，教师除了要进行预实验，还要进行实验教学的设计，将实验与理论、事实与概念、科学探究与科学思维有机结合起来。此外，还要注重因地制宜地进行实验与实验教学的改进、完善与创新，在实验器材、方法、教学设计和实验方案替代等方面着力，以不断提升实验教学的效果。

让我们一起进入本章，学习了解生物学实验教学基本技能。在此基础上，创造性地运用各项技能开展生物学实验教学，促进学生科学素养的全面提升。

第一节　生物学实验技能的内涵及发展

技能是主体在已有知识经验的基础上，经练习形成的执行某种任务的活动方式，由一系列连续动作或内部语言构成。具有初步知识，经过一定的练习和模仿即可获得的是初级水平技能；在丰富的经验和知识基础上，经过反复练习，基本动作达到自动化水平的是技巧。按其性质与特点，技能又可分为动作技能和心智技能。动作技能也叫操作技能，主要是连续的肌肉的运动，表现在对事物的直接行动中。心智技能是在认知活动中通过练习形成的、合乎规则的经验或经验的整合，是一种调控活动的方式。动作技能的形成表现在动作速度的加快和动作准确性、协调性、稳定性和灵活性的增加上。心智技能的形成则主要表现在思维的敏捷性与灵活性、思维的广度与深度、思维的独立性等品质上。[1]

生物学实验技能是指学生在生物学实验中形成的、与生物学实验密切相关的技能，包括仪器操作、数据搜集、观察、调查等。同样，我们可以将生物学实验技能分为操作技能和心智技能两类。生物学实验操作技能由大脑控制机体运动完成，如显微镜的操作等，其生理实质是通过练习，在大脑皮层形成连接。生物学实验心智技能是指通过生物学实验，形成合乎实验规则的、使实验顺利完成的心智活动，如观察、分析、综合、抽象、概括等。技能是后天习得的，在教学过程中，技能的形成一般以知识为基础，同时又是获得新知识的条件。作为学习

[1] 罗世军. 高中生物学实验教学技能目标的理解与实施 [J]. 高考（综合版），2015（8）：60.

的结果，技能不同于知识。从本质上来讲，知识是个体与其环境相互作用后获得的信息及其组织。知识可以储存于个体内，即为个体的知识；也可以通过书籍或其他媒介储存于个体外，即为人类的知识。而技能则是个体亲身活动的经验，个体具有某种活动技能，即说明他已具有该项活动的经验，掌握了该项活动的动作方式，因此，具有某种技能即表示“能够”或“会做”某种事情。

第二节　生物学实验教学设计的基本技能

一、实验设计的基本理论

实验是科学研究过程中的重要环节，是在人为控制的条件下，通过研究对象的变化来论证科学结论的一种科学方法。由于研究问题性质的不同，科学研究的方法也有差异，但通常分为以下几个步骤：观察→提出问题→做出假说→设计实验→验证假说→分析结果→得出结论。

（一）观察

观察是科学研究方法的第一步，是感性认识的开始，是人们主动获取科学知识的重要途径之一。当用一种或多种感官去收集有关信息时，就是在观察。要提高观察能力，必须掌握准确的观察方法。对事物进行观察时必须周详，并将观察到的内容记录下来，而尤为重要的是要保持客观的态度。人们常希望看到心中预设现象的态度，会影响观察结果，产生偏差。所以，观察必须真实、准确，即必须如实地反映所感知的事物。实验观察首先要强调观察的顺序，再下达观察目标的指令和思考问题的指令。例如，演示实验“发酵现象”，教师演示时，可先让学生从左到右观察实验装置，并介绍两个玻璃瓶中的物质，让学生观察不同玻璃瓶中溶液的颜色，若干分钟后，让学生观察玻璃瓶中溶液的颜色有无变化，为什么其中一个会变色，再拔去此玻璃瓶的塞子，让学生闻一闻是什么气味，思考原因。

在实验教学中，教师要引导学生明确观察目的，避免盲目性和随意性，有步骤有条理地指导学生掌握基本的观察方法，培养良好的观察能力。常用的观察方法有顺序观察法、比较观察法、动态观察法等。不论采取哪种观察方法，学生的大脑都要积极地参与思维活动，使学生发现问题和解决问题的能力得到更好的锻炼。在观察的过程中，教师可引导学生进行比较。有比较才会有新的发现，才会有创新。比较是实验过程极为常用和有效的科学方法，比较可以增强学生观察的敏锐性和精确性。一般可以通过实验观察和启发提问的方式对学生进行引导。例如，“颤藻、水绵细胞的比较观察”这一实验，颤藻和水绵的生活环境基本相似，又都是简单的多细胞生物，那么两者之间存在什么区别呢？学生通过显微镜观察，发现了两者细胞的形状、色素分布的不同，更为重要的是通过比较观察又清楚地看到了水绵有一个被碘液染成黄棕色的圆球状的细胞核，而颤藻没有。通过实验观察和启发提问，学生能用比较的方法理解原核细胞和真核细胞的本质区别：原核细胞没有成形的细胞核，真核细胞则有一个真正的细胞核。

（二）提出问题

科学史上的每一项重大发现都是从问题开始的。例如，牛顿发现万有引力是从“苹果为什么会落地”这一问题开始的，弗莱明发现青霉素是从“为什么青霉菌菌落周围不长细菌”这一问题开始的。爱因斯坦曾指出：提出一个问题往往比解决问题更重要。因为解决一个问题也许仅是一个科学上的技能而已，而提出新的问题、新的可能性，从新的角度去看旧的问题，却需要有创造性的想象力，而且标志着科学的真正进步。因此，具有敏锐的问题意识、善于发现问题、能不断探索解决问题的方法是创造性人才的重要特征，培养中学生的问题意识和能力应该是培养未来创造型人才的突破口。学生问题意识越强烈，学习过程中不断产生“为什么”“是什么”“怎么办”“怎么变”等意识，其思维也就越主动、越积极、越自觉，也就越有利于问题出现、问题发展和问题解决，反过来又能有力地促进学生生物学思维能力的提高和创新意识的形成与发展。

虽然任何人都能提出问题，但是有意义的问题才值得探讨。因此，进行研究时，不但要提出问题，而且要提出有意义的问题。美国芝加哥大学心理学教授盖泽尔斯把问题分为三类，即呈现型、发现型和创造型。呈现型问题是指由教师或教科书给定的问题，其思路和答案都是现成的，直接体现着教师和教材编写者的思考。这类问题并非学生主动参与的产物，同时又追求标准答案，因而一定程度上压抑求导质疑的精神。相比之下，发现型和创造型问题更具有创造价值，这两类问题的共同特点如下：①从问题产生的过程来看，这两类问题是学生在学习过程中思考探索的结果，是“愤”“悱”的结果，具有一定的自主性。②从问题解决的过程看，这两类问题由于具有强烈的内驱力，学生一般会孜孜以求，探究解决，表现出执着的追求性。③从问题的本身特点看，这两类问题不是在教师统一要求下的产物，更具有个性，是个性思维的表现。④从问题的答案来看，这两类问题具有一定的开放性。二者的区别在于，创造型问题是人们从未提出过的问题；而发现型问题的答案大多是已知的，发现学习的过程是一种创造情境的再创。从人类认识的角度看，发现型问题未提供新见解，但从学生认知个性来说，却是独立的发现和探索，这种探索过程中所形成的意识和思维发展下去就是真正的创造和发现。对于中学教学来说，最有实用价值的是发现型问题。布鲁纳的“发现教学法”也正是在这个角度上受到教育界的重视。

（三）做出假说

假说也称假设或猜测，指用来说明某种现象但未经证实的论题，也就是对所提出的问题所做出的参考答案。正如牛顿所说：没有大胆的猜想，就做不出伟大的发现。在实验教学中，鼓励学生对实验中可能出现的实验现象和结果进行猜想和预测，并让学生在此基础上自己设计实验方案，选择实验器材，再通过实验去验证自己的预测和猜想，这对激活学生的思维、培养学生的创新能力是非常有益的。例如，在学习“植物的蒸腾作用”时，让学生猜想植物吸收的水分主要用于哪些方面。有的学生认为绝大多数水分用于参与植物体内的各项生命活动，有的学生认为绝大多数水分通过蒸腾作用散失到大气中。学生们经过思考讨论，设计出了“称重法”进行实验探究：剪取一根带叶的健壮枝条，插入密封的、盛有水的锥形瓶内，用一个透明塑料袋套扎在枝叶上，预先将塑料袋、盛水的锥形瓶分别在天平上称重并记录。然后放到阳光下照射一段时间，再将两者称重，计算出锥形瓶内水减少的质量，即植物吸收的水与蒸腾作用散失的水（塑料袋增加的质量）两者之间的比值。实验验证了学生的猜想，提高了他们的创新能力。

做出假说一般分为两个步骤：第一步，提出假说，即依据发现的事实材料或已知的科学原理，通过创造性思维，提出初步假定；第二步，做出预期（推断），即依据提出的假说，进行推理，得出假定性的结论。例如，“动物激素饲喂小动物”实验，其假说是甲状腺激素对动物的生长发育有影响，其预期结果是用适量的甲状腺激素饲喂蝌蚪，将促使蝌蚪的生长发育加速。一个问题常有多个可能的答案，但通常只有一个是正确的。因此，假说的对与错，还需要加以验证，即依据假说或预期设计实验方案进行实验验证。

（四）设计实验

实验是验证假说和解决问题的最终途径，是在人为控制的条件下研究事物变化的一种方法。实验是科学研究的最大特色，也是科学研究中最困难的一步。在科学实验中，一般要掌握以下几点。

1. 变量

变量或称因子，是指实验过程中被操作的特定因素或条件。按外质不同通常可分为两类：实验变量与反应变量，无关变量与额外变量。

实验变量与反应变量。实验变量，也称为自变量，指实验中由实验者所控制的因素或条件。反应变量，亦称因变量，指实验中由于实验变量而引起的变化和结果。通常，实验变量是原因，反应变量是结果，二者具有因果关系。实验的目的在于获得和解释这种前因后果。例如，“温度对酶活性的影响”实验，所给定的低温（冰块）、适温（37 ℃）、高温（沸水浴）就是实验变量，而由于低温、适温、高温条件变化，唾液淀粉酶水解淀粉的反应结果也随之变化，这就是反应变量（唾液淀粉酶的活性）。该实验重点在于获得和解释温度变化（实验变量）与酶的活性（反应变量）的因果关系。

无关变量与额外变量。无关变量，也称控制变量，指实验中除实验变量以外的影响实验现象或结果的因素（条件）。额外变量，也称干扰变量，指实验中由于无关变量所引起的变化和结果。显然，额外变量会对反应变量有干扰作用。因此，实验的关键之一在于控制无关变量或减少额外变量，以减少误差。例如，“温度对酶活性的影响”实验，除实验变量（低温、适温、高温）以外，试管洁净程度，唾液新鲜程度，可溶性淀粉浓度和纯度，试剂溶液的剂量、浓度和纯度，实验操作程度，温度处理的时间长短等，都属于无关变量。实验要求对低温、适温、高温 3 组实验是等同、均衡、稳定的，如果无关变量中的任何一个或几个因素或条件对 3 个实验组的给定不等同、不均衡、不稳定，则会在实验结果中产生额外变量，出现干扰，造成误差。

2. 确定实验组与对照组

一个实验通常分为实验组和对照组：实验组是施加实验变量处理的被试组，对照组是不施加实验变量处理的对象组。无关变量对两者的影响是相等的，两组之间的差别是实验变量影响的结果。

二、实验设计应遵循的原则

（一）科学性原则

所谓科学性，是指实验目的要明确，实验原理要正确，实验材料和实验手段的选择要恰当，设计思路和实验方法的确定都不能偏离生物学基本知识和基本原理以及其他学科领域的基本原则。对实验结果的分析也要采用科学的方法，尤其在定量研究中，某一次结果并不代表研究对象的典型特征，也可能只是一个偶然值。

1. 实验材料选择的科学性

实验过程中正确选取实验材料是保证实验成功的第一步。例如，“观察根尖分生组织细胞的有丝分裂”实验中，适时、准确地切取洋葱根尖生长点部位，是实验成功的前提。实验材料的选择是由实验原理、实验目的来决定的。例如，孟德尔选用自花传粉、闭花授粉的豌豆作为遗传实验的材料。再如“检测生物组织中可溶性还原糖”实验中，实验目的是检测组织中存在可溶性还原糖，因而取材应注意含糖量的高低。检测的原理是还原性糖与斐林试剂的呈色反应。为使呈色反应易于观察，所选材料最好是白色或近于白色的。确定了合适的实验材料后，在取样时也要考虑选取有代表性的材料，而不是随意地选取。又如“绿叶中色素的提取和分离”实验，将实验材料确定为新鲜菠菜后，确定选取什么样的叶片也是很关键的，过小的、过大的、有病虫害的叶片不应在选取之列。

2. 实验方法的科学性

只有用科学的实验方法，才能得到准确而可靠的实验结果。如“证明种子呼吸作用释放 CO_2”实验，实验设计如下：通入的空气首先通过 NaOH 溶液除去 CO_2，再通过澄清石灰水，检验 CO_2 是否除尽，最后才通入装有萌发种子的密封瓶中。只有经过这样的步骤，才能尽可能排除干扰因素，更好证明瓶中的 CO_2 确实来源于种子的呼吸作用。

3. 实验数据分析方法的科学性

完成实验步骤得到实验数据后，分析实验数据也是非常关键的一步。分析定量实验的实验数据时要用到数学统计的方法，只有建立在数学统计基础上的分析结果才具有科学性，才能得到科学的结论。在生物学历史中，孟德尔是最早使用数学统计方法分析实验结果的生物学家。

（二）控制原则

生物学实验是通过控制和干预实验对象而进行的探索活动。控制就是在分析的基础上找出影响现象产生的各种因素，从而以控制或干预某一需要研究的因素来达到认识事物本质的目的。在生物学中，主要对以下几类实验条件进行控制。

1. 环境条件

环境条件对实验结果的影响非常大。环境条件主要包括温度、光照强度、空气成分、压力、压强、溶液浓度、pH、种群密度等。

2. 时空条件

实验对象在不同时间处理或因处理时间长短的不同会产生不同的效果。空间条件对实验结果也很重要，特别是在研究动物行为实验或生态学实验中更为明显。

3. 仪器装置

选择不同的仪器装置对实验操作的方便性、观察的直观性等会产生极其重要的影响。

（三）单一变量原则

单一变量原则是处理实验中各种复杂关系的准则之一，强调的是实验组和对照组的区别只能有一个实验变量。只有这样，当实验组和对照组出现不同的结果时，才能确定这种不同结果肯定是这个实验变量造成的，从而证明实验组所给实验因素的作用。单一变量原则有两层意思：一是确保单一变量的实验观测，即无论一个实验有几个实验变量，都应做到一个实验变量对应观测一个反应变量；二是确保单一变量的操作规范，即实验操作中要尽可能避免无关变量及额外变量的干扰。例如，意大利医生雷迪设计了两组实验对“腐肉生蛆”进行验证。第一组用软木塞密封瓶口，苍蝇不能接触腐肉；第二组瓶口不密封，苍蝇能接触腐肉。过一段时间后发现第二组生蛆，而第一组没有生蛆，因此雷迪认为蛆是由苍蝇卵孵化成的。由于该实验中变量有两个：空气和苍蝇，所以许多人对此结果持有异议。为此，雷迪将第一组实验改为用纱网罩住瓶口，使得两组实验只有一项因素不同，把不同的结果归因于一个变量，得出了“腐肉不能生蛆”的结论。再如，“温度对酶活性的影响”实验，此实验遵循单一变量原则：第一，在观测时要做到低温处理并观测记录低温下的变化和结果，高温处理并观测记录高温下的变化和结果，反应变量不能混淆；第二，在操作上要做到在预先的低温、适温、高温条件下做实验处理，常见的错误是先在常温下做处理，再放到低温、适温、高温条件中进行观测，这样就混入了“常温”这个额外变量。总之，实验设计、实验的全过程，都应遵循单一变量原则。

（四）对照原则

设计实验往往要设计对照实验。设计对照实验是为了比较，有比较才会有鉴别，比较是一切思维和理解的基础，是确定研究对象之间共同特征的思维过程和方法。同一种实验结果可能是由多种不同的实验因素所引起的，如果没有严格的对照实验，即使出现了某一种实验结果，也很难确定是由哪个因素所引起的。对照原则就是要求实验设计要排除无关条件的干扰，显示变量—结论之间的必然联系。例如，恩格尔曼实验、肺炎链球菌的体外转化实验，都包含着对照原则。常用的对照方法有空白对照、条件对照、相互对照和自身对照。

1. 空白对照

空白对照就是不给对照组任何处理因素。但是，“空白”绝不是什么影响因素都不施加，而是针对实验组所要研究的因素给予空白，以突出所要研究的因素。例如，在“检测生物组织中可溶性还原糖”实验中，向甲试管的溶液加入试剂，而乙试管的溶液不加试剂，甲、乙试管一起进行沸水浴，比较它们的变化。这样，甲为实验组，乙为对照组，且乙为典型的空白对照。在验证甲状腺激素的作用实验中，对照动物不做实验处理，让其自然生长；给实验组动物饲喂甲状腺激素制剂或甲状腺抑制剂，以观察甲状腺激素的作用。

2. 条件对照

条件对照虽然给对照组施以部分实验因素，但施以的不是所要研究的处理因素。例如，“动物激素饲喂小动物”实验，实验材料可选用小蝌蚪，采用等组实验法，其实验设计方案为甲组饲喂甲状腺激素（实验组），乙组饲喂甲状腺抑制剂（条件对照组），丙组不饲喂药剂（空白对照组）。显然，乙组为条件对照。该实验既设置了条件对照，又设置了空白对照，通过比较、对照，更能充分说明实验变量——甲状腺激素能促进动物的生长发育。

3. 相互对照

相互对照不设空白对照组，而是几个实验组相互对照。在等组实验中，大都是运用相互对照。例如，“验证植物根对矿质离子的选择吸收特性”时，把番茄和水稻分别培养在成分相同的培养液中，一段时间后，测定各种矿质离子浓度的变化，发现番茄吸收 Ca^{2+} 多，吸收 SiO_3^{2-} 少；而水稻吸收 SiO_3^{2-} 多，吸收 Ca^{2+} 少，即为两个实验组的相互对照。再如，在“温度对酶活性的影响”实验中，不同温度条件处理下的几个实验组是作为相互对照的，较好地平衡和抵消了无关变量的影响，使实验结果更具有说服力。

4. 自身对照

自身对照即对照和实验都在同一研究对象上进行。常见的做法有两种：单组法和轮组法。自身对照，方法简便，关键是要看清楚实验处理前后现象变化的差异，实验处理前的对象状况为对照组，实验处理后的对象变化则为实验组，例如，“观察植物细胞的质壁分离与复原”实验就是典型的自身对照。对照组为正常的洋葱表皮细胞，实验组为质壁分离和复原的洋葱表皮细胞。

（五）随机化原则

生命现象最突出的特征是它的多样性，生物体不存在永恒性，都受着特定的时间和空间的制约。在有性繁殖的种群中没有两个个体完全相同，个体与个体之间表现出来的差异性是无法预测的。这是由于在生物个体的产生过程中存在着许多不确定性的因素：DNA 的复制、染色体交换和分离、配子选择、配偶选择等；每个环节都存在着随机性。而且，个体在生存过程中也存在着许多不确定性因素：被敌害消灭，被病原体致死，遭遇天气灾害，营养不良，寻找不到配偶，在生育后代前就死亡等。这些因素都影响着个体是否能顺利地繁殖下去。究竟其中哪一个因素起决定性作用是无法事先知道的，完全取决于无从预测的环境条件。因此，从这个意义上说，生物个体都没有永恒性，都受着时间和空间的制约。但是，随机性并不意味着生物现象的发生是违背因果关系的，是没有原因和根据的，是无规律可循的，因而随机性之中存在着必然性。就生物个体的独特性而言，任何个体都是生物进化链上的一个环节，都是历史的产物并延续着历史。所以，对生物的研究必须考虑历史背景，否则任何结构或功能都将无法被充分认识。随机性的另一个重要观点是，在认识生物学规律和运用生物学方法解释现象时往往要运用概率学原理。生物学中理论的概括几乎完全是概率性的。有这样的妙言：生物学中只有一条普遍定律，那就是一切生物学定律都有例外。这种概率性的概念化与科学革命早期认为自然界事物的原因都由可以用数学形式表达的定律支配的看法相去甚远。随机化的意义在于消除或减少实验中的系统误差，从而避免实验结果的偶然性。

（六）可行性原则

可行性原则指整个实验设计要具有可行性或可操作性，一方面指实验方法和器材的选择上要具有可行性，既要切合实际，又要操作简便、安全可靠、现象明显；另一方面，指实验步骤的设计必须具有可行性，要写出具体的操作步骤，而不能用笼统概括性的语言。

（七）经济性原则

设计实验时，要考虑实验所需要的成本和时间，因此，要选取容易获得的实验材料，比较简单的实验装置，价格比较便宜的实验药品，比较简便的实验操作过程，比较简练的实验步骤，比较短的实验时间。简单地说，也就是根据实际情况，确定如何进行实验。

（八）可重复性原则

重复、随机和对照是保证实验结果正确性的三大原则。重复性原则可以消除非处理因素造成的误差。任何实验都必须有足够的实验次数，才能判断结果的可靠性，否则得到的结论缺乏可信度。因为仅凭某一个具体实验的结论，不一定能概括出一类事物的本质。例如，对于同一作物品种，在光照、水分、土壤肥力等因素相同的条件下，通过控制温度来考察温度对该作物品种的影响，不能仅根据实验中表现出的差异立即得出温度对其影响的结论（可能会有植物个体差异之间的作用，或在具体操作中的失误等影响），这就需要重复实验的方法来证明这一具体实验反映的结果。

（九）平衡原则

平衡原则主要是对无关变量与额外变量的控制而言的，即实验中的无关变量的影响很难避免，只能设法平衡和抵消它们的影响。常用的方法有以下几种。

1. 单组实验法

对一组（或一个）对象，既用 A 法，又用 B 法，顺序随机或轮流循环，这是生物学实验常用的单组实验法。例如，“观察植物细胞的质壁分离与复原”实验，通常是将做好的洋葱紫色鳞片叶表皮细胞装片，先用蔗糖溶液处理做质壁分离观察，接着用清水处理做质壁分离复原观察，这就是单组实验法。由于对象同一，无关变量影响也就被平衡和抵消了。

2. 等组实验法

将状况相等的对象分成两组或多组，一组用 A 法，另一组用 B 法，这也是生物学实验常用的等组实验法。例如，“植物激素与向性”实验，设计了 5 组实验，其对象是玉米幼苗，要求每组玉米幼苗的品种、萌发期、粗细、大小、长势等状况都是相同的，这就是等组实验法（等量原则），这样的方法对无关变量的影响起到了平衡和抵消作用。再如，在“pH 对酶活性的影响”实验中，单一变量是 pH，对除 pH 外的其他一切对酶活性有影响的无关变量，不但要严格控制等量，而且要控制在适宜的量。如对温度的控制不但要相同，而且要适宜，即要给予酶所需的适宜温度，而不能控制在低温或高温条件下。

3. 轮组实验法

对两组以上的对象，循环进行两个或两个以上的实验处理如甲组先后用 A 法、B 法，乙组先后用 B 法、A 法等是生物学实验常用的轮组实验法。轮组实验法能有效地平衡和抵消无关变量的影响。当然，操作起来要麻烦一些。例如，“植物向光性”实验，可随机取 2 组生长状况并不相等的玉米幼苗，做如下实验处理。甲组：玉米幼苗先做不透光处理（A），后做单侧光处理（B）；乙组：玉米幼苗先做单侧光处理（C），后做不透光处理（D）。实验结果则是 A+D（不透光）和 B+C（单侧光）的比较，这就是轮组实验法。这种实验处理方法，对平衡、抵消无关变量和额外变量更有说服力。

三、实验设计的基本方法

（一）明确实验目的和原理

实验目的和原理是实验设计的依据。实验原理就是实验方法、实验手段、实验操作过程以及实验结果分析等所依据的科学理论，是生物学实验的灵魂或枢纽。实验原理决定着实验步骤的设计及试剂的选择。只有明确实验目的，才能知道运用哪一原理进行实验设计，才能明白实验设计中哪一因素是实验变量。

（二）确定实验思路

不同的实验目的，不同的实验原理，进行设计的思路也是不同的，应根据实验原理对实验做出假设（可检验的），确定变量（实验变量和反应变量）。当反应变量的变化不能直接观察和测定时，还需要确定能表现反应变量变化的可测定的观察指标。

（三）设计实验步骤

根据实验目的、原理和思路，选用合理的实验材料与实验仪器，采用一定的手段或方法（或技术路线），进行实验步骤设计。实验过程中，实验步骤的每一步都要严格按照实验设计进行，否则就可能影响到实验结果。例如，在“观察根尖分生组织细胞的有丝分裂”实验中，解离之后若不漂洗，则会影响后面染色的效果，最终影响观察的结果。

（四）分析实验结果

科学的本质是探索真理和发现真理，其最有生命力的价值是“发现”。对实验结果的分析是发现新知识的起点。根据实验原理，可对实验现象及记录的数据运用逻辑思维、综合归纳、类比思维等多种思维方式进行思考，从而预期实验结果并做出正确分析，得出结论。实验或探究得到的数据和现象可能很多，教师要引导学生分类、分析和综合，并对相关信息进行评估。在分析实验数据和现象时，应坚持客观性和科学性。有时对同一数据采用不同的处理方法，可以说明不同的问题。例如，探究“植物对空气湿度的影响”时，如果把某一时刻从裸地、草地和灌丛中测得的数据取平均值，分析比较，可以知道三处地点该时刻的湿度差异；如果把某一处早、中、晚测得湿度的平均值绘成曲线，可以了解该处地点一天内的湿度变化；如果把三处地点早、中、晚的湿度变化曲线画在同一个坐标图上，还可以比较三处地点一天内湿度变化的异同。教师要指导学生根据探究的需要，确定适宜的数据处理方法，从而确保结果的方向性。

有时实验结果与假设不一致，那么就要引导学生分析实验过程，回溯实验设计和实验操作有无不妥的地方，找出错误的根源，然后再重新设计和实施实验，直到得出正确的结论。在这一过程中，小组内每一位成员都有机会发表自己的观点同时听取他人的观点。

另外，引导学生进行分析的时候，要提醒学生不能只重视观测结果而不重视分析结果，只重视成功的结论而不重视分析实验失败的原因。因为许多创造性思维就是在失败中获得的，一些科学发现也是来源于失败的实验结果。

（五）编写规范的实验方案

实验设计不能仅依靠大脑的想象，而是要形成书面材料，在编写的过程中可以不断修改完善。实验设计方案通常包括实验课题、实验假说、实验预期、实验目的要求、实验方法类型、实验对照、实验材料用具、实验方法步骤、实验结论与讨论等项目。

规范化的生物学实验设计教学能力的培养是一个日积月累的过程，生物学教师首先要具备规范化的实验设计理论知识体系，同时还要进行反复的实验训练，不断领会实验设计的原理、遵循的原则以及方法，只有这样才能逐渐形成规范化的生物学实验设计的教学能力，才能在以后的教学实践中培养出具备较强的实验设计能力的学生。

第三节　生物学实验教学改进的研究技能

一、分析实验背景和原理

教师在阅读教材中实验相关的内容后，应能确定实验涉及的背景和原理包含哪几个对象和过程。如阅读教材上有关“低温诱导植物细胞染色体数目的变化”实验的内容后，我们可以确定关键性实验材料和试剂为植物根尖、卡诺氏液、染色体染剂、盐酸及酒精等，过程包括植物根尖细胞的培养、细胞和染色体的固定、植物组织的解离、染色剂的结合等。在实验前期，教师的准备应该包括以下几点。

（一）确定实验材料的物理特性、化学特性以及生物学特性

对于实验的关键性材料，我们要了解材料的物理性质，如颜色、状态（气态、固态、液态）、气味、熔点、沸点等。例如解离液由盐酸和酒精以不同的比例混合而成，盐酸具有刺激性气味，在准备试剂时就要注意防护和提醒。

化学性质，如酸性、碱性、氧化性、还原性、热稳定性等。比如过氧化氢具有一定的自解性，且随着温度的升高，过氧化氢的分解速率会逐渐增大，所以在设计有关过氧化氢的实验时就要格外注意温度对实验产生的影响。

生物学特性，一般指形态、结构、生活习性等。以“探究自然选择对种群基因频率变化的影响”实验为例，桦尺蛾的颜色、形态、栖息方式等都对情境导入和环节铺开有重要的意义。

（二）分析实验材料的可得性、成本和利用率

在准备阶段要考虑是否所有的实验材料、试剂及器材都有可得性。“探究酵母菌细胞呼吸的方式”实验中有两种试剂（重铬酸钾溶液及溴麝香草酚蓝水溶液）不易获得，实验室鲜少配备。其中溴麝香草酚蓝水溶液可以通过网购获得，但是重铬酸钾溶液（有剧毒）则需要上报审批，教师要及时与实验员等相关人员沟通，确保不会出现试剂不全的情况。“观察蝗虫精母细胞减数分裂装片”实验对于固定装片的要求很高，根据一些教师的预实验结果，发现只有 2/3 的装片进行减数分裂的细胞染色体形态清晰。有的实验同时需要冰箱、光照培养箱等器材，应提前确认器材空间大小是否适宜，实验时间内是否被占用，运行是否正常稳定，是否需要专人观察等。总之尽量在实验之前确保所有材料的可得性，这样可以避免做无用功，或者临时寻找备用材料、器材的情况。

实验成本也应考虑在内。如“低温诱导植物细胞染色体数目的变化”实验普遍存在低温诱导效果差，实验结果与预期不相符的情况。有部分教师为了更好地让学生观察到染色体加倍的行为，使用秋水仙素处理代替低温诱导，而秋水仙素除有剧毒，在操作过程中有不可控性之外，还有价格高昂的劣势。进行“性状分离比的模拟实验”和“探究自然选择对种群基因频率变化的影响”模拟实验时，为了减少误差需要增加实验次数，实验材料需求量过多时，可以考虑用黄豆、黑豆等代替。

尽量充分利用实验材料，避免资源浪费。“探究植物细胞的吸水和失水”实验使用的是洋葱鳞片叶，“低温诱导植物细胞染色体数目的变化”实验使用的是洋葱根尖，两者的预实验可以安排在一起进行，条件允许也可以同步进行学生活动。

（三）查阅每一个实验步骤的原理

每一个实验都需要许多实验步骤来达到不同的目的，最后获得目标结果。每一个实验步骤都有其化学或生物学原理，对这些实验步骤的了解可

以帮助教师理解实验目的，提升自己的知识广度，也可以帮助教师灵活应对实验过程中出现的各种偶然状况，及时做出最佳的应对措施。

下面以“低温诱导植物细胞染色体数目的变化”实验说明需要确定的步骤原理，见表3-1。

表3–1　“低温诱导植物细胞染色体数目的变化”相关实验原理

实验名称	步骤	原理
低温诱导植物细胞染色体数目的变化	将蒜（或洋葱）在冰箱冷藏室内放置一周	低温可以破除蒜（或洋葱）的休眠期。蒜收获之后有两个多月的休眠期，如果温度高于26 ℃，蒜也会进入休眠期；洋葱在收获后的休眠期为1.5～2.5个月，一般在9～10月。低温破除休眠后的蒜出根数目增加且根生长更为整齐。处理时间为1～7天不等
	将蒜（或洋葱）放在装满清水的容器上方，让蒜的底部接触水面，于室温（约25 ℃）进行培养	植物根的生长由根尖部分完成，根尖由根冠、分生区、伸长区、成熟区组成。分生区细胞的功能是分裂产生新细胞，其分裂指数较高。大多数植物培养的温度要求在25 ℃ ±2 ℃，如果室温过低则植物生长缓慢或停止生长
	待蒜（或洋葱）长出约1 cm长的不定根时，将整个装置放入冰箱冷藏室内，诱导培养48～72 h	蒜（或洋葱）长出约1 cm长的不定根时，分生区细胞分裂活动更加旺盛。低温诱导染色体数目变化的方法属于温度休克法（temperature shock method）中的冷休克法（cold shock，处理温度为0～5 ℃），其作用机制是温度的变化引起细胞内微管蛋白或某些酶构型的改变，导致细胞分裂时不能形成纺锤丝，使已完成染色体加倍的细胞不能正常将染色体移向两极。也有人认为是能量限制导致了染色体数目的变化，纺锤体通过微管蛋白聚合组装成微管过程需要大量的ATP，低温不利于酶促反应的进行，导致细胞分裂时形成纺锤体所需的ATP的供应途径受阻，已完成染色体加倍的细胞不能分裂

续表

实验名称	步骤	原理
低温诱导植物细胞染色体数目的变化	恢复常温培养	细胞周期的长短随温度变化而变化，植物细胞的细胞周期一般为 10 ～ 30 h，低温状态会抑制酶的活性从而抑制细胞的代谢，如果诱导时间过短，很多细胞没有经历完整的细胞周期，就无法实现染色体加倍。大部分分裂期细胞受到低温的抑制，停止在有丝分裂前期或者中期，只有极少数处于有丝分裂后期的细胞才发生了染色体加倍的行为。恢复常温培养可以使低温诱导后的细胞再次出现一个细胞分裂的高峰，提高视野中染色体加倍细胞的数量和比例，使数据更具有统计学意义
	固定	卡诺氏液，主要由乙醇、乙酸等混合而成，有的还加入了氯仿。用于动物细胞和组织的固定，有极高的渗透力，固定时间最多不超过 24 h。卡诺氏液可以迅速穿透细胞，一方面阻止内源性酶分解细胞结构，另一方面与染色体相结合使其形态结构保持不变，同时提高染色体的嗜碱性，便于染色剂的附着。固定液主要分为醛类固定液、汞类固定液、醇类固定液、氧化剂类固定液等
	酒精冲洗	根据相似相溶的原理，卡诺氏液配方中含有乙醇、乙酸，有的还含有氯仿，乙醇、乙酸溶于水，但是氯仿不溶于水，只能用酒精冲洗
	解离	解离液通常由盐酸和酒精混合而成，酒精可以迅速穿透并杀死细胞，将正在进行分裂行为的染色体固定下来。盐酸可以与植物细胞壁中的果胶发生反应，使中胶层物质溶解，从而软化甚至瓦解细胞壁
	漂洗	漂洗是为了去除多余的解离液，特别是盐酸，防止解离过度，破坏染色体结构。盐酸和酒精均溶于水，所以可以用蒸馏水漂洗

续表

实验名称	步骤	原理
低温诱导植物细胞染色体数目的变化	染色	在本实验中使用的染色剂是以甲紫溶液和醋酸洋红溶液为代表的碱性染料。染色剂对被染组织有高度的亲和力。产生颜色的发色基团和与组织间产生亲和力的助色基团共同决定了染色剂的染色性质。目前，在较多实验中，用改良苯酚品红染液对染色体进行染色，取得了较好的效果

对每一个步骤原理的分析可以理解操作与操作之间的联系，也能帮助教师更好地组织实验、实践创新思维、分析实验失败的原因。如镜检时发现细胞重叠分散不开，则应考虑是解离不充分或压片不当，这样就可以及时调整解离液的浓度和解离时间，优化制片操作。不同的实验之间也互有联系，“观察根尖分生组织细胞的有丝分裂”实验与“低温诱导植物细胞染色体数目的变化”实验就有非常密切的联系，二者的实验原理、实验步骤有很多相同之处。在整理完一个实验的相关实验背景与原理之后可以灵活迁移到其他实验之中。这些出现在多个实验中的，能解决大多数实验操作问题的就是基础生物学实验能力。说明实验步骤的原理不仅要求我们有达成某一操作目的而具备的技能，还要求我们有遇到某一类型的实际问题时产生的思维策略。

（四）判断是否有替代性材料或处理方法

受地区、季节、学校实验平台等因素的影响，教师可以接触到可替代的或更优化的实验材料或器材，有些实验材料还具有地方特色。例如“绿叶中色素的提取和分离”,不同实验材料叶绿素的含量不同,叶片又有革质、纸质、肉质、草质、膜质等类型，不同类型的叶片研磨后析出色素的情况不同。随着季节的更替，植物的色素含量会发生改变，相应的，叶片颜色也会发生变化，如银杏叶变黄、枫叶变红，教师可以在学生学有余力的时候适当拓展探究。基于学校的实验平台构建，某些学校会配备微生物培养箱、CO_2 和 O_2 传感装置、数码显微镜、离心机、抽滤器等，充分合理地利用这些仪器设备可以帮助我们优化实验步骤，规避系统误差，化定性为定量。“绿叶中色素的提取和分离”实验中，教材建议过滤研磨液使用单层尼龙布，然而在实验室中，尼龙布不如滤纸易得，且滤纸的过滤效果更好，可以滤除更多大颗粒物质。所以在准备该实验时，教师可以考虑使用滤纸替代尼龙布。同样，该实验画滤液细线时要求使用毛细吸管，在实际操作过程中，毛细吸管存在不易控制流速等缺点，使用毛笔等替代工具也可以达到相同的实验目的。所以在准备实验时，教师可以将多种替代性材料或仪器考虑在内，结合当地教学背景和学生学情，灵活调整实验方案。

二、分析实验的教育目的和功能

每一个实验模块都有其相对应的教育目的和功能。在《普通高中生物学课程标准（2017 年版）》对于课程内容的描述中，每一模块均有为帮助学生达成对概念的理解，促进学生生物学学科核心素养的提升，应开展下列教学活动的建议和要求，其中大部分教学活动均是探究实验，与之相对应的概念要求就是我们要通过实验帮助学生建构的知识框架，在学业要求中也有学生应该通过实验操作掌握的技能要求和学习要求。教师要在充分研读课程标准的基础上分析实验指向的教育目的和功能，帮助设计最佳的教育方法和手段以达到更好的教学效果。

（一）分析实验在教材中的地位

首先确定实验位于教材的哪一个章节，在此章节之前，学生已经学习了哪些内容和知识点，具备了哪些知识技能和前科学概念。在此章节之后，学生即将学习哪些内容。实验是为了引入课程内容，作一个类比推论的前置；还是对本章节的论述做一个验证性强化；又或是起到承上启下的作用，既对前文知识内容做一个总结，又隐含后续章节的铺垫。了解各实验的作用和在教材中的地位有利于教师安排教学内容，强调实验重点，提示科学思维。

如“性状分离比的模拟实验”，有助于帮助学生理解孟德尔对一对相对性状杂交实验的解释，从而体会分离定律的实质，加深对分离定律的理解。在模拟实验过程中，可以提高学生的科学探究能力（如实践能力和团队合作能力），可以发展学生的模型与建模思维，体会模拟实验在科学研究中的意义。该实验还要求学生进行数据统计，在统计数据的过程中，学生可以体会到数学统计学与生物学的完美结合。“制作 DNA 双螺旋结构模型”实验能够使学生加深对 DNA 结构特点的认识和理解，从而有助于“亲代传递给子代的遗传信息主要编码在 DNA 分子上”这一概念的构建，同时发展学生的模型与建模等科学思维，提高学生的实验操作能力和合作能力。

（二）分析实验对发展学生生物学学科核心素养的作用

《普通高中生物学课程标准（2017 年版）》中凝练了学科核心素养，明确了学生学习该学科课程后应具备的正确价值观念、必备品格和关键能力。在安排教学内容时，教师要兼具考虑帮助学生适应社会生活，提高个人道德品质等维度，从生命观念、科学思维、科学探究和社会责任等方面发展学生的学科核心素养。具体来说，教师要整理实验所涉及的生命观念，如结构与功能观，进化与适应观，物质与能量观，稳态与平衡观等，在实验教学中渗透批判性思维、创新性思维等科学思维，合理规划完整理性的科学探究的实验路径和教学路径，启示学生主动参与社会议题的讨论、承担宣传生态保护责任等理性观念。

以“调查人群中的遗传病”实验为例，学生需要通过该实验初步学会调查和统计人类遗传病的方法；通过对这几种人类遗传病的调查，了解这几种遗传病的发病情况；通过社会调研，提高人际交往能力、培养从社会中获取信息和数据的能力。学生之前已经掌握了有丝分裂、减数分裂、染色体的变异等知识，可以很好地理解遗传病的发病机制。然而由于社会分流等原因，学生可能会有一种遗传病离自己很远、遗传病都是不可治愈的、遗传病很可怕的错觉，合理开展本实验可以帮助学生建立正确地对待遗传病的态度，帮助学生学会应用相关的预防和治疗措施。该实验的开展是具有一定的难度的，一方面遗传病的发病率虽然不低，但是对于学生来说，可供其调查的人群范围较少，所获得的样本基数较难以支撑一份严谨完整的调查；另一方面，因为涉及个人隐私，会有部分调查对象产生抵触情绪，不愿意透露自己的患病情况等。目前很多遗传病，如红绿色盲（弱）已经有了较好的治疗手段，调查人群的治疗情况也会对实验结果造成影响。“调查人群中的遗传病”属于社会调查型实验，在此过程中，学生可以迅速掌握基础的科学统计学的相关知识，更重要的是认识到遗传病其实就在自己的身边，我们要科学理性地认识遗传病，并且培养对待遗传病的正确、科学的态度和方法。

三、整理文献，形成研究综述

文献的阅读和整理对于教学改进，特别是实验改进是重要且必需的。许多一线教师和教育工作者在教学实践和实验探究过程中记录了自己珍贵的发现，总结了提高实验成功率、优化课堂教学的方式方法，这些经验与总结可以在短时间内帮助我们拓宽、优化思路，生成多角度攻克难题的策略。一些书籍和指导性材料也可以帮助我们更科学更系统地统筹规划，在实验操作与课堂讲授之间取得一个最好的平衡。总之，一个相关研究综述不仅可以展示实验问题的研究历程，提示教学重难点，还可以提供改进启示和优化思路，帮助教师形成一个完整的系统的思维框架。在整理文献的时候，需要对实验改进的类型做一个梳理，比如某篇文章重点可以是对实验材料的改进，或者是对材料处理方法的改进，又或是对实验装置和实验流程的改进。有些文章侧重于教学过程的优化，那么优化的重点可以是课堂情境的设置，或者是科学思维的渗透，又或是合作形式的探究。各种文献均需要合理归纳与分类。将每一个类型的要点、注意点、创新点汇总之后就能大大提高针对性，便于查阅与比较。以下列举一些文献搜集的方式，以供参考。

图书：超星数字图书馆、方正电子图书数据库、书生之家电子图书、Net library 电子图书等。

中文期刊：中国知网、维普期刊、万方数据知识服务平台等。

英文期刊：EBSCOhost、Springer Link、Web of Science 等。

课件：学科网、第一PPT 网、人民教育出版社官网等。

公开课：网易公开课、大学资源网、中国数字科技馆、壹课堂、一师一优课、中国大学 MOOC 等。

四、整合实验改进建议，形成创新实验方案

学生实验占据了课堂的大部分时间，所以合理设计实验，创造实验环境，提高实验科学性和成功率是非常重要的。做预实验是一个很好的调整实验方案，也是使实验最快达到预期实验目标的方式。但是预实验耗时长，实验材料、仪器不合适需要临时更换的情况多有发生，所以在进行预实验之前就需要对实验有一个完整的规划，对每一个实验环节的优化都有一个或多个初步的设想。

（一）规避实验潜在风险

在实验操作过程中，受学生操作能力的限制，难免会出现一些突发情况，教师需要提前规避这些情况，并且要以保证学生安全为最先原则。比如涉及水浴加热的实验，有的实验室配备电热水浴锅，而有的实验室只能使用酒精灯加热的方式，教师就需要提醒酒精灯的危险性，告知发生紧急情况时的处理方式等。若使用玻璃弹珠进行“性状分离比的模拟实验”，玻璃弹珠坚硬且圆滑，教师则需要提醒学生不要吞服，玻璃弹珠掉落后要及时捡起，以防踩到滑倒。有些实验试剂具有刺激性气味且有腐蚀性，在操作过程中应防止出现泼洒现象。比如配制稀盐酸时，浓盐酸储存于玻璃瓶中，在玻璃瓶盖内还有一塑料塞，较难取出，处理不当极易泼洒；并且浓盐酸易挥发，在转移至量筒时操作者容易吸入氯化氢气体。所以在处理这类试剂的时候，教师可以提前配制溶液，或者让学生在通风橱内进行操作。除了保证学生人身安全，还要保护、爱护实验室内的各种器材。一方面，滤纸、吸水纸等一次性耗材按需发放，要求学生不乱用、乱丢；另一方面，向学生讲解并强调各种器材的正确使用方法，比如 CO_2、O_2 等传感装置不能沾水，显微镜须将镜筒下降至最低再缓缓上升，避免镜头损坏。实验结束之后，废液废物要妥善处理。强调不可以在实验室内吃东西，也不可以将实验室内的物品带出实验室等。教师要对学生做必要的安全知识普及，也要从源头上提前规避实验存在的隐患、可能出现的风险。

（二）分析实验重点和难点

对每个实验重难点的把握，有利于教师合理安排实验进程，在实验之前提示注意事项，在实验之后总结知识点。对于实验重点来说，每一个操

作步骤对最后的实验目的都是至关重要的，有一些步骤可以用其他的步骤来代替，但是有一些步骤却是不可替代的（直接体现实验与教材内容相连接的部分）。如“低温诱导植物染色体数目的变化”实验难度大，实际实验效果差，低温处理获得的加倍个体数量少。同时低温处理使得细胞代谢水平降低，细胞分裂周期时间延长，显微镜观察结果不如在常温培养下观察到的明显。但是低温诱导这个步骤是必不可少的，本实验的目的是让学生感知染色体加倍的特殊行为，如果单纯为了学生的实验所得感、成就感，而让学生直接观察常温培养的根尖分生区细胞，那就与“观察根尖分生组织细胞的有丝分裂”实验无异了。

实验难点可以通过多次实践的积累总结得出，每个实验容易在哪个环节或哪几个操作步骤出现问题是有迹可循的。比如观察洋葱根尖细胞有丝分裂或减数分裂行为时，学生很容易在压片时出现问题，用力过小根尖分散不开，用力过大导致盖玻片破碎，用力不正导致滑片等。在实验过程中还发现，取材对该实验至关重要。实验中对取材的描述很简单：“剪取根尖 0.5 ～ 1 cm”，然而学生操作时，一个洋葱可以生出几十条根，很容易出现前一名学生将根尖剪除之后，后一名学生分辨不清，又在同一条根上剪取 0.5 ～ 1 cm 的情况，这样后一名学生的实验材料就是伸长区根尖细胞，后续的实验操作也没有了意义，得不到预期的结果。所以在实验过程中有很多容易忽视但也同样重要的步骤。当学生遇到问题的时候，实验就会停滞不前或者往错误的方向偏离，此时（不管教师是收到学生求助的信号还是主动发现学生实验中的漏洞）需要教师及时采取正确有效的方式处理。比如个别演示、集体演示正确操作步骤，更换实验材料、实验仪器等。教师如遇到自身无法解决的问题，可以尽快通过询问其他教师、查询资料等方式给学生答疑解惑。所以教师明确实验难点，提前准备实验中可能出现问题的解决措施对于实验的正常进展是必不可少的。

（三）形成实验创新方案

在高中生物学教材中的实验都是经过精心设计、反复实验的，具有较强的科学性和可操作性，但这些实验在进行设计时都是从普遍性角度出发的，无法照顾到地方特色和实际情况。《普通高中生物课程标准（实验）》中提出要鼓励学生和教师充分利用身边廉价的仪器和材料。从教师角度来说，思考实验创新不仅可以达到更好的实验效果、提高课堂效率，而且可以提升自己的实验操作技能，培养实验创新思维。从学生角度来说，一个相对宽松、自由的实验探究环境可以提高主动思考的积极性，激发求知欲和探索欲。实验创新应该以拓宽研究思路、改善实验效果为目的，在充分调动学生、教学者的主观能动性、批判性思维和创新性思维的基础上，妥善选用创造性材料，设计创新实验路径，不断修改完善实验方案。在探究实验创新方案时，可以从实验材料、实验装置、实验方法、实验时间等角度考虑。

通过对实验重难点的分析，结合之前所做的实验背景和原理的分析、研究综述的整理，形成一个符合当前教学任务、学生学情的实验创新方案。需要注意的是，创新方案不是改进观点的简单罗列，也不是为了创新而创新，有些实验方案的创新化简为繁，容易引起学生对知识点的混淆。在此，建议实验创新方案仅作为教师编写以供自己查阅的材料，方便自己组织课堂教学。学生可以使用实验任务单等材料，一方面不让既有的实验方案限制学生思维；另一方面任务单等材料可以引导学生开展系统探究活动，也可以科学衡量、评价学生的实验开展情况，辅助过程性评价的实施。

五、整合教学组织建议，形成课堂实践方案

实验对教学内容的补充、衔接、深化需要一定的教学手段，通过情境导入、明确目标、提出问题、反思评价等课堂环节深度落实。合理的课堂组织可以帮助教师更好地管理课堂、开展实验活动，也可以更好地发挥学生主观能动性，帮助学生以科学系统的探究方法解决生活实际问题。教师可以通过对教育目的和功能的分析，结合文献阅读、地方特色、学校条件和学生学情等因素，形成一个课堂实践方案，其中教学组织建议不局限于导入的建议、渗透科学思维的建议、小组合作的建议等。形成的教学组织方案应有以下几个特点。

首先，要有明确的教学目标和学习目标，教学目标是教师需要了然于胸的。比如“比较过氧化氢在不同条件下的分解”实验是为了加深学生对

科学探究的理解，掌握探究实验中的变量控制方法，通过实验使学生认识到“较无机催化剂而言，酶能更显著地降低化学反应的活化能”，进而建立“酶是活细胞产生的具有催化作用的一类有机物，大多数酶是蛋白质”这一重要概念。教师在引导学生通过实验现象得出实验结论的过程中就要有所侧重、有所强化。学习目标是教师布置给学生的阶段性任务要求，学习目标越清晰，可投入的实现目标所需的行动策略就越多；学习目标越能吸引学生的兴趣，学生主动探求事实结果的积极性就越高。在实际操作过程中要依据学习的内容、学生的学习兴趣和学习风格来选择学习目标的确定方式。

其次，创设真实丰富的课堂情境。在中学课堂上，教师应该创设符合课程开展需要的真实事件或者真实问题的情境，激发学生思考，促使学生在探究事件和解决问题的过程中体会问题的发生及发展。传统课堂中，教师口头表述或者利用视频等多媒体资源给学生创设生动有趣的课堂情境。一方面，情境化学习对学生有很大的吸引力，容易引起学生的共鸣，用来进行课堂导入会激发学生的学习积极性，由原先被动的学习过程转变为主动的学习过程，主动参与知识的学习和探究过程。另一方面，情境化学习也便于对学生进行情感教育，培养学生保护环境等生态意识。

最后，保持学生的主体地位。教师在学生的学习过程中扮演的应该是引导者和帮助者的角色。教师在为学生制订了合理的学习目标、创设了丰富的学习情境后就要为学生提供足够的概念支持、过程支持以及策略支持。特别是探究全新的问题时，学生已掌握的知识有时不足以帮助学生成功解决问题，教师在学生的探究过程前要仔细思考学生可能遇到的困难，准备解决困难所必需的知识技能甚至工具。在探究过程中时刻关注学生的动态，不在每个环节都给予指导，也不漠视学生遇到的问题。在恰当的时机帮助学生，必要的时候参与学生的讨论过程，引导学生思考完成某一任务的多样化途径和方法。教师在指导过程中要注意师生对话的方式。师生对话是课堂的核心组成部分，教师的提问应达到设问要准、提问要活、发问要巧、问导结合、听答要诚的标准，从学科知识和学生经验的连接点着手，设计既有整体性、关联性，又有思考性、挑战性的问题，少问是不是、对不对的问题，多追问学生这么想这么做的原因。

六、设计教学评价方式

学习评价对教育教学具有很强的指导性作用，评价的对象要从实验结果转变为实验过程，这样学生能更容易地理解自己的能力是动态变化的，就会把既得的成果归功于自己的努力思考与实践，一方面将自信心和积极性保持在一个高水平，另一方面充分调动下一步的学习动机。教师关注实验过程的评价是为了更好地指导学生进行下一步的操作行动，促进学生的可持续发展。所以教师不仅需要引导学生反思自己的实验结果，总结优缺点，还要引导学生反思自己的思想历程、探究思路、实践行为，促使学生养成积极进取的学习态度和科学严谨的探究精神。教师在课堂教学过程中要向学生渗透元认知策略的思想，帮助学生分析并安排学习活动中的各种因素；在充分考虑学习活动各种因素的基础上，合理规划学习活动的进行方式，同时引导学生主动对自己的认知进行反思和评价，及时调整活动过程中所出现的各种问题。

具体而言，在实验教学过程中，教师引导学生理解实验的背景和原理，当学生根据科学原理设计好实验流程之后，让学生彼此交流，反思不同方案之间的差距、优缺点和可行性；在实验结束之后，要求学生总结实验的思路，总结在此实验上使用的方法能否用来解决其他相关或相似的问题，总结自己在这堂课中的收获。除此之外，基于学科核心素养的落实和实验育人功能的要求，教师需要在学生学完这一部分内容之后，思考学生能做什么，进行反思与评价，思考教育目的是否达成。实验教学的评价方式包括操作过程性评价、试题评价和育人价值评价。

（一）操作过程性评价

过程性评价是一种具有很强导向性的评价方式，与结果性评价不同，过程性评价更关注学生的过程表现，更人性化且更具科学性。过程性评价不仅是为了发现学生在操作过程中遗漏的内容，而且是为了鼓励学生正确的思考和实践。教师通过及时纠正或强化奖励的方式得到一个正反馈的结果。具体来说，操作过程性评价是根据学生在实验过程中每一个操作是否符合规范标准，是否达到预期操作效果所制作的评价量表。

在准备教学过程中，可以根据实验的具体内容甄别操作要点及评价指标，分别从实验操作、分析与讨论和实验结论几个方面赋予量化的分值，最后由教师根据学生的实际实验情况打分。一般来说，操作过程性评价依次分为优秀（100～90分）、良好（89～80分）、合格（79～60分）与不合格（<60分）四个等级，实验操作不合格者，按规定要求重新测试。

教师除可以使用操作过程性量表的方式衡量学生实验操作的成绩外，还可以采用向学生发放实验任务单等方式评价学生的实验成果和操作能力。实验任务单还可以帮助学生在一个系统化的框架逻辑中全方面认识实验、对实验某个环节提出创造性意见。

（二）试题评价

以试题为主的纸笔测验是评估学生学科知识的重要方式，基础或情境化的试题可以从知识概念、认知水平等层面对学生进行评价。试题评价还可以反馈教学效果，帮助教师发现学生在学习过程中遗漏和认识不足的知识点。在实验教学过程中的试题评价是帮助学生从操作层面转至理论层面的一种手段。部分学生在实验操作的时候完全沉浸于操作体验，操作的目的仅是重复技术要求，以达到预期实验目标，缺少对其背景原理和实验结果的理性思考。此时，试题评价可以使得学生将操作与理论相联系，以试题辅助反思实验结果，以操作过程辅助学科知识的深化落实。

受实验时间的影响，在试题设置上宜少不宜多，宜精不宜粗。针对操作要点和实验结果的试题各设置1～2题即可，还可以设置相对灵活的主观题，以便在实验完成之后及时巩固知识点，查漏补缺。

（三）育人价值评价

根据“新基础教育”的要求，教师要认识、理解、分析并掌握学科在学生成长过程中重要且特别的发展价值，明确除了帮助学生理解和拓展学科知识，还要引导学生认同生命价值。从学生发展的需要出发，为学生提供丰富多彩的真实理论资源，让学生认识、体验、感悟到自己时刻处在生物圈之中，并在其中不断与其他生物个体互动着的。教师应尊重学生自身的意愿和想法，提供生物学科所特有的路径和视角，发现问题并尝试解决问题的思维习惯和方法，如一些生物培养技术和国际生物学研究进展，基础科学实验装置等。教师还应为学生提供生物学课堂特有的经历，创造体验经历，提升学生的表达交流能力。

第四章

实验教学案例研究

如果说现代科学的灵魂是实验与逻辑，那么，现代科学教育的灵魂就在于让学生学会举证和科学思维。“基于证据”“从证据出发”是建构生物学概念和发展科学思维的起点。实证，一方面来源于自然界的客观存在与种种事实，另一方面则来源于人工控制条件下的科学实验。科学实验的核心价值在于从纷繁复杂的多因素中检查、核验单因子变量的影响，以便在实验中获得直接证据，再借助科学思维方法进行逻辑推理，从而获得崭新认知和重大发现。

走入本章，让我们通过典型案例剖析，以“解剖麻雀”的方式来透视高中生物学实验，了解高中生物学实验及其教学的主要内容、组织形式、教学策略、操作步骤、评价方式和优化建议等，探索更好的高中生物学实验教学组织、实施、评价与优化方式。

第一节　验证实验案例研究

一、检测生物组织中的糖类、脂肪和蛋白质

（一）实验原理

1. 还原糖的性质与种类

还原糖是具有还原性的糖类，分子中含有醛基或酮基的单糖和含有醛基的二糖都具有还原性，如葡萄糖、果糖、半乳糖、乳糖、麦芽糖等。非还原糖包括蔗糖、淀粉、纤维素等，它们都可以通过水解生成相应的还原性单糖。

2. 斐林试剂的组成与性质

斐林试剂由德国化学家赫尔曼·冯·斐林于 1848 年发明，是最早用于还原糖检测的试剂，由甲液（质量浓度为 0.1 g/mL 的 NaOH 溶液，含有氢氧化钠、酒石酸钾钠）和乙液（质量浓度为 0.05 g/mL 的 $CuSO_4$ 溶液）混合而成。当甲液和乙液混合时，由于溶液中存在酒石酸钾钠，因此会生成酒石酸钾钠铜配合物，这种配合物的溶液具有鲜明的天蓝色，可用于检测溶液中的还原糖含量。单糖在碱性条件下首先发生烯醇化反应，只有烯醇化的单糖才具备较高的还原性，当酒石酸钾钠铜配合物与还原性物质（如还原糖）共热时，二价的铜被还原成一价的氧化亚铜，出现砖红色沉淀。由于含二价铜的酒石酸钾钠铜配合物不稳定，因此甲液、乙液要分别贮存，使用时将甲液、乙液等体积混合。利用斐林试剂检测还原糖时要求保持微沸状态，目的是去除溶解氧，防止其对指示剂颜色变化产生干扰。

3. 其他检测还原糖的方法

除利用斐林试剂之外，检测还原糖还有许多方法。

（1）DNS 法：即 3,5- 二硝基水杨酸法。3,5- 二硝基水杨酸（DNS）在碱性条件下，可以与还原糖的还原末端反应，生成 3- 氨基 -5- 硝基水杨酸，该产物呈棕红色，而且在一定浓度范围内颜色深浅与还原糖含量成比例关系。该反应显色的深浅只与糖类游离出的还原基团数量有关，对还原糖的种类没有选择性，故 DNS 法适用于多糖（如纤维素、半纤维素和淀粉等）水解产生的多种还原糖体系中 [1-2]。

（2）本尼迪特试剂（班氏试剂）法：本尼迪特试剂由硫酸铜、柠檬酸钠和无水碳酸钠配制而成，呈蓝色，可以存放备用，避免了斐林试剂必须现配现用的缺点。该方法的反应原理为柠檬酸钠和 Cu^{2+} 生成配合物，这种配合物与还原糖中的醛基反应生成红黄色沉淀。

4. 双缩脲的结构与性质

双缩脲是由尿素加热至 180℃左右缩合而成的化合物，2 分子尿素缩合为 1 分子双缩脲，同时放出 1 分子氨气。在碱性条件下，双缩脲（H_2NOC—NH—$CONH_2$）能与 Cu^{2+} 结合，形成紫色或紫红色的配合物，这个反应称为双缩脲反应，反应式如下：

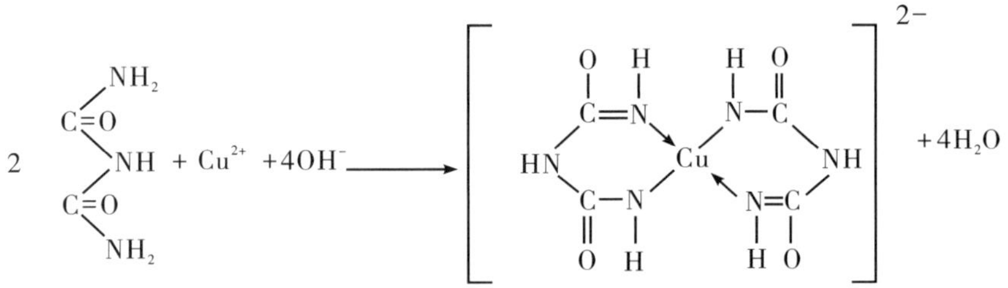

紫红色配合物

5. 双缩脲反应及影响因素

蛋白质分子中有许多与双缩脲结构相似的肽键，可以在碱性的环境下与 Cu^{2+} 结合生成紫红色配合物，这个反应被用来检测蛋白质。此外，很多结构都可以发生双缩脲反应：含有 2 个以上肽键的物质或含有 1 个肽键

[1] 张永勤，王哲平，宋雨梅，等 . 还原糖测定方法的比较研究 [J]. 食品工业科技，2010，31（6）：321-323，326.

[2] 李环，陆佳平，王登进 .DNS 法测定山楂片中还原糖含量的研究 [J]. 食品工业科技，2013，34（18）：75-77.

和 1 个—CS—NH_2、—CH_2—NH_2、—CRH—NH_2、—$CHOHCH_2NH_2$ 等基团的物质，以及乙二酰乙二胺等[1]。总的来说，蛋白质或二肽以上的多肽均能发生双缩脲反应，但能发生双缩脲反应的物质不一定都是蛋白质或多肽。

用于检测蛋白质的双缩脲试剂不可先将 NaOH 溶液和 $CuSO_4$ 溶液混合，应先让 NaOH 溶液与待测液混合，保证待测样品维持在一个碱性环境下，随后再滴加 $CuSO_4$ 溶液，这样才能保证紫红色配合物的出现[2]。同时要注意的是，当 $CuSO_4$ 溶液滴加量过多或浓度过高时，容易产生蓝色的 $Cu(OH)_2$ 沉淀从而掩盖紫色，影响对结果的观察。

6. 利用苏丹Ⅲ染液检测脂肪的原理

苏丹Ⅲ染液是弱酸性染料，对脂肪有比较强的亲和力，易被脂肪吸附而使脂肪呈现染料的颜色。苏丹Ⅳ染液也是常用的脂肪鉴定染料，是苏丹Ⅲ染液的衍生物，许多实验表明苏丹Ⅳ染液的染色效果优于苏丹Ⅲ染液。

（二）发展素养

“检测生物组织中的糖类、脂肪和蛋白质”实验是 2007 年版人教版高中生物教材（以下简称实验教材）必修 1 第 2 章第 1 节的内容，在 2019 年版人教版高中生物学教材（以下简称新教材）中属于必修 1 第 2 章“组成细胞的分子”第 1 节“细胞中的元素和化合物”的内容。与实验教材相比，新教材在实验原理中删去了苏丹Ⅳ染液的使用建议，在实验材料的选用方面也有改动（删去了苹果匀浆、马铃薯匀浆、花生种子匀浆等实验材料，增加了葡萄匀浆、白萝卜匀浆等），在脂肪的检测和观察实验中删去了向花生种子匀浆中滴加染液的方法，同时提供了实验结果的图片供学生参考。本实验有助于提升学生对于验证性实验的认识以及对科学探究实验的初步了解，掌握实验过程中的对照性原则，通过实验得出的结论有助于学生认识“细胞由多种分子组成，包括糖类、脂质、蛋白质”，“通过颜色反应，可检测它们的存在”，进而建构“细胞由多种多样的分子组成，包括水、无机盐、糖类、脂质、蛋白质和核酸等”这一重要概念，初

[1] 赵玉柱 . 斐林试剂与双缩脲试剂的比较 [J]. 生物学通报，2011，46（7）：15-16.

[2] 同 [1].

步形成生物的物质性的观念。通过设置对照组，有助于增强学生对对照性原则的认识。本实验还可提高学生运用检测生物组织的化学成分的方法，参照给定的方法步骤，探究未知生物材料的化学成分的能力。具体而言，本实验对发展学生生物学学科核心素养的作用如下：

本内容是学生初中已学知识——“食物中的营养物质”的进一步深化，即在分子水平上通过颜色反应进行验证。同时，基于生活经验，学生已经对“糖”“脂肪”“蛋白质”等涉及细胞组成成分的名词耳熟能详，必然会存在前科学概念。本实验有助于了解学生已有的概念；对实验现象的观察，有助于学生对原有概念进行转化，建构科学概念。由于学生在初中阶段学习过“食物中的营养物质”，知道糖类、脂肪和蛋白质都是组成细胞的主要有机物，并且能为生命活动提供能量；人体生命活动所需能量，主要是由糖类提供的；贮存在人体内的脂肪是重要的备用能源物质；蛋白质是建构和修复身体的重要原料。学生能通过“检测生物组织中的糖类、脂肪和蛋白质”实验，了解细胞是由多种多样的分子组成的，不同生物材料所含有机化合物的含量并不相同。这有助于学生建构“细胞由多种多样的分子组成，包括水、无机盐、糖类、脂质、蛋白质和核酸等”这一科学概念。教材把该实验安排在学习蛋白质、糖类和脂质等内容之前，一方面是由于该实验的设计具有一定的开放性和探究性，有利于初步培养学生的实验探究能力，为以后进行“探究植物细胞的吸水和失水”“比较过氧化氢在不同条件下的分解”等探究性实验奠定一个比较好的基础；另一方面也利于激发学生对进一步学习蛋白质、糖类和脂质等内容的好奇心，并提供感性认识。

（三）研究综述

为了提高本实验的成功率，很多学者对实验材料、实验方法进行了思考和改进，主要有以下几个方面：

（1）对实验材料进行优化以达到更好的实验效果。

尚莉萍等[1]、王明等[2]建议选用葡萄糖代替苹果匀浆，用植物油、猪油代替花生切片；用生鸡蛋（蛋清）、可溶性淀粉等易获得的材料，以简化准备过程。李兰[3]、张云等[4]认为检测还原糖时，也可选择白萝卜匀浆、洋葱、茭白等组织颜色较浅的生物材料制备组织样液；且张云等通过实验验证了它们与斐林试剂生成沉淀的颜色分别为橙红色、黄色、橙红色，经查找文献证实该沉淀也是 Cu_2O。陈海萍[5]建议当选择苹果匀浆作为实验材料时，在苹果匀浆中加入少量食盐，既可以防止苹果匀浆因氧化而颜色加深，节约实验材料，又不影响实验结果。在脂肪的检测和观察过程中，考虑到徒手切片的制作要用到刀片（存在安全隐患），如果改用镊子撕取生葵花籽的种皮代替花生子叶或者选择植物油作为实验材料，不仅取材、操作方便，现象也明显。

（2）认为教材中所用的斐林试剂需要现配现用，有待改进。

霍湘[6]建议改变试剂的配方，简化操作步骤。在配制 0.1 g/mL NaOH 溶液（甲液）时加入酒石酸钾钠（浓度为 346 g/L），配制 0.05 g/mL $CuSO_4$ 溶液（乙液）时用浓硫酸酸化（每升乙液加入 1 mL 浓硫酸）。这两种溶液等体积混合后可产生酒石酸络铜离子，不产生 $Cu(OH)_2$ 沉淀，且能放置 1 周不影响实验效果。

[1] 尚莉萍，赵群英．“检测生物组织中的糖类、脂肪、蛋白质和淀粉”实验随堂化的创新改进及实施建议 [J]. 教学仪器与实验，2013（11）：12-13.

[2] 王明，文慧慧，汤静，等．“检测生物组织中的糖类、脂肪和蛋白质”实验的探究与创新 [J]. 吉林省教育学院学报（下旬），2014（9）：115-116.

[3] 李兰．“检测生物组织中的糖类、脂肪和蛋白质”实验改进 [J]. 实验教学与仪器，2016，33（Z1）：47，60.

[4] 张云，林颖韬，陈巧，等．“生物组织中可溶性还原糖检测”的疑问探讨 [J]. 生物学教学，2014，39（10）：60-61.

[5] 陈海萍．“检测生物组织中的糖类、脂肪和蛋白质”的实验教学探究 [J]. 生物学教学，2016，41（7）：29-30.

[6] 霍湘．检测生物组织中的糖类、脂肪和蛋白质实验改进 [J]. 教育与装备研究，2010，26（11）：18-19.

（3）认为应增设对照实验。

李兰[1]建议在实验过程中加入对照组，使学生初步了解对照组的作用，并提高实验的严谨性和科学性。

综上所述：教材提出的实验指导是科学合理的，在实际操作过程中成功率较高。众多学者所提出的实验改进建议大多聚焦在材料以及实验步骤（如增加对照组）方面。教学过程中，教师可与学生共同探索更多合适的实验材料，完善实验步骤，丰富本实验的内容。

（四）实验优化

（1）实验材料：除教材上所提供的实验材料以外，还可选择葡萄糖、植物油、猪油[2]、可溶性淀粉、面粉[3]、米浆[4]。这些材料基本上都呈无色透明状，实验现象更明显直观，颜色反应更接近实际状况，且这些实验材料保质期较长，准备过程简单方便[5]。

检测还原糖时，可选择白萝卜匀浆[6]、洋葱、茭白等颜色较浅的生物材料制备组织样液，但需注意，用斐林试剂分别检测白萝卜、洋葱、茭白组织样液时，生成沉淀的颜色分别为橙红色、黄色、橙红色，明显区别于梨、苹果的砖红色沉淀。据文献报道：糖的还原作用生成 Cu_2O 沉淀的颜色取决于其颗粒的大小，而 Cu_2O 颗粒的大小又与反应速率有关。反应速率快时，生成的 Cu_2O 颗粒较小，呈黄绿色；反应速率慢时，生成的 Cu_2O 颗粒较大，呈红色。由此可见，白萝卜、洋葱、茭白组织样液中生成的橙红色、黄色、橙红色沉淀，应该都是 Cu_2O。因此，在实验教学中，以沉淀颜色（砖红色）

[1] 李兰 .“检测生物组织中的糖类、脂肪和蛋白质”实验改进 [J]. 实验教学与仪器，2016，33（Z1）：47，60.

[2] 王明，文慧慧，汤静，等 .“检测生物组织中的糖类、脂肪和蛋白质”实验的探究与创新 [J]. 吉林省教育学院学报（下旬），2014（9）：115-116.

[3] 同 [2].

[4] 霍湘 . 检测生物组织中的糖类、脂肪和蛋白质实验改进 [J]. 教育与装备研究，2010，26（11）：18-19.

[5] 尚莉萍，赵群英 .“检测生物组织中的糖类、脂肪、蛋白质和淀粉”实验随堂化的创新改进及实施建议 [J]. 教学仪器与实验，2013（11）：12-13.

[6] 同 [1].

来检测组织样液中还原糖的有无是不准确的[1]。

检测蛋白质时，可选择不同浓度的全脂奶粉、纯牛奶、乳酸饮品作为实验材料，这些材料不仅易获得，还可体现学以致用的教学思想[2]。

选择苹果匀浆作为实验材料时，由于苹果匀浆中多酚氧化酶含量较高，容易被氧化成褐色，影响实验效果，在苹果匀浆中加入少量食盐，既可以防止苹果匀浆因氧化而颜色加深、节约实验材料，又不影响实验结果[3]。

在脂肪的检测和观察过程中，考虑到徒手切片的制作要用到刀片（存在安全隐患），改用镊子撕取生葵花籽的种皮代替花生子叶或者选择植物油作为实验材料，不仅取材、操作方便，现象也明显[4]。

（2）试剂配方：教材中所用的斐林试剂需要现配现用，比较麻烦，若改变试剂的配方，则可以简化操作步骤。在配制 0.1 g/mL NaOH 溶液（甲液）时加入酒石酸钾钠（浓度为 346 g/L），配制 0.05 g/mL $CuSO_4$ 溶液（乙液）时用浓硫酸酸化（每升乙液加入 1 mL 浓硫酸）。这两种溶液等体积混合后可产生酒石酸络铜离子，不产生 $Cu(OH)_2$ 沉淀，且能放置 1 周不影响实验效果，适合中学实验教学的需要[5]。

（3）检测方法：在本实验的探究过程中，对生物组织中糖类、脂肪、蛋白质的检测除教材中提到的方法之外，教师还可以引导或指导学生尝试其他方法。例如对生物组织中糖类的检测可以利用银镜反应、Molisch 反应、蒽酮反应、Benedict 反应等；对脂肪的检测还可以用油点试验、乳液形成试验；对蛋白质检测还可以利用 Millon 反应、茚三酮反应和黄蛋白

[1] 张云，林颖韬，陈巧，等．“生物组织中可溶性还原糖检测”的疑问探讨 [J]. 生物学教学，2014，39（10）：60-61.

[2] 余忠亮．“检测生物组织中的糖类和蛋白质”活动改进和教学实践 [J]. 中学生物教学，2017（21）：43-45.

[3] 陈海萍．“检测生物组织中的糖类、脂肪和蛋白质”的实验教学探究 [J]. 生物学教学，2016，41（7）：29-30.

[4] 同 [3].

[5] 霍湘．检测生物组织中的糖类、脂肪和蛋白质实验改进 [J]. 教育与装备研究，2010，26（11）：18-19.

反应[1]。

（4）实验步骤：教材中未设置对照实验，可在实验过程中加入对照组，使学生初步了解对照的作用，并提高实验的严谨性和科学性[2]。

（5）实验顺序：教材中将脂肪的检测列为第二个实验，如果将其与显微镜的操作合并作为一个实验，不仅可以有效地节约课时，而且有利于学生对知识的掌握以及迁移应用。还原糖的检测与蛋白质的检测这两个实验在试剂的配制与使用上具有很强的对比性，将这两个实验放到一起进行，让学生通过实际的实验操作，将两种试剂进行反复类比分析、前后比较，使学生能够更加清晰地区别两种试剂，避免记忆时混淆[3]。

（五）教学组织

1. 关于课堂导入的建议

学生在初中阶段学习过糖类、脂肪、蛋白质知识，且学生在生活中常常接触这些名词。教学中，教师可运用“运动会跑步项目前，为什么常有学生吃糖或巧克力？”“劣质奶粉为什么会导致大头娃娃的产生？怎样检测劣质奶粉中是否含有蛋白质呢？”等情境性问题导入教学。

2. 关于探究性学习的建议

由于本实验是学生第一次接触的探究实验，如果不做好引导，学生到实验室就会不知所措。但如果讲得太多，学生则得不到充分操作和探究的空间。因此建议采用验证性实验与探究性实验相结合的方法。教师可在课堂上进行简单的演示，再引导学生进行探究实验。可先引导学生选择合适的实验材料。可提供以下材料，如苹果匀浆、西瓜汁、番茄提取液、甘蔗提取液、马铃薯匀浆、红薯匀浆、生蛋清、熟蛋白、花生研磨液、浅色的色拉油和葵花籽等让学生选择，并让学生阐述选择的理由。甚至可把实验

---

[1] 于智勇，林颖韬 . 基于核心素养下的高中生物实验拓展式教学模式的实践研究：以“检测生物组织中的糖类、脂肪和蛋白质”为例 [J]. 中学生物学，2016，32（10）：42-44.

[2] 李兰 .“检测生物组织中的糖类、脂肪和蛋白质”实验改进 [J]. 实验教学与仪器，2016，33（Z1）：47，60.

[3] 王明，文慧慧，汤静，等 .“检测生物组织中的糖类、脂肪和蛋白质”实验的探究与创新 [J]. 吉林省教育学院学报（下旬），2014（9）：115-116.

材料的选择作为探究课题进行探究并提出问题：生物组织中是否只含有一种物质？花生子叶中是否只含有脂肪？花生子叶中有没有蛋白质？能否用花生作为检测蛋白质的材料？能否检测花生中的还原糖？生蛋清加热变熟，是否改变蛋白质的性质？熟蛋白能否与双缩脲试剂发生反应？先加双缩脲试剂 B 液，再加双缩脲试剂 A 液，是否会对实验结果产生影响？等量加入双缩脲试剂 A 液与 B 液，能否出现紫色反应？可据此设置探究实验，从实验材料的选择、探究问题的选择到实验的实施均以小组为单位进行。实验结束后，请各小组派代表把探究课题写到黑板上进行展示交流，完善实验过程。

3. 关于课堂结束的建议

实验结束后，教师可适当布置一些拓展延伸性问题，让学生有更进一步思考的空间，以便学生在课后进行再探究，同时撰写研究报告进行成果的交流和分享。例如，除了蛋白质，是否还有别的物质（如甘氨酸溶液、尿素）能与双缩脲试剂发生反应？[1] 如何设计实验检测无糖食品是否真的不含糖？如何设计实验检测某人的尿液中是否含有葡萄糖或者蛋白质？调查医院检测血糖、血脂和蛋白质的原理和方法等。给学生布置拓展延伸性问题能有效激发学生进一步探究的兴趣，体现 STS 教学理念。

（六）过程及评价

1. 操作过程性评价

表 4-1　“检测生物组织中的糖类、脂肪和蛋白质”评价体系

项目	操作要点及评价指标		结果	评价
还原糖的检测	（1）分组编号	取 2 支洁净的试管，分别编号 1、2		

[1] 霍湘 . 检测生物组织中的糖类、脂肪和蛋白质实验改进 [J]. 教育与装备研究，2010，26（11）：18-19.

续表

项目	操作要点及评价指标		结果	评价
还原糖的检测	（2）添加样液	向2支试管中分别加入2 mL待测组织样液，按照序号依次放置在试管架上		
	（3）添加试剂	向1号试管中加入1 mL斐林试剂，2号试管中加入1 mL清水，混匀		
	（4）水浴加热，观察记录	将2支试管一起放入50~65 ℃的水浴锅中加热，观察、比较、记录1号与2号试管溶液颜色的变化情况		
脂肪的检测	（1）取材	取一粒浸泡过的花生种子，去皮		
	（2）切片	用刀片在花生子叶横断面平行切下若干薄片，放入盛有清水的培养皿中		
	（3）制片	从培养皿中挑取最薄的切片，放在载玻片中央；滴2~3滴苏丹Ⅲ染液，染色3 min；用吸水纸吸去染液，再滴加1~2滴体积分数为50%的酒精溶液，洗去浮色；用吸水纸吸去花生子叶周围的酒精，滴上适量的蒸馏水，盖上盖玻片，制成临时装片		
	（4）观察、记录	在低倍显微镜下找到花生子叶中适宜的图像，再换高倍显微镜观察、记录视野中被染成橘黄色的脂肪颗粒		
蛋白质的检测	（1）分组编号	取2支洁净的试管，分别编号1、2		
	（2）添加样液	向2支试管中分别加入2 mL待测组织样液，按照序号依次放置在试管架上		
	（3）添加试剂A液	向1号试管中加入1 mL双缩脲试剂A液，2号试管中加入1 mL清水，混匀		

续表

项目	操作要点及评价指标		结果	评价
蛋白质的检测	（4）添加试剂B液，并观察	向1号试管中加入4滴双缩脲试剂B液，2号试管中加入4滴清水混匀。观察、比较、记录1号与2号试管溶液颜色的变化情况		
分析与讨论	（1）检测还原糖的实验材料选择：要选用颜色较________且含还原糖________的水果，如苹果、梨。常见的还原糖有________等。常见的非还原糖有________等。 （2）检测脂肪时，滴加50%的酒精的作用是________。 （3）检测蛋白质时，一般选用富含________的生物组织，常用的动物性材料有________等。若用鸡蛋清作实验材料，必须________，以免实验后粘住试管，不易洗刷			
实验结论	可以利用与斐林试剂作用会产生砖红色沉淀来检测生物组织中是否含有________；利用与苏丹Ⅲ染液作用产生橘黄色来检测________；利用与双缩脲试剂作用产生紫色来检测________			
评价等第				

注：操作过程性评价等第分为优秀（100～90分）、良好（89～80分）、合格（79～60分）与不合格（＜60分）四个等第。实验操作不合格者，按规定需重新测试。

2. 试题评价示例

（1）将发芽的小麦种子制成匀浆，加入斐林试剂，水浴加热后出现砖红色沉淀。这说明发芽的小麦种子中含有（　　）。

A. 还原糖　　D. 脂肪　　C. 淀粉　　D. 蛋白质

（2）大豆中含有多种营养成分，为了检测大豆种子中是否含有蛋白质，应选取的试剂是（　　）。

A. 苏丹Ⅲ染液　　B. 甲紫溶液　　C. 双缩脲试剂　　D. 斐林试剂

（3）某农科所科研人员精心培育出玉米新品种苏玉8号。

①该玉米口感非常甜，为确定该甜味是不是由于玉米细胞中存在还原糖所致的，应选用的鉴定试剂是______________，该试剂可与细胞内还原糖发生反应形成__________沉淀。该实验_________（填“需要”或“不需要”）水浴加热。

②在鉴定该玉米胚芽中脂肪时，能将脂肪染成橘黄色的染液是____。

该新品种玉米中蛋白质含量高于普通玉米，请用所学的方法设计实验加以验证。

实验原理：____。

材料用具：新鲜的普通玉米籽粒，新鲜的新品种玉米籽粒，研钵，试管，漏斗，纱布，吸管，清水，双缩脲试剂A液，双缩脲试剂B液，量筒。

方法步骤：

a. 将两种玉米籽粒分别进行研磨，制备组织样液。

b. 取甲、乙两支试管，向甲试管中加入新鲜的新品种玉米籽粒组织样液2 mL，乙试管中加入______________________________。

c. 向甲、乙两支试管中分别加入1 mL__________，摇匀，再分别加入4滴____________，摇匀。

d. 观察____。

预期的结果：____。

参考答案

1. 操作过程性评价

分析与讨论：（1）浅　丰富　葡萄糖、麦芽糖、果糖　蔗糖和淀粉　（2）洗去浮色　（3）蛋白质　鸡蛋、牛奶　稀释

实验结论：还原糖　脂肪　蛋白质

2. 试题评价示例

（1）A　（2）C　（3）①斐林试剂　砖红色　需要　②苏丹Ⅲ染液　蛋白质与双缩脲试剂发生紫色反应，蛋白质含量越高颜色越深　b. 新鲜的普

通玉米籽粒组织样液 2 mL c. 双缩脲试剂 A 液 双缩脲试剂 B 液 d. 颜色变化，并比较紫色的深浅 新品种玉米籽粒组织样液（甲试管）紫色较深

二、绿叶中色素的提取和分离

（一）实验原理

1. 叶绿体色素

高等植物绿叶中的色素主要有叶绿素和类胡萝卜素两大类，包括叶绿素 a、叶绿素 b、胡萝卜素和叶黄素四种[1]。它们一般所呈现的颜色分别为蓝绿色、黄绿色、橙黄色和黄色。

2. 叶绿素

叶绿素是叶绿酸的酯，在叶绿素分子结构中含有四个吡咯环，它们由四个甲烯基（ ═CH— ）联结成卟啉环，在卟啉环中央有一个镁原子，镁原子以两个共价键和两个配位键与四个吡咯环的氮原子结合成内配盐，称为镁卟啉。镁卟啉是叶绿素分子的“头部”，镁原子偏向于带正电荷，氮原子则偏向于带负电荷，呈极性，因而具有亲水性。这使叶绿素分子能与亲水性物质如蛋白质分子相结合。在叶绿素分子中还有两个羧基基团，其中一个羧基与甲醇酯化成 $COOCH_3$，另一个羧基与叶绿醇酯化成 $COOC_{20}H_{39}$ 长链。这个长链就是叶绿素分子的尾部，具有亲脂性，致使叶绿素不溶于水，只能溶于酒精、丙酮、石油醚等有机溶剂。提取植物体内的叶绿素时不能用水而必须用丙酮等有机溶剂就是这个原因。如果用于提取的材料不是鲜叶，而是干粉，最好在溶剂中加入少量的水，使叶绿素分子的亲水性头部与蛋白质分离，有利于叶绿素从类囊体膜中游解出来。如果用弱酸处理叶绿素 a 或叶绿素 b，叶绿素中的镁会被氢所代替，形成去镁叶绿素 a 或去镁叶绿素 b。在进行研磨时，加入少量的碳酸钙，就是为了中和细胞破裂溢出的细胞液中的有机酸，防止去镁反应的发生[2]。

---

[1] 秦浩然，马魁英．浅谈叶绿体色素的提取、分离实验的基本原理 [J]. 生物学通报，1989（9）：6-8.

[2] 同 [1].

3. 类胡萝卜素

类胡萝卜素是一类不饱和的碳氢化合物，包括胡萝卜素（分子式是 $C_{40}H_{56}$）和叶黄素（分子式是 $C_{40}H_{56}O_2$）。胡萝卜素和叶黄素都是脂溶性化合物，因此，提取叶绿体中的胡萝卜素和叶黄素，也必须用有机溶剂。实验证明，如果只用丙酮提取叶绿体中的色素，往往对类胡萝卜素的提取不够完全，层析效果也不理想。如果改用等体积的丙酮和乙醚混合液提取，则可大大提高类胡萝卜素的提取效率[1]。

4. 绿叶中色素的提取原理——相似相溶原理

叶绿素 a 和叶绿素 b 为吡咯衍生物与金属镁的配合物，易溶于弱极性的有机溶剂。胡萝卜素是一种橙色天然色素，属于四萜类，有 α、β、γ 3 种异构体，其中，β 异构体含量最多。胡萝卜素不溶于水，在乙醇、丙酮中的溶解度不如在乙酸乙酯中的溶解度大。叶黄素是一种黄色色素，与叶绿素共同存在于植物体中，是胡萝卜素的羟基衍生物，易溶于乙醇，在乙醚中溶解度较小。从上述特性可以看出，弱极性有机溶剂对叶绿体色素的溶解度大，效果好。经实验证明，常用的提取试剂丙酮效果最好，但毒性较大；乙醇次之，对人体健康伤害较小；两者对胡萝卜素提取效果均不够理想[2]。

5. 碳酸钙对绿叶中色素的保护作用

在叶肉细胞中，色素所处的环境呈弱碱性。实验过程中，细胞膜、液泡膜等结构由于研磨而破裂，液泡中呈酸性的细胞液随即流出。在酸性条件下，叶绿素中的镁被氢离子所取代形成褐色的去镁叶绿素，去镁叶绿素迅速分解出叶绿醇，并形成去镁叶绿酸，使溶液呈褐绿色。因此，加入少许的碳酸钙可以中和细胞液的酸性并形成弱碱性环境，起到保护叶绿素的作用[3]。

---

[1] 秦浩然，马魁英. 浅谈叶绿体色素的提取、分离实验的基本原理 [J]. 生物学通报，1989（9）：6-8.

[2] 杨建胜，罗秀艳，姜海燕. 再谈叶绿体色素提取及分离实验的原理与改进 [J]. 生物学通报，2011，46（11）：44-46.

[3] 杜卫政．“叶绿体中色素的提取和分离”实验原理补充 [J]. 中学生物教学，2007（5）：25.

6. 纸层析分离绿叶中色素的基本原理

色素分离的方法有多种，纸层析是最简便的一种。纸层析分离色素的基本原理是：当溶剂不断地从纸上流过时，由于混合物中各成分两相（即流动相和固定相）之间具有不同的分配系数，使样品混合物以不同速度移动而分离。

7. 滤纸条的一端剪去两角的原因

将滤纸条的一端剪去两角可以克服边缘效应，使色素带在滤纸条上扩散整齐。什么是边缘效应呢？我们可以用气体分子通过小孔的扩散为例来说明：通过小孔中央扩散的气体分子，由于分子密度大，相互碰撞，扩散速度慢；通过小孔边缘扩散的气体分子，由于分子越过孔口的边缘后可立即向四周逃逸，分子密度小，相互碰撞的机会较少，扩散速度快[1]。

（二）发展素养

“绿叶中色素的提取和分离”实验是2007年版人教版高中生物教材（以下简称实验教材）必修1第5章第4节（旧称“能量之源——光与光合作用”）的内容，在2019年版人教版高中生物学教材（以下简称新教材）中属于必修1第5章“细胞的能量供应和利用”第4节“光合作用与能量转化”的内容。与实验教材相比，新教材在实验原理中增加了研磨的原因，还新增了用盖玻片画滤液细线的方法，同时给出用烧杯和培养皿分离色素的图片。本实验有助于学生掌握色素提取和分离的原理及方法。通过实验得出的结论有助于学生认识绿叶中色素的种类及其组成，色素的作用，二氧化硅、碳酸钙、无水乙醇等试剂在实验中的作用等。绿叶是植物进行光合作用的重要器官，叶绿体中色素在光合作用中起着吸收、传递与转化光能的作用，做好“绿叶中色素的提取和分离”实验有助于学生对光合作用的理解和掌握。运用科学探究的方法进行“绿叶中色素的提取和分离”实验，是实施素质教育和创新教育的重要途径之一，体现“在体验中成长，在探究中发展”这一教学理念。在方法上，采取分组实验自主式探究、借用物理实验仪器交流展示、查阅资料等方法，培养学生主动参与、乐于探

[1] 杜卫政．“叶绿体中色素的提取和分离”实验原理补充 [J]. 中学生物教学，2007（5）：25.

究、合作交流的能力，把知识传授、技能训练和能力培养融于一体，发展学生学习的可持续性，提高学生的科学素质和科学探究能力。实验的精髓在于细心观察、发现问题，通过反复实验解决问题，逐步培养学生的科学素养。具体而言，本实验对发展学生生物学学科核心素养的作用如下：

本实验内容是学生初中已学知识——“绿色植物的光合作用”的深化。通过初中阶段的学习，学生知道绿色植物可以把光能转化为化学能储存在有机物中。学生在本节内容之前已经学习了叶绿体的结构和功能，并且用高倍显微镜观察了菠菜叶下表皮、黑藻的叶绿体，发现它们呈绿色扁平的球形或椭球形，散布在细胞质中。学生对色素的存在位置和功能有一定的了解，但是对于色素的种类、含量以及如何提取与分离色素等问题缺乏认知。本实验可以帮助学生了解绿叶中色素的种类和颜色，了解叶片呈现绿色这一表象背后的实质，从而认同生物界的统一性，进一步巩固生命观念中的结构与功能观，梳理旧知识衔接新知识，进而为光合作用过程和应用的学习奠定基础，促使学生更科学地认识生命现象，并能解释新面临的生物学问题，形成生命观。

由于高中阶段的学生有浓厚的探究兴趣和强烈的求知欲，具备了较强的理解能力和实验探究能力，可以采用科学探究的方式进行实验教学。学生在进行探究实验的过程中逐步增强对自然界中生命现象的好奇心，锻炼动手实践能力及创新能力，耳濡目染求实、理性的科学精神，形成尊重事实、敢于质疑的科学态度，学生的创新精神、团队合作精神于无形中得到提升。因此，本实验不仅能探查学生的已有概念，还能结合对实验现象的分析，建构科学概念，培养学生的科学思维。学生与小组同学合作完成探究实验的过程中，可以提升语言表达能力及分享信息的能力，养成批判性地获取教材知识的习惯，并形成质疑、创新及勇于实践的科学精神与态度。

教师应引导学生将本节课的知识与生产实践联系起来，将所学知识用于解决现实生活中的问题，例如如何根据色素捕获光能的种类来提高大棚种植中作物产量的问题；引导学生思考绿色植物的直接价值与间接价值，以及在维持生态平衡中无法替代的作用，形成“绿水青山就是金山银山”

的理念，培养学生保护环境的意识；倡导学生关注社会问题，促使学生肩负起爱护地球、尊重生命的责任；培养学生解决现实生活问题的社会责任感，帮助学生成为健康中国的实践者和接班人。

（三）研究综述

为提高本实验的成功率，很多学者对实验选材、实验方法进行了思考和改进，主要有以下几个方面：

（1）优化实验材料以达到更好的实验效果。

杨建胜等[1]建议将提取的材料在通风、避光处放置 1 ～ 2 d，使其散失一些水分。孙宁娟等[2]考虑到叶片表面及自身的含水量，建议在实验前的2～3 d，选取颜色呈深绿色、质地上较为柔软的草本植物叶片（如菠菜），并尽可能放置在通风处，确保在实验时叶片的含水量能够达标。

（2）改进绿叶中色素的提取方法。

杨建胜等[3]建议提取色素时加入少许 NaCl 或无水 Na_2SO_4，或者用适当增加提取溶剂量的方式减小或消除乳化。

孙宁娟等[4]建议在实验前的 1 ～ 2 d 取出叶片置于匀浆机中，再加入一定量的无水乙醇，得到的匀浆液不需要进行再次过滤，可直接将其注入玻璃瓶，于冰箱中保存。吕淑芳等[5]通过不同的提取方法提取了几种植物叶片中的叶绿体色素，发现 95% 乙醇沸水浴法提取的效果最好，提取液中各色素含量最高；95% 乙醇研磨法提取的效果最差；不同实验处理比较，提取过程中加碳酸钙的提取液各色素含量均高于未加碳酸钙的提取液；不同实验材料比较，法国梧桐叶片和胡萝卜叶片色素含量较高。

王丹丹[6]采用“酒精水浴法”对色素提取方法做了改进，改进后，不仅所用叶片较少，还节约了研磨中所加的药品，减少了实验用具（漏斗、

[1] 杨建胜，罗秀艳，姜海燕 . 再谈叶绿体色素提取及分离实验的原理与改进 [J]. 生物学通报，2011，46（11）：44-46.
[2] 孙宁娟，孙志浩 . “绿叶中色素的提取和分离”实验方法改进 [J]. 中学生物教学，2018（22）：39.
[3] 同 [1].
[4] 同 [2].
[5] 吕淑芳，王征宏 . 叶绿体色素不同提取方法的比较研究 [J]. 现代园艺，2012（5）：6-7.
[6] 王丹丹 . “绿叶中色素的提取和分离”实验的优化设计 [J]. 中学生物教学，2018（7）：55-56.

研钵、尼龙布等）和实验步骤（研磨、过滤、收集等）；全程仅需 4 ～ 5 min，节省了时间，提升了实验课堂效率，且提取的色素浓度较高，实验效果好。

殷根深等[1]用现代分子生物学常用的 1.5 mL 微量离心管以及配套的研磨棒代替研钵，克服了研磨液在空气中暴露过久等缺点，整个研磨过程不会有试剂挥发出来，所用材料及试剂都非常少；研磨充分，研磨所耗时间可以控制在 1 min 以内；得到的滤液无需过滤，既节约时间，又减少了试剂的挥发。

（3）改进分离装置。

刘孔烽[2]考虑到传统的层析装置（烧杯加盖培养皿）容易引起滤纸条移位，以及层析过程中的贴壁现象，改进了层析装置。具体做法：用牙签串起滤纸条悬挂在烧杯壁上，沿烧杯倒入层析液，再倒扣好大烧杯。采用去苯的层析液进行层析，效果不亚于教材中的配方，不仅色素带易于辨认且安全性高。

廖红芳[3]用薄层层析代替纸层析，发现薄层层析硅胶板能弥补滤液细线在滤纸条上较易扩散，色素条带不清晰、重叠的缺点。

舒孝和[4]根据活性炭能吸附有毒气体的原理，用透明管道和活性炭等材料设计并制作出管式色素分离器。教具便于操作，环保耐用，有利于提高学生的兴趣。

（4）改进实验教学方式和方法。

殷根深等[5]提出在“绿叶中色素的提取和分离”实验中，如果加入观察荧光现象（叶绿素溶液在反射光下呈血红色）环节和对铜代反应的观察，能极大地提高学生的学习兴趣。

---

[1] 殷根深，窦玉敏．“绿叶中色素的提取和分离”实验的改进 [J]. 实验教学与仪器，2018，35（11）：30-31.

[2] 刘孔烽．“绿叶中色素的提取和分离”实验优化 [J]. 生物学通报，2017，52（9）：55-56.

[3] 廖红芳．“绿叶中色素的提取和分离”实验改进与教学设计 [J]. 生物学教学，2019，44（2）：50-51.

[4] 舒孝和．绿叶中色素的提取和分离实验创新改进 [J]. 实验教学与仪器，2018（S1）：46-47.

[5] 同 [1].

周翔[1]利用 AiSchool 云平台进行“绿叶中色素的提取和分离”实验教学。

周严等[2]利用探究性的实验，实施“绿叶中色素的提取和分离”实验教学，按照“提出问题—猜想与假设—设计方案—验证假设—分析结果得出结论”的步骤来进行教学，很好地实现了预期的目标。

戚雪银等[3]根据“光合色素的提取和分离”实验课程，开展分段式实验教学。从问题导入、阶段性实验课程的内容和环节安排以及创新实验方法的操作等方面来优化实验课程设计，提高生物学实验课堂效率，培养学生的科学思维和科学探究能力。

相银龙[4]根据学生的认知发展水平和已有的实验技能，通过设置问题串，引导学生思考试剂及步骤的原因，将较低认知层次的验证性实验改为能够培养学生较高水平认知的探究性实验。

综上所述：按照人教版教材提供的方法，虽然基本能达成实验目标，但效果不是很理想。该实验不仅耗时长、过程复杂、所用有机溶剂浓度高，还会对环境造成污染，损害师生的身体健康。众位学者所提出的实验改进建议大多聚焦在实验材料的选择、研磨方法、色素分离装置的改进等，改进后实验效果更加明显，在很大程度上节约了时间和试剂，减少了对人体的危害和对环境的污染。

（四）实验优化

（1）相关资料数据显示：菠菜叶中胡萝卜素、叶黄素、叶绿素 a、叶绿素 b 这四种色素的比例约为 8∶4∶27∶9，叶绿素的比例占 3/4，但受季节的影响变化较大。因此除用菠菜叶作为实验材料以外，还应注意最好不要选取革质或蜡质的叶片，建议选取易获取、叶脉少、纤维较少、含水

---

[1] 周翔 . 利用 AiSchool 云平台进行高中生物实验教学：以“绿叶中色素的提取和分离”为例 [J]. 实验教学与仪器，2018（9）：42，48.

[2] 周严，郑慧玉，刘二虎 . 科学探究的课堂内化：以《绿叶中色素的提取和分离》实验为例 [J]. 中学课程资源，2018（1）：57-58，27.

[3] 戚雪银，高婷婷 .“光合色素的提取和分离”分段式实验教学探究 [J]. 中学生物学，2018，34（9）：37-38.

[4] 相银龙 .《绿叶中色素的提取和分离》创新实验设计 [J]. 课程教育研究，2018（43）：169.

量低、色素含量高且易研磨的叶片，韭菜叶、油麦菜叶等都是很好的实验材料[1]。

（2）如果层析后无胡萝卜素色素带或色素带不明显，可在教材提供的提取液中增加乙酸乙酯，增大对胡萝卜素的溶解度；但也不宜增加过多，因为叶绿素在乙酸乙酯中的溶解度较低[2]。将提取液的配制比例改为无水乙醇：石油醚 =1：2，或者采用先研磨一段时间再加丙酮的方法，可减少丙酮的挥发量，降低污染。在研磨时用白河沙代替二氧化硅，得到滤液更澄清。研磨含水多的叶片时，可加入少量无水硫酸钠[3]。采用“酒精水浴法”用酒精灯水浴加热，使叶片含有的色素溶解在酒精里，能得到高质量的色素提取液[4]。

（3）用圆形滤纸片代替滤纸条，不用制备滤纸条，且点色素斑比画滤液细线容易操作得多；在层析时，圆形滤纸片上的色素不会没入层析液中，实验得到的 4 个色素环近似同心圆，效果非常显著[5]。

（4）教材采用毛细吸管蘸取滤液并沿着滤纸条上已画好的铅笔线重复画滤液细线的方法，这样画出的细线很难达到细、直、齐的要求，导致层析后的色素带重叠或是呈波浪状，影响实验效果。另外，学生对毛细吸管的力度把握不好，容易造成毛细吸管断裂，存在安全隐患。建议将绿叶晾干，研磨时加入 3 mL 左右的无水乙醇，充分研磨后，将滤纸在铅笔画线处对折，直接接触研磨液，这样得到的滤液细线既细直，浓度又高，效果最佳[6]。或采用牙线印染法[7]（用牙线代替毛细吸管蘸取滤液，沿滤纸

---

[1] 李晓军，张军林，龚大洁 . 对“绿叶中色素的提取与分离”实验的改进 [J]. 中学生物教学，2018（11）：43-45.

[2] 杨建胜，罗秀艳，姜海燕 . 再谈叶绿体色素提取及分离实验的原理与改进 [J]. 生物学通报，2011，46（11）：44-46.

[3] 朱慧娟 . 提取和分离叶绿体中光合色素的实验探究与拓展 [J]. 中小学实验与装备，2018（1）：20-23.

[4] 王丹丹 .“绿叶中色素的提取和分离”实验的优化设计 [J]. 中学生物教学，2018（7）：55-56.

[5] 同 [4].

[6] 同 [3].

[7] 郑美莉 .《绿叶中色素的提取和分离》实验教学改进初探 [J]. 课程教育研究，2018（30）：158.

条上的细线轻轻按压，待干燥后，重复 2 ～ 3 次）、盖玻片蘸印法[1]画滤液细线。

（5）教材中分离色素时会出现层析液没及滤液细线而导致色素带缺失或不清晰的现象，而且滤纸条也不好固定，容易移动。建议用薄层层析法取代原实验中的纸层析法。薄层层析法是一种较新的分离物质的方法，具有快速、微量、灵敏度高、分离效果好等优点。薄层层析法中用硅胶 G 层析板代替滤纸，硅胶 G 层析板吸附能力强，能承载更为大量的色素，且质地均匀，分离的色素条带更加清晰、整齐[2]。或者采用灯芯法。具体做法：先剪取一段灯芯棉，制成滤芯。用滤芯一端蘸取载玻片上的色素，重复几次至色浓。再用竹签在圆形滤纸中央钻一小孔，将滤芯（没有滤液）的一端插入其中，往下拉直至有滤液的一端与滤纸平齐。用灯芯法分离色素不会出现层析液没及滤液细线导致色素带缺失或不清晰的现象，同时也克服了画滤液细线过程中经常出现的滤液细线不直、不细、不齐而引起的分离效果差的缺点，而且易掌握，效果明显，能够清晰看到四个色素环，成功率高[3]。

（6）新层析液（石油醚∶丙酮 =10：1）是原层析液（石油醚：丙酮∶苯 =20：2：1）的一种很好的替代液，在分离色素的效果上没有差别，可以避免有毒的苯试剂影响师生的身体健康[4]。

（7）建议改进分离装置，如图 4-1 所示[5]。将透明圆盒的底部穿一个孔洞，输液器带针头的部分通过孔洞与层析底槽连接，注射器与输液器的接口相连，透明盖贴上适当大小的双面胶，以固定滤纸条。进行色素分离时先揭开透明盖上的双面胶，将画好滤液细线的滤纸条贴于透明盖内壁，盖好盖子。预先将适量的层析液吸入注射器，连接好注射器与输液器接口。

---

[1] 余文良．对“叶绿体色素提取和分离”实验的一点改进 [J]. 科学教育，2008（2）：46-47.

[2] 左小龙，乔秀片．“叶绿体色素的提取与分离”实验教学 [J]. 生物学通报，2018，53（3）：46-48.

[3] 郑美莉．《绿叶中色素的提取和分离》实验教学改进初探 [J]. 课程教育研究，2018（30）：158.

[4] 王丹丹．“绿叶中色素的提取和分离”实验的优化设计 [J]. 中学生物教学，2018（7）：55-56.

[5] 同 [4].

最后将吸入的层析液缓慢注入层析底槽里，即可分离提取的色素。此装置保证了色素分离在密闭条件下进行，避免了师生吸入易挥发的有毒层析液，解决了原实验设计中用试管做分离装置出现的试管口小、空间狭窄，容易造成滤纸条贴壁导致实验失败的问题。若采用培养皿盖住的小烧杯作为层析装置，也不可避免吸入少量易挥发的层析液。而此装置不但减少了有毒层析液的挥发，而且可以观察到色素分离的全过程，实验简便易操作，不会危害师生的身体健康。

装置各部件

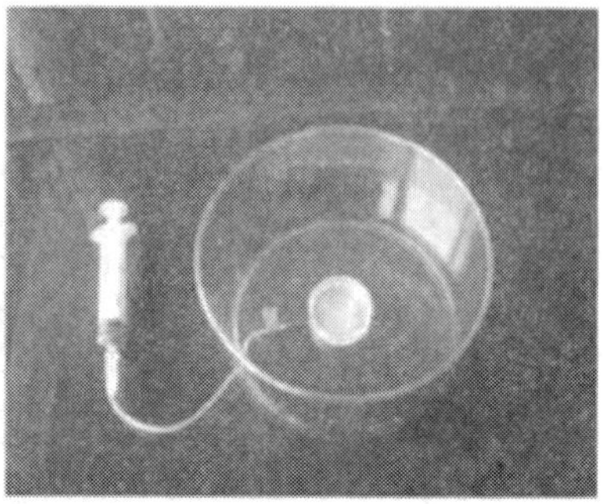

装置组装后效果

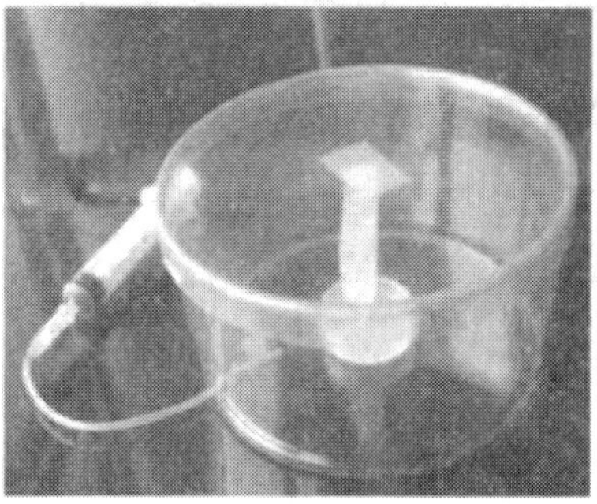

条形滤纸在装置中层析

圆形滤纸在装置中层析

图 4-1　改进的叶绿素分离装置

（五）教学组织

1. 关于导入的建议

创设问题情境导入新课可以从生活中的现象入手，例如：玉米白化苗由于不能进行光合作用，待种子中贮存的养分耗尽就会死亡，可见光合作用与细胞中的色素有关。那么，绿叶中有哪些色素呢？由李贺（唐）的诗句“绿波浸叶满浓光”导入。提问：为什么自然界大多数叶片是绿色的？部分学生知道是因为含有叶绿素。进一步提问：叶片中除叶绿素外还有其他色素吗？叶绿素等色素是否只分布在绿叶中？由此引入本实验。

本地景观导入，点燃探究热情，例如：南京是六朝古都，有着很浓厚的文化底蕴，教师展示南京中山陵景区内被誉为“世界上最美项链”的美龄宫的春、秋季航拍图。学生成长于南京，对家乡的景点很熟悉，但首次见到航拍图时仍会感到震撼。此时，教师趁着学生兴趣正浓，抛出问题串：①“项链”的色彩由谁决定？②决定这些色彩的物质有几种？③它们的含量是否相同？以此导入“绿叶中色素的提取和分离”实验课程。

2. 关于科学合理地利用“活动单”的建议

所谓的“活动单”，就是教师根据教学目标，把教材的内容、要求以及相关教学资源转化为具有可操作性、目标性、开放性和生成性的活动方案。活动单是学生学习（活动）的“路线图”和“施工图”，是教师导学的抓手，是学科教学活动化的载体。探究问题的提出以学生自主思考为主，教师应在课前做好活动单，并分发给学生，主要是为了解决两方面的问题：一是让学生初步掌握绿叶中色素提取与分离的原理及实验的基本操作流程，实验操作正式开始之前，学生可结合活动单了解本节实验目标，熟悉实验材料、实验原理、实验器材和试剂、实验步骤；二是征集探究性课题并写出简要的实验思路，培养学生提出问题的能力，激发学生探究性学习的兴趣。课前征集学生探究方向能激发学生学习的动力，培养学生主动思考和敢于创新的精神，是活动单的重点。可将活动单作为学生选择探究主题及分组的参考[1]。

3. 借助 AiSchool 云平台进行实验教学

在实验前，教师利用 AiSchool 云平台将实验视频推送给学生，同时推送相应的预习题，学生可借此了解实验目的、实验原理、实验步骤等。在 AiSchool 云课堂中，学生可进行拍照并上传平台，教师可借此展示、

---

[1] 周严，郑慧玉，刘二虎. 科学探究的课堂内化：以《绿叶中色素的提取和分离》实验为例 [J]. 中学课程资源，2018（1）：57-58，27.

统计学生上交的作品。随后选取有代表性的图片、结果进行分析。在学情反馈方面，教师可提前将题目导入 AiSchool 系统中，再在课堂上引导学生答题并提交。提交时，人数、具体名单、个人得分情况及每道题的正确率等信息都会在屏幕上实时刷新。教师可据此进行分析讲解，及时发现学生的知识漏洞，从而及时调整教学策略并精准教学。

4. 采用科学探究的方法进行实验教学

一般课堂上，学生只是按照教师的演示和设计流程完成实验，自己并不清楚每一步的原理。建议实验前先不给出实验原理，也不告诉学生可能出现的现象，而是设计成探究性问题放在讨论分析中。实验现象不是教师告知的，而是学生自主观察发现的；实验原理不是教师讲解的，而是学生自主查阅和探究获得的。采用科学探究的方法真正实现对学生核心素养的培养[1]。

首先让学生自己提出想要探究的问题，课前征集学生的探究方向。教师鼓励学生大胆猜想与假设，并且制订实验方案，验证假设。在实验时，可以采用合作学习的方式，协调配合共同完成实验。让学生进行“自主学习”和“合作学习”，亲身经历并充分享受学习的过程，获得最大限度的身心解放和自我价值的实现，保证了课堂“形散而神不散”。通过小组合作、生生互评自主解决问题，充分体现了“以教师为主导，以学生为主体，以探究为中心”的基本理念，充分挖掘了学生潜在的科学思维和实验操作能力，同时还增强了学生分析问题、解决问题的能力。

5. 关于实验进一步的拓展与延伸

在“绿叶中色素的提取和分离”实验结束后，增加拓展实验，加入观察荧光现象（叶绿素溶液在反射光下呈血红色）环节和对铜代反应的观察[2]，能极大地提高学生的学习兴趣。具体做法：手持 1.5 mL 离心管，使色素溶液与人眼同高，在透射光侧观察到色素溶液呈绿色，在反射光侧观

[1] 刘玉寰，邹伟 . 中美生物学教材中“色素的提取和分离”实验的比较分析 [J]. 中学生物学，2015，31（8）：60-61.

[2] 殷根深，窦玉敏 .“绿叶中色素的提取和分离”实验的改进 [J]. 实验教学与仪器，2018，35（11）：30-31.

察到色素溶液呈血红色，即为叶绿素产生的荧光颜色。叶绿素中的镁很不稳定，容易被氢离子取代而成为褐色的去镁叶绿素。此时加入铜盐后加热，则褐色的去镁叶绿素会转化为稳定的、绿色的铜代叶绿素，故常用含铜盐的溶液制作绿色植物的浸制标本。操作如下：在盛有叶绿素溶液的 1.5 mL 离心管中加入一小滴浓盐酸，摇匀，叶绿素溶液立即呈褐色。此时，叶绿素分子被破坏，形成去镁叶绿素；加入少许醋酸铜晶体后，水浴加热，又形成鲜亮的绿色，即形成了铜代叶绿素。生物学实验拓展能在促进学生深入理解教学内容的同时，培养学生的探究意识和兴趣，从而实现理论与实验教学的相互结合和促进，这不仅能使学生快速而有效地掌握知识点，而且可以促使学生主动地获取知识。

（六）过程及评价

1. 操作过程性评价

表 4–2　“绿叶中色素的提取和分离”实验评价体系

项目	操作要点及评价指标		结果	评价
实验操作	（1）称取绿叶	称取 5 g 新鲜绿叶，剪去主叶脉，剪碎，放入研钵中		
	（2）充分研磨	向研钵中加入少许二氧化硅和碳酸钙，再加入 5 ～ 10 mL 无水乙醇，迅速、充分地研磨		
	（3）过滤、收集滤液并观察	在漏斗的基部放单层尼龙布，将研磨液迅速倒入漏斗过滤。收集滤液在试管中待用，用棉塞将试管口塞严。观察滤液颜色		
	（4）制备滤纸条	将干燥的滤纸条剪成长略小于试管长度，宽略小于试管直径的滤纸条，再将滤纸条的一端剪去两角，在距剪角一端 1 cm 处用铅笔画一条细的横线		

续表

项目	操作要点及评价指标		结果	评价
实验操作	（5）画滤液细线	用毛细吸管吸取少量滤液，沿铅笔线均匀地画一条细线（也可以将滤液倒入培养皿，再用盖玻片蘸取滤液，在横线处按压出均匀的细线）。待滤液干燥后，再重画一到两次		
	（6）分离色素	在试管中加入适量层析液，将滤纸条（有滤液细线的一端朝下）轻轻插入层析液中，随后用棉塞塞紧试管口。注意：不能让滤液细线触及层析液。也可以用小烧杯代替试管，并用培养皿盖住小烧杯		
分析与讨论	（1）滤纸条上一共出现________条色素带，色素带的颜色由上到下依次为________、________、________、________。 （2）与滤液细线距离最近的色素是________，因为该种色素在层析液中的溶解度________。绿叶中的色素在层析液中的溶解度由大到小依次为________、________、________、________。 （3）最宽的色素带为________色，说明________含量最多。色素含量由多到少依次为________、________、________、________			
实验结论	高等植物的绿叶中共含有________种色素，分别是________、________、________、________			
评价等第				

注：操作过程性评价等第分为优秀（100～90分）、良好（89～80分）、合格（79～60分）与不合格（＜60分）四个等第。实验操作不合格者，按规定需重新测试。

2. 试题评价示例

（1）在“绿叶中色素的提取和分离”实验中，收集到的滤液绿色过浅，其原因可能是（　　）。

①未加石英砂、研磨不充分　②一次加入大量的无水乙醇提取　③分次加入少量无水乙醇提取　④使用放置数天的菠菜叶

A. ①②③　　B. ②③④　　C. ①③④　　D. ①②④

（2）图 4-2 为水稻新鲜绿叶的四种光合色素在滤纸上分离的情况，以下说法正确的是（　　）。

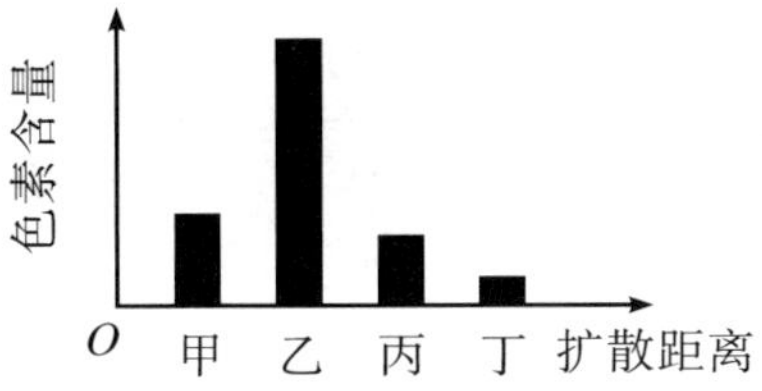

图 4-2

A. 在分离色素时，加入碳酸钙的目的是防止滤液挥发

B. 在收获季节，水稻叶片色素含量是（甲 + 乙）<（丙 + 丁）

C. 四种色素都能溶解在层析液中，乙色素的溶解度最大

D. 四种色素中，丙和丁主要吸收红光

（3）在做“绿叶中色素的提取和分离”实验时，甲、乙、丙、丁四位同学对相关试剂的使用情况如表 4-3 所示（“+”表示使用，“–”表示未使用），其余操作均正常，他们所得的实验结果依次应为（　　）。

表 4–3　相关试剂的使用情况

项目	甲	乙	丙	丁
丙酮	–	+	+	+
水	+	–	–	–
$CaCO_3$	+	+	–	+
SiO_2	+	+	+	–

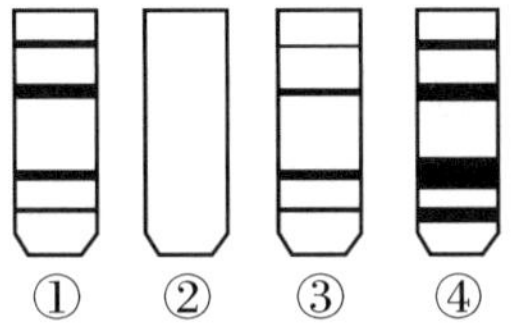

A. ①②③④　　B. ②④①③　　C. ④②③①　　D. ③②①④

（4）中国的饮食讲究“色、香、味”。小李同学拟研发绿色食用色素，他以生长很快的入侵植物水葫芦为材料进行如下实验。

Ⅰ. 提取叶绿素，过程如图 4-3。

图 4-3

Ⅱ. 探究 pH 对叶绿素稳定性的影响。取一些叶绿素粗产品，配成一定浓度的溶液，于室温（约 25℃）下进行实验，方法和结果如表 4-4。

表 4–4

实验组号	叶绿素溶液 /mL	调 pH 至	处理时间 /min	溶液颜色
①	3.0	Y	10	绿色
②	3.0	7.0	10	绿色
③	3.0	6.0	10	黄绿色
④	3.0	5.0	10	黄褐色

注：叶绿素被破坏后变成黄褐色。

根据所学知识和实验结果，请回答下列问题。

①提取食用叶绿素的试剂 X 应该为__________，原因是______________________________。

②表中 Y 应该为__________，原因是________________________。

③若用作食品色素，天然叶绿素不适用于__________的食品，原因是____。

④小李想了解叶绿素粗产品中是否含有其他色素，请你提供检测方法并写出主要步骤。

____

参考答案

1. 操作过程性评价

分析与讨论：（1）4　橙黄色　黄色　蓝绿色　黄绿色　（2）叶绿素 b（黄绿色）　小　胡萝卜素　叶黄素　叶绿素 a　叶绿素 b　（3）蓝

绿 叶绿素a 叶绿素a 叶绿素b 叶黄素 胡萝卜素

实验结论：4 叶绿素a 叶绿素b 叶黄素 胡萝卜素

2. 试题评价示例

（1）D （2）B （3）B （4）①无水乙醇 叶绿素在无水乙醇的溶解度最大 ②8.0 实验中设计的pH梯度差为1.0 ③pH小于6.0 叶绿素在酸性环境中被破坏 ④用纸层析法分离色素浓缩液，根据实验结果分析其色素种类。第一步：溶解。将叶绿素制品溶于无水乙醇中。第二步：制备滤纸条。取准备好的滤纸条，将滤纸条的一端剪去两角，并在距这一端1 cm处用铅笔画一条细的横线。第三步：画滤液细线。用毛细吸管吸取少量色素浓缩液，沿铅笔线均匀地画出一条细线，待滤液干后，再重新画一次。第四步：把滤纸条放入层析液中，分离浓缩液中的色素（不能让滤液细线触及层析液）。第五步：观察滤纸条上出现的色素带的颜色和种类。

三、观察根尖分生区组织细胞的有丝分裂

（一）实验原理

高等植物体内，根尖、芽尖等分生区细胞能活跃地进行有丝分裂。分生区各个细胞的分裂是独立进行的，也就是说在同一个分生组织中存在处于不同分裂时期的细胞。在有丝分裂过程中，染色体的规律性变化为判断细胞的分裂时期提供了基础。我们可以对分生区组织进行处理后，在高倍显微镜下观察各个时期细胞内染色体的状态，从而判断这些细胞分别处于有丝分裂的哪个时期，进而认识有丝分裂的完整过程。

植物细胞的有丝分裂通常具有日周期性，一般认为中午时细胞分裂能力较强，分裂指数较高。因此在细胞分裂高峰时取材，有利于观察到处于分裂期的细胞。另有研究表明，植物细胞有丝分裂指数与培养温度、根的长度也有密切关系，但不同植物有所不同[1-2]。

---

[1] 马晓平，周杭英，孟和，等. 植物细胞有丝分裂实验教学材料的选择和培养 [J]. 上海交通大学学报（农业科学版），2006（2）：200-203，209.

[2] 张云，林凡. 观察根尖分生组织细胞有丝分裂的好材料：红葱 [J]. 生物学通报，2013，48（12）：47-49，63.

解离就是用药液使组织细胞相互分离开来，便于最后制片时压成一薄层进行显微观察。解离液通常由质量分数为 15% 的盐酸和体积分数为 95% 的酒精等量混合而成，解离液中酒精的作用是迅速杀死细胞，固定细胞的分裂相。剪下洋葱根尖后，如果不立即投入固定液中将其细胞杀死并使其各个细胞结构凝固，那么，整个根尖很有可能一个分裂期的细胞都找不到。盐酸能溶解果胶，使洋葱细胞的细胞壁软化，并使细胞间的中胶层物质溶解，达到分离细胞的目的。解离时间不宜过短，否则根尖未充分解离，压片时细胞分不开；但又不能过长，否则使根尖过分软化，无法进行漂洗和染色，且染色体被破坏。漂洗的目的是去除根尖中多余的解离液（特别是盐酸），防止解离过度，破坏染色体结构。

实验中对染色质（体）进行染色，须使用甲紫溶液或醋酸洋红溶液等碱性染色剂，这些染色剂是以甲紫或醋酸洋红溶解于醋酸溶液中制得，配制后的甲紫溶液 pH 值小于 7（呈酸性）。作为染色剂必须具备两个条件：一是具有颜色；二是与被染组织间有亲和力。染料的颜色和它与组织间的亲和力是由染料本身的分子结构决定的，产生颜色的发色基团和与组织间产生亲和力的助色基团共同决定了染色剂的染色性质。目前，在众多实验中，用改良苯酚品红染液对染色体进行染色，取得了较好的效果。

观察动物细胞有丝分裂时，不能用盐酸和酒精来解离动物组织。动物细胞不分散的原因是细胞膜上的某些蛋白质分子嵌入到相邻细胞的细胞膜内，有的还形成凹凸式镶嵌结构。盐酸和酒精都不能破坏这两种结构，因此无法用盐酸和酒精来解离动物组织，但可用胰蛋白酶处理，破坏细胞间的联系，使动物细胞分离和分散。

（二）发展素养

“观察根尖分生区组织细胞的有丝分裂”实验是 2007 年版人教版高中生物教材（以下简称实验教材）必修 1 第 6 章第 1 节的内容（旧称“观察根尖分生组织细胞的有丝分裂”），在 2019 年版人教版高中生物学教材（以下简称新教材）中属于必修 1 第 6 章“细胞的生命历程”第 1 节“细胞的增殖”中的内容。与实验教材相比，新教材使用“龙胆紫”的新名称“甲紫”代替旧称，同时还提供了显微镜观察到的细胞分裂图。教材要求，通过本实验，学生要学会制作洋葱根尖分生区细胞有丝分裂装片；学会观察植物细胞有丝分裂的过程，识别有丝分裂的不同时期，比较细胞周期中不同时期的时间长短；能够绘制植物细胞有丝分裂简图。教师在实验过程中要使学生进一步理解有丝分裂各个时期的变化特点，锻炼学生科学观察和思考的思维习惯，培养学生的创新意识和综合能力。通过实验得出的结论有助于学生认识细胞增殖的发生方式和发生特点，进而建构“细胞通过不同的方式进行分裂，有丝分裂保证遗传信息在亲代和子代细胞中的一致性”这一重要概念。具体而言，本实验在发展学生生物学学科核心素养的作用如下：

学生已经学习了“生命的物质基础”“细胞的基本结构”等相关知识，接触了细胞增殖的相关理念，知道生物体是由许许多多细胞所构成的，细胞是微小且复杂的。由于染色体等结构微小，单靠教材描述和教师讲解，学生难以形成一个直观且科学客观的认识。本实验教学可以探查学生对有丝分裂各时期染色体行为特点的掌握程度，还能结合对实验结果的分析，促进概念的转变，帮助学生建立起对细胞结构的客观认识。学生在初中已学习了观察人口腔上皮细胞、观察洋葱表皮细胞等实验内容，已经具备了一定的制作临时装片的经验和能力，但是本实验对于装片制作的要求较高，相比植物表皮细胞等简单的细胞染色观察来说多了解离、漂洗等步骤，制作原理和实验流程都比较烦琐。学生在理解特异性染液、取材位置的科学原理时容易以简代繁，这也对学生的实验技能提出了很高的挑战。合理利用本次实验教学可以让学生的科学实验操作技能迅速提升。

学习本实验的知识一方面可增进理解细胞的增殖方式科学的定义，让学生体会到细胞的生命历程是一个动态且微妙的过程；另一方面也为学习必修 2 中减数分裂的相关知识打下基础，从知识构成的地位上来说是十分重要的。本实验让学生自主通过显微镜直接观察到染色体，化微观的理论知识为现实的视觉效果，让染色体的变化不再止于纸上谈兵，具有很好的教育作用。学生可以在理解有丝分裂时联想到自己观察的现象，而不仅仅局限于教材中相关的形态及特点描述。

（三）研究综述

为提高本实验的成功率，很多学者对实验选材、实验方法进行了思考和改进，主要有以下几个方面：

（1）在实验材料上提出了改进建议。

朱昊[1]考虑到大蒜、洋葱有休眠期，蚕豆侧根生根慢等特点，建议使用豌豆作为实验材料。陈小清等[2]根据水仙根粗壮、易操作的特点，建议使用水仙作为实验材料。方春妮等[3]针对洋葱收获后有自然休眠期的问题，建议将洋葱鳞茎预先低温处理一段时间，打破洋葱的自然休眠期，促进洋葱的生根。杜晓捷等[4]给出了多种根尖获取方法的改进建议。

（2）在材料处理方面给出了建议。

季忠云[5]比较了不同染色剂下的细胞染色效果，结果证明苯酚品红溶液的染色效果最好，甲紫溶液染色效果次之。李艳珍[6]建议把染色后的根尖用醋酸溶液漂洗 2 ～ 3 次，以洗去细胞质中的甲紫溶液的浮色。李志超等[7]发现距根尖顶端 0.5 ～ 1 cm 处的细胞分裂相更多，效果更好。

（3）简化了实验步骤，使之更适用于课堂情境。

单柳旭[8]针对实验器材及操作流程容易混淆的情况，利用九孔点滴板

---

[1] 朱昊.“观察根尖分生组织细胞的有丝分裂”实验改进及反思 [J]. 中学生物学，2018，34（6）：43-45.

[2] 陈小清，黄志坚. 关于“根尖细胞有丝分裂”实验的改进 [J]. 生物学教学，2013，38（6）：51.

[3] 方春妮，叶青玲，陈炳华.“观察根尖分生组织细胞的有丝分裂”实验细节补充 [J]. 生物学教学，2012，37（9）：30.

[4] 杜晓捷，彭韶冲，吴坎宋. 观察根尖分生组织细胞的有丝分裂实验中根尖获取方法的改进 [J]. 教学仪器与实验，2008（10）：31.

[5] 季忠云.“观察根尖分生组织细胞的有丝分裂”实验的优化 [J]. 实验教学与仪器，2015，32（2）：40-42.

[6] 李艳珍. 观察根尖分生组织细胞有丝分裂实验的改进 [J]. 实验教学与仪器，2014，31（6）：28-29.

[7] 李志超，席贻龙，刘芳.“观察根尖分生组织细胞有丝分裂”的实验改进 [J]. 课程教育研究，2014（1）：184-185.

[8] 单柳旭.“观察根尖分生组织细胞的有丝分裂”的教学创新设计 [J]. 中学生物学，2018，34（3）：46-47.

简化了临时装片制作过程。李琪等[1]建议采用一片式操作法，保证整个实验过程中根尖始终在一块载玻片上，不进行转移。李志超等[2]利用数据统计软件计算了不同温度和根长度对洋葱和大蒜根尖有丝分裂指数的影响，给教师在准备实验时提供了参考。

综上所述：地区、季节等因素都会对本实验造成很大的影响，实验中的每个操作包括解离、染色等都因为温度、材料等的不同需要灵活变动，因此相关的改进建议十分多。总的来说完成本实验一方面要做好充足的实验准备，有条件的要做预实验以确定最适宜的实验方案，另一方面要理性看待实验过程中出现的每个问题，把握课堂生成性资源。

（四）实验优化

（1）实验材料的改进。

教材建议使用洋葱、葱、蒜等作为实验材料，这些材料的优点是容易获得，价格便宜，易进行生根培养且生根数量多，染色体数目合适。但有时效果不够理想，一是洋葱生根数量满足不了大量学生对实验材料的需要；二是洋葱的根尖部分细胞分裂不够旺盛，很难找到处于分裂时期的细胞；三是洋葱细胞的染色效果不佳。研究表明，大蒜是比较好的材料，大蒜获取方便，育根快捷且生根量大，根尖大小适合学生切出有效的制片体积。红葱具有取材便利、生长快、操作简便、耗时短和染色后观察效果好等优点，是学生观察植物细胞有丝分裂的好材料。

（2）材料的处理。

①洋葱根尖的培养。

洋葱收获之后会有一个自然休眠期，在这期间对洋葱进行催生根处理会出现生根难和生根少的问题。采用将洋葱鳞茎低温处理一段时间的方法，可以打破洋葱的自然休眠期，促进洋葱的生根[3]。具体方法：将洋葱

---

[1] 李琪，李江，胡雪娇，等．“观察根尖分生组织细胞有丝分裂”实验的改进及应用探究 [J]. 中学生物教学，2015（20）：45-48.

[2] 李志超，席贻龙，周俊．“观察根尖分生组织细胞有丝分裂”实验研究 [J]. 生物学通报，2014，49（11）：50-52，64.

[3] 何枝芳，张嘉卉，肖义军，等．做好“观察根尖分生组织细胞的有丝分裂”实验的几点建议 [J]. 中学生物学，2016，32（5）：52-53.

鳞茎置于冰箱冷藏室（4 ℃左右）中放置 4 ～ 7 d。从冰箱取出鳞茎后剥去外层几层鳞片，削去根基部的老根，洗净后置于盛满清水的烧杯或广口瓶上，水以浸没根基部为宜，在 25 ℃温度下培养 3 ～ 4 d，根基部即长出较多 1 ～ 2 cm 长的根，数量一般在 20 根左右。

②解离和漂洗。

假如实验准备时间较短，不必等根长到 5 cm 时再取生长健壮的根尖制作临时装片。有实验证明 0.5c m 长的根用于实验同样可以达到很好的实验效果。取材时间如果错过上午 10 时至下午 2 时，可以将剪下来的根尖放在卡诺氏液（无水乙醇：冰醋酸 =3：1）中固定处理 2 h 左右后，移至体积分数为 95% 的酒精处理 10 min，再用体积分数为 85% 的酒精处理 10 min，处理后的根尖可在 4℃的 70% 酒精溶液中保存一年，随时用于实验。也有学者表示，从上午 8 时到下午 8 时各时间段进行取材和处理都可以看到足够多的分裂相。

教材建议剪取 2 ～ 3 mm 的根尖，在实际操作过程中剪取的根尖长度以 5 ～ 6 mm 为宜，2 ～ 3 mm 偏短，不利于用镊子夹取以进行后续解离操作。解离步骤也有很多种改进方法，如将体积分数为 20% 盐酸和 95% 酒精按照 1：1 混合，室温解离 5 min；1 mol/L 盐酸，60 ℃水浴中水解 8 ～ 10 min；体积分数为 37% 盐酸和 95% 酒精按体积 1：1 混合，室温解离 6 ～ 8 min；等等。归根结底，因为开展实验的地点、时间、温度、湿度不同，最佳解离方法是不同的，教师要在正式实验之前进行预实验，确定最合适的解离方法，同时在实验过程中根据根尖情况灵活调整解离时间。根尖软化的标志是根尖色泽变白，略带透明，分生区段呈乳白色[1]。仅仅根据颜色判断仍易造成偏差，所以一般采用解剖针或镊子轻戳根尖的方式来判断根尖是否软化。将解离好的根尖取出，用蒸馏水漂洗 3 次，每次 1 ～ 3 min。

③染色。

同理，染色过程也要经过预实验确定最合适的染液。也有学者认为甲

---

[1] 李新．“观察根尖分生组织细胞有丝分裂”实验方法的改进 [J]. 福建基础教育研究，2013（5）：120-121.

紫溶液会使染色体和背景颜色过深，染色后的染色体形态异常，所以使用改良苯酚品红染液进行染色。季忠云[1]做了不同染色剂下的细胞染色效果的比较。实验结果为用苯酚品红染色时细胞质染色浅，细胞核染色深，对比度大，染色清晰、易辨别；用醋酸洋红染色时细胞核和染色质染色后，染色体不易辨别；用甲紫溶液染色时细胞核和染色质染色后有一定对比度，染色体能辨别。

学者们也提出了几种制片方法的优化：用镊子的钝端或带橡皮的铅笔轻轻敲击盖玻片，使根尖细胞均匀地分散成云雾状的薄层；用稍宽于盖玻片的吸水纸包绕装片后再用镊子钝端或带橡皮的铅笔轻轻敲击盖玻片；用拇指指尖压住根尖，以根尖为中心，向四周推压碾平，使细胞分散。也有学者将染色过程放在制片中完成[2]：用十字交叉法按压根尖后分开两片载玻片，滴加染色液后盖上盖玻片，轻轻敲打盖玻片使组织均匀分散。

④制片。

单柳旭[3]设计了九孔点滴板来简化临时装片制作过程（图 4-4），在第 1 个孔里滴入解离液用于根尖的解离，为了充分漂洗，在第 2 ～ 7 孔内滴入蒸馏水进行 6 次漂洗，在第 8 个孔内滴入染色剂进行染色，如果将染色的根尖直接制片，通常视野内紫色太深，所以在第 9 个孔内滴入蒸馏水用于再漂洗。

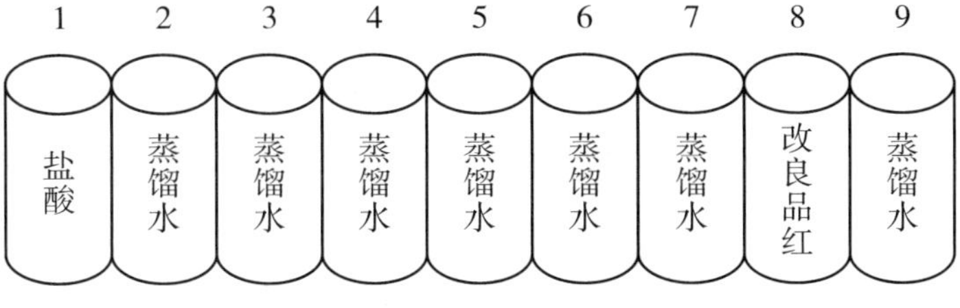

图 4-4 九孔点滴板示意图

[1] 季忠云 .“观察根尖分生组织细胞的有丝分裂”实验的优化 [J]. 实验教学与仪器，2015，32（2）：40-42.

[2] 方春妮，叶青玲，陈炳华 .“观察根尖分生组织细胞的有丝分裂”实验细节补充 [J]. 生物学教学，2012，37（9）：30.

[3] 单柳旭 .“观察根尖分生组织细胞的有丝分裂”的教学创新设计 [J]. 中学生物学，2018，34（3）：46-47.

（3）镜检的改进。

教材中关于镜检的描述已经较为详细。因为本实验的难度较高，所以在实际操作过程中，可以清晰观察到处于分裂期的细胞的学生往往较少。建议有条件的学校利用现代化工具观察并处理实验结果[1]，如数码显微镜等，这样可以直接采集图像或截取图片上传。教师将学生上传的图像展示在大屏幕上，学生可以进行展示和交流，教师也能及时进行评价和总结。

（五）教学组织

在正式上课之前进行预实验是十分必要的，教师要确保为学生提供的洋葱根尖、解离液、染色液等都合理完备。在预实验过程中也会出现很多生成性资源，如观察到细胞发生无核现象、微核现象等。合理利用这些资源可以增加课堂趣味性，培养学生的理性思维和科学探究能力。

在课堂导入之后，教师可以提问："植物体上所有的细胞都具有分裂能力吗？""你认为植物体的什么部位会有正在分裂的细胞？"引导学生选择正确的材料。"可以剪取植物的根尖直接放在显微镜下观察吗？""根据你的经验，你认为怎样处理材料我们才能观察到处于分裂期的细胞？"引导学生对材料进行合理的处理。让学生理解在不同的实验要求下，对不同特点的材料需要采取不同的处理方法。"显微镜下所有的细胞都在进行分裂吗？""如何辨别有丝分裂各时期的细胞？"一方面让学生可以快速找到分生区细胞，节约实验时间；另一方面引导学生关注各时期染色体的行为变化，将染色体作为重点的观察对象，以染色体的行为变化作为辨认各时期的标志。

在观察过程中可以落实几个科学观念，比如有丝分裂的分裂期是一个连续的过程，前期、中期、后期、末期只是人们为了更好地研究有丝分裂而人为划分的，所以会观察到处于过渡状态的细胞并不具有典型的某一时期细胞的特征。还有学生观察到了中期细胞，向教师提出疑问："为什么

[1] 单柳旭 ."观察根尖分生组织细胞的有丝分裂"的教学创新设计 [J]. 中学生物学，2018，34（3）：46-47.

我看了这个细胞很久，这个细胞就是迟迟不进入后期呢？”这说明学生没有理解细胞在解离的时候就已经死亡了，我们观察到的细胞被固定在死亡的瞬间，因此不可能观察到某一细胞的动态变化过程。

在镜检过程中，如果学生不能在自己制作的临时装片中找到清晰的分裂期细胞，则需要分析可能的原因（一般要求每人至少找到某一个时期的细胞请教师确认）。考虑到部分学生由于操作不当而无法观察到分裂期细胞，教师可以准备洋葱根尖细胞有丝分裂的永久装片，以保证所有学生都对有丝分裂染色体的形态特征有一个真实印象。

教材讨论题 2 要求统计全班的结果，求每个时期细胞数目的平均值，统计表可参考表 4-5。

表 4–5　每个时期细胞数目的平均值

细胞周期		学生 1	学生 2	……	总计	$\frac{\text{每一时期的细胞数}}{\text{计数细胞的总数}}$	时间 /h
分裂间期					a	$\frac{a}{sum}$	$\frac{a}{sum}\times 12$
分裂期	前期				b	$\frac{b}{sum}$	$\frac{b}{sum}\times 12$
	中期				c	$\frac{c}{sum}$	$\frac{c}{sum}\times 12$
	后期				d	$\frac{d}{sum}$	$\frac{d}{sum}\times 12$
	末期				e	$\frac{e}{sum}$	$\frac{e}{sum}\times 12$
总计					sum	1	12

（六）过程及评价

1. 操作过程性评价

表 4–6　“观察根尖分生区组织细胞的有丝分裂”评价体系

项目	操作要点及评价指标			结果	评价
实验操作	洋葱根尖临时装片制作	（1）取材	在适宜条件下培养洋葱根尖，待根长约 5 cm 时，选取生长健壮的洋葱根尖，剪取根尖 2 ～ 3 mm，立即放入盛有盐酸和酒精混合液（1 ∶ 1）的玻璃皿中		
		（2）解离	在室温下解离 3 ～ 5 min		
		（3）漂洗	待根尖软化后，用镊子取出，放入盛有清水的玻璃皿中漂洗 10 min		
		（4）染色	把根尖放进盛有质量浓度为 0.01 g/mL 或 0.02 g/mL 的甲紫溶液（或醋酸洋红液）的玻璃皿中染色 3 ～ 5 min		
	洋葱根尖临时装片制作	（5）制片	用镊子将这段根尖取出来，放在载玻片上，加一滴清水，并用镊子尖把根尖弄碎，盖上盖玻片，然后，用拇指轻轻地按压盖玻片，使细胞分散开来		
	显微镜观察	（1）低倍显微镜观察	把制成的装片先放在低倍显微镜下观察，扫视整个装片，找到分生区细胞：细胞呈正方形，排列紧密		
		（2）高倍显微镜观察	将分生区细胞移到视野中央，换成高倍显微镜观察，先找出分裂中期的细胞，然后再找前期、后期、末期的细胞，注意观察各时期细胞内染色体形态和分布的特点。最后观察分裂间期的细胞		

续表

<table>
<tr><th>项目</th><th colspan="2">操作要点及评价指标</th><th>结果</th><th>评价</th></tr>
<tr><td rowspan="2">实验操作</td><td>记录</td><td>调节显微镜的放大倍数，使你能够在视野里同时看到约 50 个细胞，仔细统计视野中处于各时期的细胞数，记录在记录表“样本 1”中。把视野移动到分生区一个新的区域再统计，然后记录在记录表“样本 2”中。对数据进行整理，填入表中。
记录表
<table>
<tr><th colspan="2">细胞周期</th><th>样本 1</th><th>样本 2</th><th>总数</th><th>$\frac{\text{每一时期的细胞数}}{\text{计数细胞的总数}}$</th></tr>
<tr><td colspan="2">分裂间期</td><td></td><td></td><td></td><td></td></tr>
<tr><td rowspan="5">分裂期</td><td>前期</td><td></td><td></td><td></td><td></td></tr>
<tr><td>中期</td><td></td><td></td><td></td><td></td></tr>
<tr><td>后期</td><td></td><td></td><td></td><td></td></tr>
<tr><td>末期</td><td></td><td></td><td></td><td></td></tr>
<tr><td colspan="3">计数细胞的总数</td><td></td><td></td></tr>
</table>
</td><td></td><td></td></tr>
<tr><td>绘图</td><td>绘出植物细胞有丝分裂中期或后期简图</td><td></td><td></td></tr>
<tr><td>分析与讨论</td><td colspan="2">（1）为什么洋葱根尖要长到 5 cm，而制作装片时剪取的根尖长度是 2 ～ 3 mm？
____
____。
（2）在洋葱根尖临时装片制作过程中，解离、漂洗、染色和压片的目的分别是什么?
____
____。
（3）在你的观察结果中，处于哪一时期的细胞最多？为什么?
____。</td><td></td><td></td></tr>
</table>

续表

项目	操作要点及评价指标	结果	评价
分析与讨论	（4）如何比较细胞周期不同时期的时间长短？你可以数一数视野中 5 个不同时期的细胞数目。统计全班的结果，求每个时期细胞数目的平均值。（提示：洋葱根尖细胞染色体数目为 8 对，一个细胞周期大约需要 12 h。） ____ _______________________________________。 （5）某同学从生长良好的洋葱根部剪取根尖后，进行有丝分裂观察实验，实验操作如下。但镜检时却未发现处于分裂的细胞，请分析原因。 ①从解离液中取出材料后立即染色，并制成装片。 ②用甲紫溶液染色 10 min。 ③将染色后的材料立即放在载玻片上制成装片。 ④将制作好的装片立即用高倍显微镜观察。 ____		
实验结论	根据观察结果，用自己的语言描述植物细胞有丝分裂各个时期的特点		
评价等第			

注：操作过程性评价等第分为优秀（100 ～ 90 分）、良好（89 ～ 80 分）、合格（79 ～ 60 分）与不合格（< 60 分）四个等第。实验操作不合格者，按规定需重新测试。

2. 试题评价示例

（1）洋葱根尖和小鼠骨髓细胞都能用于观察细胞有丝分裂，比较实验操作和结果，下列叙述正确的是（　　）。

A. 都需要用盐酸溶液使细胞相互分离

B. 都需要用低倍显微镜找到分裂细胞再换高倍显微镜观察

C. 在有丝分裂中期都能观察到染色体数目加倍

D. 在有丝分裂末期都能观察到细胞板

（2）在“观察根尖分生区组织细胞的有丝分裂”实验中，下列实验操作和得出的结论正确的是（　　）。

A. 剪取 5 cm 根尖，用酒精和吡罗红混合液解离染色

B. 图 4-5 是高倍显微镜下调节细准焦螺旋看到的视野

C. 持续观察，视野中的 K 细胞将分裂成两个子细胞

D. 视野中，N 细胞的染色体数目是 M 细胞的一半

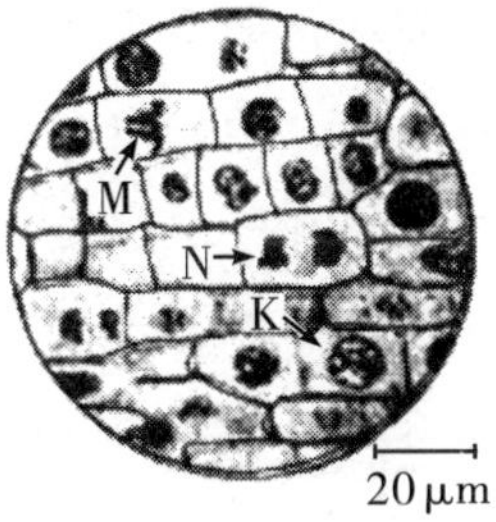

图 4-5

（3）图 4-6 表示“观察根尖分生区细胞的有丝分裂”实验的主要操作步骤。请据图回答下列问题。

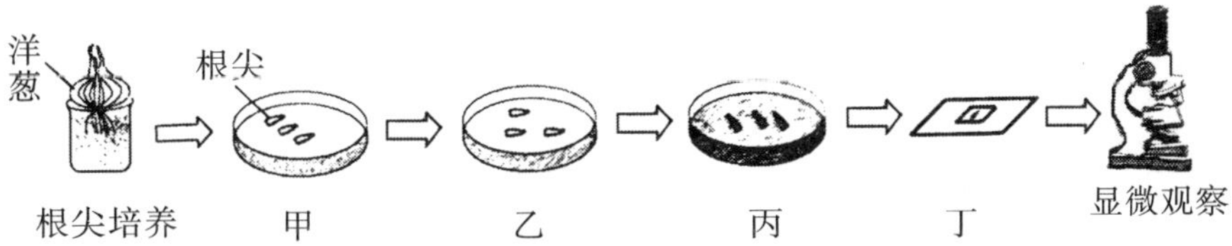

图 4-6

①步骤甲称为____________________。

②步骤乙的目的是____________________。

③步骤丙常用的化学试剂是____________________。

④在步骤丁的操作过程中，将软化的根尖放在载玻片上的水滴中，盖上盖玻片后，还要进行的操作是____________________________________。

⑤某学校不同班级的学生在同一天不同时间进行了上述实验，结果发现实验效果有明显差异。为了探究该实验取材的最佳时间，请你简要写出实验的主要思路。

参考答案

1. 操作过程性评价

分析与讨论：（1）根据经验可知，根长到 5 cm 左右时，长势最佳，此时细胞分裂较为旺盛，容易寻找到处于不同时期的细胞。剪取根尖 2 ～ 3 mm，该长度正好将分生区包含了进来。若长度过长，在低倍显微镜下寻找分生区就会很困难。　（2）①解离：解离液中的盐酸通过酸解细

胞壁之间的中胶层（果胶），使组织中的细胞相互分离开来；酒精可以迅速杀死细胞，固定内部结构。 ②漂洗：洗去根尖表面的药液，防止解离过度，便于碱性染料染色。 ③染色：碱性染料（甲紫溶液或醋酸洋红溶液）能使染色体着色。 ④压片：使细胞分散开（而结构没有严重破坏），有利于观察。（3）间期的细胞最多。因为间期在细胞周期中所占比例最大。（4）某一时期的时间 = 洋葱的细胞周期（12 h）× 该时期的细胞数占计数细胞总数的比例。 （5）该同学实验失败的原因有：①解离后的根尖未经漂洗，影响染色效果； ② 染色时间过长，整个细胞被染成深色，无法区分细胞的各个部分； ③未经压片，细胞相互重叠，整个根尖因透光差而不能观察； ④未经低倍显微镜观察，高倍显微镜下很难找到分生区细胞。

2. 试题评价示例

（1）B （2）B （3）①解离 ②洗去药液，防止解离过度 ③甲紫溶液（醋酸洋红液） ④用拇指轻轻地按压盖玻片 ⑤在一天的不同时间剪取同一洋葱的根尖，按上述实验步骤操作，对每个装片选取多个视野进行观察，比较不同装片中处于分裂期细胞的平均数。

四、观察蝗虫精母细胞减数分裂装片

（一）实验原理

减数分裂是配子形成过程中一种特殊的有丝分裂。高等动植物在繁殖过程中通过减数分裂使得配子中染色体数目减为体细胞的一半，这样再通过雌雄配子的结合又可以在后代细胞中恢复正常的染色体数目，从而保持了物种染色体数目的稳定性，同时同源染色体在染色体配对过程中发生了非姐妹染色体的片段交换，为后代的多样性提供了遗传的物质基础。

在动物材料中，蝗虫是观察减数分裂比较好的材料[1]。蝗虫的染色体数目较少（雄蝗虫 $2n$=23，雌蝗虫 $2n$=24），染色体较大，便于观察。在同一装片上可以同时观察到减数分裂各个时期以及精子的形成过程。在某

[1] 刘梦豪，赵凯强，王雅栋，等．蝗虫精母细胞减数分裂各时期的识别 [J]. 遗传，2012，34（12）：1628-1637.

个时刻，雌性动物卵巢内的卵泡进行减数分裂的细胞有限，观察到减数分裂各期的细胞数目较少，所以不使用雌性蝗虫的卵巢制作切片。

蝗虫精母细胞减数分裂装片制法：取成熟活雄蝗虫并固定，去除翅及肢，用剪刀沿腹部的背侧从末端向前端剪开，用解剖针拨开体壁，在胃肠背后找到黄色椭圆形的精巢。取精巢置于生理盐水（0.7% 氯化钠溶液）中，用镊子剔除多余组织。后移入 0.4% 的氯化钾溶液中低渗处理 30 ～ 40 min，用 3∶1 的无水乙醇和冰醋酸固定处理 2 ～ 24 h。在 45% 的醋酸溶液中打开精巢中的精巢细管，用 1∶5 的吉姆萨染液染色约 5 min 即可观察。如需制作固定装片，可移入 95% 的酒精中处理 5 min，再移入无水乙醇中 5 min，最后移入二甲苯中 3 ～ 5 min，取出标本后用树胶封片[1]。

减数分裂各时期染色体的特点：

减数第一次分裂前期分为 5 个阶段：细线期、偶线期、粗线期、双线期、终变期。

细线期：染色质浓缩为若干条细长的相互缠绕的细线，染色体细长呈线状。

偶线期：染色体略粗，染色略深，同源染色体两两侧面紧密相进行配对。

粗线期：同源染色体互成螺旋结构，X 染色体呈端棒状。

双线期：可见交叉染色体，有交叉端化现象，可见染色体的各种构象，如 8 字形、X 形。

终变期：染色体逐渐紧密凝集。

减数第一次分裂中期：染色体边缘光滑，进一步变粗变短，同源染色体以四分体为单位排列在赤道板上。侧面观可得各四分体成排横列在纺锤体中部，成一条直线；极面观可得各四分体环状排列在赤道面上。

减数第一次分裂后期：染色体距离较远，由纺锤丝牵引遥遥相对。染色体呈各种构象，如丁字形、V 字形、棒状等。

[1] 徐连城，杨保谦．蝗虫精母细胞染色体制片法 [J]. 遗传，1988（2）：8.

减数第一次分裂末期：染色体数目减半，到达两极的染色体开始聚集。

减数第二次分裂前期：染色体逐渐分散缩短，两条姐妹染色单体彼此排斥。

减数第二次分裂中期：染色体着丝点排列在赤道板上，极面观可得染色体呈辐轮状分布。

减数第二次分裂后期：姐妹染色单体分开，在纺锤丝牵引下移向细胞两极。

减数第二次分裂末期：到达两极的染色体分别进入两个子细胞，两个子细胞的染色体数目与初级精母细胞相比减少了一半，染色体聚集并解螺旋化。

（二）发展素养

“观察蝗虫精母细胞减数分裂装片”实验是 2007 年版人教版高中生物教材（以下简称实验教材）必修 2 第 2 章第 1 节的内容，在 2019 年版人教版生物学教材（以下简称新教材）中属于必修 2 第 2 章“基因和染色体的关系”第 1 节“减数分裂和受精作用”中的内容。与实验教材相比，新教材对步骤 2 的描述更为简洁、逻辑性更强，同时还提供了更加清晰的蝗虫精母细胞减数分裂的显微彩色照片。本实验通过观察蝗虫精母细胞减数分裂固定装片，识别减数分裂不同时期染色体的形态、位置和数目，有助于加深对减数分裂过程的理解。实验得出的结论有助于学生认识减数分裂各时期染色体形态特征，理解“减数分裂产生染色体数量减半的精细胞或卵细胞”等科学知识，进而建构“生物性状的多样性实际上是基因的多样性”等重要概念。具体而言，本实验对发展学生生物学学科核心素养的作用如下：

在本实验之前，学生已经完成了观察根尖分生区组织细胞的有丝分裂，对于染色体在细胞中的存在形态以及行为特征有了客观的认识。减数分裂是一种特殊的分裂方式，与有丝分裂有许多相同之处，又有着本质的区别，学生容易对这两种分裂方式产生混淆，设置本实验可以探查学生的前概念，还能结合对实验现象的分析，促进学生对比分析减数分裂的染色体行为特征，建构自由分离等科学概念。减数分裂相关的知识是微观的，抽象的，此实验可以很好地解决文字和概念图讲解所带来的内容空洞的问题。

就实验操作而言，本实验涉及的实验技能只有显微镜的观察，学生在之前已经有了足够多的用显微镜观察的经验，所以实验的重点在于如何快速并准确找到目的细胞，并且观察记忆其特征。在向学生介绍完减数分裂相关知识之后安排此实验活动，可以在很大程度上调动学生的积极性，学生为了完成找到减数分裂细胞这个任务，主动复习回顾减数分裂细胞的染色体形态特征。学生之间、师生之间的有关模糊细胞的讨论可以活跃课堂交流氛围，促进不同思维之间的碰撞。提供的参照图、设置同学之间交流观察到的分裂期细胞环节，有助于发展学生的“归纳与概括”“批判性思维”等科学思维能力。本实验内容是对必修 1 有丝分裂内容的衔接和拓展深化，也是“基因的分离和重组”“染色体的自由组合和交叉互换”的理论基础，为之后学习遗传病、杂交育种等相关知识做铺垫。对不同基因型配子的产生的解释，有助于学生理解生物性状多样性的产生，客观地看待生物多样性。

（三）研究综述

针对本实验，诸多学者提出关于材料选择与准备、实验装片制作等的改进与建议。

（1）对实验材料进行了创新和优化。

陈晓芸等[1]、胡新忠[2]选用常见的种植方便、花期较长的葱为实验材料。陈登勤[3]选用染色体数目较少、染色体形状较大，容易栽培的紫露草（$2n=12$）为实验材料。周伯春等[4]选用了减数分裂时染色体形态特征比较典型的紫鸭跖草为实验材料，并观察到染色体变异的情况。吴生茂等[5]选用凤仙花的花药进行实验，减数分裂过程同步性强，图像清晰。

---

[1] 陈晓芸，林鸿生，王桔红．葱小孢子母细胞减数分裂观察 [J]. 生物学教学，2019，44（8）：54-55.

[2] 胡新忠．葱的花药：观察减数分裂过程的好材料 [J]. 生物学杂志，1989（4）：31.

[3] 陈登勤．一种减数分裂的好材料：紫露草 [J]. 生物学通报，1984（4）：54.

[4] 周伯春，邓丽萍．减数分裂的好材料：紫鸭跖草 [J]. 广州师院学报（自然科学版），2000（5）：89-91.

[5] 吴生茂，甘佑忠．用凤仙花的花药作减数分裂实验 [J]. 生物学通报，1988（11）：11，23.

郑双保等[1]列举了几种在不同季节、不同地方都可以找到的植物材料[大葱（$2n$=16）花序、洋葱（$2n$=16）花序、番茄（$2n$=24）花蕾、玉米（$2n$=20）雄花序]；并指出凤仙花并非各地都有，而蝗虫不易捕捉等缺点。

王妮莎等[2]针对蝗虫标本获取困难、精巢解剖耗时长、成功率低的问题，提出利用易取材、易操作的百合花花蕾进行涂片，快速制作临时装片，提高了教学的时效性。

（2）制作临时装片，实验效果较好。

王培等[3]以中国水仙（三倍体）花药为材料进行实验，制片方法简单，成像效果好，可观察到典型的图像与大量染色体变异行为；利用雕刻培养取材提高材料利用率，利用指甲油封片配合染色缸水封延长临时装片保存时间，利用平板电脑进行拍摄和资源共享增强了学生的合作探究意识。

周畅[4]针对实验时分裂相细胞数目不稳定、固定液不易渗透、染色体着色差、生精细胞很难分散等问题，提出在蝗虫生殖季节取材，将精巢置于蒸馏水中浸泡使细胞膨大，压片后转入冰箱冷冻室观察以增加相附着力，用吉姆萨染液扣染等改进方案。

综上所述，学者们多是对实验材料和实验操作步骤进行改进。倾向选择染色体形态较大、数目较多、分布广泛、周期较长的动植物材料，操作步骤力求简便、染色体图像保证清晰等，增强实验的可操作性以及学生的参与性。

（四）实验优化

教材建议先在低倍显微镜下观察蝗虫精母细胞减数分裂固定装片，识别初级精母细胞、次级精母细胞和精细胞，然后依次找到减数第一次分裂中期、后期和减数第二次分裂的细胞，再在高倍显微镜下仔细观察染色体

---

[1] 郑双保，周善娣．做减数分裂实验的几种好材料 [J]. 生物学杂志，1990（3）：41，26.

[2] 王妮莎，魏宪辉．观察减数分裂的良好实验材料：亚洲百合 [J]. 生物学通报，2019，54（11）：50-51.

[3] 王培，王金贝，李德玺．减数分裂的观察与比较 [J]. 生物学通报，2019，54（11）：47-50.

[4] 周畅．蝗虫精原细胞减数分裂实验的改进 [J]. 生物学教学，1997（12）：19.

的形态、位置和数目。在实际教学中，因为用显微镜观察装片的视野有随机性，无法在很短的时间内判断观察的位置和细胞的种类，在此提出一种观察顺序和判断依据以供参考。

（1）确定精细胞和精子。

进行有丝分裂的精母细胞和进行减数分裂的精母细胞在位置上是有一定差异的。次级精母细胞分裂成为精细胞后，精细胞会通过一个变态过程形成精子。变态过程：精细胞→枣核状精细胞→柳叶状精细胞→精子。虽然在初级精母细胞与次级精母细胞阶段已完成细胞核分裂，但胞浆的分裂并未结束，精细胞之间仍通过胞浆峪相连，因此精子发育是彼此相接触的。在装片观察时，区域化的精细胞和精子是最好辨别的。见图 4-7。

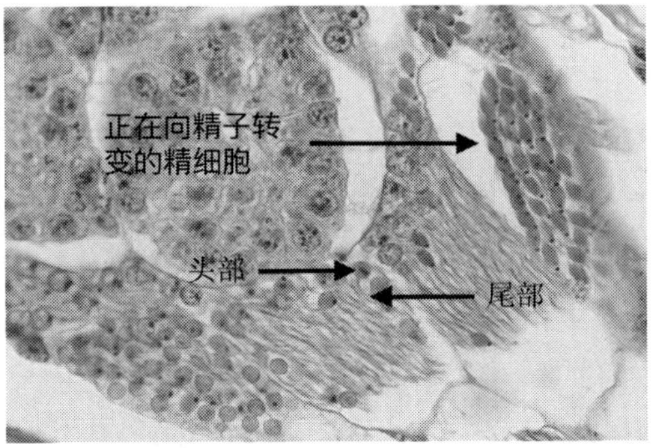

图 4-7　精细胞和精子

（2）确定次级精母细胞。

在确定精细胞所在位置之后，一般来说周围的细胞大部分在进行减数第二次分裂。进行减数第二次分裂的细胞因为染色体数目较正常体细胞少一半，且染色体保持螺旋缠绕的状态，所以染色体的形态比较清晰，容易辨认。在部分染色状态较好的装片中还可以看见纺锤体。先找到染色体排列在细胞中央的细胞，此时的细胞处于减数第二次分裂中期。以此为参照可以找到位于减数第二次分裂其他时期的细胞。见图 4-8。

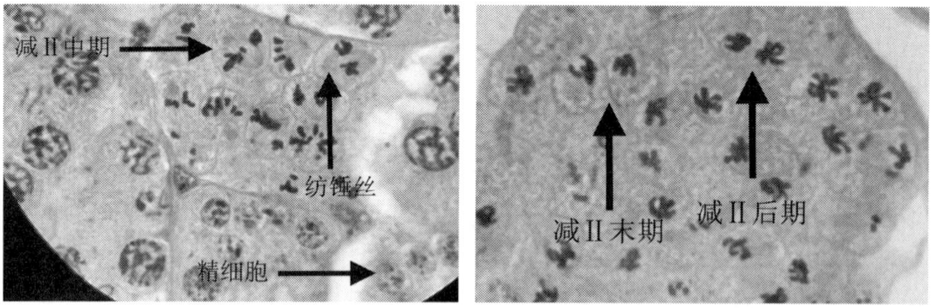

图 4-8　正在进行减数第二次分裂的细胞

（3）确定初级精母细胞。

同样在精细胞、次级精母细胞周围寻找初级精母细胞。减数第一次分裂的主要特征是在前期会发生同源染色体联会行为，在判断初级精母细胞时，可以找寻具有明显特征的中期细胞，也可以通过染色体是否有配对行为判断。见图 4-9。

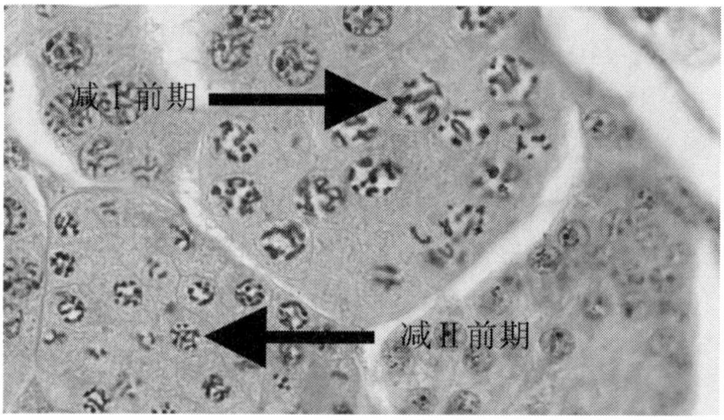

图 4-9　正在进行联会的初级精母细胞

（4）区分进行有丝分裂的精原细胞。

在观察装片时很容易将进行有丝分裂的精原细胞同进行减数第一次分裂的初级精母细胞混淆。除了通过观察染色体是否有联会行为、同源染色体是否分离、产生的子细胞染色体数目是否减半等特征区分，还可以从细胞所处的位置，周围细胞的特点进行判断。

在蝗虫的精巢减数分裂装片中，各种细胞的排布是有规律的。通过减数分裂产生的精子需要通过精巢小管输出储藏，而需要持续分裂增殖的精原细胞则一般位于封闭结构的一端，见图 4-10。根据有丝分裂染色体的行为特点找到有丝分裂不同时期的细胞，见图 4-11。

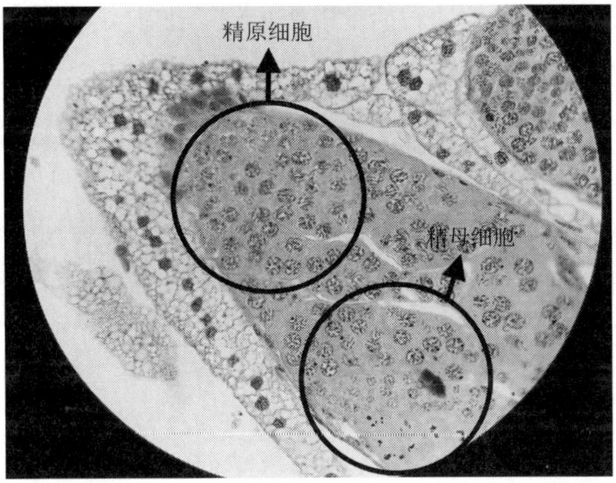

图 4-10　精原细胞与精母细胞

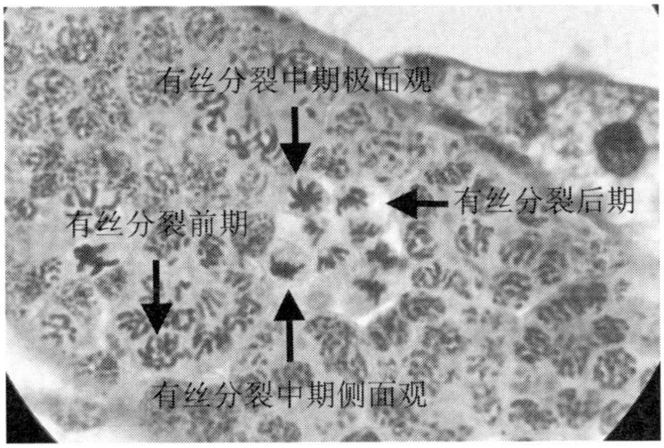

图 4-11　正在进行有丝分裂的细胞

（五）教学组织

在给学生提供固定装片之前，可以向学生适当解释和合理拓展与蝗虫相关的理论知识，如蝗虫的发育和身体构造。

蝗虫多见于夏季荒草地或庄稼地，蝗虫的卵多以卵块的形式存在。受精卵发育为幼虫。幼虫形态和生活习性与成虫相似，身体较小，生殖器官没有发育成熟，仅有翅芽，能够跳跃，称为跳蝻，这样的幼虫叫作若虫。

若虫经过 5 次蜕皮，身体逐渐长大，不经过蛹期就发育成有翅膀能飞的成虫，这样的发育过程叫不完全变态。

在复习减数分裂相关知识后就以蝗虫精母细胞减数分裂固定装片为实验材料，正确使用显微镜观察减数分裂不同时期的染色体的形态、位置和数目的变化，引导学生进行观察，讨论交流，分析减数分裂不同时期的染色体的形态、位置和数目的变化。根据观察结果，尽可能多地绘制减数分裂不同时期的细胞简图。教师应该事先备好清晰的、特征明显的参照图，一方面可以为学生辨别不同细胞提供参考，另一方面可以避免没有观察到减数分裂细胞的同学无物可看的结果。引导过程可参考实验优化。

（六）过程及评价

1. 操作过程性评价

表 4–7 “观察蝗虫精母细胞减数分裂装片”评价体系

项目	操作要点及评价指标		结果	评价
实验操作	（1）低倍显微镜观察	在低倍显微镜下观察蝗虫精母细胞减数分裂装片。识别出初级精母细胞、次级精母细胞和精细胞		
	（2）高倍显微镜观察	先在低倍显微镜下依次找到减数第一次分裂和减数第二次分裂各时期的细胞，再在高倍显微镜下观察染色体的形态、位置和数目		
	（3）绘制简图	根据观察结果，绘制减数分裂不同时期的细胞分裂简图		
分析与讨论	（1）如何判断视野中的某一个细胞是处于减数第一次分裂时期，还是处于减数第二次分裂时期？ （2）减数第一次分裂中期与减数第二次分裂中期相比，细胞中的染色体的不同点是什么？前期呢？后期呢？			
评价等第				

注：操作过程性评价等第分为优秀（100 ～ 90 分）、良好（89 ～ 80 分）、合格（79 ～ 60 分）与不合格（＜ 60 分）四个等第。实验操作不合格者，按规定需重新测试。

2. 试题评价示例

（1）下列关于观察减数分裂实验的叙述错误的是（　　）。

A. 可用蝗虫精巢、蚕豆花药的固定装片观察减数分裂

B. 用百合花的雄蕊制成的装片比用百合花的雌蕊制成的装片容易观察到减数分裂现象

C. 能观察到减数分裂现象的装片中，就能观察到同源染色体联会现象

D. 用洋葱根尖制成装片，可能观察到四分体

（2）某种植物体细胞中染色体数 $2n=24$，图 4-12 为此植物细胞减数分裂过程中几个特定时期的显微照片。请据图回答下列问题。

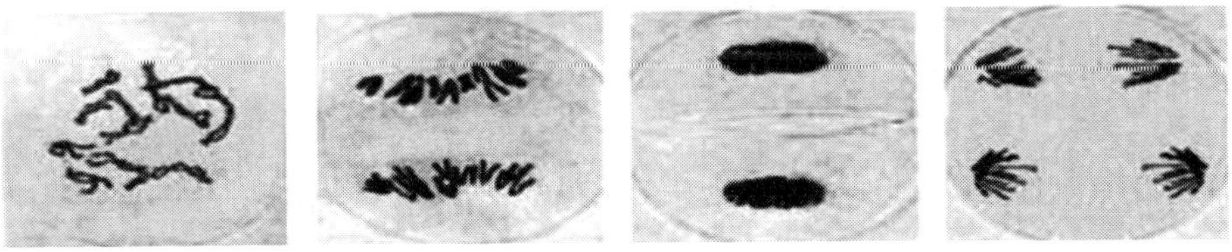

甲　　乙　　丙　　丁

图 4-12

①甲处于减数第一次分裂前期，细胞中的同源染色体之间两两配对，此现象为________________。在此过程中同源染色体的______________因交叉互换而使染色体上的基因产生________________。

②乙处于减数第一次分裂后期，______________分离移向细胞两极，位于染色体上的______________也随其分开而分离。

③丁处于减数第二次分裂后期，此时______________分裂，该时期细胞中染色体数目为__________条。

参考答案

1. 操作过程性评价

分析与讨论：（1）减数第一次分裂过程中有同源染色体，而减数第二次分裂过程中始终没有同源染色体。这是最根本的区别。（2）中期：减数第一次分裂有同源染色体，减数第二次分裂没有；减数第一次分裂中期同源染色体排列在赤道板两侧，减数第二次分裂中期，着丝粒排列在赤

道板上。 前期：减数第一次分裂有同源染色体，减数第二次分裂没有；减数第一次分裂同源染色体联会形成四分体，减数第二次分裂染色体散乱分布。 后期：减数第一次分裂有同源染色体，减数第二次分裂没有；减数第一次分裂同源染色体分离非同源染色体自由组合，减数第二次分裂着丝粒一分为二，姐妹染色单体分开。

2. 试题评价示例

（1）D （2）①联会 非姐妹染色单体 重组 ②同源染色体 等位基因 ③着丝点 24

五、低温诱导植物细胞染色体数目的变化

（一）实验原理

进行正常有丝分裂的植物分生组织细胞，在有丝分裂后期，染色体的着丝点分裂，子染色体在纺锤丝的作用下，分别移向两极，最终被平均分配到两个子细胞中去。用低温处理植物分生组织细胞，能够抑制纺锤体的形成，染色体不能被正常拉向两极，细胞也不能分裂成两个子细胞，导致植物细胞染色体数目发生变化。

低温诱导染色体数目变化属于温度休克法中的冷休克法（处理温度为 0 ～ 5 ℃左右），其作用机制是温度的变化引起细胞内微管蛋白或某些酶构型的改变，导致细胞分裂时不能形成纺锤丝，使已完成染色体数目加倍的细胞不能正常将染色体移向两极。也有学者认为是能量限制导致了染色体数目的变化，纺锤体通过微管蛋白聚合组装成微管的过程需要大量 ATP 参与[1]，低温不利于酶促反应的进行，导致细胞分裂时形成纺锤体所需的 ATP 的供应途径受阻，致使已完成染色体数目加倍的细胞不能分裂。

卡诺氏液主要由乙醇、乙酸等配制而成，适用于一般动植物组织和细胞的固定，常用于动植物压片及石蜡切片等，有极强的渗透力，固定时间最长不超 24 h。其特点是能迅速穿透细胞，将其固定并维持染色体结构的

---

[1] 赵荣涛，何建瑜，刘慧慧．温度休克法在海洋生物多倍体诱导中的应用 [J]. 安徽农业科学，2012，40（36）：17492-17494，17546.

完整性，还能够增强染色体的嗜碱性，方便染色。固定的目的在于保存细胞和组织的原有形态结构，固定剂能阻止内源性溶酶体酶对自身组织和细胞的自溶、抑制细菌和霉菌的生长。固定剂还可以通过凝固、生成添加化合物等使蛋白质内部结构发生改变，使酶失活。固定液主要分为醛类固定液、汞类固定液、醇类固定液、氧化剂类固定液等。

改良苯酚品红染液主要用于生物学上细胞分裂时给染色体染色，是一种碱性染料。所以进行染色之前一定要先漂洗净解离液，若用盐酸解离后不经漂洗直接染色，残留的盐酸会抑制脱氧核糖核酸的电离（盐酸是一种强酸，而脱氧核糖核酸是一种弱酸），使脱氧核糖核酸无法与带正电荷的助色基团结合，无法被染上颜色[1]。

与秋水仙素相比，低温诱导使染色体数目加倍的优势如下：一是秋水仙素溶液浓度不同，作用效果可能会截然相反，相对于配制适宜浓度的秋水仙素溶液，低温条件更容易控制；二是秋水仙素有剧毒，在操作过程中有不可控性，而低温条件对人体无害；三是秋水仙素价格相对昂贵，而创设低温条件的成本要低很多。

（二）发展素养

“低温诱导植物细胞染色体数目的变化”实验是 2007 年版人教版高中生物教材（以下简称实验教材）必修 2 第 5 章第 2 节的内容（旧称“低温诱导植物染色体数目的变化”），在 2019 年版人教版高中生物学教材（以下简称新教材）中属于必修 2 第 5 章“基因突变及其他变异”第 2 节“染色体变异”中的内容。与实验教材相比，新教材在实验原理上有所简化，在实验材料中删去了大葱，染色剂由实验版的改良苯酚品红更改为甲紫，对步骤 1 的描述更为详尽且增加了低温预处理这一步骤，同时还提供了蒜根尖细胞染色体数目加倍的显微照片。本实验通过学习低温诱导植物细胞染色体数目变化的方法，理解低温诱导植物细胞染色体数目变化的作用机制，有助于学生理解染色体数目变异的原因和控制原理，观察多倍体细胞的产生，进而建构“染色体结构和数目的变异都可能导致生物性状的改变

[1] 陈纯宜 . 碱性染料的着色原理 [J]. 中学生物教学，2013（Z1）：71-72.

甚至死亡”等重要概念。具体而言，本实验对发展学生生物学学科核心素养的作用如下：

本实验与必修 1 的“观察根尖分生区组织细胞的有丝分裂”实验在实验材料、试剂和方法步骤上都有相似之处，学生已经有了一定的理论基础和实验操作基础。本实验用了低温诱导的方法进行实验，可以更好地帮助学生理解染色体数目变异的原理和应用，让学生意识到改变染色体数目虽然是非常微观的，但是对于自己并不是遥不可及的。本实验一方面是建构主义教学理论在生物学实验教学中的应用，能启发学生运用动态的观点认识和分析细胞周期，对其原有经验进行修正、补充和发展，从而认识到细胞周期是一个连续不断的、周而复始的、并受到内外因素影响的变化过程；另一方面还可以很好地向学生渗透生物多样性的观点，让学生理解突变是生物进化的前提。我们要理性看待基因、染色体的变化，要知道它们可能造成的危害，还要认可它们带来的一些优越性，也要有意识地去筛选放大这种优势。

本实验还有指导实践的作用，当学生建立和培养起诱导染色体数目变异的方法观后，遇到诸如植株培育、鱼苗培育等问题的时候就会很快有想法和思路。本实验也科学地向学生传递染色体变异是一把双刃剑的思想，引导学生全面、批判性地看待生命现象。本部分知识是对有丝分裂、减数分裂相关知识的衔接与拓展，同时也为遗传病等教学内容做铺垫。

（三）研究综述

为提高本实验的成功率，很多学者对实验选材、实验方法进行了思考和改进，主要有以下几个方面：

（1）对低温诱导条件做了探索。

程军等 [1] 探究了不同温度和时间诱导组合对两种材料有丝分裂的影响，得出大蒜根尖在 4 ℃，处理时间为 36 h 时细胞分裂指数最大；洋葱

[1] 程军，马冰瑶，易国栋 .“低温诱导植物染色体数目的变化”实验教学的探究 [J]. 中学生物教学，2014（Z1）：98-99.

根尖在 2 ℃，处理时间为 24 h 时细胞分裂指数最大。张兴莲等[1]对大蒜根尖的低温阈值和低温处理时间进行了分组探究，得出在 4 ℃条件下诱导培养时间为 72 ～ 96 h 效果最佳。

林荔等[2]根据视野中染色体数目发生变化的细胞较少的情况，建议增加低温处理后恢复常温短时间培养这一步骤。杨洁等[3]、邓琳等[4]指出实验的关键步骤是低温诱导后的常温恢复培养。恢复培养的时间应严格控制在实验材料一个细胞周期（10 h）以内，以达到一个明显的细胞分裂高峰。

（2）对制片过程提出了改进想法。

潘明山等[5]认为改良苯酚品红染液配制方法复杂且药品毒性较强，建议使用甲紫染色 5 min 后，再加 1 滴 20% 醋酸进行分色，3 ～ 5 s 后，用清水缓流冲洗 3 遍。祝琳娜等[6]针对染色体交错重叠、互相遮挡等现象，调整卡诺氏液中酒精与冰醋酸的比例为 2.8：1，解离时间延长至 8 ～ 10 min，或 60 ℃水浴解离 3 ～ 5 min。

（3）针对实验成功率低的问题，建议增加观测指标。

张云等[7]结合多次实验发现实验过程中更容易出现染色体异常或者异常分裂的细胞，建议以双核细胞作为辅助观测指标。

综上所述：尽管很多学者对本实验提出了改进建议，并获得了理想的

---

[1] 张兴莲，潘宁．“低温诱导植物染色体数目变化”的实验探究 [J]. 中学生物教学，2011（7）：45-46.

[2] 林荔，肖义军，詹晓梅．“低温诱导植物染色体数目变化”实验的改进 [J]. 中学生物学，2012，28（1）：51-52.

[3] 杨洁，姜翠萍，戴群．“低温诱导植物染色体数目变化”实验的改进与思考 [J]. 生物学教学，2012，37（8）：69-70.

[4] 邓琳，李加重．“低温诱导植物染色体数目变化”实验的探究与思考 [J]. 生物学通报，2017，52（7）：47-49，64.

[5] 潘明山，谢启燕．“低温诱导植物染色体数目变化”实验的改进和分析 [J]. 福建基础教育研究，2014（2）：126-128.

[6] 祝琳娜，吴晓琳．“低温诱导植物染色体数目的变化”实验改进 [J]. 生物学通报，2017，52（11）：48-50.

[7] 张云，张锋，林颖韬，等．对“低温诱导植物染色体数目的变化”实验的再探讨 [J]. 生物学通报，2015，50（8）：46-49，63.

结果，然而也有很多学者表明观察不到多倍体细胞，关于本实验还有很多的研究工作亟待展开。

（四）实验优化

本实验在开展时可能会出现的问题如下：培养根尖与低温诱导都需要24 h以上，致使从材料采集到镜检需要一周，如果没有培养箱等设施，还会受到天气条件等的影响；尽管根尖分生区存在持续分裂的细胞，但是实际上能被显微镜观察到的、特征明显的、进行有丝分裂的细胞非常少，在此基础上进行低温诱导产生的多倍体细胞则为少数，导致本实验的成功率极低。

（1）解除实验材料的休眠期，培养生根。

洋葱和大蒜都有休眠期，需要先解除休眠期。大蒜应在实验前剥成蒜瓣，置于4 ℃冰箱中冷藏1 d。洋葱应去除老根和外层干枯的鳞片叶，置于4 ℃冰箱中冷藏4 ～ 7 d。

将大蒜瓣和洋葱放入恒温培养箱中培养72 h（温度为25 ℃，湿度为45%），适时换水，待长出1 cm左右的不定根。

（2）合理处理根尖。

低温诱导：如果使用大蒜进行实验，建议将诱导温度设定为4 ℃，培养时间为36 h；如果使用洋葱进行实验，建议将诱导温度设定为2 ～ 4 ℃，培养时间为48 ～ 72 h；如果使用蚕豆进行试验，建议将诱导温度设定为2 ℃，培养时间为36 h。低温诱导培养后一定要恢复常温培养，培养时间不可超过一个细胞周期。

固定：使用卡诺氏液（无水乙醇：冰醋酸=3：1）固定根尖时，建议固定时间设定为0.5 h，此时根尖细胞分散程度较好，有利于染色体数目的观察。如果固定时间过长，卡诺氏液会使根尖发黄脱水。使用固定液固定后的材料要用95%的酒精充分冲洗，否则会影响实验材料的解离。

解离：解离的效果既受自身材料的影响，又与解离的温度和时间有关。以洋葱为例，在室温下（18 ℃），解离时间以10 min为宜，60 ℃水浴时，解离时间以3 ～ 5 min为宜。蚕豆等材料细胞壁较厚，应该适当延长解离时间。

漂洗：适当延长漂洗时间，除了能洗去解离液防止解离过度，还能使细胞体积有一定膨胀，便于观察染色体形态。建议漂洗 3 遍，每遍 2 ～ 3 min。

染色：染液建议使用改良苯酚品红染液，改良苯酚品红染液能够特异性地对细胞核染色，染色质和染色体清晰，而细胞质几乎无色透明，更易于观察。为提高染色效率，可以先用镊子将根尖捣碎，使细胞完全分散，但这一操作也可能会使视野中细胞出现重叠模糊的现象。染色时间一般为 5 min。

制片：在盖玻片上铺吸水纸，用手适度按压，防止盖玻片滑动。用吸水纸把盖玻片四周的水和染液吸干，再用镊子的钝头轻轻敲打盖玻片，使材料呈雾状均匀分散。

（五）教学组织

1. 明确实验目的

学生已经在学习必修 1 的时候做过了“观察根尖分生区组织细胞的有丝分裂”实验，教师需要在实验之前向学生明确低温诱导植物细胞染色体数目变化的目的和意义：我们使用低温诱导的方法是为了获得多倍体的细胞，在此过程中要尽量掌握诱导染色体数目加倍的原理和方法。避免有的学生不知道为什么要将材料进行低温处理，也不知道在视野下要找寻怎样的细胞。

2. 利用多媒体，展示正确图像

实验的成功率较低会导致大部分的学生看不到目标图像，有时候在显微镜上观察了一节课也没找到一个进行有丝分裂的细胞。建议有条件的学校使用数码显微镜，让观察到多倍体细胞的学生可以及时拍摄下来，教师选择性地将其观察视野对全班进行投影展示。一方面给其他学生提供一种实验参照和指导，另一方面也可以弥补部分学生看不到多倍体细胞的遗憾。

3. 巧用动态生成性资源

教师也可以向学生提问：“为什么有那么多同学已经成功观察到分裂期细胞却未能观察到染色体加倍现象？”“请评价低温处理对植物染色体加倍的诱导效率，并尝试设计利用低温处理进行多倍体育种的实验思路。”

在提问过程中，向学生落实几个概念：染色体数目变异具有随机性，从概率上来说非常小；细胞周期是一个持续连贯的过程，即使在同一组织中的细胞其细胞周期也是不同步的，同一诱导条件对这些细胞产生的效果是不一致的；获得多倍体细胞并不意味着我们获得了多倍体，多倍体的培育是一个更为复杂烦琐的工作。

还有一些学生可能会产生疑问，如：为什么不能将温度设置在 0 ℃以下？为什么低温诱导的时间要长于一个细胞周期，而常温恢复培养的时间要小于一个细胞周期？为什么会有双核细胞的出现？为什么低温抑制了纺锤体牵引染色体，却没有抑制姐妹染色单体的分离？学生提出的这些问题涉及酶、细胞同步化、着丝粒分离的原理等，解决这些困惑可以很好地拓展学生的知识面。

（六）过程及评价

1. 操作过程性评价

表 4–8 “低温诱导植物细胞染色体数目的变化”评价体系

项目	操作要点及评价指标		结果	评价
实验操作	（1）培养根尖	将洋葱或蒜放在装满清水的广口瓶上，让其底部接触水面。待其长出约 1 cm 的不定根时，将整个培养装置放入 4 ℃的冰箱冷藏室内，诱导培养 36 h		
	（2）取材固定	剪取诱导处理过的根尖 0.5 ～ 1 cm，用卡诺氏液固定 0.5 ～ 1 h，然后用体积分数为 95% 的酒精冲洗 2 次		
	（3）制作装片	解离、漂洗、染色、制片		
	（4）观察鉴别	先在低倍显微镜下观察并确认某个细胞发生了染色体数目变化，再换用高倍显微镜观察		
分析与讨论	低温处理时间是否越长越好？为什么？			

续表

项目	操作要点及评价指标	结果	评价
实验结论	低温处理植物________组织，能____________有丝分裂前期____________的形成，从而使染色体数目加倍		
评价等第			

注：操作过程性评价等第分为优秀（100 ～ 90 分）、良好（89 ～ 80 分）、合格（79 ～ 60 分）与不合格（＜ 60 分）四个等第。实验操作不合格者，按规定需重新测试。

2. 试题评价示例

（1）下列关于低温诱导染色体加倍实验的叙述错误的是（　　）。

A. 实验原理是低温抑制纺锤体的形成，使子染色体不能移向两极

B. 解离后的洋葱根尖应漂洗后才能进行染色

C. 甲紫溶液可以使细胞中的染色体着色

D. 显微镜下可以看到大多数细胞处在分裂期且染色体数目发生了改变

（2）洋葱（$2n$=16）的细胞分裂图像如图 4-13 所示；采用两种方法可以抑制细胞的有丝分裂，使细胞停留在细胞周期的某一阶段，如表 4-9 所示。请据图表回答下列问题。

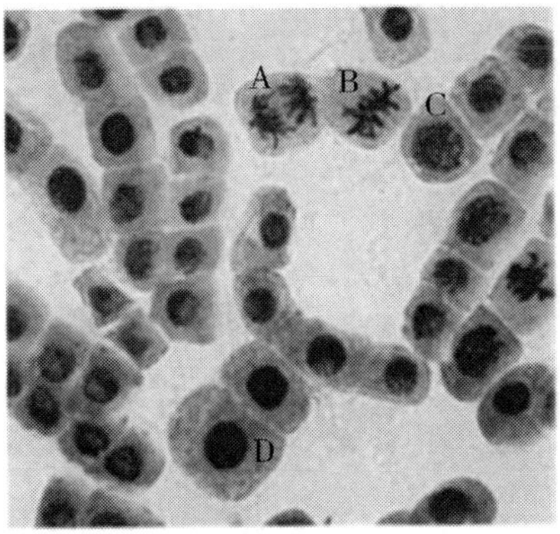

图 4-13

表 4–9

处理方法	时期				
	间期	前期	中期	后期	末期
5 - 氟尿嘧啶	—				
秋水仙素			—		

注：“—”表示停留时期。

①观察洋葱根尖有丝分裂装片时，应找到______区的细胞进行观察；若视野中未见处于分裂状态的细胞，原因可能是____________________。

②图中染色体数目最多的是______（选填“A”“B”“C”或“D”）细胞。D 细胞中主要发生的分子水平变化是__________________。

③据表可知，如要观察染色体的数目和形态并进行分析，最好用______________处理，原因是____。

④在临床研究方面，推测 5- 氟尿嘧啶可用于治疗__________等疾病。

参考答案

1. 操作过程性评价

分析与讨论：低温处理时间要适宜，不是越长越好。低温处理的目的只是抑制纺锤体形成，使染色体不能被拉向两极。如果低温持续时间过长，会影响细胞的各项功能，甚至死亡。

实验结论：分生　抑制　纺锤体

2. 试题评价示例

（1）D　（2）①分生　取材区域错误、观察区域错误、取材时间不适宜等　② A　DNA 的复制和有关蛋白质的合成　③秋水仙素　使用秋水仙素处理后能使细胞分裂停留在中期，中期染色体形态固定、数目清晰　④癌症

六、探究抗生素对细菌的选择作用

（一）实验原理

1. 耐药基因的产生

现如今，细菌的耐药性问题已经引起了全球范围的广泛关注。然而，细菌的耐药基因早在抗生素被使用之前就已经在自然环境中存在了，它来源广泛，演变过程也非常复杂。在微生物学研究中常常会遇到各种抗性突变，这些突变的出现往往需要相对应的环境条件，如温度、化学药物等。这样就产生了两种不一样的观点：一种认为微生物为了适应环境而产生了突变，环境条件是突变的诱因；另一种认为抗性突变是自发产生的，化学药物或其他环境因素只是起到了筛选的作用[1]。对于这两种观点，更多的学者支持后者，他们认为细菌存在的前体耐药基因或者自发突变形成的耐药基因，可以凭借基因的水平转移作用，在相同或者不同的细菌种属之间

[1] 袁生 . 微生物学 [M]. 北京：高等教育出版社，2009：197-199.

进行传播和扩散[1]。

研究发现耐药基因最初可能存在于自然环境中产抗生素的细菌，有学者对不同自然生态系统中细菌的耐药基因进行了深入的研究，发现耐药基因最初可能起源于产抗生素的细菌，这些细菌通过耐药基因获得了抵御自身产生的抗生素的能力[2]。存在于环境中的大多数耐药基因属于隐性基因，平时并不表现出耐药表型，但在合适的条件下可以发挥其耐药功能。对这类菌株中的耐药基因进行进一步分析后却发现，产抗生素微生物的原始耐药基因，最初发挥着的是非耐药的功能，例如：一些细菌中的 β－内酰胺酶和乙酰转移酶（与氨基糖苷类抗生素耐药有关）最初的功能是参与肽聚糖的修饰过程[3]。

2. 抗生素与细菌的耐药机制

抗生素的发现和广泛使用在社会的发展过程中有着重要的意义，自 20 世纪初青霉素被发现以来，各种新型抗生素便不断涌现，它们大致可以分为以下几类：干扰细菌细胞壁合成的 β－内酰胺类；干扰细菌蛋白质合成的氨基糖苷类、四环素类、氯霉素类、大环内酯类、林可霉素类；干扰核酸代谢的喹诺酮类；损伤细菌细胞膜的多黏菌素类；干扰叶酸代谢的磺胺类和甲氧苄啶。这些抗生素的广泛使用大大降低了细菌感染性疾病的发病率和死亡率。随着抗生素使用量的持续增加，细菌的耐药性问题也不断加剧，那些最初并非发挥着耐药功能的基因，经历了复杂的演变过程表现出了耐药功能。细菌的耐药机制也成了研究者们关注的焦点。

抗生素的广泛、大量使用明显加速了耐药突变株的出现。在没有或低浓度抗生素的条件下，非耐药菌株的繁殖占优势，导致耐药性菌株很难在竞争中生存下来；而当抗生素的浓度增加，选择压力逐渐增大时，非耐药

---

[1] 王严，宁唤唤，梁鹰，等 . 细菌耐药性的起源与演变 [J]. 基因组学与应用生物学，2015，34（4）：855-861.

[2] MARTÍ J L，BAQUERO F.Emergence and spread of antibiotic resistance：setting a parameter space[J].Upsala Journal of Medical Sciences，2014，119（2）：68-77.

[3] 朱阵，曹明泽，张吉丽，等 . 细菌耐药性研究进展 [J]. 中国畜牧兽医，2015，42（12）：3371-3376.

菌株的生长受到不断抑制甚至被杀死，从而大大减小了耐药性细菌的生存压力[1]。

目前细菌耐药机制主要有以下几种：细菌水平和垂直传播耐药基因的整合子系统；细菌可同时产生多种水解酶和修饰酶；细菌膜基因改变而形成外排泵出系统；细菌生物膜的形成；改变药物作用的靶位等[2]。

3. 筛选抗性菌株的实验方法

（1）滤纸片法。

选用质地均匀的滤纸，用打孔机打成大小相同的圆片，灭菌后烘干，浸泡于待测样品中，然后置于试验平板中培养一段时间后测定抑菌圈的大小。该方法操作简单、方便快捷，被学者广泛使用，但由于浸泡药品时很难控制药品在滤纸片上的吸附量且重复性较差，因此不适用于定量试验，只适用于定性试验[3]。

（2）梯度平板法。

梯度平板法是利用培养皿的一侧至另一侧铺有药物且浓度呈梯度分布的琼脂培养基，以筛选相应抗药性突变株的方法。将待检菌群涂布在适当浓度范围的梯度平板上，培养得到其自然形成的连续密集小菌落区和离散大菌落区。多次重复将大菌落涂布在梯度平板上，分界线逐步上升，从而筛选出菌群中的抗药性菌株，并预警该抗生素使用后可能出现的抗药性[4]。

4. 微生物实验及操作注意事项

（1）常用微生物实验设备。

①超净工作台。传统单一的酒精灯无法满足微生物实验对无菌条件的需要，而超净工作台配合紫外灭菌灯可以明显减少污染。

---

[1] 王严，宁唤唤，梁鹰，等. 细菌耐药性的起源与演变 [J]. 基因组学与应用生物学，2015，34（4）：855-861.

[2] 孙涛. 抗生素的使用与细菌耐药性 [J]. 中国临床药理学杂志，2014，30（2）：151-155.

[3] 谭才邓，朱美娟，杜淑霞，等. 抑菌试验中抑菌圈法的比较研究 [J]. 食品工业，2016，37（11）：122-125.

[4] 刘玉庆，李靖冉，杜加法，等. 用线性梯度平板准确测定药物敏感性和分离抗药性菌株 [J]. 中国科学：生命科学，2011，41（9）：748-755.

②电热恒温培养箱。电热恒温培养箱是培养微生物的主要设备，借助温度调节器可以自动调节并维持箱内的恒定温度。一般恒温培养箱的温度可调控范围为 33 ～ 43 ℃。

③生物摇床。生物摇床是用于对好氧菌进行振荡培养的装置，能够保证好氧菌获得充足的溶解氧。摇床有往复式和旋转式两种类型，振荡频率和环境温度均可调节。

④高压灭菌器。高压灭菌器是目前应用最广、效果最好的灭菌设备，可用于不怕高温破坏的溶液、废弃的培养物、操作器械等的灭菌。一般情况下，100 kPa、121 ℃、15 ～ 30 min 可以达到彻底灭菌的目的，不过根据不同的灭菌物品的性质和容量，灭菌的温度和维持的时间也会有所改变。

（2）常用器材及其使用方法。

微生物学实验常用的器材多为玻璃制品，大多需要进行消毒、灭菌，常用于培养微生物，因此对与玻璃器皿的质量、洗涤、包扎等都有一定的要求。一般情况下，器皿的材质是能够承受高温和短暂灼烧的硬质玻璃。对于新购置的玻璃器皿，由于其游离碱含量过高，一般先在浓度为 2% 的盐酸溶液中浸泡数小时后再用清水洗净，防止其影响培养基的酸碱度。非新置的玻璃器皿洗涤时应用鬃刷蘸取洗涤剂刷洗，再用清水洗净，放置到洗涤架上自然晾干或放置到干燥箱中烘干备用。

①试管。微生物实验中，试管主要用于制作固体斜面培养基和液体试管培养基，也可用于制作半固体穿刺培养基和定量的无菌水采样试管。试管装入培养基或其他溶液后立即塞上棉塞或硅胶塞，用双层报纸包头，棉线捆扎好后进行灭菌。

②培养皿。微生物实验中常用的培养皿皿底直径为 90 mm，高 15 mm。通常将其倒置培养，防止皿盖的冷凝水倒流或滴落在培养基上，造成杂菌感染或稀释菌液；同时能使培养基表面因为重力的作用而富集营养物质，有利于微生物生长；也能防止培养基的水分流失。培养皿在灭菌前常用报纸包扎，以 6 ～ 10 套培养皿为一包，过多过少都不利于操作。

③锥形瓶和烧杯。锥形瓶有 100 mL、250 mL、500 mL、1000 mL 等不同的容积，常用来盛放无菌水、培养基和摇瓶发酵等。常用的烧杯有

50 mL、100 mL、250 mL、500 mL、1000 mL 等，用于配制培养基和各类药品溶液。

④接种工具。接种环、接种针、玻璃涂布棒等都是微生物实验室常备的接种工具。制作接种环、接种针的金属可用铂或镍，它们软硬适中，能够经受反复灼烧又易冷却。采用平板涂布法分离单菌落时需要使用玻璃涂布棒，将菌液均匀涂布在培养基上。

（3）培养基的制备及灭菌。

培养基是供给微生物生长繁殖或积累代谢产物的营养基质。通常，培养基必须具备以下条件：含有碳源、氮源、磷源、无机盐、生长因子、水分和合适的 pH，且必须经过灭菌后才能使用。培养基的种类很多，按营养物来源不同，可分为组合培养基（又称合成培养基）和天然培养基。组合培养基是根据微生物对各种营养元素的需求，用多种化学试剂配制而成的；天然培养基的主要营养物来源于一些动植物或微生物产品或其提取物，如牛肉、血清、马铃薯等，虽然其成分不确切，但是能满足一般微生物的营养需求。按培养基的物理状态分，可分为液体培养基、固体培养基、半固体培养基，它们的差别就在于凝固剂含量的多少。

常用的培养基有牛肉膏蛋白胨培养基、高氏培养基、马铃薯培养基、马丁氏培养基等，它们分别用于培养细菌、放线菌、霉菌和酵母菌、从土壤中分离到的真菌。

（4）微生物的分离纯化与培养。

自然条件下，微生物通常以群落的状态存在，这些群落往往是不同种类微生物的混合体。为了研究某种特定的微生物的特性或者要大量培养某种微生物，就必须从这些混杂的微生物群落中获得纯种微生物，这种获得纯培养物的方法称为微生物的分离与纯化。分离纯化微生物常用的方法有稀释平板涂布法和平板划线法，其最终目的都是要在培养基上出现所需微生物的单个菌落，必要时再对单个菌落进一步分离纯化。

平板划线分离法是将融化的培养基倒入培养皿制成平板，待冷却凝固后，用接种环蘸取少许待分离材料，在固体培养基表面进行平行划线或分区划线，选择合适的温度培养并观察菌落生长情况的方法。最开始的划线部分，微生物往往连在一起生长，由于连续划线，菌落数会逐渐减少，最后可能形成单个孤立的菌落，这些孤立的菌落可以认为是由一个细菌细胞大量繁殖而成，从而获得纯培养物。稀释平板涂布法则是取适量合适浓度的菌液滴入平板，用无菌涂布棒在培养基表面均匀涂布，待培养一定时间即可能出现单个菌落，挑取单个菌落，接种到新鲜培养基得到纯培养物的方法。

（二）发展素养

“探究抗生素对细菌的选择作用”实验是 2019 年版人教版高中生物学必修 2 第 6 章“生物的进化”第 3 节“种群基因组成的变化与物种的形成”中的内容，与 2007 年版人教版高中生物教材相比属于新增内容。本实验的重点是通过在含有抗生素的培养基上培养细菌，验证细菌种群在抗生素的存在下发生的自然选择现象。该实验能够帮助学生形成“进化与适应观”，培养学生论证与抗生素相关的社会性议题的能力及看待抗生素两面性的批判性思维，帮助学生掌握微生物培养及科学探究过程的基本思路和方法，引导学生关注和积极思考运用自己的知识和能力参与关于“滥用抗生素”这一社会性议题的讨论并找寻解决方法，培养学生的社会责任感。本实验对发展学生生物学学科核心素养的作用如下：

学生之前已经学习了原核生物、自然选择的相关内容，学生通过本实验能够直观地看到细菌种群对特定的生存环境（含抗生素培养基）的适应过程，从而加深对自然选择学说的科学理解。学生应在理解自然选择概念的基础上形成进化与适应观这一生命观念。结合学过的“探究自然选择对种群基因频率变化的影响”实验中对基因型频率在自然选择过程中的变化规律的探究，本实验从定性角度、宏观层面上验证了自然选择能促进生物种群对环境的适应。学生在此实验中运用科学的思维方法理解所观察的生物现象，构建“进化与适应观”。

学生在进行本实验之前，对自然选择的内容有了一定的了解，但是在自然条件下学生无法观察到自然选择的发生，本实验直观地展示了抗生素对细菌的选择，帮助学生理解宏观的生物进化现象及规律。另外，抗生素的使用与学生的生活联系紧密，本实验能够帮助学生运用生物学知识对使用抗生素问题做出理性解释和判断。由于抗生素的滥用会导致细菌种群的进化，而细菌对抗生素的耐药率升高会对人类健康造成威胁，通过本实验的学习，学生应能从自身做起，合理使用抗生素，并能向他人宣传正确使用抗生素的原则和目的，养成较高的科学素养和社会责任感。

本实验是验证性实验，学生要严格遵循教材中的实验步骤，遵循微生物培养的要求，才能得到预期的实验结果。本实验可以培养学生科学实践的能力，学生需要完成所有实验步骤，并能对观察到的实验现象做出科学合理的解释，进而联系生活实际，将所学知识用于解释或解决生活中的生物学问题。

（三）研究综述

本实验为新增实验，国内相关的研究较少，国外的研究稍多。国内目前仅有施大华和申定健对此实验的拓展设计进行了研究，他们定量分析了生活中常见的 5 种抗生素对大肠杆菌和酵母菌的抑菌作用，并得出结论：同一菌种对不同抗生素的耐受力有差异，同一种抗生素对不同受试菌的最低抑制浓度有差异[1]。但他们的实验未涉及自然选择的内容。

抗生素对细菌的选择作用这一实验在国外的中学及大学实验教学中应用较为广泛。相比较传统的教学方法，弗里德里希森（Friedrichsen）等[2]提出了以建模的方式围绕抗药性这一社会性议题进行“抗生素对细菌的选择”的实验教学，该教学设计包括引导学生构建对细菌抗药性的概念模型来解释该现象，并创设一些复杂的与社会问题相关的情境，让学生就此进行讨论并提出自己的观点和解决方法。皮尔（Peel）等[3]在运用这一教学设计进行教学后，调查了学生对细菌抗药性形成的原理和自然选择学说的理解，发现此实验容易引起学生的错误理解，即学生倾向于认为抗生素导

---

[1] 施大华，申定健．“探究抗生素对细菌的选择作用”实验拓展设计 [J]. 生物学教学，2020，45（11）：47-49.

[2] FRIEDRICHSEN P J，SADLER T D，GRAHAM K，et al.Design of a socio-scientific issue curriculum unit：antibiotic resistance，natural selection，and modeling[J].International Journal of Designs for Learning，2016，7（1）.

[3] PEEL A，ZANGORI L，FRIEDRICHSEN P，et al. Students' model-based explanations about natural selection and antibiotic resistance through socio-scientific issues-based learning[J]. International Journal of Science Education，2019，41（6）：1-23.

致了细菌的突变。因而，皮尔等人认为仅仅使用抗生素对细菌的选择作用的实验来帮助学生理解自然选择有可能会产生反作用，鉴于学生容易混淆细菌个体与单个菌落、容易形成如抗生素引起细菌突变的错误认识，学者们建议在讲授自然选择时应使用不同种类生物的情境来帮助学生构建正确的对于自然选择学说的理解，提高学生的学习迁移能力。

（四）实验优化

（1）该实验的实验周期长，可以考虑让同年级的不同班级合作进行。由最早进行实验的班级进行取菌、涂抹、放置对照组及抗生素纸片、恒温培养，之后的班级分别进行挑菌培养及重复数代培养。

（2）本实验是验证性实验，学生按照实验流程操作之后，得到的结果应该与预期相同。有研究表明，学生在进行验证性实验时积极性不高，兴趣不大，因此可以考虑补充一些自主探究的因素，例如让学生自己根据已有实验材料和设备，自主设计实验，探究自己提出的关于自然选择或抗药性的科学问题。

（3）该实验中微生物培养要求高，实验周期长，学生对于微生物培养了解较少，容易导致实验不能顺利完成，建议使用虚拟仿真实验平台来进行此实验。让学生在虚拟仿真实验室（如图 4-14 所示）中进行实验操作，既省时又节约材料，还能保证实验的成功进行，将学生的注意力集中在对实验完整流程及实验现象的思索上，避免学生受限于微生物培养过程中出现的错误操作，偏离此实验的教育目标。

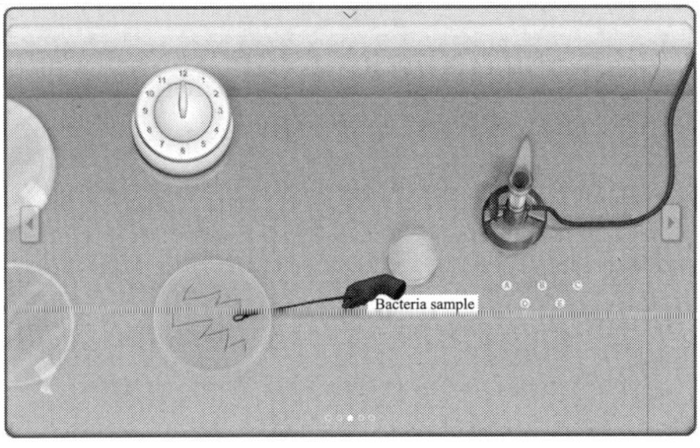

图 4-14　虚拟仿真实验室模拟“抗生素对细菌的选择作用”实验

（五）教学组织

本实验可以围绕“滥用抗生素”这一社会性问题来导入。学生在日常生活中已经接触过“抗生素”这一概念，且滥用抗生素这一社会性问题体现了科学、技术和社会的相互关系。人类从第一次发现抗生素之后，不断研发和使用新的抗生素的同时也伴随着细菌对新药的耐药性不断提高，滥用抗生素导致超级细菌的形成。这些问题都能够激发学生学习本实验的兴趣，围绕本实验可以有意识地培养学生生物学学科核心素养。

本实验属于验证性实验，学生仅能观察到预期中的实验结果，但对该实验现象的解释却是教学的重点和难点。学生成功完成实验后会观察到抑菌圈的直径逐代减小。造成该实验结果的原因是在抗生素的选择压力下，细菌种群中具有抗药性的细菌比不具抗药性的细菌更具有生存和繁殖优势；且抗药性是可遗传变异，因而在之后的世代中，具有抗药性的细菌个体的比例逐渐增多，从而更能适应环境。但是在学生对于细菌的生长繁殖、突变的机制不够了解的情况下，学生容易形成对本实验的错误解释，即认为抗生素引起了细菌的变异，细菌为了适应环境，产生了抗药性基因。因而，教师要提前预测学生对于自然选择现象的错误概念，在教学过程中及时测评学生对于此现象的理解，引导学生形成科学的解释，提高学生应用自然选择学说解释生物现象的能力。

（六）过程及评价

1. 操作过程性评价

表 4–10　“探究抗生素对细菌的选择作用”评价体系

项目	操作要点及评价指标		结果	评价
实验操作	（1）制订实验方案	为了保证实验的科学性，由小组自主设计方案后，在教师的指导下各小组共同商讨并形成一个最佳方案		
	（2）制备平板	将灭菌后的培养基与培养皿放入超净工作台中，待培养基冷却至 50 ℃左右，将培养基倒入培养皿中		

续表

项目	操作要点及评价指标		结果	评价
实验操作	（3）制备菌悬液	用无菌的接种环挑取少量菌种接种于牛肉膏蛋白胨液体培养基内，在 37 ℃摇床上震荡培养 18 ～ 24 h，之后用紫外分光光度计测定菌液浓度，测得后配制成 105 cfu/ mL 的细菌悬液，置于 4 ℃冰箱内保存待用		
	（4）抑菌试验	（1）用记号笔在培养皿底部画两条相互垂直的直线，将培养皿分为 4 个区域，分别标记为①～④		
		（2）取少量菌液，用无菌的涂布器（或无菌棉签）均匀地涂抹在培养基平板上		
		（3）用无菌的镊子先夹取 1 张不含抗生素的纸片放在①号区域，再分别夹取 1 张含抗生素的纸片放于平板的②～④区域		
		（4）将培养皿倒置于 37 ℃的恒温箱中培养 12 ～ 16 h		
		（5）观察培养基上菌落生长情况。纸片附近是否出现了抑菌圈？如果有，测量、记录每个实验组中抑菌圈的直径，并取平均值		
		（6）从抑菌圈边缘的菌落上挑取细菌，接种到已灭菌的液体培养基中培养，重复步骤（1）～（5）。如此重复培养几代，记录每一代抑菌圈的直径		
分析与讨论	（1）为什么要从抑菌圈边缘的菌落上挑取细菌？ （2）你的数据是否支持“耐药菌是普遍存在的”这一说法？			

续表

项目	操作要点及评价指标	结果	评价
分析与讨论	（3）在本实验的培养条件下，耐药菌所产生的变异是有利的还是有害的？你怎么理解变异的利与弊？ （4）滥用抗生素有什么后果？		
实验结论	（1）在培养基上是否有细菌生长，在放有抗生素纸片的区域呢？ （2）在连续培养几代后，抑菌圈的直径发生了什么变化？这说明抗生素对细菌产生了什么作用？		
评价等第			

注：操作过程性评价等第分为优秀（100～90分）、良好（89～80分）、合格（79～60分）与不合格（<60分）四个等第。实验操作不合格者，按规定需重新测试。

2. 试题评价示例

（1）据研究，抗青霉素葡萄球菌是一种突变型。将未接触过青霉素的葡萄球菌接种到含青霉素的培养基上，结果有极少数菌株存活下来。存活下来的葡萄球菌在相同培养基中经多代培养后，对青霉素的抗性明显增强。原因是（　　）。

A. 青霉素在葡萄球菌内的增加提高了葡萄球菌对青霉素的抗性

B. 葡萄球菌的定向突变提高了抗青霉素基因的频率

C. 青霉素的选择作用提高了葡萄球菌抗青霉素基因的频率

D. 葡萄球菌抗青霉素基因是在使用青霉素后产生的

（2）戴口罩是预防呼吸道病原体感染的有效措施。熔喷布是口罩生产的重要原料，其主要成分是聚丙烯（分子式$\left[C_3H_6\right]_n$），其易降解程度是评价口罩合格性的重要指标之一。请回答下列问题。

①若想从土壤中分离出高效降解聚丙烯的细菌，可采用的接种方法有

________和稀释涂布平板法，可选用以__________为唯一碳源的培养基，这样的培养基按功能划分，属于__________培养基。

②在扩大培养时，若持续增加培养基中营养物质的浓度，则不利于提高菌种的种群密度，原因是____。

③已知聚丙烯分解菌降解聚丙烯时需要多种酶共同参与，固定聚丙烯分解菌常采用的方法是____________，原因是______________________，但菌体不易从包埋材料中漏出。

④为避免污染环境和传播病原体，废弃口罩作为垃圾进行收集转运时，必须先进行严格的__________处理。

参考答案

1. 操作过程性评价

分析与讨论：(1)抑菌圈边缘生长的可能是耐药菌。（2)支持。（3)本实验条件下，一般来说是有利的。有利于生物在特定环境下生存和繁殖的变异在此环境中就是有利变异。　（4）促进耐药菌的产生。

实验结论：（1）在培养基上有细菌生长。在放有含抗生素纸片的区域可能有细菌生长，也可能没有细菌生长。　（2）抑菌圈直径大小表明该种抗生素的杀菌能力，直径越大，杀菌能力越强。在连续培养几代后，抑菌圈的直径会变小，说明通过抗生素的选择作用，细菌中的耐药菌越来越多。

2. 试题评价示例

（1)C　（2)①平板划线法　聚丙烯　选择　②随着培养液浓度升高，细菌将渗透失水，影响其生长繁殖　③包埋法　体积大的细菌难以被吸附或结合　④灭菌

第二节　探究实验案例研究

一、探究植物细胞的吸水和失水

（一）实验原理

1. 细胞的水势

在植物中细胞的水势（Ψ_w）由三个组分构成：渗透势（Ψ_s）、压力势（Ψ_p）、衬质势（Ψ_m），即 $\Psi_w=\Psi_s+\Psi_p+\Psi_m$[1]：

①渗透势是由于溶液中溶质颗粒的存在而产生的。将纯水的水势定为0，溶液中由于具有溶质颗粒，使水的自由能降低，故植物细胞中渗透势为负值，溶液越浓水势越低。

②压力势是由于细胞壁压力而产生的。植物细胞吸水时，原生质体膨胀会对细胞壁产生一种向外的作用力，与此同时细胞壁会对原生质体产生向内的反作用力，由于细胞壁这种压力的存在而增加的细胞水势就是植物细胞的压力势，压力势一般为正值，细胞在初始质壁分离（相对体积 =1）时细胞压力势为 0。

③衬质势是指细胞内亲水胶体物质（如蛋白质、淀粉、纤维素）对自由水的束缚而引起水势降低的值，其数值以负数表示[2]。在具有大液泡的成熟植物细胞中，衬质势与液泡的溶质势处于平衡，二者都降低细胞水势且较难区分，故将它们统一看作构成细胞的渗透势[3]，因此植物细胞的水势构成为 $\Psi_w=\Psi_s+\Psi_p$。

2. 水势与质壁分离

将正常形态的植物细胞放入比其液泡浓度高的外界溶液中时，外界溶液则为低水势溶液，此时植物细胞会失水，在细胞失水过程中，原生质体收缩甚至会发生质壁分离，细胞内溶液被浓缩，渗透势（Ψ_s）减小，压力势（Ψ_p）减小（质壁分离前压力势为正值，初始质壁分离时压力势为 0，

---

[1] 张秀玲 . 关于植物细胞水势的计算问题 [J]. 植物生理学通讯，2008（2）：315-316.

[2] 解飞厚 . 衬质势与植物细胞水势 [J]. 植物生理学通讯，1985（6）：51.

[3] 孙鸿乔 . 第二十七讲 水势和水流 [J]. 植物生理学通讯，1982（1）：80-88.

质壁分离后压力势为负值），故细胞水势（Ψ_w）也减小，直到细胞水势与外界水势相等，此时细胞既不吸水也不失水[1]。若发生质壁分离的时间不长，便将该细胞放入低浓度溶液中，又可发生质壁分离复原现象。水势又会不断升高，直至与外界溶液达到动态平衡为止。

接着将植物细胞放入比其液泡浓度低的外界溶液中时，外界溶液则为高水势溶液，植物细胞会吸水，直到与外界溶液水势相等，在此过程中会发生质壁分离的复原甚至细胞的膨胀，吸水时原生质体体积增大，细胞内溶液被稀释，渗透势（Ψ_s）增大，压力势（Ψ_p）增大（质壁分离复原前压力势为负值，质壁刚好复原时压力势为 0，之后若细胞继续吸水膨胀则压力势为正值），故细胞水势（Ψ_w）也增大，直到细胞水势与外界水势相等，此时细胞既不吸水也不失水。

植物细胞的质壁分离主要有两种形式：凸形和凹形（见图 4-15）。有时把严重的凹形质壁分离叫作“痉挛形”。质壁分离最初从黏附力最小的边角开始，随后黏附力较小的部分发生分离，此时原生质体黏附力较大的部分仍然附在细胞壁上，分离部位呈凹形，这就是凹形质壁分离。如果质壁分离继续进行，黏附于细胞壁的部分逐渐与壁分离，最后原生质体缩成一团，分离部位表面平滑，就成了凸形质壁分离。保持凹形质壁分离的时间长短与原生质的黏性关系很大，原生质黏性大的细胞，能维持较长时间的凹形，甚至成为“痉挛形”；而原生质黏性很低的细胞，则较快地转为凸形质壁分离。不同离子对原生质的黏性有不同的影响，因而会发生不同形式的质壁分离。由于 Ca^{2+} 能降低原生质水合度，使原生质黏性加大，因此经 Ca^{2+} 处理后，细胞发生凹形质壁分离；而 K^+ 正好相反，经 K^+ 处理后则发生凸形质壁分离[2]。

---

[1] 龙华 . 植物的水势 [J]. 生物学通报，1998，33（3）：18-19.

[2] 张丽，张松，俞佩芳 . 对高中“质壁分离”实验的探索 [J]. 生物学教学，2006，31（11）：44-46.

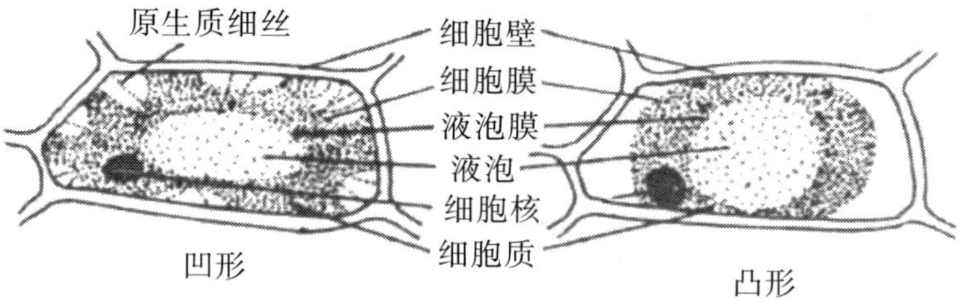

图 4-15　质壁分离形式

蔗糖是大分子物质，因原生质层的选择透过性而无法进入质膜内，因而中学实验教学中常将蔗糖溶液作为诱导植物细胞质壁分离的试剂。除了蔗糖溶液，其他的溶液可用于诱导植物细胞的质壁分离与复原。如用浓度梯度的白糖溶液作为质壁分离试剂作用于紫色洋葱鳞片叶细胞，结果显示，用 0.3 g/mL 的白糖溶液时，质壁分离较明显，有一部分细胞原生质层已经完全脱离细胞壁，几分钟后滴加清水，复原较快；用 0.7 g/mL 的白糖溶液时，质壁分离现象更加明显，几分钟后滴加清水，不能发生质壁分离复原。

因为植物细胞的原生质层具有选择透过性，即某些物质允许通过原生质膜，所以如果外界溶液是葡萄糖、硝酸钾、氯化钠、尿素、乙二醇等溶液，质壁分离后因细胞主动或被动吸收溶质微粒而使细胞液浓度增大，植物细胞会吸水引起质壁分离后自动复原。在观察植物细胞质壁分离的自动复原实验中，常用的溶液是 KNO_3 溶液。根据实验结果，可选择 0.5 mol/L 的 KNO_3 溶液作为诱导洋葱细胞质壁分离及自动复原现象的实验试剂；在此浓度下，所用的实验时间较短，且能观察到的细胞质壁分离程度和自动复原程度较为明显，便于学生对实验现象的观察[1]。

（二）发展素养

“探究植物细胞的吸水和失水”实验是 2007 年版人教版高中生物教材（以下简称实验教材）必修 1 第 4 章第 1 节的内容（旧称“植物细胞的吸水和失水”），在 2019 年版人教版高中生物学教材（以下简称新教材）中属于必修 1 第 4 章“细胞的物质输入和输出”第 1 节“被动运输”的内

[1] 杨枝华 .“观察植物细胞的质壁分离与复原”实验改进 [J]. 实验教学与仪器，2003（6）：21.

容。在实验版教材中做出假设、实验设计思路部分是直接展示示范的案例，在新版教材中，做出假设和实验设计思路部分是需要小组讨论并填写。本实验有助于提升学生对于科学探究的理解，掌握探究实验中的控制变量法，通过实验得出的结论有助于学生认识“细胞膜具有选择透过性”，进而建构“细胞都由质膜包裹，质膜将细胞与其生活环境分开，能控制物质进出”的概念。根据之前所学习的渗透模型以及水分进出哺乳动物红细胞的知识，引导学生运用类比思维，将其运用到“探究植物细胞的吸水和失水”这一实验中。观察在不同浓度下植物细胞的吸水和失水状况，有助于理解渗透作用的机理。具体而言，本实验对发展学生生物学学科核心素养的作用如下：

本实验的内容是学生初中已学知识——“植物细胞的结构”的进一步认识，以及“细胞膜的功能”在分子水平上的深化。由于在本实验之前，学生已经学习过渗透模型并分析过水分进出哺乳动物红细胞的现象，得出红细胞细胞膜相当于一层半透膜，且学生对扩散现象有了一定的认识；另外学生已学习过生物膜的结构和功能特点，知道动物细胞细胞膜相当于一层半透膜，细胞膜可以控制物质进出，并且知道植物细胞具有细胞壁以及大部分成熟的植物细胞具有大液泡这一事实。这都为进行本实验奠定了基础。通过增加“$CuSO_4$ 和 $FeCl_3$ 两种常见金属盐溶液与传统蔗糖溶液进行对比”拓展实验，不仅可达到探究不同外界溶液对植物细胞吸水和失水影响的目的，还可帮助学生直观感受到重金属元素能使细胞蛋白质变性，理解蛋白质的结构和功能对于活细胞的重要性。因此，本实验可帮助学生理解质膜具有选择透过性，是未来学习“生物膜的流动镶嵌模型”“物质跨膜运输”等重要概念的前导知识，也回应了“细胞膜系统的边界”中细胞膜的功能——控制物质进出的相关知识，是学生进一步确立“结构与功能观”“生命具有多样性和复杂性”等生命观念的基础。

本实验在帮助学生理解探究实验中的变量及其控制方法方面具有重要的助力，有助于学生掌握单一变量与平行重复的实验思想方法。类比渗透模型、对照实验的设计、数据的分析与结论的得出也有助于发展学生的“类比思维”“归纳与概括”“模型与建模”“批判性思维”等科学思维能力。

（三）研究综述

为提高本实验的成功率，很多学者对实验选材、实验方法进行了思考和改进，主要归纳为以下两个方面：

（1）实验材料可以进行优化，以达到更好的实验效果。

杨建忠[1]建议改用苦草或黑藻为材料，可清晰地看到原生质层与细胞壁的分离；若增加在蔗糖液中加红色物质的拓展实验，可进行细胞壁是否类似半透膜的观察；若增加打孔器比对萝卜柱粗细变化的拓展实验，可增加细胞壁伸缩的体会。

张松等[2]建议选择虎耳草叶片的下表皮，紫甘蓝叶片的上、下表皮为实验材料，不仅质壁分离的现象十分明显，而且虎耳草和紫甘蓝的细胞质壁分离后还能清楚地观察到细胞质和细胞核。若以洋葱内表皮为材料，并配以碘液染色，可清晰地看到原生质层与细胞壁的分离。

（2）实验试剂可以进行优化，以达到更好的实验效果和更丰富的实验目的。

朱风云[3]建议采用 0.3 g/mL 的 KNO_3 溶液作为诱导溶液，可避免蔗糖溶液黏度大，细胞发生质壁分离和复原过程耗时长，并且避免对实验台和显微镜造成腐蚀的弊端。

曹森林[4]建议增加 $CuSO_4$ 和 $FeCl_3$ 两种常见金属盐溶液与传统蔗糖溶液进行对比的实验，不仅可达到探究不同外界溶液对植物细胞吸水和失水影响的目的，还可帮助学生直观感受到重金属元素能使细胞蛋白质变性以及胶蛋白质的结构和功能对于活细胞的重要性。

综上所述：人教版教材所提出的实验指导是较为科学合理的，在实际操作过程中成功率较高。众多学者所提出的实验改进建议大多聚焦在实验

---

[1] 杨建忠．“植物细胞的吸水和失水”实验的拓展 [J]. 中学生物学，2013，29（7）：40-41.

[2] 张松，张丽，戴赟，等．“质壁分离”有色实验材料拓展的探究 [J]. 生物学通报，2007，42（1）：51-52.

[3] 朱风云．“观察植物细胞质壁分离与复原”实验教学设计与拓展 [J]. 中学生物学，2014，30（5）：38-40.

[4] 曹森林．“植物细胞吸水和失水”探究实验设计 [J]. 中学生物教学，2018（4）：42-44.

材料的选择、实验试剂的选择方面；教师在教学中，可据此为学生提供更多探究课题，例如 $CuSO_4$ 和 $FeCl_3$ 两种常见溶液与传统蔗糖溶液进行对比实验，使学生不仅可观察到植物细胞的吸水和失水，还可获得对蛋白质结构与功能的感性认识。

（四）实验优化

（1）实验材料的改进。

以洋葱鳞片叶紫色外表皮作材料观察植物细胞的吸水与失水具有以下劣势：①原生质层薄且无色而不方便观察，造成学生误认为只有中央大液泡发生了失水收缩；②无法观察到细胞壁是否也类似半透膜；③因微乎其微的细胞体积变化无法观察而不能感性认识细胞壁的伸缩。因此，有学者针对以上劣势，提出了以下改进措施：

针对劣势①，有学者建议改用以苦草或黑藻为材料，选取其叶片上非常透明的区域制作装片。这些区域的细胞重叠度很小，而且其细胞内叶绿体密度小，液泡特别大，质壁分离与叶绿体环流可同时发生。用显微镜观察时，可清晰观察到叶绿体的环流与圆环形原生质层的缩小同步进行，效果十分显著。

针对劣势②，有学者建议增加在蔗糖液中加红色物质的拓展实验，方便实施细胞壁类似半透膜的观察。在质量分数为 0.3 g/mL 的蔗糖溶液中加入 0.1 g 的胭脂红充分溶解所制得的红色蔗糖溶液，以及在 7 mL 红墨水中加入 3 g 蔗糖充分溶解所制得的红色蔗糖溶液，都能取得较理想的实验效果。为拓展该实验，需解决盖玻片下红色蔗糖溶液更换的问题（若不更换，则视野中一片红色），若沿用教材中的清水更换方法，则会发生质壁分离复原。经过多次试验，学者们探索出两种效果较好的更换方法：将材料直接浸润在红色蔗糖溶液中，一段时间后取出用 0.3 g/mL 的无色蔗糖溶液漂洗一下（洗去材料表面的浮色），再用 0.3 g/mL 的无色蔗糖溶液与漂洗后的材料制成装片；在盖玻片的一侧滴红色蔗糖溶液，在另一侧用吸水纸吸引，并重复几次，一段时间后，再在盖玻片的一侧滴 0.3 g/mL 的无色蔗糖溶液，在另一侧用吸水纸吸引，并反复几次。采用这两种方法均可在显微观察时观察到细胞壁及其与原生质层的间隙为红色。

针对劣势③，有学者建议增加打孔器比对萝卜柱粗细变化的拓展实验，帮助学生体会细胞壁的伸缩。具体操作：用打孔器打出萝卜柱，先放在 0.3 g/mL 的无色蔗糖溶液中，5 min 后取出与打孔器孔径比对，观察粗细的变化；随后将该萝卜柱放入清水中，5 min 后取出与打孔器孔径进行比对。

还有学者建议选择虎耳草叶片的下表皮，红苋（苋菜的一种）叶片的下表皮，紫甘蓝叶片的上、下表皮为实验材料。它们不仅极易得到单层细胞，且质壁分离的现象十分明显。其中虎耳草和紫甘蓝的细胞质壁分离后还能清楚地看到细胞质和细胞核[1]。

（2）实验试剂的改进。

教材中建议使用的诱导质壁分离溶液是质量分数为 0.3 g/mL 的蔗糖溶液，但蔗糖溶液黏度大，细胞发生质壁分离和复原过程耗时长，并且容易对实验台和显微镜造成腐蚀。因此，有学者建议采用 0.3 g/mL 的 KNO_3 溶液或 0.05 g/mL 的 NaCl 溶液代替蔗糖溶液，改进后的实验操作方便、用时较短，并可观察到明显现象。

（五）教学组织

1. 关于课堂导入的建议

由于有关植物吸水和失水的生活实例有很多，建议采用情境创设法，提供一些生活资料进行导入。如：菜市场小贩常用洒水的方式来保持果蔬的新鲜饱满；制作泡菜时加入一些盐，水分就会渗出来；农作物施肥过多，就会造成“烧苗”的现象等。让学生讨论原因，从而引出植物细胞的吸水和失水现象。紧接着提出问题：如何观察植物细胞的吸水和失水现象呢？你可以从红细胞的破裂实验中得到什么启示？若将一个成熟的植物细胞放置到高浓度的溶液中，细胞液中的水分子将向细胞的哪一侧运动？会与红细胞的破裂现象相同么？若不同，是什么原因导致的呢？

---

[1] 张松，张丽，戴赟，等．“质壁分离”有色实验材料拓展的探究 [J]. 生物学通报，2007，42（1）：51-52.

2. 关于类比迁移学习的建议

由于物理渗透模型中的渗透现象与动植物细胞的吸水和失水具有相似性，且学生在本实验之前，已学习过渗透压模型以及动物细胞的吸水和失水，因此建议教师采用类比迁移法。教师可展示物理渗透压模型以及植物细胞的结构图（图 4-16）[1]，请学生分析它与渗透装置之间在结构上具有怎样的相似性，即洋葱表皮细胞相当于底部蒙有半透膜的盛放有一定浓度蔗糖溶液的漏斗，细胞膜、液泡膜以及两层膜之间的细胞质（原生质层）相当于漏斗底部的半透膜，细胞液相当于漏斗内的溶液，蔗糖溶液和清水相当于外界溶液。该装置满足渗透作用发生的条件，因此可以推测植物细胞发生了渗透吸水或失水。由此得出结论：当外界溶液浓度＞细胞液的浓度，细胞通过渗透作用失水皱缩；当外界溶液浓度＜细胞液的浓度，细胞通过渗透作用吸水膨胀，这也是植物根细胞吸水的主要方式。植物细胞的原生质层相当于一层半透膜（选择透过性膜）。

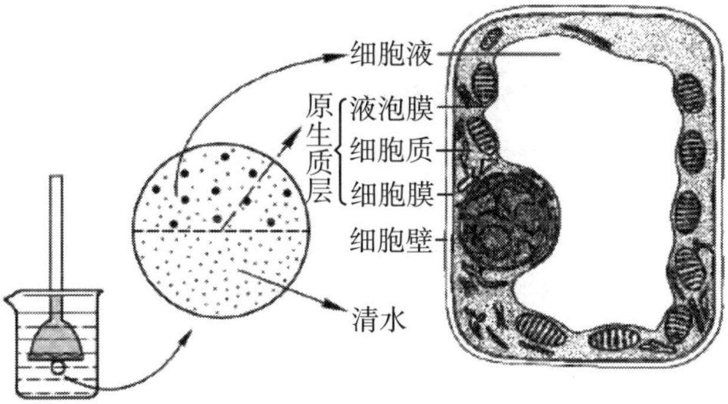

图 4-16　类比物理渗透模型与植物细胞的吸水和失水

3. 探究学习的建议

学生经历过前几个实验，已对探究实验的过程有所熟悉，其探究能力也在逐步提高，因此建议教师给予学生更多探索的空间。教师可与学生一起商讨探索的主题，各小组可探索不同的主题，如：同一溶液不同浓度对

[1] 张进．“物质跨膜运输的实例”的类比教学设计 [J]. 生物学教学，2016，41（11）：42-44.

植物细胞吸水和失水的影响；不同溶液对同一植物细胞吸水和失水的影响；同一溶液对不同植物细胞吸水和失水的影响。然后由小组确立实验方案，进行实验。实验结束后，由不同小组的学生展示自己的实验结果并描述实验过程以及对实验结果进行分析和交流，进而让学生提出更多需要探究的问题。

4. 关于结束的建议

为进一步培养学生的探究意识，以及深化学生对于本知识点的认识，教师可在本实验结束时提出三个开放性的问题：没有中央大液泡但具有细胞壁的细胞，比如植物的分生区细胞或者细菌细胞，在高渗溶液中也能发生质壁分离吗？如何测定洋葱鳞片叶外表皮细胞细胞液的渗透压？海水的渗透压较高，为什么潮间带的红树林植物能够正常生存呢？请学生任选一个问题，课后自由结成学习小组进行探究[1]。

（六）过程及评价

1. 操作过程性评价

表 4–11 “探究植物细胞的吸水和失水”评价体系

项目	操作要点及评价指标		结果	评价
实验操作	（1）制作临时装片	取洁净的载玻片、盖玻片，在载玻片中央滴 1 滴清水。用刀片在洋葱外表皮上划一方框，用镊子撕取一小块洋葱鳞片叶的外表皮，平展在载玻片中央的水滴中，盖好盖玻片，制成临时装片		
	（2）用低倍显微镜观察	先用低倍显微镜观察________，选择典型细胞并移至视野中央，再换用高倍显微镜观察		

[1] 刘欣 .5E 教学模式在“植物细胞的吸水和失水”实验教学中的应用 [J]. 生物学教学，2016，41（3）：37-39.

续表

<table>
<tr><th>项目</th><th colspan="2">操作要点及评价指标</th><th>结果</th><th>评价</th></tr>
<tr><td rowspan="4">实验操作</td><td>（3）用蔗糖溶液处理</td><td>从显微镜上取下装片，放在实验桌上。从盖玻片的一侧滴入 0.3 g/mL 的蔗糖溶液，在盖玻片的另一侧用吸水纸吸引，重复几次</td><td></td><td></td></tr>
<tr><td>（4）观察质壁分离现象</td><td>先用低倍显微镜观察＿＿＿＿＿，并观察细胞大小是否显著变小。选择典型细胞并移至视野中央，再换用高倍显微镜观察</td><td></td><td></td></tr>
<tr><td>（5）用清水处理</td><td>从显微镜上取下装片，放在实验桌上。从盖玻片的一侧滴入清水，在盖玻片的另一侧用吸水纸吸引，重复几次</td><td></td><td></td></tr>
<tr><td>（6）观察质壁分离复原现象</td><td>先用低倍显微镜观察＿＿＿＿＿，并观察细胞大小是否显著变化。选择典型细胞并移至视野中央，再换用高倍显微镜观察</td><td></td><td></td></tr>
<tr><td>分析与讨论</td><td colspan="2">（1）根据实验现象与分析，完成下表：
<table><tr><th>试剂</th><th>液泡大小</th><th>原生质层位置</th><th>细胞大小</th></tr><tr><td>0.3 g/mL 蔗糖溶液</td><td></td><td></td><td></td></tr><tr><td>清水</td><td></td><td></td><td></td></tr></table>
（2）用滴管从盖玻片的一侧滴加 0.3 g/mL 蔗糖溶液，在盖玻片另一端用吸水纸吸引，为什么要重复几次？
＿＿＿＿＿＿＿＿＿＿＿＿＿＿＿＿＿＿。
（3）发生质壁分离的原因是什么？
＿＿＿＿＿＿＿＿＿＿＿＿＿＿＿＿＿＿</td><td></td><td></td></tr>
</table>

续表

项目	操作要点及评价指标	结果	评价
实验结论	成熟的植物细胞具有________，细胞壁具有________性。原生质层相当于一层半透膜，具有________性。原生质层的伸缩性比细胞壁的伸缩性________，所以，当外界溶液浓度大于细胞液浓度时，细胞失水，原生质层收缩，发生________现象，反之，当外界溶液浓度小于细胞液浓度时，细胞吸水，原生质层逐渐恢复原来位置，发生________		
评价等第			

注：操作过程性评价等第分为优秀（100 ～ 90 分）、良好（89 ～ 80 分）、合格（79 ～ 60 分）与不合格（< 60 分）四个等第。实验操作不合格者，按规定需重新测试。

2. 试题评价示例

（1）下列细胞放在 0.3 g/mL 的蔗糖溶液中，可发生质壁分离的是（　　）。

A. 黑藻的叶肉细胞　　B. 鸡的成熟红细胞

C. 人的口腔上皮细胞　　D. 洋葱根尖分生区细胞

（2）在“观察植物细胞的质壁分离和复原”实验中，对紫色洋葱鳞片叶外表皮临时装片进行了三次观察（如图 4-17 所示）。下列有关叙述不正确的是（　　）。

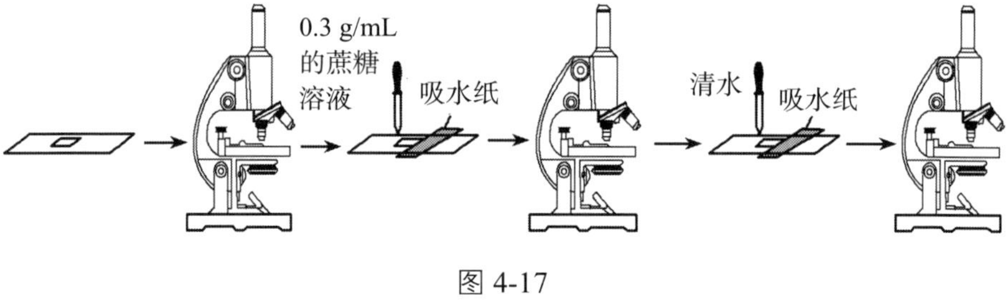

图 4-17

A. 第一次观察时可以看到有一个紫色的中央大液泡

B. 第二次观察时可以发现液泡逐渐变小，紫色加深

C. 吸水纸的主要作用是使植物细胞完全浸润在液体中

D. 为了节约实验时间，应该省略第一次显微观察步骤

（3）某生物课外小组以马铃薯为材料进行相关实验，分析回答下列问题。

①将贮藏的马铃薯（块茎）放入水中，水分通过＿＿＿＿＿＿的方式进入马铃薯细胞，使马铃薯鲜重＿＿＿＿＿＿。

②将新鲜的马铃薯细胞置于0.3 g/mL 蔗糖溶液中，发生质壁分离现象，原因之一是＿＿＿＿＿＿的伸缩性大于细胞壁的伸缩性。

③将发芽的马铃薯制成匀浆，使其与斐林试剂在＿＿＿＿＿＿条件下发生氧化还原反应，生成砖红色沉淀，说明该马铃薯匀浆中含有＿＿＿＿＿＿＿＿＿＿。

参考答案

1. 操作过程性评价

实验操作：（2）洋葱鳞片叶外表皮细胞中紫色的中央液泡的大小，以及原生质层的位置　（4）质壁分离现象，洋葱鳞片叶外表皮细胞中紫色的中央液泡是否变小，以及原生质层与细胞壁是否分离　（6）质壁分离复原现象，洋葱鳞片叶外表皮细胞中紫色的中央液泡是否变大，以及原生质层与细胞壁是否复原

分析与讨论：（1）

试剂	液泡大小	原生质层位置	细胞大小
0.3 g/mL 蔗糖溶液	变小	原生质层脱离细胞壁	基本不变
清水	逐渐恢复原来大小	原生质层恢复到原来位置	基本不变

（2）使盖玻片下面的洋葱鳞片叶外表皮充分浸润在蔗糖溶液中　（3）外界蔗糖溶液浓度大于细胞液浓度，导致细胞失水，原生质层收缩。同时，原生质层收缩性显著大于细胞壁，导致质壁分离

实验结论：大液泡　全透　选择透过　大　质壁分离　质壁分离复原

2. 试题评价示例

（1）A （2）D （3）①自由扩散（渗透作用） 增加 ②原生质层 ③水浴加热 可溶性还原糖（葡萄糖或麦芽糖或果糖）

二、比较过氧化氢在不同条件下的分解

（一）实验原理

过氧化氢分子式为 H_2O_2，纯 H_2O_2 是淡蓝色的黏稠液体，可以以任意比例与水互溶，其水溶液俗称双氧水，为无色透明液体。过氧化氢是一种重要的无机化工原料和精细化工产品，可应用于化学合成、纸类和纺织品的漂白、金属矿质处理、环保、电子等领域[1]，在我们的日常生活中具有较广的应用范围。

温度促使 H_2O_2 分解的原理：由于 H_2O_2 分子结构的低对称性和过氧键的存在，H_2O_2 具有一定的自解性[2]，在一般情况下会缓慢分解成水和氧气，但分解速度极其缓慢，纯 H_2O_2 在 30 ℃下一年分解率仅为 1%[3]。研究表明，低浓度双氧水在低温下（＜ 90 ℃）分解较缓慢，但随着温度的逐步升高，双氧水的分解速率会逐渐增大[4]。温度升高可提高分子的动能，使活化分子比例增大，从而提高反应速率[5]。随着温度的升高，双氧水中的 H_2O_2 分子获得更高的能量，使一部分原来能量较低的 H_2O_2 分子变成活化分子，从而增大了反应物中活化分子的百分数，H_2O_2 分子的运动速率加快，分子间有效碰撞次数增多，使得 H_2O_2 的自分解反应速率增大。

$FeCl_3$ 促使过氧化氢分解的原理：$FeCl_3$ 是一种无机催化剂，它可以催化 H_2O_2 分解成水和氧气，其中参与反应的主要是铁离子，在催化过程中，

[1] 许志忠，李晓春 . 过氧化氢分解影响因素分析 [J]. 染整技术，2006（1）：33-35，38.

[2] 吴洪达，黄映恒 . 过氧化氢的分解反应 [J]. 河池师专学报（自然科学版），2002（2）：27-30，75.

[3] 韦友欢，李燕丽，陈小华，等 . 略谈影响 H_2O_2 分解的因素 [J]. 南宁师范高等专科学校学报，2004（1）：85-86.

[4] 刘中兴，谢传欣，石宁，等 . 过氧化氢溶液分解特性研究 [J]. 齐鲁石油化工，2009，37（2）：99-102，105.

[5] 同 [2].

H_2O_2 先作为还原剂，再作为氧化剂[1]。铁离子催化作用方程式：

$$H_2O_2+2Fe^{3+} = 2Fe^{2+}+2H^{+}+O_2\uparrow$$

$$H_2O_2+2Fe^{2+}+2H^{+} = 2Fe^{3+}+2H_2O$$

过氧化氢酶（CAT）促使过氧化氢分解的原理：过氧化氢酶作为一种氧化还原酶，普遍存在于生物组织中，其功能是催化细胞内 H_2O_2 分解，防止膜脂过氧化进而保护细胞避免受体内代谢物的破坏。作为一种催化转化能力最高的酶，过氧化氢酶可以以极高的速率催化 H_2O_2 分解为水和氧气，可以达到一分子过氧化氢酶每分钟催化五百万 H_2O_2 分子的速率[2]，是生物防御体系的关键酶之一。过氧化氢酶是一种以铁卟啉为辅基的结合酶，它作用于 H_2O_2 的机理实质上是 H_2O_2 的歧化，必须有两个 H_2O_2 分子先后与其相遇且碰撞在活性中心上才能发生反应[3]。虽然 CAT 的催化机制还没有被完全了解，但其催化过程通常认为分为两步：

$$H_2O_2+Fe(\text{Ⅲ})\text{-}E \rightarrow H_2O+O = Fe(\text{Ⅳ})\text{-}E(\cdot+)$$

$$H_2O_2+O = Fe(\text{Ⅳ})\text{-}E(\cdot+) \rightarrow H_2O+Fe(\text{Ⅲ})\text{-}E+O_2$$

其中，Fe( )-E 表示结合在酶上的血红素基团（E）的中心铁原子（Fe）。Fe（Ⅳ）-E（·+）为 Fe（Ⅴ）-E 的一种共振形式，即铁原子并没有完全氧化到 +V 价，而是从血红素上接受了一些“支持电子”。因而，反应式中的血红素也就表示为自由基阳离子（·+）。

H_2O_2 进入活性位点并与酶 147 位上的天冬酰胺残基（Asn147）和 74 位上的组氨酸残基（His74）相互作用，使得一个质子（H^+）在氧原子间互相传递。自由的氧原子配位结合，生成水分子和 Fe（IV）=O。Fe（IV）=O 与第二个 H_2O_2 分子反应重新形成 Fe（III）-E，并生成水分子和氧气。活性中心铁原子的反应活性可能由于 357 位上酪氨酸残基（Tyr357）的苯酚基侧链的存在（帮助 Fe（III）氧化为 Fe（IV））而得以提高。反应的

[1] 宋全文．催化剂对过氧化氢分解反应的影响探究 [J]. 实验教学与仪器，2016（S2）：45-47.

[2] 殷杰．过氧化氢催化分解的研究进展 [J]. 当代化工研究，2016（10）：25-26.

[3] 陈承声，区永麟．酶与二氧化锰对过氧化氢催化分解作用的比较 [J]. 广东教育学院学报，2009，29（3）：67-71.

效率可能是通过 His74 和 Asn147 与反应中间体作用而得以提高[1]。

（二）发展素养

“比较过氧化氢在不同条件下的分解”实验是 2007 年版人教版高中生物教材（以下简称实验教材）必修 1 第 5 章第 1 节的内容，在 2019 年版人教版高中生物学教材（以下简称新教材）中属于必修 1 第 5 章“细胞的能量供应和利用”第 1 节“降低化学反应活化能的酶” 的内容。与实验教材相比，新教材在步骤 4 上把点燃的卫生香放入试管的时间由原来的“2~3 min 后”改为“立即”。本实验有助于提升学生对于科学探究的理解，掌握探究实验中的变量控制方法，通过实验得出的结论有助于学生认识“较无机催化剂而言，酶能更显著地降低化学反应的活化能”，进而建构“酶是活细胞产生的具有催化作用的一类有机物，大多数酶是蛋白质”这一重要概念。运用传感器等仪器开展“比较过氧化氢在不同条件下的分解速率”的定量实验，有助于学生形成由定性向定量发展的科学思维方法，根据实验数据建构“过氧化氢在不同条件下的分解”的模型有助于理解酶作用的本质和机理。具体而言，本实验对发展学生生物学学科核心素养的作用如下：

本实验是学生初中已学知识——“多种消化酶在食物化学性消化中的作用”的分子水平上作用机理的深化。同时，基于生活经验，学生对“加酶洗衣粉”“多酶片”等涉及“酶”的名词耳熟能详，必然会存在前概念。因此，通过本实验教学不仅能探查学生的已有概念，还能结合对实验现象的分析，促进概念的转变，建构科学概念。由于学生在本节内容之前已经学习了生命的物质基础，细胞的基本结构，物质的输入与输出等知识，知道能量是细胞进行各项生命活动的必要条件，细胞代谢过程中往往伴随着能量的储存、释放、转移和利用，细胞代谢是细胞内一系列化学反应的总和。通常，化学反应需要一定的条件，如较高的温度、压强，一定的 pH 和催化剂等，这与细胞内较为温和的环境条件不符。通过比较过氧化氢在不同条件下分解速率的快慢，了解作为生物催化剂的过氧化氢酶的作用原理与特点，知道加热促使 H_2O_2 分解的主要原理是加热增加了分子的平均动能；

---

[1] 科普中国：过氧化氢酶 [EB/OL].[2021-06-25].https：//baike.baidu.com/item/ 过氧化氢酶 .

进而通过比较过氧化氢酶与无机催化剂（Fe^{3+}、MnO_2）催化效率的对比实验，理解同无机催化剂相比，酶降低化学反应活化能的作用更为显著，有助于理解细胞内的各种代谢为什么能在常温、常压、接近于中性条件下进行。这有助于学生建构酶的科学概念——酶是活细胞产生的具有催化效应的有机物，是细胞代谢正常发生的前提条件。酶的催化作用可显著提升化学反应速率，并将反应条件的要求极大降低。本实验可以帮助学生了解酶的本质与特性，是随后学习细胞呼吸、光合作用等重要概念的前导知识，也回应了之前学习的组成细胞的化合物中蛋白质的相关内容，是学生进一步确立"结构与功能相适应""生命具有多样性和复杂性"等生命观念的基础。

本实验在帮助学生理解探究实验中的变量及其控制方法方面具有重要的作用，有助于学生掌握单一变量与平行重复的实验思想方法。对照实验的设计、数据的分析与结论的得出也有助于发展学生的"归纳与概括""模型与建模""批判性思维"等科学思维能力；了解酶在工业生产、生活中的具体运用，有助于学生基于科学立场讨论相关社会问题，并做出理性解释，并有助于学生绿色环保理念的形成。

（三）研究综述

为提高本实验的成功率，很多学者对实验选材、实验方法进行了思考和改进，主要有以下几个方面：

（1）优化实验材料以达到更好的实验效果。

王芳[1]根据滴加了新鲜猪肝研磨液的过氧化氢产生明显气泡并有强大冲击力，但是无法使卫生香复燃的情况，改进了实验，建议使用马铃薯、苹果、桃子等材料代替猪肝。

曹引航[2]分别探究了不同植物、不同动物的肝脏以及不同蔬菜叶子的过氧化氢酶活性，并得出结论，过氧化氢酶活性大小：鲜嫩苦荚菜叶＞洋葱＞新鲜辣椒；猪肝脏＞鲤鱼肝脏＞鸡肝脏；小白菜＞菠菜＞香菜。

---

[1] 王芳．"比较过氧化氢在不同条件下的分解"实验失败原因分析及改进 [J]. 生物学教学，2010，35（8）：47.

[2] 曹引航．对新教材中"比较过氧化氢在不同条件下分解"实验的拓展 [J]. 中学生物学，2013，29（5）：39-40.

（2）改进实验装置和实验流程。

李永华[1]根据气泡中的水分会影响卫生香复燃的情况，设计了不同于教材的实验装置，通过气体产生的水位差间接比较产生氧气的量。

王磊等[2]建议用氧气传感器直接测定氧气的产生情况。

李丽卡[3]、袁晓娟等[4]都对实验装置进行了改进，解决了敞开模式导致的气体漏泄、反应时间延迟等问题。

（3）溶液的 pH 值对于实验有直接的影响。

李守宇等[5]根据进行 $FeCl_3$ 溶液催化的试管几乎看不到气泡的情况，开展实验并验证溶液酸性过强不利于 H_2O_2 的分解，pH 在 3.0 左右时，$FeCl_3$ 催化效果最佳。建议教学活动中直接用 $FeCl_3$ 固体或者用将 $FeCl_3$ 固体直接溶于蒸馏水中制得的溶液（pH=3.0 ～ 4.0）来催化过氧化氢的分解。

（4）实验现象不足以支撑实验结论的得出。

谭庚林等[6]怀疑 90 ℃水浴加热的试管产生的气泡不是氧气而是水汽，经过实验后证明 3% 的过氧化氢溶液在 100 ℃的沸水浴中加热产生的气泡是水蒸气，其中也含有极少量的过氧化氢分子。因此认为本实验中的步骤 2 不适合用来说明加热可以增加反应物的活化能，难以得出加快化学反应速率的结论。

综上所述：人教版高中生物教材所提出的实验指导是较为科学合理的，在实际操作过程中成功率较高。大多数学者提出的实验改进建议大多

---

[1] 李永华 . 比较过氧化氢在不同条件下的分解实验改进 [J]. 实验教学与仪器，2011，28（5）：30.

[2] 王磊，沈雁吉 . 氧气传感仪在高中生物学实验中的应用 [J]. 生物学教学，2014，39（2）：50-51，79.

[3] 李丽卡 .“比较过氧化氢在不同条件下的分解”实验装置改进 [J]. 生物学教学，2017，42（7）：47.

[4] 袁晓娟，禹萍 . 巧用注射器优化“比较过氧化氢在不同条件下的分解”实验 [J]. 中学生物教学，2018（17）：53-54.

[5] 李守宇，吴苏娜 . 对“比较过氧化氢在不同条件下的分解”实验设计的探讨 [J]. 中学生物学，2013，29（2）：43-44.

[6] 谭庚林，汤井林 . 关于“比较过氧化氢在不同条件下的分解”实验的再商榷 [J]. 中学生物学，2008，24（7）：43-44.

聚焦在猪肝研磨液这类可替代性强的材料上，以及反应产物（氧气）的检测上。随着数字化、智能化课堂的发展，越来越多的现代科技仪器设备进入学校，化定性观察为定量观察是本实验的一个发展趋势，如过氧化氢酶和氧气的定量测定。

（四）实验优化

（1）制备过氧化氢酶研磨液的材料，除可选择新鲜的猪肝，还可选择其他动物的肝胰脏、马铃薯和红薯的块茎、苹果的研磨液[1]。但必须注意的是若选用动物材料，一定要保证材料的新鲜程度，若材料不新鲜，肝脏细胞内的过氧化氢酶等有机物会在腐生细菌的作用下被分解，导致催化剂含量受损，影响实验结果[2]；在学生进行实验前，教师需要通过预实验来调整好酶研磨液的浓度，防止浓度过高使反应过于剧烈，或浓度过低使得反应现象不明显。

（2）大量制备过氧化氢酶研磨液时，并非一定要用研钵研磨，普通的操作更简便：先将重 0.5 kg 左右的肝脏用刀反复切碎（有条件的学校可以用切碎机操作），然后将其置于 1000 mL 大烧杯中，加入质量为肝脏质量 4 ～ 5 倍左右的蒸馏水（也可用纯净水代替），用洗净的手反复搅拌和捏碎，3 ～ 5 min 后，捞出杂质，再用大纱布直接在另一 1000 mL 的大烧杯上过滤，并用手适当挤压。这样得到的滤液便符合实验要求[3]。将制好的酶溶液放置于 4 ℃冰箱中储存 2 ～ 3 d，酶活性基本不受影响，如果放置较长时间，可放置于 -20 ℃冷冻，解冻后酶活性基本不变[4]。

（3）水温的控制。按教材要求，2 号试管应放在 90 ℃左右的水浴中加热，有学者发现，只要水浴温度在 65 ℃以上，就可明显地看到有气泡产生，即可与 1 号试管形成鲜明对比。由此看来，2 号试管水浴加热温度

---

[1] 李丽卡．“比较过氧化氢在不同条件下的分解”实验装置改进 [J]. 生物学教学，2017，42（7）：47.

[2] 丁稳双．“比较过氧化氢在不同条件下的分解”实验的注意事项及改进措施 [J]. 生物学通报，2006，41（10）：59.

[3] 同 [2].

[4] 张嘉卉，何枝芳，肖义军，等．如何做好“比较过氧化氢在不同条件下的分解”实验 [J]. 中学生物学，2016，32（4）：43-44.

范围在 65 ～ 95 ℃之间即可。具体操作时，在开水中加少量的冷水，保证其在上述温度范围内便有显著的实验现象[1]。

（4）卫生香和温度对实验的干扰。如果室温下在试管中加入 $FeCl_3$ 溶液后反应较慢，而卫生香不够干燥时，带火星的卫生香也未必能复燃。故卫生香需作干燥处理。而气温太低时，可以将 4 支试管都同时放到 10 ℃左右的水中适当保温，然后再以该温度为常温进行实验。增加这些操作后，便可以看到更为明显的实验现象[2]。

（5）为排除在实验中产生的气泡可能过小、破灭慢、影响气体的释放而对实验结果造成的影响，可以在实验过程中加入消泡剂。常用的消泡剂有芝麻油、菜籽油、橄榄油、30% 泡敌溶液等。其中食用油消泡时间长，消泡效果不理想，而泡敌溶液消泡时间短，效果较好。教师可以根据实际情况合理选用。

（6）由于新鲜的肝脏研磨液（富含大量的过氧化氢酶）催化分解过氧化氢的速度极快，如果滴加的量稍多，瞬时产生的大量泡沫有时会飞溅到实验者上，伤到实验者；还有实验过程中，产生的氧气有部分泄漏到空气中，导致观察到的现象有时无明显差别。因此对实验装置进行改进（如图 4-18、图 4-19 所示）[3]。

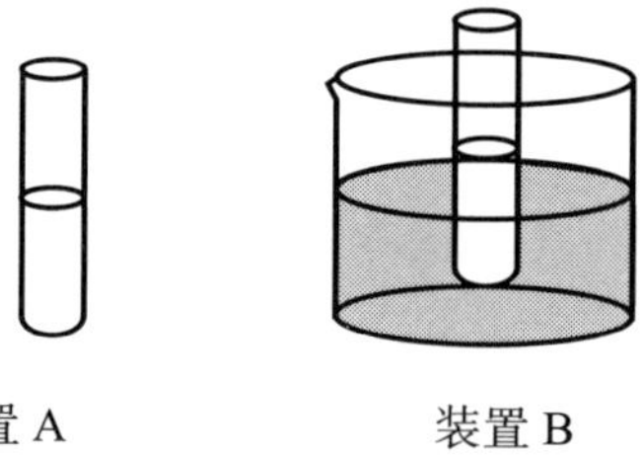

图 4-18　过氧化氢分别在常温（装置 A）和 90 ℃（装置 B）条件下分解的实验装置示意图

[1] 丁稳双．“比较过氧化氢在不同条件下的分解”实验的注意事项及改进措施 [J]. 生物学通报，2006，41（10）：59.

[2] 同 [1].

[3] 左开俊．“比较过氧化氢在不同条件下的分解”探究实验的改进 [J]. 生物学通报，2016，51（11）：58-59.

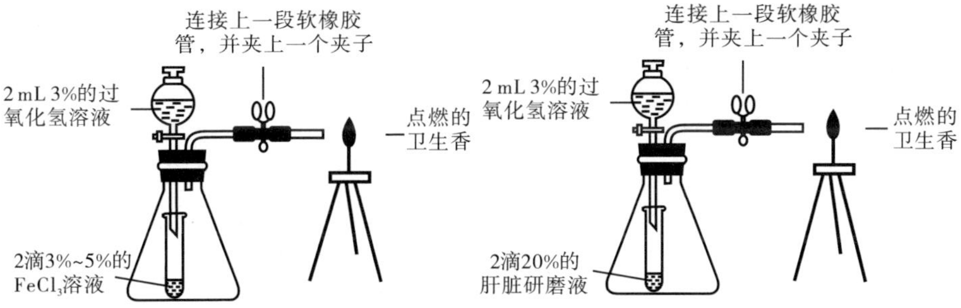

装置 C　　　　装置 D

图 4-19　过氧化氢分别在 $FeCl_3$ 和过氧化氢酶催化下分解的实验装置示意图

针对过氧化氢分别在 $FeCl_3$ 和过氧化氢酶催化下分解实验，也可利用如图 4-20 装置。可向 U 形管内加适量含红墨水的清水（作指示剂），向试管内加入 2 mL 的 H_2O_2 溶液，注入相应的催化剂与 H_2O_2 反应，连接试管与 U 形管，观察 U 形管内水位变化的快慢，通过记录并计算单位时间内 U 形管水位上升的值，比较不同催化剂的催化速率[1]。

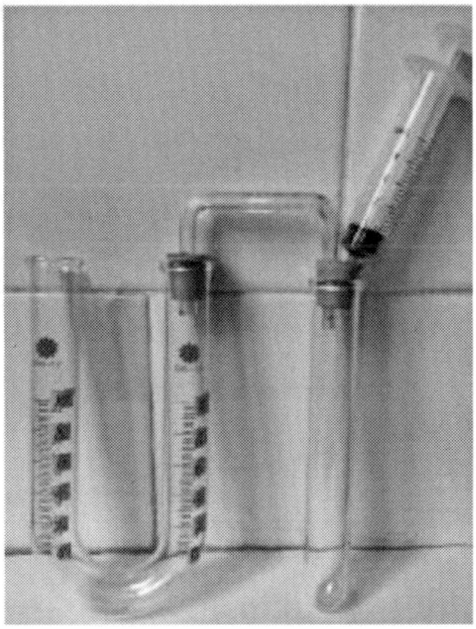

图 4-20　改进后的实验装置图

[1] 朱慧，林金哲，陈立宣．“比较过氧化氢在不同条件下的分解”实验材料的改进 [J]. 生物学教学，2016，41（11）：46-47.

（五）教学组织

1. 关于课堂导入的建议

学生在初中已学习过“制取氧气”的实验，对过氧化氢、催化剂有了一定的了解。教学中，教师可用“学生擦伤后去医务室处理伤口，伤口用医用双氧水（有效成分为H_2O_2）处理后，伤口处出现了气泡，为什么？”“投弹手甲虫（气步甲）遇到危险时喷出的液体会使人灼伤并伴有强烈痛感，其中的生物学原理是什么？”等问题情境引导学生思考过氧化氢分解与催化剂间的关系。此外，本实验教学还可以采用旧知识导入，以期在建立起新旧知识联结、减少新课陌生感的基础上，激发学生对“酶的作用”的探讨。教师可以先让学生回忆相关知识，谈一谈对过氧化氢、催化剂的认识，激发学生的学习热情，充分唤醒关于过氧化氢、催化剂的记忆。接着提出问题：积累在人体内的过氧化氢可以通过加热的办法使其快速分解吗？细胞内是否也存在类似无机催化剂的物质呢？和无机催化剂相比，生物酶有什么不同之处呢？从而导入本实验的学习。

2. 关于科学探究中实验的变量及其控制思想渗透的建议

通过本实验教学，学生需要理解并建构变量（主要包括自变量、因变量、无关变量）和对照实验等概念，初步形成变量控制思想。建议教师在实验结束后，提供以下表格（表 4-12），组织学生根据实验操作及所观察到的现象，将表格中相关内容补充完整。根据表格提出问题，如：为什么所有试管中加入的过氧化氢溶液都是 2 mL 呢？如果不同试管中加入不同体积的过氧化氢溶液，对实验结果会有什么影响？不同试管产生不同实验

表 4–12　过氧化氢分解实验

试管组别	实验处理			实验现象	实验结论
	3% 过氧化氢溶液 / mL	温度 /℃	试剂		
1 号试管					
2 号试管					
3 号试管					
4 号试管					

现象的原因是什么？设置 1 号试管的目的是什么？实验中还有没有其他因素会影响实验结果？以通过相关概念的建构，渗透变量控制思想。

3. 关于实验过程中开展小组合作探究的建议

在进行本实验之前，学生经历过多次科学探究，已经了解了科学探究的一般步骤和一些方法原则，具备了基本的科学探究能力。因此，建议在本实验中给学生一定的探究空间，让学生亲历实验设计的过程，进一步发展科学探究能力。教师可以为各个小组提供基本的材料，并阐明这些材料在本实验中的作用，例如：因为过氧化氢是细胞代谢的有害产物，故以过氧化氢作为本实验的底物；因为新鲜的肝脏中有较多的过氧化氢酶，故需要新鲜的质量分数为 20% 的肝脏研磨液；实验的因变量是单位时间内释放氧气的多少，故提供卫生香用以检验。在提供基本实验材料的基础上，让学生小组合作，讨论如何设计实验，设置实验步骤，再将各小组所撰写的内容在班级内展示，从而完善实验过程。

（六）过程及评价

1. 操作过程性评价

表 4–13　“比较过氧化氢在不同条件下的分解”评价体系

项目	操作要点及评价指标		结果	评价
实验操作	（1）分组编号	取 4 支洁净的试管，分别编号 1、2、3、4		
	（2）添加试剂	向 4 支试管中分别加入 2 mL 体积分数为 3% 的过氧化氢溶液，按照序号依次放置在试管架上		
	（3）设置不同温度条件	将 2 号试管放在 90 ℃水浴中加热，观察、记录 1 号与 2 号试管产生气泡的情况		
	（4）添加不同催化剂	向 3 号试管中滴加 2 滴 $FeCl_3$ 溶液，向 4 号试管中滴加 2 滴肝脏研磨液，观察、记录 3 号与 4 号试管产生气泡的情况		

续表

<table>
<tr><th>项目</th><th colspan="2">操作要点及评价指标</th><th>结果</th><th>评价</th></tr>
<tr><td>实验操作</td><td>（5）用卫生香检测氧气</td><td>立即将带火星的卫生香分别放入 3 号与 4 号试管内液面上方，观察、记录 3 号与 4 号试管内卫生香的复燃程度</td><td></td><td></td></tr>
<tr><td>分析与讨论</td><td colspan="2">（1）与 1 号试管相比，2 号试管产生气泡________，说明加热会使过氧化氢分解速率________。
（2）3 号与 4 号试管没有加热，都有大量气泡产生，说明 $FeCl_3$ 和过氧化氢酶都能________。
（3）与 3 号试管相比，4 号试管产生气泡________，说明过氧化氢酶的催化作用具有________的特点</td><td></td><td></td></tr>
<tr><td>实验结论</td><td colspan="2">通过对实验结果的分析与讨论，可以得出以下结论：过氧化氢酶的催化效率________ $FeCl_3$ 的催化效率，酶的催化作用具有________的特点</td><td></td><td></td></tr>
<tr><td colspan="3">评价等第</td><td colspan="2"></td></tr>
</table>

注：操作过程性评价等第分为优秀（100 ～ 90 分）、良好（89 ～ 80 分）、合格（79 ～ 60 分）与不合格（＜ 60 分）四个等第。实验操作不合格者，按规定需重新测试。

2. 试题评价示例

（1）取编号为 1 ～ 5 的 5 支试管分别加入 2 mL 物质的量浓度为 0.5 mol/L 的过氧化氢溶液进行如下实验（如表 4-14）。下列有关叙述正确的是（　　）。

表 4–14

试管编号	1	2	3	4	5
加入物质	适量唾液	铁锈钉	生土豆块	熟土豆块	生土豆块 + 稀盐酸
实验结果	几乎无气泡	少量气泡	大量气泡	几乎无气泡	几乎无气泡

A. 说明酶具有高效性的是 3 号试管和 4 号试管

B. 2 号试管和 3 号试管对照可以说明酶具有专一性

C. 3 号试管和 5 号试管对照可以说明酶的活性受 pH 影响

D. 本实验不能体现酶活性与温度间的关系

（2）为了认识酶作用的特性，以 20% 过氧化氢溶液为底物进行了一组实验，结果如表 4-15 所示。从表中不能得到的结论是（　　）。

表 4–15

实验编号	实验方法	实验结果
1	常温下自然分解	气泡少而小
2	常温下加入 Fe^{3+}	气泡稍多而小
3	常温下加入鲜肝提取液	气泡极多而大
4	加入煮沸后冷却的鲜肝提取液	气泡少而小

A. 从催化反应条件看，酶有温和性

B. 从催化活性看，高温使酶失活

C. 从催化底物范围看，酶有专一性

D. 从催化反应效率看，酶有高效性

（3）为了研究酶的有关特性，取 2 支洁净的试管并编号为 A、B，分别注入 2 mL 体积分数 3% 的过氧化氢溶液；再向 A 试管滴入 2 滴 3.5% $FeCl_3$ 溶液，向 B 试管滴入 2 滴质量分数为 20％的肝脏研磨液；堵住管口，轻轻振荡；用带火星的卫生香检验；观察并记录实验结果。

①本实验的主要目的是探索________________________________。

②如果 2 支试管的现象均不明显，从实验材料分析，原因可能是____。

③过氧化氢酶也能催化过氧化氢的分解，产生的氧离子能使溶于水的无色焦性没食子酸氧化生成橙红色沉淀。为了鉴定马铃薯块茎是否含有过氧化氢酶，设计了如下实验（图 4-21）。据图回答下列问题。

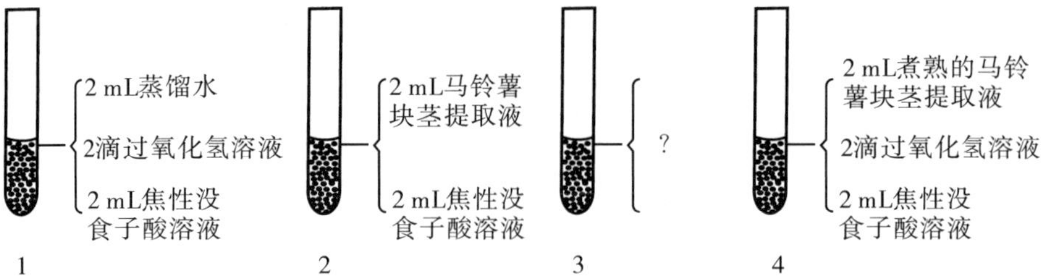

图 4-21

a. 3 号试管内加入的物质是________________。

b. 设计 2 号试管作为对照实验的具体目的是________________。

c. 如果 2 号试管未产生颜色反应，则出现橙红色沉淀的是第_____号试管。

参考答案

1. 操作过程性评价

分析与讨论：（1）多　加快　（2）加快过氧化氢分解　（3）速率更快　高效性

实验结论：大于　高效性

2. 试题评价示例

（1）C　（2）C　（3）①酶的高效性（过氧化氢酶和 Fe^{3+} 催化效率的高低）　②过氧化氢溶液放置时间过长而分解　③ a. 2 mL 焦性没食子酸溶液，2 滴过氧化氢溶液，2 mL 马铃薯块茎提取液　b. 排除马铃薯块茎提取液中的其他物质对实验结果的影响　c. 3

三、影响酶活性的条件

（一）实验原理

1. 酶活性的测定方法有很多，常见的有化学测定法、放射性化学法、酶偶联法、一般连续法等。

（1）化学测定法：利用化学反应使酶促反应的产物变成一个能用简单物理方式（比色、酸碱测定、量热量气等）来测量的化合物来计算酶的活性。

（2）放射性化学法：用放射性同位素标记酶促反应体系中的底物，酶促反应终止后，分离有放射性标记的底物与产物（多采用层析法和电泳法），然后测定产物或者底物的放射性，计算酶活性。一般用于标记的同位素主要有 ^{3}H、^{14}C、^{32}P、^{35}S、^{131}I，放射性同位素会衰变放出 β 射线，这时可用液体闪烁计数器等设备进行直接计数，计算酶促反应速率。

（3）酶偶联法：在一些酶促反应中，生成的产物不便直接测定，可以加入适当的指示酶，将该产物转化为可测定的产物。该测定方法分为两个反应系统。一个是分开的反应系统：先让待测定活力的酶与底物反应，一定时间后停止反应，加入指示酶使待测体系中不易测定的产物在指示酶的作用下转化成为可测定的产物。另一个是连续的反应系统：将指示酶直接加入到待测酶促反应体系中，将待测体系生成的产物直接或间接转变为一个可用光谱吸收仪检测的产物，从而测定酶促反应速率。

（4）一般连续法：该方法测定酶促反应速率包括光谱分析法、电化学法、量气法等。

光谱分析法：主要包括荧光法和分光光度计法。荧光法是指有荧光性的物质吸收了某一波长的光后会发射出波长更长的光，所以只要在待测酶促反应体系中反应底物或者反应产物二者之一任意物质具有荧光，根据荧光性质测定荧光的变化，计算出酶促反应速率。

电化学法：现在各种电化学方法已经广泛应用于酶促反应速率的测定中，其中常用的技术为电位计技术。在整个酶促反应体系中（一般为液体环境），溶液是有一定的电势差的，且溶液体系中的电势差取决于被测物质的浓度以及性质，根据这一原理可制成离子选择性电极，如利用 pH 电极可以测定酶促反应体系中溶液 pH 值的变化，进而计算出酶促反应速率。

量气法：有的待测酶促反应体系底物为气体，或者产物是气体，这时可以测量反应体系中的气体体积的改变或压力的改变，换算出该气体的量，然后计算求得酶促反应速率。

总之测定酶促反应速率的方式多种多样，可根据反应体系的特点选择适合的方法[1]。

2. 酶活性受外界条件的影响。影响酶活性的外界条件有温度、pH、抑制剂和激活剂等。

（1）温度对酶活性的影响。

温度对酶活性有很大影响，酶促反应都有一个最适温度。温度与酶促反应速率关系为一个钟形曲线（如图 4-22 所示），即在一定温度范围内，随着温度升高，酶促反应速率迅速升高；但温度达到在某一点后，随着温度的升高，酶促反应速率会迅速降低。主要原因是随着温度的升高，整个反应体系能量增加，反应物能量随之增加，因此化学反应中单位时间内反应物分子有效碰撞次数增加，反应速度增快。超过最适温度后当温度升高时，虽然反应速度在增加，但酶变性失去活性的速度也在增快，酶活性减弱，从而降低酶促反应速率。酶促反应的最适温度是这两个过程平衡的结果。当反应体系温度低于最适温度时，温度逐渐升高使反应物能量增加，反应速度增加快于因温度增加酶活性降低而降低酶促反应的速度，整体酶促反应速度变化趋势为增加。当反应体系温度高于最适温度时，酶活性迅速降低甚至失活，导致酶促反应速率迅速降低快于另一过程，整个反应体系酶促反应速度呈下降趋势。

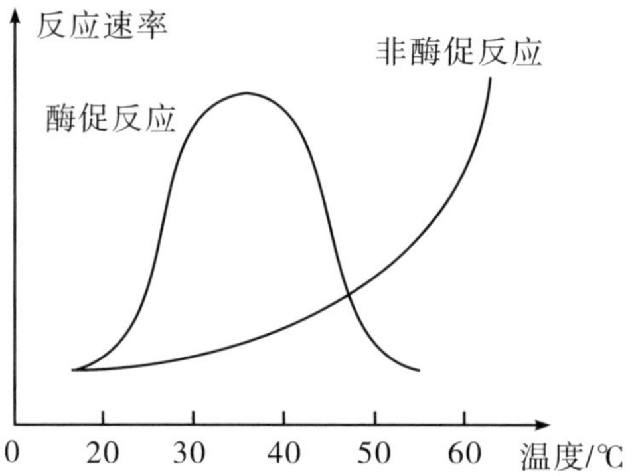

图 4-22　温度对酶促反应速率的影响

[1] 袁勤生，赵健 . 酶与酶工程 [M]. 上海：华东理工大学出版社，2005：152.

温度对酶活性影响的原理比较复杂，至今还没有确切的解释。一般来说，温度主要影响酶结构的稳定性；影响酶和抑制剂、激活剂、辅酶的结合；影响酶和底物分子中某些解离基团的 pK 值（解离常数）、缓冲液的 pH 或者某些气体的溶解度[1]。

酶的最适温度不是固定不变的常数，最适温度与底物种类、底物浓度、作用时间、pH、离子强度等因素有关。

（2）pH 对酶活性的影响。

酶促反应速率和 pH 的关系为钟形曲线（如图 4-23 所示）。pH 对酶活性的影响十分复杂，酶蛋白分子上带有许多酸性、碱性氨基酸残基，pH 直接影响到这些残基的解离状态，进而影响酶和底物的结合以及进一步的催化反应；也可能通过影响酶的结构从而影响酶的活性。主要表现为以下几个方面：① pH 使酶的空间结构被破坏，引起酶活性丧失。酶空间结构被破坏导致的失活可分为可逆性失活和不可逆性失活两种方式。可逆性失活指在不同 pH 条件下保存的酶液在最适 pH 时，活力可以完全恢复。②影响酶活性部位催化基团的解离状态，使底物不能分解为产物。③影响酶活性部位结合基团的解离状态，不同的 pH 条件下，酶分子上极性基团的解离状态不同，酶只有处于一定的解离状态下才能与底物结合形成中间物。④改变底物的解离状态，许多底物和辅酶也有解离特性，而酶只与某

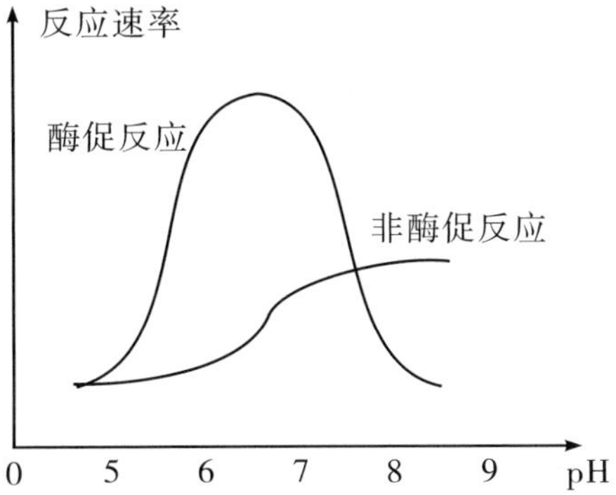

图 4-23 pH 对酶促反应速率的影响

[1] 桂兴芬，石渊渊，安玉会，等. 生物化学 [M]. 郑州：河南医科大学出版社，2000：67.

种解离状态的底物结合才形成复合物。或者结合后形成了酶－底物复合物后不能再进一步转化为产物[1]。

（3）抑制剂和激活剂对酶活性的影响。

除了温度与pH对酶的活性有重要影响，一些酶必须在另外一些物质的作用下才能表现出酶的催化活性或者使酶的催化活性增强，这种情况称为酶的激活作用。而能够引起酶的激活作用的物质叫作酶的激活剂[2]。一般来说，激活剂主要包括各种无机离子以及一些辅酶。比如透析过的唾液淀粉酶活性并不高，但是若加入适量的氯化钠，唾液淀粉酶的活力会大大增强，这个反应体系中氯化钠（确切为氯离子）为唾液淀粉酶的激活剂。另还有用镁离子激活磷酸葡萄糖激酶、肠激酶激活胰蛋白酶原等。

当然一些酶在某物质的作用下，也会出现酶活性降低甚至丧失，这种作用称为酶的抑制作用，该物质称为酶的抑制剂。主要的抑制剂有各种无机离子、小分子有机物和蛋白质等。如，银、汞、铅等重金属离子对许多酶具有抑制作用，而抗坏血酸则可以抑制蔗糖酶活性。

（二）发展素养

"影响酶活性的条件"实验是2007年版人教版高中生物教材（以下简称实验教材）必修1第5章第1节的内容，在2019年版人教版高中生物学教材（以下简称新教材）中属于必修1第5章"细胞的能量供应和利用"第1节"降低化学反应活化能的酶"的内容。与实验教材相比，新教材调整了知识背景使其条理更加清晰。本实验虽不是教材的第一个实验，却是第一个没有明确给出详细操作步骤的实验，是发展科学探究素养的良好契机。学生亲自获得酶的活性受外界条件影响的实验证据，从而深刻理解"酶的作用条件温和"的科学概念。在设计实验的过程中，能够发展学生的控制变量思维。具体而言，本实验对发展学生生物学学科核心素养的作用如下：

通过本节第一部分的学习，学生了解了酶的本质，建立了"酶是活细

[1] 袁勤生．现代酶学[M]．上海：华东理工大学出版社，2001：48.

[2] 桂兴芬，石渊渊，安玉会，等．生物化学[M]．郑州：河南医科大学出版社，2000：67.

胞产生的具有催化作用的有机物，其中绝大部分酶是蛋白质”的科学概念，并知道了“酶的高效性”和“酶的专一性”这两个基本特性，这两个基本特性都是通过与无机催化剂的对比以及实验得出来的。学生在初中就学习过无机催化剂的相关知识，知道许多无机催化剂都能在高温、高压、强碱、强酸的条件下催化反应，学生能够从实验的结论构建“酶的作用条件温和”的概念，从而发现无机催化剂与酶的区别，完善对酶的认识，进而发展“结构与功能相适应”“生命具有多样性和复杂性”的生命观念。

学习本实验能够帮助学生发展科学探究素养，培养学生的观察能力、分析问题和解决问题的能力以及实验操作能力，提高学生收集资料的能力和语言表达能力，有助于培养学生的自主、探究、创新、合作的精神和实事求是的科学态度，进一步明确科学探究的一般过程，激发学生对生物学的兴趣，提高生物学学科核心素养。

（三）研究综述

针对本实验，诸多学者提出了关于实验材料、实验设计、实验结果检测的改进与创新建议。

（1）对实验材料进行了创新和优化。

朱小碗等[1]提出应使用分析纯可溶性淀粉，并将配制好的 3% 淀粉液煮沸使其充分溶解后再使用。

李非非等[2]认为动物肝脏存在容易变质和携带病菌等问题，建议使用植物材料代替，并通过实验得出红薯（地瓜）中的过氧化氢酶含量更高的结论。

（2）用过氧化氢探究温度对酶活性的影响，用淀粉酶探究 pH 对酶活性的影响。

钟燕[3]设计了用淀粉酶探究 pH 对酶活性的影响的实验方案。具体操

[1] 朱小碗，黄淑峰 .“探究影响酶活性的条件”实验中的几项注意点 [J]. 生物学通报，2011，46（7）：57-58.

[2] 李非非，杨金石 .pH 对酶活性的影响实验的探索与改进 [J]. 教学仪器与实验，2014，30（7）：35-36.

[3] 钟燕 .“影响酶活性的条件”探究实验的常见错误与改进 [J]. 生物学教学，2011，36（10）：33-34.

作如下：首先制作含可溶性淀粉的培养基；用滤纸制作大小相同的正方形纸片 3 张，分别浸泡在经过酸碱和蒸馏水处理的淀粉酶中 1 min，将 3 张正方形滤纸片平放在培养基表面，注意拉开一定距离；将放有滤纸片的培养基放进 60 ℃培养箱 5 min；取出滤纸片，加入与质量分数为 5% 的 HCl 混合的碘液，没过整个培养基；进而观察实验现象。

黄志刚[1]设计了用过氧化氢酶探究温度对酶活性的影响的创新方案，如表 4-16。

表 4–16

<table>
<tr><td rowspan="3">项目</td><td colspan="8">组别</td></tr>
<tr><td>1</td><td>1′</td><td>2</td><td>2′</td><td>3</td><td>3′</td><td>4</td><td>4′</td></tr>
<tr><td>新鲜肝脏研磨液</td><td>过氧化氢溶液（2 mL）</td><td>新鲜肝脏研磨液</td><td>过氧化氢溶液（2 mL）</td><td>新鲜肝脏研磨液</td><td>过氧化氢溶液（2 mL）</td><td>新鲜肝脏研磨液</td><td>过氧化氢溶液（2 mL）</td></tr>
<tr><td>肝脏研磨液保湿温度（5 mim）</td><td>0 ℃</td><td></td><td>0 ℃</td><td></td><td>37 ℃</td><td></td><td>100 ℃</td><td></td></tr>
<tr><td>过氧化氢保湿温度（5 mim）</td><td></td><td>0 ℃</td><td></td><td>37 ℃</td><td></td><td>37 ℃</td><td></td><td>37 ℃</td></tr>
<tr><td>1′、2′、3′、4′滴加等量肝脏研磨液后的保湿温度</td><td colspan="2">0 ℃</td><td colspan="2">37 ℃</td><td colspan="2">37 ℃</td><td colspan="2">37 ℃</td></tr>
<tr><td>观察现象</td><td colspan="2">气泡不明显</td><td colspan="2">起初不明显，后期明显</td><td colspan="2">气泡明显</td><td colspan="2">气泡不明显</td></tr>
</table>

[1] 黄志刚 . 关于“影响酶活性的条件”实验的设计、改进及探讨 [J]. 中学生物教学，2016（5）：31-34.

（3）对实验过程进行了改进，增强了实验的严谨性和可操作性。

钟燕[1]认为在“用过氧化氢酶探究 pH 对酶活性的影响”实验中，应排除酸或碱对过氧化氢分解速率的影响，并采用交叉均衡法增设了对照实验。

黄志刚[2]发现在“用淀粉酶探究温度对酶活性的影响”实验中，高温处理组在高温（100 ℃）情况下滴加碘液不变蓝色，不能检测出淀粉的分解情况，故应放置到常温再滴加碘液作为对照组。

（4）对实验结果检测的方法进行了优化。

王晨[3]组装了新的实验装置，利用 U 形气压计检测氧气的生成量，间接测量酶的活性。

（5）探究影响酶活性的其他条件。

殷亚妮等[4]以氯化钠、硫酸铜、硫酸钠为主要试剂，设计了探究“激活剂和抑制剂对酶活性的影响”的实验。

综上所述，由于教材没有具体的实验方案，所以多数学者的研究集中在实验方案的设计上，包括实验材料的选择、温度和 pH 的设定、实验步骤的设置、实验结果的检测等。在此基础上，还进一步探究定量实验和其他因素对酶活性的影响。

（四）实验优化

（1）实验材料的选择。

在条件允许的情况下，可选择使用分析纯可溶性淀粉作为实验材料。一方面分析纯可溶性淀粉中含有较多能遇碘变蓝的直链淀粉分子；另一方面分析纯可溶性淀粉可以充分溶解，避免部分淀粉沉淀影响淀粉液的浓度以保证在经不同温度处理后的淀粉液中所含能遇碘变蓝的直链淀粉量基本

---

[1] 钟燕.“影响酶活性的条件”探究实验的常见错误与改进 [J]. 生物学教学，2011，36（10）：33-34.

[2] 黄志刚.关于“影响酶活性的条件”实验的设计、改进及探讨 [J]. 中学生物教学，2016（5）：31-34.

[3] 王晨.“探究 pH 对酶活性的影响”的创新设计 [J]. 生物学通报，2016，51（7）：52-53，64.

[4] 殷亚妮，吉祖筠.激活剂和抑制剂对酶活性的影响 [J]. 中学生物教学，2013（9）：50-52.

相同。

提取唾液淀粉酶作为实验材料。实验者先将痰咳尽，用白开水漱口，清除口腔内食物残渣；再含蒸馏水约 15 mL，做咀嚼咕漱运动，3 min 后吐入垫有两层经润湿处理的脱脂纱布的漏斗内；过滤气泡及食物残渣后置于小烧杯中备用[1]。

探究 pH 对酶活性的影响时一般不选用淀粉酶催化淀粉的水解作为反应体系，因为在检测淀粉的水解程度时，如果使用碘液来检测未水解的淀粉含量，碱性条件下的碘单质会与氢氧化钠反应生成碘酸钠和碘化钠[2]而不能与淀粉结合形成蓝色的配合物。如果用斐林试剂来检测淀粉的水解产物，一方面斐林试剂本身呈碱性，加入斐林试剂后对实验原来设定的 pH 产生明显的干扰；另一方面在调节酸性环境时所加入的盐酸会与斐林试剂中的碱反应而影响砖红色沉淀的生成，使实验结果产生严重的偏差[3]。

探究温度对酶活性的影响时一般不能选用过氧化氢作为反应底物，因为其分解速率受温度影响。

（2）温度和 pH 的设置。

在探究温度对酶活性的影响时，设定的温度与所选的酶的种类有关。一般选择低温、适温、高温三个温度值。低温的温度值一般设定为 0 ℃；适温的温度值与酶的种类有关，例如，若使用唾液淀粉酶，温度设定为 37 ℃效果更好；当高温的温度值设定过高时，会破坏直链淀粉分子的螺旋结构，碘单质不再与其结合形成蓝色的配合物，故在检测淀粉的水解程度时，可以待每组试管都冷却至 0 ℃后再滴加碘液，或者将反应温度控制在 70 ℃以下[4]。

---

[1] 陈电容 . 生物化学与生化药品 [M]. 郑州：郑州大学出版社，2004：28.

[2] 王雯斌，解金辉 .“不同 pH 对酶活性的影响”实验方法的讨论及改进 [J]. 中学生物教学，2008（6）：50.

[3] 吴举宏 . 关于“pH 对酶活性的影响”3 种实验方案的比较分析 [J]. 生物学通报，2008，43（5）：43-44.

[4] 戴圣吉，吴敏 .“影响酶活性的条件”的教学反思与再探究 [J]. 中学生物教学，2013（6）：57-59.

在探究 pH 对酶活性的影响时，可选择酸性（pH=6）、中性（pH=7）、碱性（pH=8）三种 pH 缓冲液。

（3）实验结果的检测。

用碘液检测淀粉的水解程度时需注意：高温会抑制淀粉与碘液的结合，所以应该对高温组进行冷却，再滴加碘液鉴定。

检测氧气生成量时，除了观察卫生香的复燃情况和气泡的生成量，还可以使用 U 形压力计等装置（如图 4-24），确保检测结果的准确性。

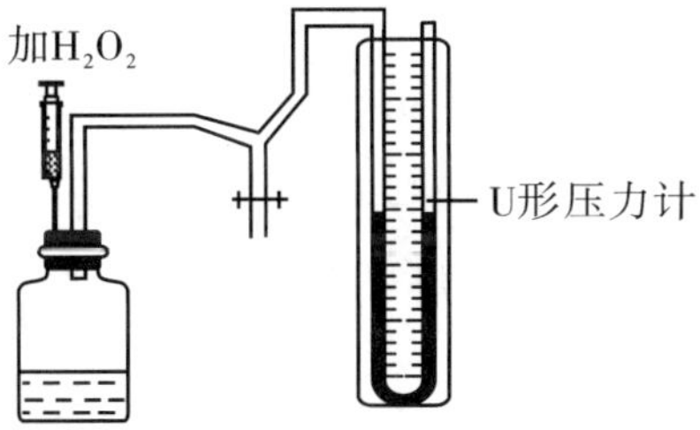

图 4-24　用 U 形压力计检测氧气生成量

（五）教学组织

1. 关于导入的建议

学生在初中阶段就学习过无机催化剂，对其较为熟悉，酶与无机催化剂都能加快化学反应的速率，无论是“酶的高效性”还是“酶的专一性”都与无机催化剂进行了对比。在学习“酶的作用条件”时，亦可以此为切入点：许多无机催化剂能在高温、高压、强酸或强碱的条件下催化化学反应，酶对化学反应的条件有什么要求呢？从而导入新课。

酶是人体内重要的物质，在生产生活中被广泛使用，教师可展示相关资料，如人体内不同消化液的 pH 不同、加酶洗衣粉的包装上明确说明需在温水条件下使用等，让学生根据资料进行分析，提出有价值的问题，展开相关探究。

2. 关于实验方案设计的建议

在教材中，该实验并没有列出具体的实验方案，需要学生以小组为单位进行实验设计。

建议教师在课堂上将教材中列出的实验材料呈现给学生，设置问题串，并辅以适当的提示，引导学生进行实验方案的设计。

问题一：选择哪种酶进行探究？

根据提供的材料，小组自主选择用哪种酶探究温度对酶活性的影响，用哪种酶探究 pH 对酶活性的影响。这样会产生四种结果：用淀粉酶探究温度对酶活性的影响，用淀粉酶探究 pH 对酶活性的影响，用过氧化氢酶探究温度对酶活性的影响，用过氧化氢酶探究 pH 对酶活性的影响。

问题二：实验的自变量和因变量是什么？如何对因变量进行检测？

各小组根据已确定的实验目的，列出自变量和因变量以及因变量的检测方法。通过之前的学习，学生已经知道过氧化氢在高温条件下会分解，于是在讨论该问题时，学生将认识到不能用过氧化氢酶探究温度对酶活性的影响。

当以淀粉酶为实验材料时，学生设计出的检测方法有两种：用碘液检测淀粉的分解和用斐林试剂检测还原糖的生成。由于在使用斐林试剂时需要加热，且斐林试剂呈碱性，学生可据此分析出不能用斐林试剂进行检测。

在这里教师给出提示：碱性条件下的碘单质会与氢氧化钠反应生成碘酸钠和碘化钠。学生就会知道不能用淀粉酶探究 pH 对酶活性的影响。

在以上分析的基础上，学生将明确：用淀粉酶探究温度对酶活性的影响，自变量为温度，因变量为淀粉的分解情况，对因变量的检测用碘液；用过氧化氢酶探究 pH 对酶活性的影响，自变量为 pH，因变量为过氧化氢的分解情况，用气泡的生成情况或卫生香复燃情况检测因变量。

问题三：如何设定温度和 pH？

引导学生根据小组做出的假设设定温度和 pH。并将问题进行延伸：如何调节温度和 pH？怎样排除其他因素的干扰？

3. 关于拓展探究的建议

在条件允许的情况下，可引导学生进行拓展探究，如探究激活剂和抑制剂对酶活性的影响，探究某种酶的最适温度和 pH 等。

（六）过程及评价

1. 操作过程性评价

表 4–17　“用淀粉酶探究温度对酶活性的影响”评价体系

<table>
<tr><th>项目</th><th colspan="2">操作要点及评价指标</th><th>结果</th><th>评价</th></tr>
<tr><td rowspan="6">实验操作</td><td>（1）分组编号</td><td>取六支洁净的试管，分别编号 1、1′、2、2′、3、3′</td><td></td><td></td></tr>
<tr><td>（2）添加试剂</td><td>向 1、2、3 号三支试管中分别加入 2 mL 淀粉溶液，向 1′、2′、3′号三支试管中分别加入 2 mL 淀粉酶溶液，按照序号依次放置在试管架上</td><td></td><td></td></tr>
<tr><td>（3）设置不同温度条件</td><td>将 1、1′号两支试管放入冰水中，将 2、2′号两支试管放入 60 ℃的恒温水浴中，将 3、3′号两支试管放入 95 ℃的恒温水浴中；保温 5 min</td><td></td><td></td></tr>
<tr><td>（4）将相同温度下的溶液混合</td><td>将 1′号试管中的淀粉酶加入 1 号试管，将 2′号试管中的淀粉酶加入 2 号试管，将 3′号试管中的淀粉酶加入 3 号试管；轻轻振荡使试管内溶液混匀</td><td></td><td></td></tr>
<tr><td>（5）相应温度保温</td><td>将 1、2、3 号试管分别放回冰水、60 ℃温水、热水中，保温 5 min</td><td></td><td></td></tr>
<tr><td>（6）加碘液鉴定</td><td>分别向 1、2、3 号三支试管中滴加 2 滴碘液，轻轻振荡后，观察各试管中溶液的颜色变化</td><td></td><td></td></tr>
<tr><td>分析与讨论</td><td colspan="2">（1）1 号试管中溶液____________，说明冰水中，淀粉酶催化淀粉水解的速率____________。
（2）2 号试管中溶液____________，说明 60 ℃温水中，淀粉酶催化淀粉水解的速率____________。
（3）3 号试管中溶液____________，说明 95 ℃热水中，淀粉酶催化淀粉水解的速率____________</td><td></td><td></td></tr>
</table>

续表

项目	操作要点及评价指标	结果	评价
实验结论	通过对实验结果的分析与讨论，可以得出以下结论：酶的活性受__________的影响，__________都会使酶的活性下降		
评价等第			

注：操作过程性评价等第分为优秀（100～90分）、良好（89～80分）、合格（79～60分）与不合格（＜60分）四个等第。实验操作不合格者，按规定需重新测试。

表 4–18　“用过氧化氢酶探究 pH 对酶活性的影响”评价体系

项目	操作要点及评价指标		结果	评价
实验操作	（1）分组编号	取三支洁净的试管，分别编号 1、2、3		
	（2）添加试剂	向三支试管中分别加入 1 mL 新鲜肝脏研磨液		
	（3）调节 pH	向三支试管中分别加入 2 mL 盐酸溶液、蒸馏水、NaOH 溶液，轻轻振荡后，按照序号依次放置在试管架上，静置 5 min		
	（4）加过氧化氢溶液	向三支试管中分别加入 2 mL 过氧化氢溶液，轻轻振荡后，观察、记录三支试管产生气泡的情况		
分析与讨论	（1）选择新鲜肝脏研磨液为实验材料的原因是__________________。 （2）1 号和 3 号试管中气泡的产生量__________，说明盐酸和 NaOH 溶液__________了过氧化氢酶的活性。 （3）2 号试管中气泡的产生量__________，说明过氧化氢酶的活性__________			
实验结论	通过对实验结果的分析与讨论，可以得出以下结论：酶的活性受__________的影响，__________都会使酶的活性下降			
评价等第				

注：操作过程性评价等第分为优秀（100～90分）、良好（89～80分）、合格（79～60分）与不合格（＜60分）四个等第。实验操作不合格者，按规定需重新测试。

2. 试题评价示例

（1）将发芽后的玉米种子研磨成匀浆，过滤，得到提取液，并按表4-19 步骤操作。

表 4–19

项目	步骤	①	②	③	④
	操作	加入淀粉液	加入提取液	水浴温度	水浴时间
甲		2 mL	2 mL	20 ℃	30 min
乙		2 mL	2 mL	40 ℃	30 min
丙		2 mL	2 mL	100 ℃	30 min

经上述处理后，各试管分别加入斐林试剂 1 mL，并置于 50 ～ 65 ℃水浴 2 min，试管中液体呈砖红色且颜色由浅到深依次是（　　）。

A. 甲、乙、丙　B. 乙、甲、丙　C. 丙、甲、乙　D. 丙、乙、甲

（2）某同学在研究化合物 P 对淀粉酶活性的影响时，得到如图 4-25 所示的实验结果。下列叙述不正确的是（　　）。

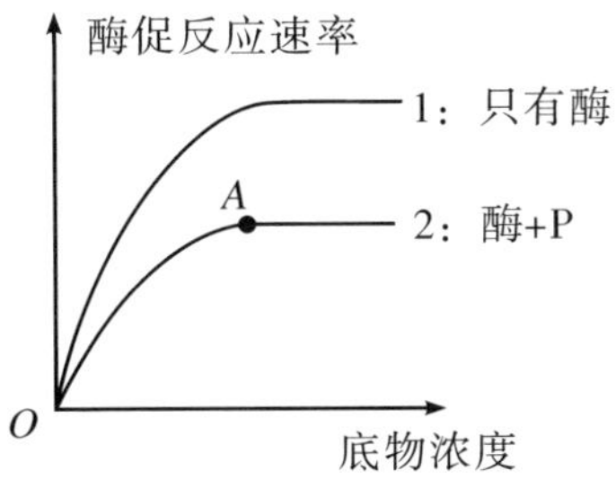

图 4-25

A. 在一定范围内，底物浓度影响着酶促反应速率

B. 曲线 1 作为实验对照

C. P 对该酶的活性有抑制作用

D. 若反应温度不断升高，则 *A* 点持续上移

（3）表 4-20 是有关淀粉酶的实验，请根据实验结果回答下列问题。

表 4–20　不同条件下淀粉酶的实验结果

试管编号	加入物质		温度	试剂	实验现象
1	可溶性淀粉溶液 2 mL	清水 2 mL	37 ℃左右	碘液	变蓝
2	可溶性淀粉溶液 2 mL	稀释的唾液 2 mL	0 ℃	碘液	变蓝
3	可溶性淀粉溶液 2 mL	稀释的唾液 2 mL	37 ℃左右	碘液	不变蓝
4	可溶性淀粉溶液 2 mL	稀释的唾液 2 mL	100 ℃	碘液	变蓝
5	可溶性淀粉溶液 2 mL	加 2 ～ 3 滴 2% 盐酸的稀释唾液 2 mL	37 ℃左右	碘液	变蓝
6	蛋白质溶液 2 mL	稀释的唾液 2 mL	37 ℃左右	碘液	无变化

注：人的唾液中含有淀粉酶，各试管保温时间相同。

①1 号试管和 3 号试管实验结果相对照说明____________________。

②2 号、4 号试管与 3 号试管实验结果相对照说明______________。

③5 号试管与 3 号试管实验结果相对照说明____________________。

④当 2 号和 4 号试管的温度条件重新设定为 37 ℃时，酶活性可恢复的为__________号试管。

参考答案

1. 操作过程性评价

用淀粉酶探究温度对酶活性的影响

分析与讨论：（1）变蓝　慢　（2）不变蓝　快　（3）变蓝　慢

实验结论：温度　温度过高或温度过低

用过氧化氢酶探究 pH 对酶活性的影响

分析与讨论：（1）过氧化氢酶普遍存在于动物肝脏中，新鲜肝脏细胞含过氧化氢酶多，活性强，研磨是为了使肝脏细胞中的过氧化氢酶释放出来　（2）较少　降低　（3）较多　高

实验结论：pH　pH 过高或过低

2. 试题评价示例

（1）C　（2）D　（3）①淀粉酶可以催化淀粉水解　②温度影响酶活性　③ pH 影响酶活性　④ 2

四、探究酵母菌细胞呼吸的方式

（一）实验原理

1. 酵母菌的呼吸方式

酵母菌有无氧呼吸和有氧呼吸两种呼吸方式，使其无论是在适宜环境还是在恶劣环境中都能生存。酵母菌在适宜的环境条件下能不断地吸收营养物质，按照自身代谢方式进行新陈代谢活动，在这一过程中酵母菌不断生长繁殖，种群得以繁衍延续。氧对酵母菌的生长和代谢途径至关重要。酵母菌是兼性厌氧菌，在无氧条件和有氧条件下都能够生长，但是在有氧环境中酵母菌分解糖类产生 ATP 的量远远多于无氧环境，可以为自身生长发育繁殖提供足够的能量，在环境状况适宜时酵母菌能快速生长繁殖。而在无氧环境中酵母菌分解糖类产生 ATP 的量较少，代谢较为缓慢，但是能维持生存状态，来适应和渡过恶劣的环境。酵母菌的细胞结构也会随着外界环境而改变来适应环境。在无氧条件下生长的酵母菌，细胞中的线粒体结构缺失退化，并形成嵴发育不良的线粒体原，通入氧气后便可以恢复。

2. 显色反应的检测原理及注意事项

（1）重铬酸钾检测酒精的实验原理。

乙醇与酸性重铬酸钾溶液反应原理：乙醇具有还原性，因此可以和酸性重铬酸钾发生氧化还原反应。反应式如下[1]：$2(Cr_2O_7)^{2-}+3CH_3CH_2OH+$

[1] 吴建华，王雪．“探究酵母菌细胞呼吸的方式”实验的问题探讨 [J]. 生物学通报，2014，49（2）：51-53.

$16H^{+}$ ══ $4Cr^{3+}$+$3CH_3COOH$+$11H_2O$。在这个氧化还原反应中，六价铬（Cr^{6+}）被还原成三价铬（Cr^{3+}），溶液的颜色由橙红色转变为绿色或灰绿色。乙醇与酸性重铬酸钾反应后的产物为 CH_3COOH、H_2O 和 Cr^{3+}，乙酸是无色的，因此反应后溶液颜色的变化主要取决于铬离子的存在形式，利用上述颜色变化可将酸性重铬酸钾溶液用于检测乙醇。

注意事项：

第一，在实验操作中，发现溶液往往会有其他颜色出现。比如实验开始时溶液颜色为绿色，后来变成蓝色。这是由于 Cr^{3+} 水解（生成灰蓝色的 $Cr(OH)_3$）进一步加强的原因[1]。研究表明，溶液的 pH 不同，铬离子存在的形式也不同。

第二，整个反应体系要在酸性条件下利用上述反应检测乙醇，除以上氧化反应外，重铬酸钾（$K_2Cr_2O_7$）的水溶液与浓硫酸的配制过程中还发生了如下反应：$K_2Cr_2O_7+H_2SO_4$ ══ $K_2SO_4+2CrO_3+H_2O$，其中的三氧化铬与水反应生成铬酸（CrO_3+H_2O ══ H_2CrO_4）。铬酸（H_2CrO_4）中的六价铬离子也是一种强氧化剂，可以与 H^+ 发生如下反应：CrO_4^{2-}+$8H^+$+$3e^-$ ══ Cr^{3+}+$4H_2O$，从该反应可以看出负二价的铬酸根与 H^+ 反应生成灰绿色的 Cr^{3+}。配制酸性重铬酸钾溶液时浓硫酸与重铬酸钾的配比对实验结果有很大影响，从实验中各溶液的用量和反应溶液的颜色渐变程度来看，在教学中可以选取 90% 的浓硫酸和 2% 的重铬酸钾溶液，以体积比为 1∶1 的比例配制所得的酸性重铬酸钾溶液，实验效果最为明显，更适合学生探究。

第三，实验会产生假阳性。在探究酵母菌细胞呼吸的方式实验中，通常会配制酵母菌-葡萄糖溶液，即选择葡萄糖作为酵母菌呼吸反应的底物，验证在有氧条件和无氧条件下是否有酒精产生时，会分别取适量有氧条件下反应后的酵母菌培养液滤液和无氧条件下反应后的酵母菌培养液滤液，然后向滤液中分别加入酸性重铬酸钾溶液。预期实验效果：有氧条件下反应后滤液无灰绿色现象；无氧条件下因为有乙醇产生，反应滤液变为灰绿

---

[1] 李俊生．乙醇与酸性重铬酸钾溶液反应变色问题的研究 [J]. 中学化学，2014（6）：22-24.

色。但是有时实验结果出现两者都变为灰绿色的情况。有氧条件下滤液会变为灰绿色的原因如下：①在制造有氧条件时，氧气通入量不足，酵母菌进行了无氧呼吸，产生了乙醇，因而与酸性重铬酸钾反应溶液变为灰绿色。②重铬酸钾在酸性条件下表现出强氧化性，而葡萄糖是还原性糖，具有还原性，所以葡萄糖也会与酸性重铬酸钾溶液反应，将橙红色的六价铬（Cr^{6+}）还原成三价铬（Cr^{3+}），因而溶液会变为灰绿色，呈现假阳性[1]。虽然在无氧条件下实验一般能达到预期效果，即溶液变为灰绿色，但是要排除葡萄糖的干扰。在实验时应注意：在有氧条件下及时通入足量氧气，避免酵母菌进行无氧呼吸；用酸性重铬酸钾验证有无乙醇产生时要排除葡萄糖的干扰。

（2）利用澄清石灰水检测二氧化碳的实验原理。

酵母菌在有氧条件下和无氧条件下均能进行呼吸产生气体，将该气体通入饱和的澄清石灰水中会发现澄清石灰水变浑浊，即可证明该呼吸产物为二氧化碳[2]。

注意事项：向澄清石灰水持续通入二氧化碳时，有时能看到由浑浊变澄清的现象。造成“浊变清”假象的反应方程式为：$CaCO_3+CO_2+H_2O = Ca(HCO_3)_2$，这是因为通入的过量的二氧化碳与碳酸钙和水反应生成了可溶的碳酸氢钙。原因可能是石灰水配制太久，取出的清液已经不是饱和石灰水，所以这个演示实验存在着失真因素，容易造成“浊变清”的假象。若向新配制的饱和的澄清石灰水中通入过量的二氧化碳，很难观察到澄清石灰水“浊变清”现象。因为反应生成的碳酸钙继续与二氧化碳反应生成可溶性碳酸氢钙要消耗一定量的水，而溶液中水不足不能使碳酸钙完全转化为碳酸氢钙，且常温下碳酸氢钙溶解度不大，故不能看到“浑浊”完全变“澄清”的现象。

要想看到较明显的“浊变清”现象，石灰水应适当稀释，体积比在 1∶2

[1] 闫计春 .“探究酵母菌细胞呼吸方式”的实验探讨 [J]. 生物学通报，2013，48（9）：52-54，63.

[2] 吴文中 . 澄清石灰水与二氧化碳的作用机理和实验探究 [J]. 化学教学，2017（8）：50-54.

到 1∶3 为宜（溶解度，反应平衡问题）。只有澄清石灰水浓度小于或等于 9.75×10^{-3} mol/L（近似为 0.01 mol/L）、通入的二氧化碳的量为氢氧化钙的 5.5 倍且保持外界二氧化碳分压为 1.01×10^{5} Pa 时，才能看到溶液先变浑浊后变澄清。

（3）利用溴麝香草酚蓝溶液鉴定二氧化碳的实验原理。

利用溴麝香草酚蓝溶液来鉴定二氧化碳时，溶液由蓝色变成绿色再变成黄色。当溶液中 pH 值大于 7.6 时，溶液呈蓝色；当 pH 值处于 6.0 ～ 7.6 时，溶液呈绿色；当 pH 值小于 6.0 时，溶液呈黄色。溴麝香草酚蓝（BTB）是一元有机弱酸，可用 HIn 表示，其中，H 代表氢元素，In 是单词 Indicator（指示剂）的缩写。BTB 有酸型（HIn）和碱型（In^-）两种形态，在酸性溶液里，HIn 分子是其存在的主要形式，使溶液呈黄色；在碱性溶液里，In^-是其存在的主要形式，故溶液呈蓝色。

在“探究酵母菌细胞呼吸的方式”的实验中，将产生的二氧化碳通入 BTB 溶液中，会生成碳酸（$CO_2+H_2O = H_2CO_3$），碳酸进一步解离产生 H^+，使溶液 pH 值降低，并有以下反应：$H^++In^- = HIn$，溶液中 HIn 分子逐渐取代 In^-成为主要的存在形式，因此溶液颜色由蓝变绿再变黄。

（二）发展素养

“探究酵母菌细胞呼吸的方式”实验是 2007 年版人教版高中生物教材（以下简称实验教材）必修 1 第 5 章第 3 节（旧称“ATP 的主要来源——细胞呼吸”)的内容，在 2019 年版人教版高中生物学教材（以下简称新教材）中属于必修 1 第 5 章“细胞的能量供应和利用”中第 3 节“细胞呼吸的原理和应用”中的内容。与实验教材相比，新教材增加了测 CO_2 含量的新途径，在检测酒精的产生这一步增加了排除葡萄糖干扰的建议。本实验有助于提升学生对于科学探究的理解，掌握探究实验中的变量控制方法。通过实验得出的结论有助于学生了解酵母菌作为单细胞生物进行细胞呼吸的方式，认识有氧呼吸和无氧呼吸的条件和生成产物，主动建构细胞呼吸的知识与概念，为后续细胞呼吸原理的学习奠定基础。运用传感器等仪器开展“探究酵母菌细胞呼吸的方式”的定量实验，有助于学生形成定性向定量发展的科学思维方法。根据实验数据建构“酵母菌在不同条件下的呼吸方式”

的模型，有助于学生理解细胞呼吸的本质和机理。具体而言，本实验对发展学生生物学学科核心素养的作用如下：

通过初中阶段的学习，学生已经知道酵母菌的呼吸作用会产生二氧化碳和酒精，呼吸作用是细胞内有机物氧化分解的过程，但是对细胞呼吸是否需要氧气以及不同气体条件下产物是否存在区别并不清楚。通过高中阶段的学习，学生对细胞的微观结构有所了解，具备了细胞能源物质和直接能源物质 ATP 的相关知识，明确了 ATP 可以由细胞呼吸产生。细胞呼吸是细胞和机体能量供应最主要的方式，是细胞和机体生命活动的重要形式；但细胞呼吸是一个抽象的化学反应，学生对有机物氧化分解的具体过程并不清楚，对其条件也不清楚，理解起来有一定的难度。通过本实验，学生能更好地深入理解细胞呼吸的概念和类型。酵母菌是一种单细胞真菌，在有氧和无氧的条件下都能生存，属于兼性厌氧菌，因此可以用来研究细胞呼吸的不同方式。学生在此之前已经初步了解了探究实验的流程和对照实验设计原则，通过对酵母菌细胞呼吸方式的探究，学生可以从中获得直接经验，加深对细胞呼吸的理解，培养主动参与、乐于探究、勤于思考的学习习惯，提升科学实验能力。本实验还可以使学生认识有氧呼吸和无氧呼吸的区别，为后面学习有氧呼吸和无氧呼吸的原理和过程打下坚实的基础。除此之外，本实验也是掌握 2017 年版人教版生物选修 1 中果酒制作原理的基础性实验之一。

本实验在帮助学生理解探究实验中的变量及其控制方法方面具有重要的作用，有助于学生掌握单一变量与平行重复的实验思想方法。对照实验的设计、实验现象的观察、数据的分析与结论的得出也有助于发展学生的归纳与概括、模型与建模、批判性思维等科学思维能力。酵母菌在发面、酿酒等生活和工业方面的具体运用，有助于学生将所学知识运用于实际，基于科学立场讨论相关社会问题，并做出理性解释，培养社会责任感。

（三）研究综述

为使实验效果更加明显，很多学者对实验选材、实验方法进行了思考和改进，主要有以下几个方面：

（1）优化实验材料以达到更好的实验效果。

奚菲等[1]在干酵母制作过程中添加了山梨醇酐单硬脂酸酯（SMS），以保护酵母菌。

谢明桂[2]对酵母菌进行提前活化，有效地缩短了实验时间，减量、简化实验，实现了实验随堂化。

（2）改进实验装置。

谢明桂[3]建议使用注射器来严格控制氧气的有无。

刘翠丽[4]改用 250 mL 塑料瓶并充入 200 mL 纯氧气作为有氧条件的反应瓶；另取一个 250 mL 塑料瓶，用注射器抽空瓶中气体作为无氧条件的反应瓶。U 形玻璃管改由输液管连接。孟笑男[5]用便携式氧气瓶代替橡皮球或气泵间歇性通气 50 min。

（3）关于定量检测的改进。

奚菲等[6]利用二氧化碳传感器检测酵母菌在不同条件下产生二氧化碳总量的变化，进而分析整个过程中二氧化碳产生速率的变化；利用溶解氧传感器检测酵母菌对溶液中氧气的利用，并结合二氧化碳传感器所测的结果，引导学生思考酵母菌的细胞呼吸方式。

俞如旺等[7]利用分光光度计测定 OD 值来分别检测有氧呼吸和无氧呼吸所产生的二氧化碳的量，实现了科学探究从定性到定量的转变。

（4）改进二氧化碳和酒精的检测方式。

周有寿[8]建议把盛有澄清石灰水的检测瓶改为盛有紫色石蕊试剂的锥

---

[1] 奚菲，陶洁敏．“探究酵母菌细胞呼吸方式”数字化实验教学的探讨 [J]. 生物学通报，2017，52（6）：21-24.

[2] 谢明桂．“探究酵母菌细胞的呼吸方式”的实验创新 [J]. 生物学通报，2012，47（3）：56-58.

[3] 同 [2].

[4] 刘翠丽．探究酵母菌细胞呼吸的方式实验的改进 [J]. 实验教学与仪器，2018（S1）：43-44.

[5] 孟笑男．“探究酵母菌细胞呼吸的方式”实验的改进 [J]. 实验教学与仪器，2017，34（4）：26-27.

[6] 同 [1].

[7] 俞如旺，苏烨．“探究酵母菌细胞呼吸的方式”实验改进研究 [J]. 生物学教学，2013，38（5）：45-47.

[8] 周有寿．“探究酵母菌细胞呼吸的方式”实验有效性探究 [J]. 青海教育，2018（7）：46-47.

形瓶。二氧化碳使紫色石蕊试剂变成红色，其检测效果比澄清石灰水更佳。当温度为 20 ℃时，饱和的重铬酸钾溶液（质量分数为 12.3 g/100 mL）与浓硫酸体积比为 1∶1 时，可以取得检测酒精的实验预期效果。

（5）改进教学组织方式。

奚菲等[1]利用数字化实验设备，采用分组实验的方式高效完成“探究酵母菌细胞呼吸的方式”实验：用一个三通接头同时测定活化后的酵母菌在 27 ℃条件下，在盛有 10% 葡萄糖溶液的 100 mL 锥形瓶中二氧化碳的产生量和溶解氧的消耗量。

刘学等[2]以“探究酵母菌细胞呼吸的方式”实验课为例，采用以建构主义理论为基础的翻转课堂个性化教学模式，通过创设情境，改进实验材料，应用现代技术等培养学生对生物学探究实验的学习兴趣。

综上所述，教材中“探究酵母菌细胞呼吸的方式”这一实验，设计科学严谨、思路清晰。但是在实验教学中会发现，教材中的实验设计也存在一些待解决的问题。学者们所提出的实验改进建议大多聚焦在实验材料、实验装置的改进和产物检测的优化等方面。随着科技的不断进步，越来越多的现代科技仪器设备进入学校，化定性观察为定量检测是本实验的一个发展趋势，如定量计算酵母菌在有氧或无氧条件下进行细胞呼吸的速率。

（四）实验优化

（1）现实中难以获得新鲜食用酵母菌，食用酵母菌活性低以及培养液浓度较低致使反应时间过长（培养时间需 12 h 左右），学生难以在短时间内观察到效果。因此改用安琪干酵母粉（在干酵母生产过程中添加山梨醇酐单硬脂酸酯）作为菌种。实验前将酵母粉在 37 ℃左右的温水中以质量比为 1∶10 混合活化，制得酵母菌液。将酵母菌液置于恒温水浴锅或者恒温培养箱中培养；没有相关设备的可以将注射器置于盛有温水的烧杯中，隔一段时间，补充一定的热水，以保证水温在 37 ℃左右，能使细胞

[1] 奚菲，陶洁敏．“探究酵母菌细胞呼吸方式”数字化实验教学的探讨 [J]. 生物学通报，2017，52（6）：21-24.

[2] 刘学，黎江娃．“探究酵母菌细胞呼吸的方式”一节探究教学尝试 [J]. 生物学通报，2017，52（9）：26-28.

代谢处于旺盛状态，加快呼吸作用速率，缩短实验等待的时间。酵母菌液与质量分数为 20% 的葡萄糖溶液以体积比为 1∶1 混合制得酵母菌培养液。另外可用蔗糖溶液代替葡萄糖溶液培养酵母菌。

（2）有氧装置中，气体通入酵母菌培养液前用紫色石蕊试剂检测二氧化碳是否清除干净。在无氧装置中的酵母菌培养液表面覆一层油膜，以隔绝空气，防止空气中的氧气对实验结果的影响。并且用乳胶管代替玻璃管连接装置。或者直接采用 250 mL 塑料瓶并充入 200 mL 纯氧气作为有氧条件的反应瓶；另取一个 250 mL 塑料瓶，用注射器抽空瓶中气体作为无氧条件的反应瓶。U 形玻璃管改由输液管代替。

（3）酵母菌是一种兼性厌氧菌，在有氧条件下可进行有氧呼吸，在无氧条件下可进行无氧呼吸。利用血糖仪（GA-3 型）测定葡萄糖含量的原理是葡萄糖与含有葡糖糖酶和氰铁化物的试纸接触后产生一个小电流，电流由血糖仪测定，并显示相应数值，具有快速简便、操作简单、样品用量少的优点。受测葡萄糖浓度范围为 1.1 mmol/L ～ 33.3 mmol/L，测量误差在 ±20% 之内。因此可以用血糖仪精确地测量酵母菌培养液中葡萄糖的浓度，通过检测葡萄糖的浓度变化，定量计算出该反应条件下有氧或无氧呼吸的速率。利用二氧化碳传感器检测酵母菌在不同条件下产生二氧化碳总量的变化，进而分析整个过程中二氧化碳产生速率的变化；利用溶解氧传感器检测酵母菌对溶液中氧气的利用，并结合二氧化碳传感器所测的结果，或者利用分光光度计测定 OD 值来分别检测有氧呼吸和无氧呼吸所产生的二氧化碳的量，从而实现实验从定性到定量的转变。

（4）用碳酸氢盐指示剂检测溶液中的二氧化碳是否除干净。当二氧化碳含量小于 0.03% 时，碳酸氢盐指示剂呈紫色；当二氧化碳含量大于 0.03% 时，碳酸氢盐指示剂呈黄色；当二氧化碳含量等于 0.03% 时，碳酸氢盐指示剂呈红色。另外鉴于实验时间较短，产生气体的量不大，用澄清石灰水检测生成的气体不一定能观察到明显现象，建议选择更灵敏的溴麝香草酚蓝溶液对二氧化碳进行检测：可观察到溴麝香草酚蓝溶液由蓝色慢慢变绿色，最终变成黄色。或者改用盛有紫色石蕊试剂的锥形瓶进行检测：二氧化碳使紫色石蕊试剂变成红色，其检测效果比用澄清石灰水更好。另外由于葡萄糖也可与酸性重铬酸钾反应，使溶液变成灰绿色，因此对酒精的检测可选用酒精检测仪、酒精计等。

（5）考虑到教材中用气泵通气时需用质量分数为 10% 的 NaOH 溶液去除空气中的二氧化碳的方法操作烦琐，故而借助分液漏斗和集气瓶这套装置，利用过氧化锰催化过氧化氢制氧气，既可以为酵母菌细胞呼吸提供充足氧气，又省去除二氧化碳的实验装置（图 4-26）。

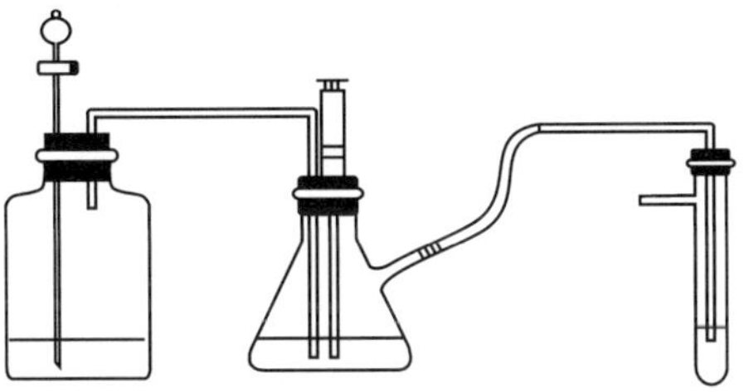

图 4-26　有氧呼吸测试装置

开展实验时增加氧气简易发生器（如图 4-27）直接为酵母菌提供纯氧，那么装置中出现的二氧化碳就一定是呼吸作用产生的。经过大量预实验发现：将 60 mL 的注射器作为氧气发生器效果最佳。在注射器的针口连上一段输液管，用连上输液管的注射器直接吸取 2 mL 体积分数为 10% 的过氧化氢溶液，清洗好输液管的一端后，再直接吸取无机催化剂氯化铁溶液 1 mL；轻轻晃动注射器，使两种液体充分混合，排出针筒内的气体；关闭调节器，针筒内开始制造并储存氧气。

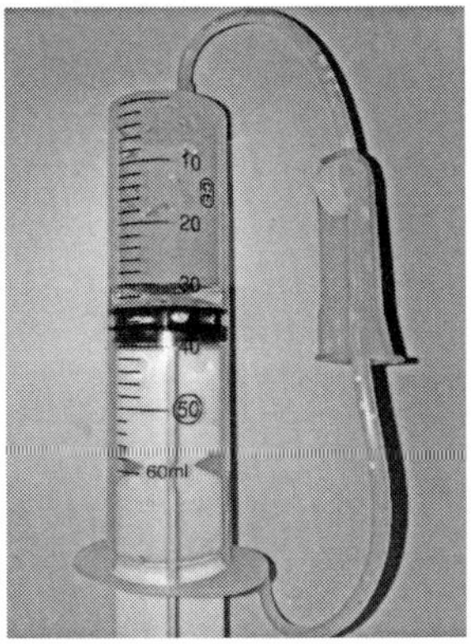

图 4-27　氧气发生器

教材中选用锥形瓶进行实验，不方便取酵母菌培养液进行酒精检测。用上嘴过滤瓶替代锥形瓶，并于瓶塞上安装 10 cm 长的针头（针头上安装软管接注射器）用于添加溶液和取样，而上嘴可作为二氧化碳排气管口（如图 4-28）。

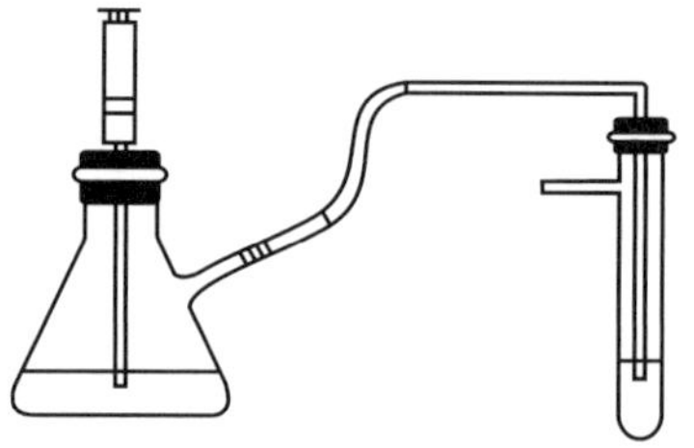

图 4-28　无氧呼吸测试装置

用 20 mL 注射器作为无氧呼吸的反应容器，注射器直接吸取配制好的酵母菌培养液 1 mL（注射器中若不慎吸入空气，可逆向排出）。然后将一定长度的输液管（约 10 cm）安装在针筒头上，密封针口，关闭调节器，隔绝空气，为酵母菌提供真正的无氧环境（如图 4-29）。

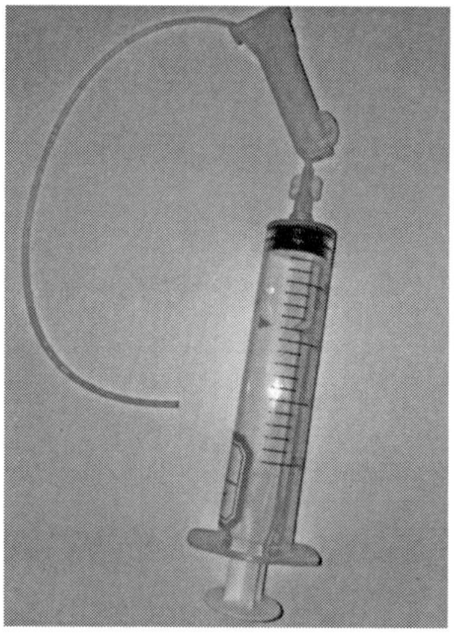

图 4-29　无氧呼吸装置

（五）教学组织

1. 关于课堂导入的建议

日常生活中熟悉的事物，更能激发学生的学习兴趣，提高学生的学习热情。教师可以将课前自制的葡萄酒带到班级让学生闻气味并观察其中产生的气泡；将从超市购买的几盒葡萄（夏黑品种）置于学生面前，让学生观察葡萄表面白色粉末状的酵母菌；让学生观察蓬松面包中的孔，并说明这是酵母菌细胞在呼吸过程中产生的气体遇热膨胀形成的。或者以江阴特产“黑杜酒”（简介黑杜酒的由来）和“马蹄酥”导入，引出与其相关的酵母菌。此外，本实验教学还可以采用旧知识导入，以期在建立起新旧知识联结、减少新课陌生感的基础上，激发学生对“细胞呼吸”的探讨。教师出示运动员在体育场上“生龙活虎”、在餐桌上“狼吞虎咽”的图片，设问“食物和能量有什么关系”。引导学生回顾糖类（主要能源物质）、ATP（运动时的直接能量供应来源）等知识，产生认知需求（糖类中的能量如何转移到 ATP 中），引出细胞呼吸的课题。

2. 关于实验过程中开展科学探究的建议

教师先让学生提出假设，有的学生参考教材上的说法提出以下假设：酵母菌在有氧条件下能进行细胞呼吸，在无氧条件下也能进行细胞呼吸。教师紧接着追问学生是否还有其他假设，目的是让学生理解假设可以与结果一致也可以不一致，不同的人可能有不同的假设，且只有实验才是验证假设的唯一方法。通过分析教材实验装置的原理及缺陷，引申到本节课装置的选择和组装及其优势的介绍。通过对装置的分析掌握该实验的基本原理及装置连接要点，为后续实验操作奠定基础。同时观察实验装置（如图 4-30 所示）并且回答下列问题：①各锥形瓶中的溶液在实验中的作用分别是什么？②酵母菌培养液是如何配制的？作用是什么？③如何将上述装置连接起来进行无氧条件下的实验？④如何将上述装置连接起来进行有氧条件下的实验？⑤如何检测酵母菌呼吸过程中产生的二氧化碳与酒精？进一步追问：在探究有氧条件下的实验中，如何确保实验中通入酵母菌培养液的空气中没有二氧化碳？在探究无氧条件下的实验中，为什么要在装置密封一段时间后才能连通玻璃管？通过一系列提问引导学生自主探究。

图 4-30　探究酵母菌细胞呼吸实验相关实验装置

3. 关于现代技术的应用

在现今的智能时代，教师可以应用现代信息技术激发学生的兴趣，提高课堂效率。教师用手机随时对学生的实验现象进行拍照，组织互动与分享，借助网络 umu 互动学习平台，将图片传到网上，通过大屏幕同步展示探究实验的结果，这样每位学生都可观察到其他小组的实验现象。课堂反馈环节，学生通过移动终端扫描大屏幕的二维码参与互动，完成教师课前设置的调查问卷。课后学生将想法发布到 umu 网络互动平台，师生共同研讨，教学相长。

（六）过程及评价

1. 操作过程性评价

表 4–21　“探究酵母菌细胞呼吸的方式”评价体系

<table>
<tr><th>项目</th><th colspan="2">操作要点及评价指标</th><th>结果</th><th>评价</th></tr>
<tr><td rowspan="2">实验操作</td><td>（1）配制酵母菌培养液</td><td>取两个 500 mL 的锥形瓶，分别标记为 A、B。取 20 g 新鲜的食用酵母粉，分成两等份，分别投入两个锥形瓶中，再分别向瓶中注入 240 mL 葡萄糖溶液</td><td></td><td></td></tr>
<tr><td>（2）设计并连接实验装置</td><td>按下图分别连接两套实验装置。

B 瓶应封口放置一段时间后再连通盛有澄清石灰水的锥形瓶</td><td></td><td></td></tr>
</table>

续表

项目	操作要点及评价指标		结果	评价
实验操作	（3）处理并培养	连通橡皮球（或气泵），让空气间歇性地依次通过 3 个锥形瓶（约 50 min）。然后将实验装置放到 25 ～ 35 ℃的环境中培养 8 ～ 10 h		
	（4）检测 CO_2 的产生	观察哪套装置中的澄清石灰水先变浑浊，哪套装置中浑浊的程度更大。或使用二氧化碳传感器测定两套装置中相同时间内二氧化碳的产生量并进行比较		
	（5）检测酒精的产生	取 2 支干净的试管，标号 A、B。从 A、B 瓶中各取 2 mL 酵母菌培养液的滤液，对应注入 2 支试管中。向试管中分别滴加 0.5 mL 溶有 0.1 g 重铬酸钾的浓硫酸溶液并轻轻振荡。观察试管中溶液的颜色变化		
分析与讨论	（1）选择新鲜酵母菌的原因是______________。 （2）甲、乙两套装置的澄清石灰水，______________先变浑浊，______________浑浊的程度更大。这说明______________，______________呼吸释放的 CO_2 更多。 （3）A、B 两支试管中，______________的溶液颜色变为灰绿色，说明______________呼吸能产生酒精			
实验结论	通过对实验结果的分析与讨论，可以得出以下结论：酵母菌既能进行______________呼吸，产生______________；也能进行______________呼吸，产生______________。______________呼吸产生的 CO_2 更多			
评价等第				

注：操作过程性评价等第分为优秀（100 ～ 90 分）、良好（89 ～ 80 分）、合格（79 ～ 60 分）与不合格（＜ 60 分）四个等第。实验操作不合格者，按规定需重新测试。

2. 试题评价示例

（1）某生物实验小组为“探究酵母菌细胞呼吸的方式”设计了如图 4-31 所示的实验装置。实验中，先向气球中加入 10 mL 酵母菌培养液，再向气球中注入一定量的氧气，扎紧气球，置于装有 20 ℃温水的烧杯中，再将整个装置置于 20 ℃的恒温水浴中，记录实验开始 30 min 后烧杯中液面的变化。下列说法错误的是（　　）。

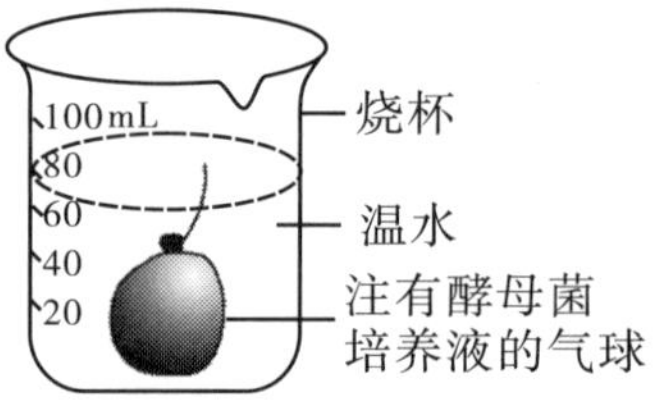

图 4-31

A. 还应设置一个气球中加入等量煮沸过的酵母菌培养液的相同装置作为对照

B. 若 30 min 后液面没有变化是因为酵母菌只进行了有氧呼吸

C. 若酵母菌进行了无氧呼吸，则液面应该下降

D. 该装置还可以用来“探究酵母菌细胞进行无氧呼吸的最适温度”

（2）某小组为研究脱气对酵母菌在培养初期产气量的影响，进行了甲、乙两组实验，实验装置如图 4-32 所示，除图中实验处理不同外，其余条件相同。一段时间内产生 CO_2 总量的变化趋势是（　　）。

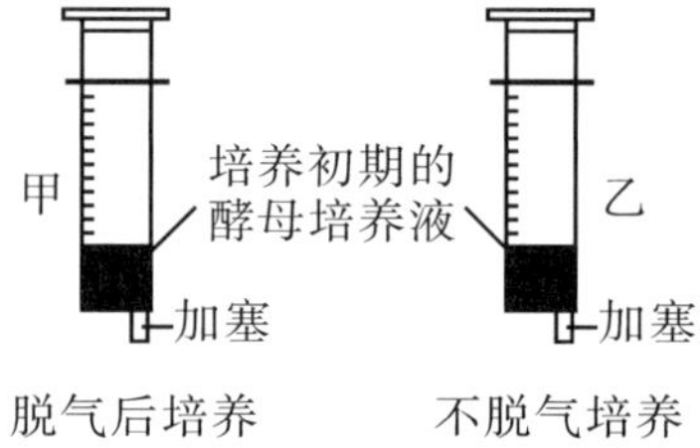

图 4-32

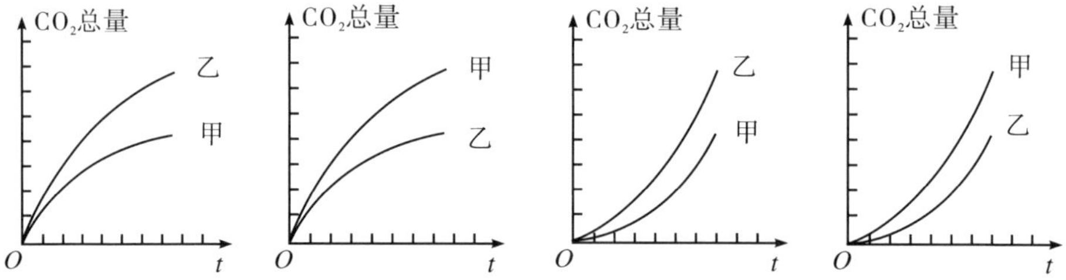

A　　B　　C　　D

（3）通过探究酵母菌细胞呼吸的方式，可以了解细胞呼吸的类型。阅读下列实验过程，回答有关问题。

材料用具：液状石蜡油、质量浓度为 0.1 g/mL 的葡萄糖溶液、酵母菌培养液、保温瓶、温度计、棉花等。

实验步骤：

①取 3 个保温瓶，分别编号为 A、B、C。

②向 A 瓶注入煮沸的质量浓度为 0.1 g/mL 的葡萄糖溶液 1 L；向 B、C 瓶各注入未经煮沸的质量浓度为 0.1 g/mL 的葡萄糖溶液 1 L。

③向 A、B 瓶中分别加入等量的酵母菌培养液，C 瓶中不加入酵母菌培养液。

④向 A 瓶中注入液状石蜡油。

⑤在 3 个保温瓶中分别放入温度计，用棉塞塞住瓶口以固定温度计，并保证保温瓶通气。

⑥ 24h 后观察并记录 3 个保温瓶的温度数据（如图 4-33 所示）。

图 4-33

分析讨论：

①将 A 瓶的葡萄糖溶液煮沸的目的是________________，为什么要等溶液冷却后再加入酵母菌？__________________。注入液状石蜡油的目的是什么？__________________________________。

②设置 C 瓶的目的是什么？________________________________。

③ A、B 两瓶的实验结果不同说明__________________________。倒掉液状石蜡油，可闻到 A 瓶中的液体有__________味，说明__________________________。

参考答案

1. 操作过程性评价

分析与讨论：（1）保证酵母菌的活性　（2）甲装置　甲装置　有氧呼吸比无氧呼吸产生 CO_2 的速率更快、更多　有氧　（3）B 试管　无氧

实验结论：有氧　CO_2　无氧　CO_2 和酒精　有氧

2. 试题评价示例

（1）C　（2）C　（3）①减少溶解氧的含量　防止溶液温度过高将酵母菌杀死　制造无氧环境　②作为对照实验　③酵母菌既能在有氧环境中进行有氧呼吸，又能在无氧环境中进行无氧呼吸　酒　酵母菌无氧呼吸产生了酒精

五、探究环境因素对光合作用强度的影响

（一）实验原理

光合速率主要受光照、CO_2、温度、水分、矿质营养等环境因子的影响 [1]。

1. 光照对叶片光合速率的影响

当光照达到某一强度时，叶片光合速率等于呼吸速率，即吸收的 CO_2 与释放的 CO_2 相等，此时表观光合速率为零，这时的光照强度称为光补偿点。生长在不同环境中的植物光补偿点不同，一般来说，阳生植物的光补偿点较高，阴生植物的光补偿点较低。在光补偿点以上的一定光照强度范围内，随着光照强度的增加光合速率迅速上升，在此范围内，光照强度是光合作用的主要限制因子。当超过一定光照强度时，光合速率增速减慢；达到某一光照强度，即光饱和点时，光合速率不再增加，表现出光饱和现象。出现光饱和现象可能是电子传递速率、CO_2 浓度、酶活性等因素限制了光合速率。

植物的光补偿点和光饱和点随环境条件变化而变化。当 CO_2 浓度增高时，光补偿点降低而光饱和点升高；温度升高时，光补偿点升高。植物

[1] 武维华 . 植物生理学 [M].2 版 . 北京：科学出版社，2008：182-187.

的光补偿点和光饱和点显示了植物叶片对强光和弱光的利用能力，代表了植物的需光特性。在选择栽培作物品种及选择间种、套作的作物以及林带树种搭配，决定作物的密植程度方面均有重要的参考价值。在农业生产上可考虑如何降低作物的光补偿点，提高作物的光饱和点，以最大限度地利用光能。

光合作用也与光质有关，不同波长光的光合量子效率不同。由于叶绿体色素的吸收高峰在红光和蓝紫光部分，所以在能量相等时，红光、蓝光效率高于黄绿光。

2. CO_2 浓度对叶片光合速率的影响

在 CO_2 的扩散途径中，主要的阻力在气孔，气孔的开度直接影响 CO_2 的进入量，进而制约着光合作用。大气中的 CO_2 浓度一般都不能满足植物光合作用的需求，所以在温度适宜、无风、光照较强的晴天，植物往往处于 CO_2 “饥饿”状态；随着 CO_2 浓度增加，光合速率增加，当植物光合作用吸收 CO_2 的量与呼吸作用释放 CO_2 的量达到动态平衡时，环境中的 CO_2 浓度叫 CO_2 补偿点。随着 CO_2 浓度进一步提高，植物的光合速率快速上升，但达到一定浓度时，光合速率不再增加，这时环境中的 CO_2 浓度称为该植物的 CO_2 饱和点。不同植物的 CO_2 补偿点和饱和点不同。

3. 温度对叶片光合速率的影响

光合作用过程是一系列酶促反应，温度是一个重要条件。温度主要影响酶活性，进而影响酶促反应；温度也影响叶绿体超微结构、气孔的开闭以及呼吸速率等。植物可以在一个较大的温度范围内进行光合作用，在一定范围内，随着温度变化，光合速率表现为单峰曲线，有光合作用的最适温度、最高温度和最低温度。温度对光合作用的影响多是通过影响酶促反应速率。温度低时，光合酶活性低，CO_2 同化减慢，淀粉和蔗糖的合成减少，对丙糖磷酸的需求量下降，进入叶绿体的无机磷酸减少，同化力减小。温度高时，由于呼吸作用的最适温度比光合作用的高，当光合作用速率不再升高时，呼吸作用速率继续升高而使净光合速率下降。同时，温度过高时，酶钝化，光合机构受损，导致光合速率迅速下降。昼夜温差大时，有利于净光合产物的积累，在温度较高的白天植物有较高的光合速率，而在温度较低的夜间时可减少呼吸消耗，因而积累更多的物质。

4. 水分对叶片光合速率的影响

缺水时叶片气孔开度减小，影响 CO_2 进入，光合作用的原料缺乏，光合速率下降。光合速率随缺水与恢复供水发生明显的下降与恢复。另外，水分缺乏时，一些水解酶活性提高，不利于糖的合成。缺水还影响细胞伸长、生长并抑制蛋白质合成，而使光合面积减小，限制了植物的光合作用。在缺水较严重时，光合机构受损，电子传递效率下降，光合磷酸化解偶联，影响同化力的形成。在严重缺水时，叶绿体片层结构受到破坏，叶片光合能力不能再恢复。

5. 矿质营养等环境因子对光合速率的影响

矿质营养直接或间接影响光合作用。N、P、S、Mg 是叶绿体结构中组成叶绿素、蛋白质和片层膜的成分；Cu、Fe 是电子传递体的重要成分；磷酸基团是 ATP、NADPH 以及碳还原循环中许多中间产物的成分；Mn 和 Cl 是光合放氧的必需因子；K 和 Ca 对气孔开闭和同化物运输具有调节作用。

（二）发展素养

“探究环境因素对光合作用强度的影响”实验是 2007 年版人教版高中生物教材（以下简称实验教材）必修 1 第 5 章第 4 节（旧称“能量之源——光与光合作用”）的内容（旧称“环境因素对光合作用强度的影响”），在 2019 年版人教版高中生物学教材（以下简称新教材）中属于必修 1 第 5 章“细胞的能量供应和利用”第 4 节“光合作用与能量转化”中的内容。与实验教材相比，新教材在材料用具上用 5W LED 台灯替换了 40W 台灯、增加了米尺、鼓励有条件的学校使用化学传感器，在步骤 1 中将叶圆片的直径改为 0.6 cm，在步骤 4 中建议用 $NaHCO_3$ 溶液代替清水。学生需要在掌握光合作用的概念、原理和过程的基础上，探究环境因素对光合作用强度的影响。从物质与能量视角，阐明细胞生命活动中贯穿着物质与能量的变化。通过实验得出的结论有助于学生认识“只要是影响到原料、能量供应的因素，都可能是影响光合作用强度的因素”，进而建构“细胞的生存需要能量和营养物质”这一重要概念。具体而言，本实验对发展学生生物学学科核心素养的作用如下：

本实验内容是学生初中已学知识“光合作用的实质”的拓展和深化。学生在此之前，已经知道了光合作用的概念，光合作用的原料、条件、产物、场所，光合作用的意义和应用。但是无法从光合作用的反应历程来综合考虑影响光合作用的因素，各因素之间是零散的、随机的。这需要学生灵活掌握思考问题、解决问题的能力，认识到对一个反应产生影响的任何一个因素都是因为改变了某个原料、条件。比如温度对光合作用的影响就涉及了酶促反应的相关知识，学生需要理解改变光合作用的外界条件究竟是起了什么样的作用。在本节中设置此实验可以让学生加深对光合作用过程的理解，比如为什么通过测定 CO_2（或者 O_2）的消耗或者产生说明光合作用的强度，为什么要选择绿色植物作为实验材料。制订实验方案的过程就是引导学生从应用的角度再次认识光合作用的原理，认识生物学反应是一个动态有机的过程。

因为影响光合作用的因素很多，所以这个实验对学生合理控制变量的要求很高。学生要学会确认变量，尝试做出预期和假设，并且会用一定的方法来处理和解释获得的实验结果和数据。教材指出，通过本章的探究实践，要进一步学会控制自变量，观察和检测因变量的变化；能设置对照组和重复实验，并能将这些方法和技能应用于其他的探究活动。

教材将这个探究实验放在了光合作用原理的应用中，先给出前提：光合作用的强度直接关系到农作物的产量，研究影响光合作用强度的环境因素有重要的现实意义，随后再介绍实验。在题目中，关于这方面知识点的考查也多联系实际，比如哪些操作可以提高农作物产量，哪些行为可以培养出具有目标性状的植物。可见光合作用是和生产生活紧密联系的，要引导学生关注这些原理的广泛应用，认同科学技术的重要价值。

（三）研究综述

为提高本实验的成功率，许多学者对实验选材、实验方法进行了思考和改进，主要有以下几个方面：

（1）可以选用更合适的实验材料。

樊晓红[1]使用了南美蟛蜞菊作为实验材料；张云亭[2]使用黑藻作为实验材料；张大海[3]采用单细胞藻类经固定化后形成的凝胶珠作为实验材料。

（2）优化了实验条件的创造和控制。

王菁[4]设计了阶梯式实验装置，改进了光源，减少因为光照产生的温度对实验造成的影响，同时还探究 CO_2 浓度对光合作用强度的影响。

于爱玲等[5]建议提高台灯功率以在较短时间内得到明显的实验现象，建议使用水浴保温、用质量分数为 2% 的 $NaHCO_3$ 溶液以减少温度和 CO_2 等无关变量的影响。

韩子煜等[6]对光源、光照强度、CO_2 来源及浓度等相关变量设计对照实验，设计了合适的操作方法，提出了使用气密性更好的塑料注射器、控制叶圆片直径为 0.4cm、使用 LED 节能灯泡、$NaHCO_3$ 溶液选择用质量分数为 10% 的母液按体积比为 1∶9～2∶8 范围内进行梯度稀释等改进建议。

卢江[7]建议用 $KHCO_3$ 制备 CO_2。

（3）设计不同的实验结果检测方式。

徐业义[8]针对叶圆片上浮所需时间太长的问题，用金鱼藻为实验材料，

---

[1] 樊晓红 . 一套探究环境因素对光合作用强度影响的装置 [J]. 生物学通报，2016，51（9）：57-59.

[2] 张云亭 .“探究环境因素对光合作用强度的影响”实验优化与教学设计 [J]. 中学生物学，2016，32（7）：39-40.

[3] 张大海 .“环境因素对光合作用强度的影响”实验改进 [J]. 中学生物教学，2012（6）：46-47.

[4] 王菁 .“探究环境因素对光合作用强度的影响”实验教学设计 [J]. 生物学教学，2018，43（8）：63-64.

[5] 于爱玲，段桂荣 . 探究“环境因素对光合作用强度的影响”实验改进建议和实验延伸 [J]. 生物学通报，2017，52（8）：44-47.

[6] 韩子煜，朱利川 .“环境因素对光合作用强度的影响”实验改进方案 [J]. 中学生物学，2017，33（2）：35-37.

[7] 卢江 . 环境因素对光合作用强度影响实验的改进 [J]. 教学仪器与实验，2015，31（6）：24-25.

[8] 徐业义 . 用金鱼藻定量探究环境因素对植物光合强度的影响 [J]. 生物学教学，2018，43（9）：49-50.

通过计数茎基部单位时间释放的气泡数来指示光合作用的强度。

李金月等[1]使用手持仪器技术开展实验，通过溶解氧传感器测定光合作用释放的氧气。

汪铁辉等[2]设计了密闭的实验装置，通过观察并比较各装置液面高度在同一时间内升高的程度来探究光质、温度、光照强度、CO_2浓度对光合作用强度的影响。

李宝霞[3]采用朗威 DISLab 传感器中的光照度传感器、溶氧传感器检测不同自变量下的光合作用强度的变化。

综上所述，测定光合速率的方法多种多样，因为光合作用作为一个复杂的生物学反应过程有多种替代性指标。学者们一方面从扩大表性的实验现象出发，希望在最佳实验条件下得到具有明显差异的实验结果，佐证环境因素对光合作用产生的影响；另一方面利用不同的实验方法或者实验装置将现象类结果转变为数字，以达到量化的目的。

（四）实验优化

教材以光照强度为例探究环境因素对光合作用强度的影响，用打孔器打出圆形小叶片，放在不同光照强度下的富含CO_2的溶液中，观察叶片浮起的时间。这一设计在理论上是可行的。然而在实际操作过程中发现了很多问题，如注射器抽气困难；绿叶取材至关重要，部分叶片在很长一段时间（大于 3 h）光照处理后仍然不浮起；很多变量难以控制，如光源的强度和距离，叶片在水中的位置等；实验过程太长，从准备到实验结束需要 3 ～ 4 h；10 片叶片过少，去除无效数据后得到的结论往往与预期有所偏差。为此不少学者对实验做了改进。

---

[1] 李金月，李韶山，丁丽卿．利用手持技术探究“环境因素对光合作用强度的影响”[J]. 中学生物学，2018，34（1）：33-35.

[2] 汪铁辉，符桂芹．“探究光照强弱对光合作用强度的影响”实验改进与创新 [J]. 中学生物学，2017，33（8）：54-55.

[3] 李宝霞．使用传感器探究环境因素对植物光合作用强度的影响 [J]. 中学生物学，2012，28（10）：45-46.

（1）王菁[1]设计的阶梯式实验装置（图 4-34）。

该装置是用透光性良好的亚克力材料制作而成的，分三层，高度分别是 15 cm、30 cm、45 cm。由于白炽灯散发的热量会影响实验温度，故采用新型的 LED 光源以消除温度对实验的影响。底部平行排列的三条 LED 光源，由一个开关控制。打开开关，通过控制光源与烧杯的距离来控制光照强度这个自变量。每一层支架长度均为 45 cm，在同一层上可以放置 4 个装有不同浓度 $NaHCO_3$ 溶液的小烧杯，所以该实验装置可以同时探究 CO_2 浓度对光合作用强度的影响。

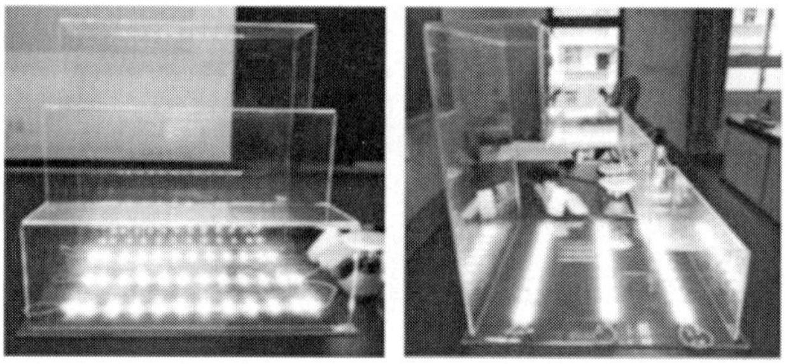

图 4-34　阶梯式光合作用探究实验装置

（2）李俐[2]设计改进后的注射器（图 4-35）。

按教材案例进行实验，如果用一只手堵紧注射器前端的小孔，另一只手就很难同时拉动注射器活塞，操作过程中往往会漏气或者拉不动，无法顺利使圆形小叶片的气体溢出，影响课堂实验的进程。针对这一情况，选取医用头皮针并将一端连接于注射器前端，剪去另一端的针头，将软管打结以封闭注射器。这样更加容易拉动活塞。

[1] 王菁．“探究环境因素对光合作用强度的影响”实验教学设计 [J]. 生物学教学，2018，43（8）：63-64.

[2] 李俐．“探究环境因素对光合作用强度的影响”实验改进与教学设计 [J]. 生物学通报，2014，49（10）：34-37，63.

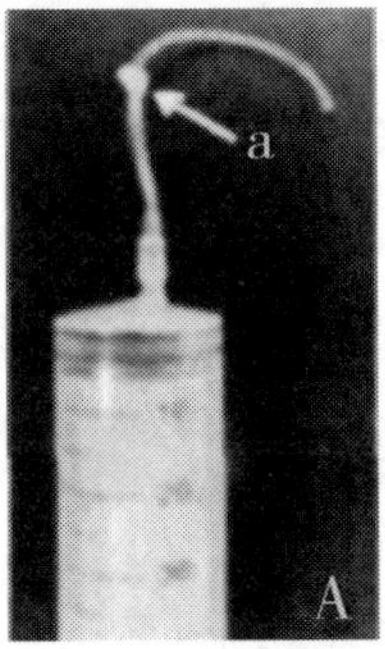

图 4-35　改进后的注射器

（3）控制溶液温度提高反应速率。

于爱玲等[1]通过实验发现，以菠菜叶作为实验材料，40 ℃左右时，实验现象最为明显，在 30 ℃左右实验现象较明显。如果实验安排在秋冬季节，实验室温度过低可能会使生物酶活性降低，叶片光合速率过慢而导致实验耗时过长，在一节课时间内观察不到明显的实验现象。在探究光照强度对光合作用强度的影响时，温度是实验中的一个很重要的因素。可以在授课之前将 30 mL 的 1% $NaHCO_3$ 溶液置于 50 mL 小烧杯中，放置在 30 ℃恒温水浴锅中保温，以获得较好的效果。

（4）张云亭[2]设计的实验装置（图 4-36）。

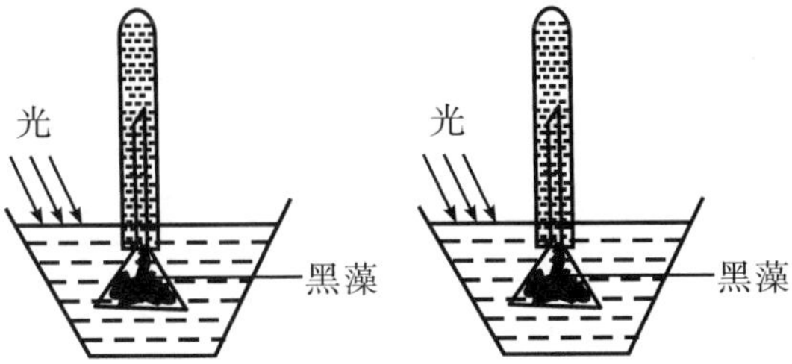

图 4-36　排水法观察黑藻产生氧气

[1] 于爱玲，段桂荣．探究“环境因素对光合作用强度的影响”实验改进建议和实验延伸 [J]. 生物学通报，2017，52（8）：44-47.

[2] 张云亭．“探究环境因素对光合作用强度的影响”实验优化与教学设计 [J]. 中学生物学，2016，32（7）：39-40.

用黑藻代替菠菜叶，用漏斗和试管将黑藻倒扣，用排水法观察，无须再使用打孔器和注射器。改进后的实验装置可以探究多种环境因素对光合作用强度的影响，包括光照强度、二氧化碳浓度、光质和温度等因素。

左右两个装置使用不同光照强度的光照射，观察试管中产生气体（氧气）的量，在一定光照强度范围内产生氧气的量越多证明光合作用越强。除此之外还可以增设一个暗处理组作为对照组。为避免光源所产生的热量对反应产生的影响，应确保容器内水足够多，或者将整个装置放入装有清水的大烧杯中。

（5）BTB 法测定光合作用。

BTB 法测定光合作用的原理：溴麝香草酚蓝溶液在酸性环境下变为黄色，在碱性环境下变成蓝色。在反应溶液中 CO_2 浓度的改变会引起溶液 pH 的改变，可以用溶液颜色变化指示光合作用的发生情况。

一般使用金鱼藻作为 BTB 法测定光合作用的实验材料。取三支试管并编号，均加入 4 mL 自来水、2 mL 0.04% BTB 溶液。用塑料吸管向试管中吹气，至溶液变黄，再放入形态、颜色、大小均相近的金鱼藻。将试管放在盛有 25 ℃温水的烧杯中分别进行遮光、弱光、强光处理，1h 后比较各试管中溶液的颜色，记录实验现象。强光处理的试管中溶液会变为蓝色。

（五）教学组织

本实验如果按照教材上的参考案例进行，更多的是考验和锻炼学生的动手操作能力。如想让学生通过此实验掌握控制变量这一重要的实验原则，最好是让学生自主设计实验，按照科学探究的步骤，从提出假设开始就积极思考怎样的实验方案才能得到预期的实验效果。考虑到实验容量大，高一学生思维和能力有限，建议在课前组建兴趣小组，有兴趣和有能力的学生先行思考和讨论，在老师的帮助下开展“探究不同浓度的 CO_2 对光合作用强度的影响”实验，修改探究方案。在正式上课时由学生进行汇报和交流，调动学生的积极性，提高学生对实验的关注度和投入度。

在正式实验之前要注意课堂情境的导入，让学生知道开展这个实验的意义，知道我们研究影响光合作用的环境因素是为了更好地指导生活和生产实践，具有十分重要的社会意义；同时培养学生的社会意识和责任感。

建议教师播放如粮食缺乏、干旱贫瘠等图片和视频后，提问“植物进行的哪项生理活动与提高粮食产量有关？”，让学生分析影响光合作用强度的因素有哪些，并回顾光合作用的过程，强调光反应和暗反应是两个相互影响且相互制约的过程。在之前的兴趣实验学生已经了解了 CO_2 对光合作用的影响，教师可以因势利导，引导学生提出假设：光照强度会影响光合作用的强度。确定探究思路，提问：“自变量是什么？如何设置？因变量是什么？判断标准是什么？如何控制无关变量？”把握此次实验的重点。之后给学生发放材料，指导实验完成，实验结果记录可参考表4-22、图4-37。

表 4–22　不同光照强度下圆形叶片浮起的数量

项目	5 分钟内			8 分钟内			10 分钟内		
	强	中	弱	强	中	弱	强	中	弱
第一组									
第二组									
第三组									
平均值									

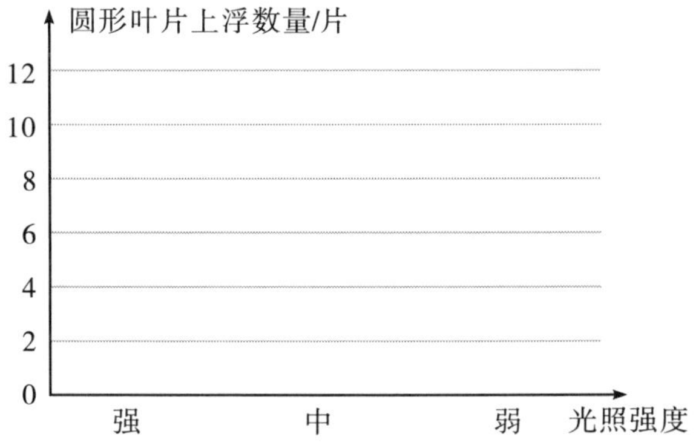

图 4-37　不同光照强度下圆形叶片上浮数量折线图

分析实验结果可知：在一定范围内，随着光照强度的增加，圆形叶片上浮数量增加，光合作用强度增加。得出结论后教师提问：“你会设计实验来探究光质（温度、水分、矿质营养）对光合作用强度的影响吗？”“在农业生产中，如何改变 CO_2 的浓度、光照强度、温度等环境条件，来让作物增产增收？”“我们常说的大棚种植，是利用了哪些科学原理来增加产量的呢？”

（六）过程及评价

1. 操作过程性评价

表 4–23 “探究环境因素对光合作用强度的影响”评价体系

项目	操作要点及评价指标		结果	评价
实验操作	（1）制备圆形叶片	取生长旺盛的绿叶，用直径 0.6 cm 的打孔器打出圆形叶片 30 片		
	（2）圆形叶片排气	将圆形叶片置于注射器内，注射器内吸入清水，待排出注射器内残留的空气后，用手堵住注射器前端的小孔缓缓拉动活塞，使圆形叶片内的气体逸出。重复 2 ～ 3 次		
	（3）圆形叶片沉水处理	将内部气体逸出的圆形叶片放入黑暗处盛有清水的烧杯中待用。这些圆形叶片会沉到水底		
	（4）圆形叶片分组	取 3 只小烧杯，分别加入 20 mL 富含 CO_2 的清水，再各放入 10 片圆形叶片		
	（5）光照处理	用 5 W 的 LED 灯作为光源，调节其与小烧杯间的距离，分别给予这 3 个实验装置强、中、弱三种光照		
	（6）观察并记录实验现象	记录同一时间段内各实验装置中圆形叶片浮起的数量		

续表

项目	操作要点及评价指标	结果	评价
分析与讨论	（1）抽去空气的圆形叶片能沉入水底的原因是____。 （2）单位时间内，与光源距离越远的小烧杯中上浮的圆形叶片数量越______________		
实验结论	光照强度对光合作用有影响，一定范围内，增加光照强度，光合作用强度______________		
评价等第			

注：操作过程性评价等第分为优秀（100 ～ 90 分）、良好（89 ～ 80 分）、合格（79 ～ 60 分）与不合格（＜ 60 分）四个等第。实验操作不合格者，按规定需重新测试。

2. 试题评价示例

（1）取某植物上生长状态一致的新鲜叶片，用打孔器打出若干圆片，圆片平均分成甲、乙、丙三组，每组各置于一个密闭装置内，并分别给予 a、b、c 三种不同强度的光照，其他条件一致。一段时间后，测得各装置内氧气的增加量如图 4-38 所示。下列叙述错误的是（　　）。

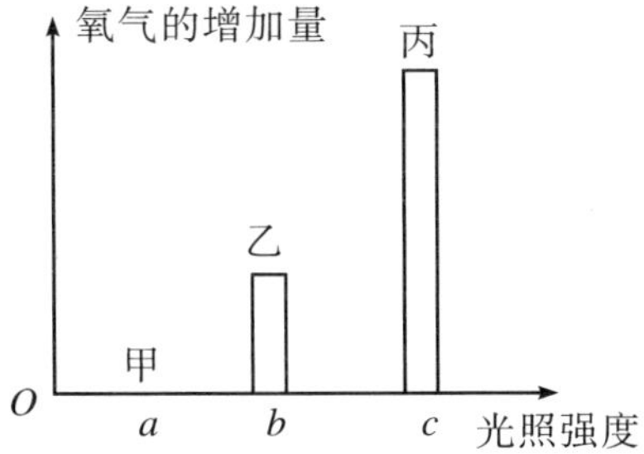

图 4-38

A. 装置内增加的氧气来自水的光解

B. 光照强度为 a 时，光合作用停止

C. 丙组装置内的 CO_2 含量比光照前低

D. 该图反映了光合作用强度与光照强度的关系

（2）图 4-39 为某校生物兴趣小组探究光照强度对茉莉花光合作用强度影响的实验装置示意图，图 4-40 为每小时所测得的结果。据图分析错误的是（　　）。

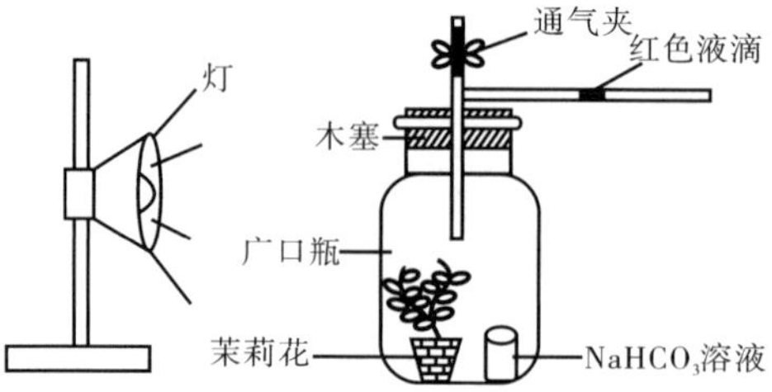

图 4-39

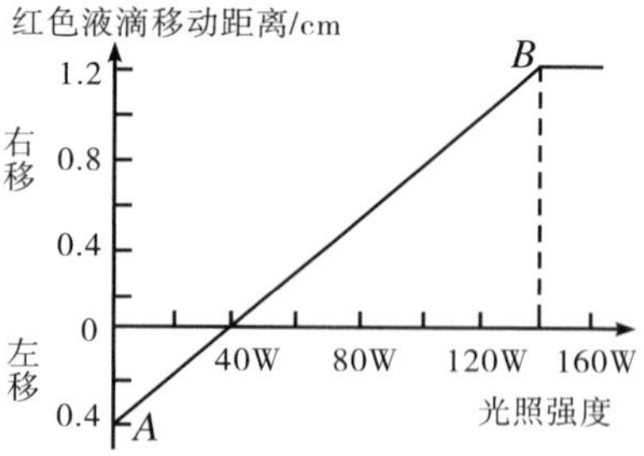

图 4-40

A. 本实验可以通过改变灯泡功率或灯与广口瓶的距离来控制自变量

B. 本实验利用图 4-39 装置即可测得图 4-40 的结果，无须另设对照组

C. 利用图 4-39 装置不能测得图 4-40 中的 *A* 点数据

D. 该实验不能用白炽灯作为光源

（3）红外线 CO_2 分析仪可用于测定混合气体中 CO_2 的浓度及其变化量。将水稻的成熟绿叶组织放在密封透明的小室内给以适宜光照，在不同 CO_2 浓度下测定光合作用效率。图 4-41 为光合作用增长率随 CO_2 浓度变化的情况。图 4-42 是某植物叶肉细胞中光合作用和呼吸作用的物质变化示意简图，其中 a、b 表示物质，①～④表示生理过程。请分析回答下列问题。

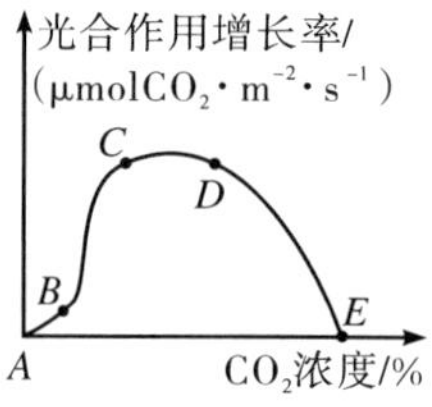

图 4-41

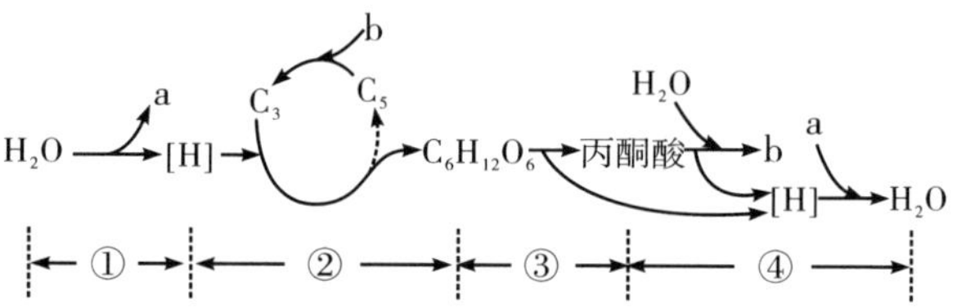

图 4-42

①图 4-40 中光合作用增长率最大的是____________段。在 *E* 点时光合作用速率最大，此时光合作用速率的重要限制因素是______________或______________。

②图 4-42 中物质 a 是____________，过程①②发生的场所是____________。

③在图 4-42 表示的物质变化过程中，活跃的化学能转化为稳定的化学能发生在过程____________（填写序号）。

④若用 ^{18}O 标记①过程中的 H_2O，那么在④过程的最终产物中，有可能检测到 ^{18}O 的物质是____________。

⑤在大田生产中，地表 CO_2 浓度对植物的光合作用有重要影响。请写出一种利用生物学原理提高地表 CO_2 浓度的方法并简析原因：________________________。

（4）植物的光合作用受多种内、外因素的影响。某生物兴趣小组为了研究上述问题，给叶面积相等的 A、B 两种植物的叶片以不同强度的光照，测定 A、B 两种植物叶片的 CO_2 吸收量和 CO_2 释放量，结果如图 4-43 中甲所示，乙中的曲线是 B 植物在甲中 c 光照强度下所测得的，请据图回答问题。

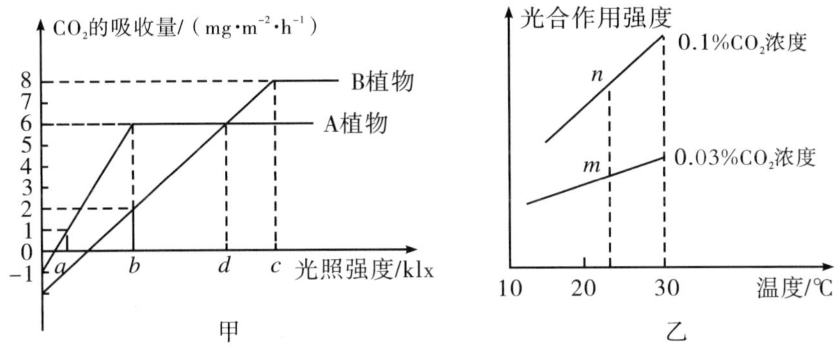

图 4-43

①由甲、乙中可以看出影响光合作用的环境因素包括____________。

②甲中 d 光照强度下 A、B 两种植物的 CO_2 同化量分别为____________mg/（m^2·h）、____________mg/（m^2 h）。

③甲中，若给予的光照强度为 x klx（$a < x < b$），每日光照 12 h，一昼夜中 A 植物的干重将____________，B 植物的干重将____________。

④乙中当温度为 30 ℃时，制约植物光合作用强度进一步增强的是光合作用的__________阶段。

⑤如何在乙所示实验的数据基础上设计实验以确定该植物在 0.03%CO_2 浓度的条件下光合作用的最适温度？____。（只要求写出设计思路）

参考答案

1. 操作过程性评价

分析与讨论：（1）抽去叶内气体后圆形叶片的整体密度大于水，所以沉到水底　（2）少

实验结论：增强

2. 试题评价示例

（1）B　（2）C　（3）① *CD*　光照强度　温度　② O_2　叶绿体（叶绿体基粒和叶绿体基质）　③②　④ $H_2^{18}O$　⑤施用农家肥，通过微生物的分解作用（呼吸作用）能增加地表 CO_2 浓度　（4）①光照强度、CO_2 浓度、温度　②7　8　③增加　减少　④暗反应（或 CO_2 的固定）　⑤从 30 ℃开始，每隔一定温度设置一个实验组，CO_2 浓度、光照强度等其他实验条件与原实验保持一致，比较各组光合作用速率的大小，光合作用速率最大的一组所对应的温度即为光合作用的最适温度

第三节　模拟实验案例研究

一、性状分离比的模拟实验

（一）实验原理

在科学研究中，由于客观条件的限制，不允许或不能对研究对象直接进行实际实验，为了获得对研究对象的认识，根据已有的事实经验和科学理论，选定研究对象的替代物，模拟研究对象的实际情况，通过对替代物

进行实验，进一步认识研究对象，这种实验就是模拟实验[1]。模拟实验可以弥补由于研究对象不允许、实际实验存在困难等客观原因产生的不足，它是根据相似性原理，建构研究对象的替代物，通过替代物的实验结果类推出研究对象的结果，是一种揭示研究对象的本质和规律的研究方法。

模拟实验主要包括四个步骤：第一，选择合适的模拟实验方法；第二，选择和建构研究对象（原型）的模型；第三，将模型置于预定的研究环境中进行实验；第四，将模拟实验的结果类推到原型上[2]。

模拟实验化抽象为具体，以直观为基础，帮助学生建构知识。建构主义认为知识不是对现实的准确表征，它只是一种暂时的解释，这个表征是不断发展的，由学生主动建构的。它更加强调学习的主动建构性、社会互动性和学习情境性。模拟实验的开展为学生提供了更多的真实情境，将抽象的事物以直观具体的形式表现出来，帮助学生主动建构知识。在模拟实验中，教师与学生、学生与学生之间相互交流讨论，进一步促进了学生对知识的理解，帮助他们进行知识的正确建构。

模拟实验有助于提高学生的实验探究能力，培养创新精神。模拟实验从开始的选择模拟实验方法、建构模型到之后的实验实施，都需要学生的主动参与和积极探索。在进行模拟实验过程中，学生不仅要进行细致的观察，还要反复进行实验、和他人交流，在实践中理解模型与原型之间的联系，体会模拟实验的意义。这一系列活动使学生的观察能力、思维能力和实验探究能力得到了提升，对培养学生的团结合作精神有较大的帮助。同时，模拟实验的开展也有助于培养学生的创新精神。模拟实验的模型大多来源于生活中，学生在实验中，积极结合自身的生活经验和学习经历，不断创新模型和模拟方法，发展创新能力。

性状分离比的模拟实验依据孟德尔假说，遵循模拟实验的相似性原则，运用数学、统计学原理，建立遗传因子分离和雌雄配子随机结合的研究模型，来研究一对相对性状自交后代的性状分离比。

---

[1] 刘毓森，张昕，张富国 . 生物学实验论 [M]. 南宁：广西教育出版社，2001：35.

[2] 唐加富 . 浅谈生物模拟实验的设计与应用 [J]. 实验教学与仪器，2005（12）：26-27.

教材中的实验用甲、乙两个小桶分别代表雌雄生殖器官，甲、乙两小桶内的彩球分别代表雌雄配子，用不同彩球的随机结合，模拟生物在生殖过程中，雌雄配子的随机组合，探讨杂交后代性状的分离比[1]。

（二）发展素养

“性状分离比的模拟实验”是 2007 年版人教版高中生物教材（以下简称实验教材）必修 2 第 1 章第 1 节的内容（旧称“性状分离比的模拟”），在 2019 年版人教版高中生物学教材（以下简称新教材）中属于必修 2 第 1 章“遗传因子的发现”中第 1 节“孟德尔的豌豆杂交实验（一）”的内容。与实验教材相比，新教材优化了实验步骤，使条理更加清晰。本实验有助于帮助学生理解孟德尔对一对相对性状杂交实验的解释，从而体会分离定律的实质，加深对分离定律的理解。模拟实验可以提高学生的科学探究能力，如实践能力和团队合作能力；可以发展学生的模型与建模思维，体会模拟实验在科学研究中的意义。该实验还要求学生进行数据统计，在统计数据的过程中，学生可以体会到数学、统计学与生物学的完美结合。具体而言，本实验对发展学生生物学学科核心素养的作用如下：

本节的重要内容是分离定律，它是遗传学的基本定律，是学习自由组合定律、减数分裂、伴性遗传以及生物变异等知识的基础，其中认识和理解“遗传因子的分离和配子的随机结合与性状之间的数量关系”是重点和难点，教材安排“性状分离比的模拟”实验，意在将抽象的、看不见的遗传因子的分离和配子的随机结合与性状的数量关系直观、明了地体现出来，让学生在实验中更好地体验生物性状的控制是由独立、不相容的遗传因子决定的。细胞中的遗传因子是成对存在的，在减数分裂形成配子的过程中，成对的遗传因子分离，分配到不同的配子中；受精作用时，雌雄配子的结合是随机的，导致子代遗传因子的组合有三种，数量比是 1∶2∶1。感受、探索、理解孟德尔对一对相对性状杂交实验的解释，从而体会分离定律的实质。

本实验属于模拟实验，是运用人工制作的模型模拟遗传因子的分离和

---

[1] 吴红漫．“性状分离比模拟实验”的分析与拓展 [J]. 生物学教学，2010，35（4）：37-39.

配子的随机结合与性状之间的数量关系的过程，该过程不仅包括模型的制作，还包括实验的实施。在模型制作过程中，可以帮助学生发展模型与建模思维；在实验实施过程中需要小组进行合作，可以锻炼学生的动手能力、组织协调能力以及团队协作能力，激发学生的合作精神；在对数据进行处理的过程中，可以帮助学生体会学科之间的融合，在一定程度上体验孟德尔的研究过程。

（三）研究综述

为提高本实验的成功率，诸多学者指出了教材实验的不足，并提出了改进与创新建议，主要有以下几方面：

（1）指出了教材中实验存在的不足之处。

刘正旺[1]在实验过程中发现：一个班级按 50 人计算，每 2 人一组进行实验需要 50 个小桶，1000 个小球，每个小球上还需标上标记 D 或 d。这种情况下，实验材料难以备齐，耗时较长，实验后小桶和小球的存放也是一个问题。

何小彪[2]认为实验用 2 个小桶分别代表雌雄生殖器官，在小桶内放置相同数量的彩球是不妥的，这样很容易给学生们造成雌雄配子数量相当的误解。因为进行有性生殖的高等动植物，在减数分裂形成配子时，形成的雄配子数一般远远超过雌配子数。

（2）为了更好地完成实验，对实验材料进行改进与创新。

刘正旺[3]用玻璃珠、跳棋代替小球，并选取瓶口刚好能单行通过玻璃珠的矿泉水瓶代替小桶；他还提出用黑白棋子代替小球。

何小彪[4]用白纸包裹瓶身的矿泉水瓶代替小桶，用黑色和红色中性笔芯代替小球，增强了实验的环保性。

---

[1] 刘正旺 . 高中生物学实验高效教学案例：“性状分离比的模拟”实验教学的再加工 [J]. 生物学通报，2013，48（5）：34-36.

[2] 何小彪 . 积极挖掘生活化资源　努力优化生物学实验：“性状分离比的模拟”实验优化 [J]. 中学生物学，2016，32（8）：39-40.

[3] 同 [1].

[4] 同 [2].

（3）改进小球的数量。

彭飞[1]将教材中向模拟雌雄生殖器官的容器中放入代表配子的彩色小球各20个，改成向模拟雌性生殖器官的容器中放入彩色小球20个，向模拟雄性生殖器官的容器中放入彩色小球30个，让学生认识到雌雄生殖器官一次产生的配子数目是不相等的，雄配子数量多于雌配子。

（4）选择大小不同的小球代表雌雄配子。

甄树山[2]认为应该用大球代表雌配子，用小球代表雄配子，这样可以帮助学生加深真核生物雌配子比雄配子大的认识。

（5）小球标记方法的改进。

刘正旺[3]提出选取颜色不同的小球分别代替标记D、标记d，避免了标记的麻烦。

（6）改进实验的数据处理方式。

吴红漫[4]提出在数据处理方式上，将学生获得的原始数据，利用Excel表格进行全班统计，最后优化成单纯利用Excel中的R AND（ ）函数来进行数字模拟。

综上所述，教材中的实验存在一些不足之处，故多数学者研究的焦点集中于改进实验的不足和对实验进行创新。在实验材料方面，许多学者提出了改进小球的数量和大小，并使用新型材料，如围棋、跳棋等；自制模拟器或制作摇奖机作为模拟器；在实验方法操作方面，有学者提出了改进意见，如不必在小球上标记；在数据处理方式上，引进了信息技术，用电脑进行数据的统计。

（四）实验优化

（1）实验材料的改进。

以小球为实验材料，建议选择大小相同、数目不同的两种小球分别代

---

[1] 彭飞．性状分离比模拟实验的优化和拓展 [J]. 生物学教学，2018，43（4）：62-63.

[2] 甄树山．性状分离比模拟实验的改进意见 [J]. 生物学教学，2006，31（1）：50.

[3] 刘正旺．高中生物学实验高效教学案例：“性状分离比的模拟”实验教学的再加工 [J]. 生物学通报，2013，48（5）：34-36.

[4] 吴红漫．“性状分离比模拟实验”的分析与拓展 [J]. 生物学教学，2010，35（4）：37-39.

表雌雄配子；用颜色不同的小球代替标记 D、标记 d；代表雌配子的小球数目应该比代表雄配子的小球数目少一些。这些做法能够避免学生造成雌雄配子数量相当的误解，同样避免了标记的麻烦。

选择不透明的小桶代表雌雄生殖器官，并在小桶开口处用不透明的布料遮住。这样能够避免主观因素对实验的影响，保证了抓取的随机性。

（2）实验的创新。

①抛硬币模拟实验法[1]。

A. 实验材料：硬币，实验表格，笔。

B. 方法步骤：

a. 取硬币两枚，用记号笔在硬币的正面写 D，在反面写 d。

b. 把两枚硬币放在两手的食指上，同时将其弹向空中，待两枚硬币在桌上停稳后，记录下两枚硬币向上一面的字母，组合成子代的基因型。

c. 重复步骤 b，60 次。

C. 优势与劣势分析：

优势：实验过程中以硬币的两个面代表两种遗传因子，两面中任一面朝上的机会都是 50%，确保两种遗传因子出现的概率一致。相比较而言，抓取小球的过程中，如果出现抓取小球后没有放回的情况，就不能保证两种遗传因子的比例为 1 : 1。用硬币代替小球可以排除人为因素的主观选择；在彩球模拟实验法中，会存在实验者主动选择某颜色彩球的可能性，在抛硬币模拟实验法中，任何一面向上完全是随机的，可避免人为选择造成的误差。

劣势：用硬币代表配子，用硬币的两面代表遗传因子，不如小球形象。相比较而言，小桶代表雌雄生殖器官，小球代表配子，更加形象具体，容易让人接受。抛硬币模拟实验法过程中，要把硬币用手指弹起，需要一点操作技巧。

[1] 卢仕俊 . 两种实验方法在“性状分离比模拟实验”中的应用与反思 [J]. 中学生物教学，2017（6）：56-58.

②手动摇奖机模拟实验法[1]。

A. 实验材料：市售手动摇奖机（内部带有红色、棕色、粉红色、白色 4 种小球，每种小球 20 个，共 80 个。摇奖机高 17 cm，透明部分高 12 cm，小球直径 1.8 cm），笔，纸。

B. 方法步骤：

a. 选用两个相同型号的摇奖机，分别代表雌雄生殖器官，用红色小球代替标记 D，棕色小球代替标记 d，将这两种颜色的小球各取 10 个，放入摇奖机中，每个摇奖机里有 20 个小球（10 个红色和 10 个棕色）。

b. 转动摇把，小球便会混匀并随机摇出滚入机槽，将滚出的小球进行记录，记录完成后将小球放回，并重复摇取。

c. 对所记录的数据进行统计分析，得出结论。

C. 优势和劣势分析：

优势：机身为无色透明的材质，增强了演示实验的可观性；手动摇取的方式很好地规避了实验者主观意识的干扰，增强了实验结果的可靠性；手动摇奖机操作简单，短时间内可以进行大量重复实验，增强了实验结果的说服力；手动摇奖机价格低廉，可以长期反复使用，各地中学课堂都可以推广；该装置不仅可以模拟分离定律，在小球上做上标记也可以模拟自由组合定律。

劣势：需要进行大量采购。

③玻璃珠模拟实验法[2]。

A. 实验材料：跳棋玻璃珠 40 粒［代表两种雄配子的两种彩色玻璃珠各 15 粒，如红色（D）15 粒，蓝色（d）15 粒；代表两种雌配子的两种彩色玻璃珠各 5 粒，如黑色（D）5 粒，黄色（d）5 粒］，矿泉水瓶 2 个（在瓶盖上挖一个刚好能通过玻璃珠的小洞），笔，纸。

B. 方法步骤：

a. 取 2 个矿泉水瓶，分别标明“雄”和“雌”，在“雄瓶”中放入红

---

[1] 彭飞 . 性状分离比模拟实验的优化和拓展 [J]. 生物学教学，2018，43（4）：62-63.

[2] 蒋敏 . 巧用玻珠做“性状分离比的模拟实验”[J]. 生物学教学，2007，32（12）：36.

色和蓝色玻璃珠各 15 粒，在“雌瓶”中放入黑色和黄色玻璃珠各 5 粒，拧上盖子，分别摇动“雄瓶”“雌瓶”，使瓶内玻璃珠充分混合，如图 4-44 所示。

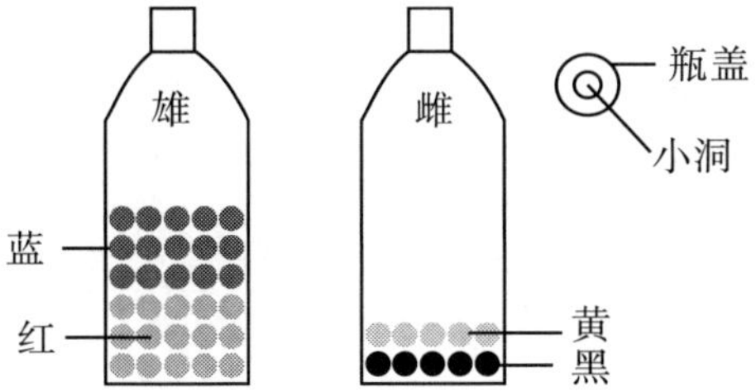

图 4-44 实验装置示意图

b. 分别从“雌瓶”“雄瓶”各倒出一粒玻璃珠，让表示雌配子与雄配子的玻璃珠随机结合成合子，每次倒取后，用画“正”字的方法在记录表中记录这两粒玻璃珠的结合方式一次。

c. 将倒出的玻璃珠放回原来的矿泉水瓶，按上述方法重复 50 ～ 100 次。

d. 对实验结果进行统计。

C. 优势和劣势分析：

优势：玻璃珠较易获得，自带颜色，易于区分；矿泉水瓶透明，能够看到内部情况；不需要进行抓取，保证了随机性。

劣势：需自制装置，比较耗时。

④扑克牌模拟实验法 [1]。

A. 实验材料：市售原装扑克牌 2 副，纸，笔。

B. 方法步骤：

a. 将 2 副原装扑克牌从牌盒内取出，分别洗牌，使不同花色和点数的牌充分混合。

b. 将洗好的扑克牌在桌上层叠堆放，各成 1 摞。

c. 从每摞随机任一高度处分开为上、下 2 层，两摞都亮明上层的最底

---

[1] 李静，夏焦兵 . 扑克牌是“性状分离比模拟”实验的好材料 [J]. 生物学通报，2013，48（10）：47-48.

一张牌（无须抽出）。记下 2 张底牌的颜色组合。红桃、方块和大王都记为红色 R，黑桃、梅花和小王都记为黑色 r。

d. 将每摞暂时分开的 2 层牌重新放在一起，按步骤 c 重复 50 次以上。

e. 对实验结果进行统计。

C. 优势和劣势分析：

优势：改用扑克牌为材料进行模拟实验，不仅学生兴趣浓厚，而且实验模型与原型相似性好，准备容易，操作简便，成本低廉；此外，还有利于模拟实验的延伸设计，拓展对分离定律的理解。例如，扑克牌不仅有 2 种颜色，还有 4 种花样（大、小王除外），可以分别表示雌雄两性来源和 4 种（复）等位基因，这就可以模拟（复）等位基因现象，使学生对性状分离比的认识不仅仅局限于 3∶1 或 1∶2∶1。

劣势：用扑克牌代替雌雄配子不如小球形象。

（3）实验的数据处理。

实验的次数越多，实验结果越可靠，建议小组实验结束后，将全班实验数据组合起来，进行数据分析，全面统计实验结果，增强可信度。

（五）教学组织

1. 关于导入的建议

在实验开始之前，教师可以先向学生展示实验的大致流程，并提出以下几个问题引导学生思考：两个小桶分别代表什么？不同颜色的小球分别代表什么？为什么同一个小桶内不同颜色的小球（D/d）数量均等？为什么两个小桶内的小球数量不均等？分别从两个小桶抓取小球结合在一起的意义是什么？为什么抓完小球后要放回？这样，可以让学生快速把握模型与原型之间的关系。

2. 演示实验与小组合作相结合

本实验的操作过程并不复杂，但因重复组合的次数多，学生记数未必能井然有序，各小组学生之间的合作也可能不够默契。教师可以在学生实验之前在演示的基础上讲清合作要点，明确操作要求，以免出现学生无所适从、计数失误、秩序混乱等局面[1]。在演示结束后，再让各小组进行合作学习，可以有效提高课堂效率。

3. 关于分组的建议

在人员安排上，可选择 4 名学生为一小组（学生 A、学生 B、学生 C、学生 D）。学生 A 负责装有雌配子的小桶，并抓取雌配子；学生 B 负责装有雄配子的小桶，并抓取雄配子；学生 C 负责设计表格和记录数据；学生 D 负责监督和数据的统计。

4. 表格的设计建议

建议设计两个表格，一个表格用于组内数据的记录（如表 4-24），一个表格用于班级数据的整合（如表 4-25）。

表 4–24 小组实验数据记录表

<table>
<tr><td rowspan="2">结合方式</td><td>雄配子</td><td>D</td><td>D</td><td>d</td><td>d</td></tr>
<tr><td>雌配子</td><td>D</td><td>d</td><td>D</td><td>d</td></tr>
<tr><td colspan="2">画正栏</td><td></td><td></td><td></td><td></td></tr>
<tr><td colspan="2">次数</td><td></td><td></td><td></td><td></td></tr>
<tr><td colspan="2">比例</td><td></td><td></td><td></td><td></td></tr>
<tr><td colspan="2">基因型</td><td></td><td colspan="2"></td><td></td></tr>
<tr><td colspan="2">基因型次数</td><td></td><td colspan="2"></td><td></td></tr>
<tr><td colspan="2">基因型比例</td><td></td><td colspan="2"></td><td></td></tr>
<tr><td colspan="2">表现型</td><td colspan="3"></td><td></td></tr>
<tr><td colspan="2">表现型次数</td><td colspan="3"></td><td></td></tr>
<tr><td colspan="2">表现型比例</td><td colspan="3"></td><td></td></tr>
</table>

[1] 丁稳双，徐丽萍 . 谈“性状分离比的模拟实验”的改进 [J]. 生物学通报，2004，39（7）：35.

表 4–25　班级实验数据统计表

项目	DD	Dd	dd
1 组			
2 组			
3 组			
4 组			
……			
基因型次数			
基因型比例			
表现型次数			
表现型比例			

（六）过程及评价

1. 操作过程性评价

表 4–26　“性状分离比的模拟实验”评价体系

项目	操作要点及评价指标		结果	评价
实验操作	（1）分组编号	取两个小桶，分别编号为甲、乙，两个小桶内分别放入两种不同颜色的彩球各 20 个		
	（2）混匀彩球	分别摇动两个小桶，使小桶内的两种彩球充分混匀		
	（3）组合记录	分别从两个桶内随机抓取一个彩球，组合到一起，记录两个彩球的字母组合		
	（4）重复抓取	将抓取的两个彩球放回原来的小桶内，摇匀，按照上述步骤（3）重复 50 ～ 100 次		
	（5）统计结果	统计实验结果：彩球组合的种类及出现的次数，计算出不同组合出现的比例		

续表

项目	操作要点及评价指标	结果	评价
实验结论	DD：Dd：dd=______________		
评价等第			

注：操作过程性评价等第分为优秀（100 ～ 90 分）、良好（89 ～ 80 分）、合格（79 ～ 60 分）与不合格（＜ 60 分）四个等第。实验操作不合格者，按规定需重新测试。

2. 试题评价示例

（1）在做性状分离比的模拟实验时，分别同时从甲小桶和乙小桶抓取彩球 50 ～ 100 次，统计彩球组合为 DD 的比例为（　　）。

A.1/3　　B.1/5　　C.1/2　　D.1/4

（2）在性状分离比的模拟实验中，甲、乙容器分别代表某动物的雌雄生殖器官，小球的颜色和字母表示雌雄配子的种类，每个容器中小球数量均为 12 个。则下列装置正确的是（　　）。

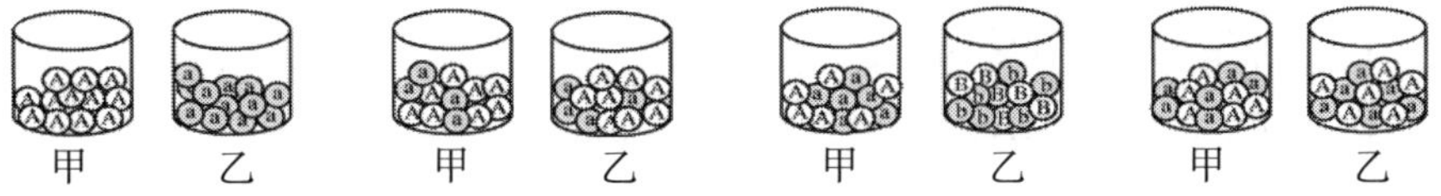

A　　B　　C　　D

（3）在性状分离比的模拟实验中，如图 4-45 准备甲、乙两个小桶，小桶中各有两种不同颜色的彩球，彩球数量相等，实验者分别从甲、乙小桶中抓取一个彩球，组合在一起，并记下两个彩球颜色的组合。下列叙述错误的是（　　）。

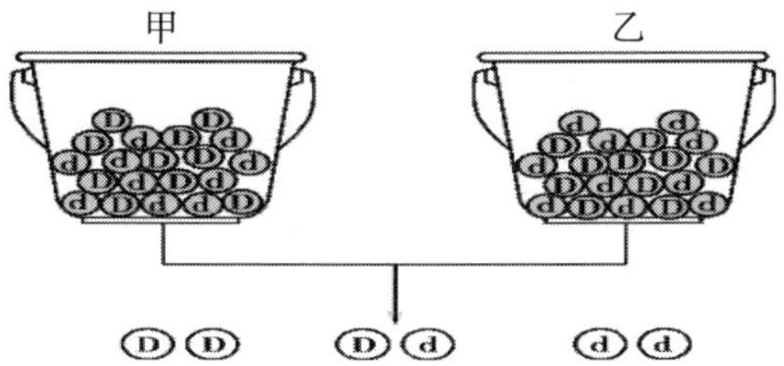

图 4-45

A. 甲、乙小桶分别代表雌雄生殖器官，两种颜色的彩球代表一对等位基因

B. 从小桶中抓取彩球之前应充分混匀，随机抓取模拟等位基因分离

C. 取出的彩球不用放回甲、乙小桶，两个彩球组合模拟雌雄配子随机结合

D. 多组同时实验，数量越大彩球组合类型的比例越接近 1∶2∶1

参考答案

1. 操作过程性评价

实验结论：1∶2∶1

2. 试题评价示例

（1）D （2）D （3）C

二、探究自然选择对种群基因频率变化的影响

（一）实验原理

1. 种群基因频率的稳定性

1908 年，英国数学家哈迪（Hardy）和德国医生温伯格（Weinberg）同时提出了哈迪-温伯格法则（Hard Weinberg law）：在一个不发生突变、迁移和自然选择的无限大的随机交配的群体中，常染色体上的基因，无论群体起始时基因频率如何，只要经过一代的随机交配，群体的基因频率和基因型频率即达到平衡并将逐代保持不变。这一法则不仅适用于二倍体生物也适用于单倍体生物。哈迪-温伯格法则在解决群体遗传结构方面的问题时，具有方便、准确、快捷的特点。学生掌握其中的原理并运用于计算相应问题的过程中，科学思维能力能得到较好的训练[1]。

举例来说，若一个自然种群的一对等位基因 A 和 a 的频率或比例是 1/2∶1/2，在满足上述条件的前提下，这一种群中带有 A 和带有 a 的 2 种精子的比例是 1/2∶1/2，带有 A 和带有 a 的 2 种卵子的比例也是 1/2∶1/2。有性生殖的结果应产生 3 种基因型，即 1/4AA、1/2Aa 和

[1] 房杰 . 哈迪–温伯格定律的应用举例 [J]. 生物学教学，2018，43（6）：46-48.

1/4aa，A 和 a 的比例仍是 1/2：1/2。设基因 A 的频率为 p，基因 a 的频率为 q，哈迪–温伯格定律可用数学方程式表示：$(p+q)^2=p^2+2pq+q^2=1$。

现在关于哈迪–温伯格法则也存在一些争议，由于哈迪–温伯格法则对于理想群体的要求很高（①种群足够大，②种群中个体间可以随机交配，③没有突变发生，④没有新基因加入，⑤没有自然选择等），在实际情况下往往会出现偏离，而这些出现偏离的目标群体就会被认为是不满足哈迪–温伯格法则规定的理想条件，也就不能用哈迪–温伯格法则去推演群体中的基因型频率和基因频率。这被一些学者认为是一种“霸王条款”。

2. 种群基因频率的变化机制

当种群基因频率发生变化时则意味着种群发生了进化。进化的实质是种群基因频率的改变。而自然选择、遗传漂变、突变、迁徙（基因流）四个独立的因子能导致种群基因频率的改变，是进化的动力[1]。

（1）自然选择（natural selection）。

在较大的种群中如果种群基因频率发生了改变，一般是由于自然选择的作用。在自然选择的作用下种群的不同遗传结构使种群进行适应性改变（进化）。一个种群中生物体不同基因能表现不同的优缺点，在变化的环境中，适应环境的个体得以生存，其携带的基因得以保存；不适应环境的个体被淘汰，其所携带的基因也丢失。自然选择通过对种群内个体存活率和生育力的影响使基因频率发生变化。一旦种群基因频率发生变化则说明种群发生了进化。这样的进化是在没有基因突变的情况下发生的。作用于表现性特征的自然选择，可以分为三类：

①稳定性选择：环境条件对靠近种群的数量性状正态分布线中间的个体有利，对两侧的个体无利，结果导致偏离共同表型的类型都被排斥，仅保留中间类型的个体，使生物类型保持相对稳定。

②定向选择：环境条件对种群数量性状正态分布线的一侧代表的个体有利，使种群的平均值向该侧移动。即把趋于某一极端的变异保留下来，淘汰掉另一极端的变异，使种群朝某一变异方向逐步改变。定向选择多发生在生境逐渐发生变化的生活环境中。

---

[1] 孙儒泳，李博，诸葛阳，等 . 普通生态学 [M]. 北京：高等教育出版社，1993：82.

③分裂选择：环境条件对种群数量性状正态分布线两侧所代表的个体有利，而对中间的个体不利，种群分为两部分[1]。即把一个物种种群中极端变异的个体朝不同方向保留下来，大大减少中间常态型的个体，通常会使一个物种分裂为不同的亚种。

（2）遗传漂变（genetic drift）。

遗传漂变是指基因频率在小的种群里随机增减的现象。即当一个种群中的生物个体的数量较少时，下一代的个体容易因为部分个体没有产生后代，或是有的等位基因没有传给后代，而和上一代有不同的等位基因频率。一个等位基因可能（在经过一个以上的世代后）因此在这个种群中消失，或固定成为唯一的等位基因，这种现象就叫遗传漂变。遗传漂变的强度取决于种群的大小，种群越大，遗传漂变越弱；种群越小，遗传漂变越强[2]。

（3）突变（mutation）。

突变是生物进化的基础[3]，是指细胞中的遗传物质（通常指存在于细胞核中的脱氧核糖核酸）发生的改变。它包括单个碱基改变所引起的点突变，或多个碱基的缺失、重复和插入。突变增加了种群的变异总量，一般将种群中的突变当作基因突变处理。

（4）迁徙（基因流）。

迁徙指生物个体从其发生地分散出去而导致不同种群之间基因交流的过程，可发生在同种或不同种的生物种群之间。基因流的强弱和程度因不同的种或种群、不同的时间和地点而有很大差异，但其基本作用是削弱了种群间的遗传差异。种群中部分个体迁出，带走相应基因，使该地区种群基因频率发生变化。

（二）发展素养

“探究自然选择对种群基因频率变化的影响”实验是2007年版人教版高中生物教材（以下简称实验教材）必修2第7章（旧称“现代生物进

---

[1] 雷默特．生态学[M]. 北京：科学出版社，1988：92.

[2] 同[1].

[3] 陈玲玲，彭贵子，张伟丽，等．突变在基因组进化中的意义[J]. 遗传，2006（5）：631-638.

化论”）第 2 节（旧称“现代生物进化理论的主要内容”）的内容（旧称“自然选择对种群基因频率变化的影响”），在 2019 年版人教版高中生物学教材（以下简称新教材）中属于必修 2 第 6 章“生物的进化”第 3 节“种群基因组成的变化与物种的形成”内容。与实验教材相比，新教材解释了“蠖”与“蛾”的区别，同时删去了基因型频率的计算公式。本实验的重点是掌握自然选择通过对种群基因频率的影响来决定生物进化的方向，探究自然选择如何影响种群的基因频率。具体而言，本实验在发展学生生物学学科核心素养的作用如下：

学生在之前已经学习了有丝分裂和减数分裂的相关知识，了解了“由基因突变、染色体变异和基因重组引起的变异是可以遗传的”。同时，基于生活经验，学生对“物竞天择，适者生存”等理论有着一定的理解。因此，本实验可以帮助学生理解“基因突变产生新的等位基因，使种群的基因频率发生变化”，并且“这种新的等位基因组成的多种多样可遗传的变异类型在一定的自然选择作用下可以被放大，最终导致种群基因频率发生定向改变，生物朝着一定的方向不断进化”。本实验是学生将微观抽象的基因问题和宏观的进化理论相联系，用生物进化的思想思考甚至解决实际问题的桥梁。

本实验之前，学生对自然选择这一作用的理解并不能做到量化、数字化。本实验可以从数学、理性的角度，以客观事实帮助学生理解基因频率是如何变化的、为什么会产生这样的变化。对照实验的设计、数据的分析与结论的得出有助于发展学生的归纳与概括、模型与建模、批判性思维等科学思维能力。本实验一般的处理方式是引导式探究，按照教材给出的数字化问题情境让学生计算各基因型和基因的频率，得到的计算结果与前设情境（S 基因频率上升到 95% 以上）一致。在实际操作过程中，因为样本量、抽取次数等原因，往往会导致实际结果与理想结果有所偏差，合理运用生成性资源有助于教学的更好进展。

（三）研究综述

由于本实验不仅涉及宏观进化过程，还涉及微观基因频率的改变，加之探究内容涉及的计算量较大，通过简单计算很难形成自然选择决定进化方向的感性认识，故很多学者对实验进行了思考和改进，主要有以下几个方面：

（1）通过情境构建和模拟实验进行教学。

美国高中理科教材《生物·生命的动力》（*Biology*：*The Dynamics of Life*）[1] 通过安排模拟实验——由学生扮演鸟来抓取代表昆虫的黑白两色小圆片，让学生发现自然选择是如何使生物形成了伪装适应的。

黄凤珍 [2] 用铺有黑纸的讲台代表被煤烟污染的环境，黑、白两种颜色小卡片分别代表深、浅两种桦尺蛾，3 名学生分别模拟桦尺蛾的天敌（各种鸟类）。教师通过计时器控制时间，让3名学生在规定时间内比赛抓取（捕捉）卡片，然后组织学生统计实验前后各种卡片的数量并计算 S、s 的基因频率。

卢一安 [3] 提出可以用一个小活动来模拟自然界的竞争和捕食过程，让学生能更好地理解“自然选择”。

张彩云等 [4] 则让学生利用交互式电子白板，在虚拟场景内开展模拟实验。

沈小青 [5] 也设计了模拟实验，以黑、白色纸模拟不同的树干背景，黑、白色豆子模拟不同颜色的桦尺蛾，通过抓取豆子模拟桦尺蛾的捕获。

这样的模拟实验使得学生能够进入“自然选择”的情境，较为直观、深刻地了解“自然选择”的过程和本质。

---

[1] BIGGS A，HAGINS WC，KAPICKA C，et al.Biology：the dynamics of life[M].Ohio：McGraw-Hill Inc，2004.

[2] 黄凤珍 .“自然选择对种群基因频率变化的影响”的模拟活动 [J]. 中学生物学，2010，26（3）：40-41.

[3] 卢一安 . 使“现代生物进化理论的主要内容（一）”的教学体现理性之善 [J]. 生物学教学，2012，37（3）：22-23.

[4] 张彩云，贺东奇 . 基于交互式电子白板的模拟实验在高中生物教学中的应用：以“自然选择对种群基因频率变化的影响”实验为例 [J]. 教育实践与研究（B），2018（9）：48-50.

[5] 沈小青 .“自然选择对种群基因频率变化的影响”的模拟实验 [J]. 生物学教学，2020，45（1）：46-48.

（2）借助现代教育技术辅助开展教学。

钟金鑫等[1]通过数学模型的建构并借助 Excel 辅助演示，帮助学生获得对自然选择决定进化方向的感性认识。通过使用 Excel 的公式编辑和作图功能，直观地向学生展示出随着代数增加基因频率变化的图像。

张彩云等[2]基于交互式电子白板开展“自然选择对种群基因频率变化的影响”的模拟实验，让学生参与到白板的虚拟场景内模拟自然选择。借助交互式电子白板开放性和互动性的特征，学生能够自己操作并体会环境、自然对基因型频率和基因频率的影响，有效促进师生互动，提高学生在探究实验中的课堂参与度。

（四）实验改进

教材中的实验直接给出了情境示例，给出了规定的递减和递增的比例，学生只需要进行简单的计算，将计算结果填入既定的表格中即可。这样的操作虽然保证了实验结果的唯一性（科学的结果），但从另一方面来说也限定了学生的思维，例如对以下问题缺乏思考：为什么假定浅色桦尺蛾和黑色桦尺蛾每年都以 10% 的速率减少或增加呢？能否改成浅色个体减少的速率与黑色个体增加的速率不同？能否改成不同年份增加或减少的速率不一样？所以建议在课本实验之前增设一个简单的学生活动。同时，可以考虑借助一些计算机软件或技术，如 Excel 等，减轻学生的数据处理量，节约课堂时间，帮助学生获得更加直观的认识和理解。

（五）教学组织

用铺有黑纸的讲台代表煤烟污染的环境，黑色、灰白色两种小卡片分别代表黑色、浅色两种桦尺蛾，选 2 ～ 4 名学生模仿桦尺蛾的天敌（各种鸟类）。在规定时间内让学生比赛抓取卡片，重复几次实验，然后组织学生统计各种卡片的数量并计算出 S、s 的基因频率，设计表格（表 4-27）记录实验结果。

---

[1] 钟金鑫，邓美英，樊立立 . 基于模型构建的“探究自然选择对种群基因频率变化的影响”的教学设计 [J]. 生物学教学，2020，45（2）：39-42.

[2] 张彩云，贺东奇 . 基于交互式电子白板的模拟实验在高中生物教学中的应用：以 " 自然选择对种群基因频率变化的影响 " 实验为例 [J]. 教育实践与研究（B），2018（9）：48-50.

表 4–27　实验结果记录表

项目		初始值	抓取 1 次后	抓取 2 次后	抓取 3 次后	抓取 4 次后	平均值
基因型频率	SS	10%					
	Ss	20%					
	ss	70%					
基因频率	S	20%					
	S	80%					

建议组织学生回答“捕捉桦尺蛾”活动中的重点问题：在进行下一次实验前，是否该对原来的种群适当补充一些新生的个体？在这个时期，桦尺蛾还在不断繁衍后代吗？要确保学生具有“生物具有动态生命力”的科学认识，培养学生发现问题、分析问题和解决问题的能力。带领学生讨论：如果应该补充，那么应该按照怎样的比例添加卡片；如果不补充，对实验会造成怎样的影响。在解决疑惑之后再继续实验。利用课本情境完成数字化的问题情境，参考表 4-28。

表 4–28　10 年内桦尺蛾的基因型频率和基因频率变化表

项目		第 1 年	第 2 年	第 3 年	第 4 年	第 5 年	第 6 年	第 7 年	第 8 年	第 9 年	第 10 年
基因型频率 /%	SS	10	11.5	13	14.6	16.2	18	19.6	21	22.7	24.1
	Ss	20	22.9	26	29.2	32.4	36	39.2	42	45.4	48.2
	ss	70	65.5	61	56.1	51.1	46.1	41.2	37	32	27.7
基因频率 /%	S	20	23	26	29.3	32.6	35.9	39.2	43	45.4	48.2
	s	80	77	74	70.7	67.4	64	61	57	55	52

获得数据结果之后，引导学生根据 S、s 基因频率发生改变的趋势以及生物进化与进化频率变化之间的关系展开小组讨论和交流，并汇报。

可参考的扩展问题：

问题一：假设英国政府致力于对该地区环境污染的治理，若干年后曼彻斯特地区面貌一新，树干上又长满了浅色的地衣，两种不同体色桦尺蛾的命运又将如何呢[1]？

问题二：为什么 SS 型个体和 Ss 型个体增加的比例是一样的呢?

因为被选择的是体色（表现型），而不是基因型。基因型并不能在自然选择中起直接作用。鸟类在捕食桦尺蛾时，看到的是体色，而不是基因型。随着树皮颜色的逐年加深，体色浅（ss）的容易被发现，被捕食的概率增加；体色深（SS 和 Ss）的不易被发现，存活并繁殖后代的概率增加。所以，对捕食桦尺蛾的鸟来说，基因型为 SS 的桦尺蛾个体与基因型为 Ss 的桦尺蛾个体是没有区别的，被捕食的概率是一样的。

问题三：生物产生的基因突变都可以被保存下来吗?

部分基因突变造成的种群基因频率的变化不具有适应性选择的效力，对生物进化的意义不大。如果出现基因突变发生在非编码区、内含子区域，以及多种因素如密码子的简并性、回复突变等，这些基因突变不会引起个体表现型的变化，这也体现了种群的基因库是有相当的稳定性的。

（六）过程及评价

1. 操作过程性评价

表 4-29 “探究自然选择对种群基因频率变化的影响”评价体系

项目	操作要点及评价指标		结果	评价
实验操作	（1）模拟活动过程	学生自主阅读教材 P112-P113 实验的 1、2 两段材料并思考：在被严重污染的曼彻斯特地区，什么体色的桦尺蛾最容易被它们的天敌发现并被捕食呢？与桦尺蛾体色相关的 S、s 基因频率将会如何变化，这种基因频率的改变是由什么决定的呢？		
		用铺有黑纸的讲台代表煤烟污染的环境，黑色、灰白色两种小卡片分别代表黑色、浅色两种桦尺蛾，选 4 名学生分别模拟桦尺蛾的天敌（各种鸟类）		

[1] 黄凤珍．“自然选择对种群基因频率变化的影响”的模拟活动 [J]. 中学生物学，2010，26（3）：40-41.

续表

<table>
<tr><th>项目</th><th colspan="2">操作要点及评价指标</th><th>结果</th><th>评价</th></tr>
<tr><td rowspan="4">实验操作</td><td rowspan="3">（1）模拟活动过程</td><td>设计实验记录表
表 1　实验结果记录
<table>
<tr><td colspan="2">项目</td><td>初始值</td><td>抓取1次后</td><td>抓取2次后</td><td>……</td><td>平均值</td></tr>
<tr><td rowspan="3">基因型频率</td><td>SS</td><td>10%</td><td></td><td></td><td></td><td></td></tr>
<tr><td>Ss</td><td>20%</td><td></td><td></td><td></td><td></td></tr>
<tr><td>Ss</td><td>70%</td><td></td><td></td><td></td><td></td></tr>
<tr><td rowspan="2">基因频率</td><td>S</td><td>20%</td><td></td><td></td><td></td><td></td></tr>
<tr><td>s</td><td>80%</td><td></td><td></td><td></td><td></td></tr>
</table></td><td></td><td></td></tr>
<tr><td>教师用计时器控制时间，让 4 名学生分别在规定的时间内比赛抓取卡片，重复几次实验，然后组织学生统计实验前后各种卡片的数量并计算出 S、s 的基因频率，记录实验结果
表 2　实验结果记录
<table>
<tr><td colspan="2">项目</td><td>初始值</td><td>第一次试验后</td><td>第二次试验后</td><td>第三次试验后</td><td>……</td></tr>
<tr><td rowspan="3">基因型频率</td><td>SS</td><td>10%</td><td></td><td></td><td></td><td></td></tr>
<tr><td>Ss</td><td>20%</td><td></td><td></td><td></td><td></td></tr>
<tr><td>Ss</td><td>70%</td><td></td><td></td><td></td><td></td></tr>
<tr><td rowspan="2">基因频率</td><td>S</td><td>20%</td><td></td><td></td><td></td><td></td></tr>
<tr><td>s</td><td>80%</td><td></td><td></td><td></td><td></td></tr>
</table></td><td></td><td></td></tr>
<tr><td>分析结果，进行交流，得出结论</td><td></td><td></td></tr>
<tr><td>（2）创设数字化情境</td><td>分析问题情境：1870 年，桦尺蛾种群的基因型频率为 SS 占 10%，Ss 占 20%，ss 占 70%，此时 S 的基因频率为 20%。在树干变黑这一环境条件下，假如树干变黑不利于浅色个体的生存，使得种群中浅色个体每年减少 20%，黑色个体每年增加 10%。则在第 2 ～ 10 年内，该种群每年的基因型频率各是多少？每年的基因频率是多少？</td><td></td><td></td></tr>
</table>

续表

<table>
<tr><th>项目</th><th colspan="2">操作要点及评价指标</th><th>结果</th><th>评价</th></tr>
<tr><td rowspan="2">实验操作</td><td rowspan="2">（2）创设数字化情境</td><td>设计表格，将计算结果填入表中
<table><tr><th colspan="2">项目</th><th>实验前（第1年）</th><th>第 2 年</th><th>第 3 年</th><th>第 4 年</th><th>……</th></tr><tr><td rowspan="3">基因型频率</td><td>SS</td><td>10%</td><td></td><td></td><td></td><td></td></tr><tr><td>Ss</td><td>20%</td><td></td><td></td><td></td><td></td></tr><tr><td>Ss</td><td>70%</td><td></td><td></td><td></td><td></td></tr><tr><td rowspan="2">基因频率</td><td>S</td><td>20%</td><td></td><td></td><td></td><td></td></tr><tr><td>s</td><td>80%</td><td></td><td></td><td></td><td></td></tr></table></td><td></td><td></td></tr>
<tr><td>根据计算结果，对环境的选择作用的大小进行适当调整，比如，每年浅色个体减少 25%，黑色个体增加 25%，重新计算结果填入表中，与步骤（1）中所得数据进行比较</td><td></td><td></td></tr>
<tr><td>分析与讨论</td><td colspan="2">（1）树干变黑会影响桦尺蛾种群中浅色个体的出生率吗？为什么？
（2）在自然选择过程中，直接受选择的是基因型还是表现型？为什么？</td><td></td><td></td></tr>
<tr><td>实验结论</td><td colspan="2">____________________使桦尺蛾种群中基因频率定向改变</td><td></td><td></td></tr>
<tr><td colspan="4">评价等第</td><td></td></tr>
</table>

注：操作过程性评价等第分为优秀（100 ～ 90 分）、良好（89 ～ 80 分）、合格（79 ～ 60 分）与不合格（< 60 分）四个等第。实验操作不合格者，按规定需重新测试。

2. 试题评价示例

（1）图 4-46 表示某种群经地理隔离后（形成甲、乙两个种群）等位基因（A 和 a）频率的变化情况。下列分析正确的是（　　）。

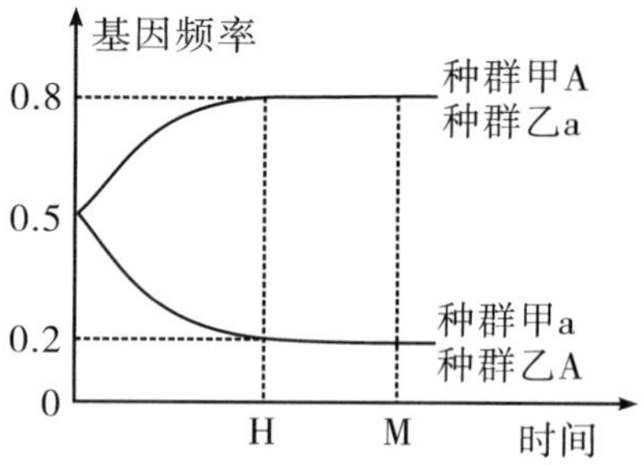

图 4-46

A. 地理隔离之前该种群个体的基因型全为 Aa

B. H 时甲、乙种群 Aa 的基因型频率可能相同

C. H 时将甲、乙种群混合后 a 的基因频率为 0.5

D. M 时甲、乙种群之间一定出现了生殖隔离

（2）表 4-30 为碳青霉烯类抗生素 2005 ～ 2008 年在某医院住院患者中的人均使用量，以及从患者体内分离得到的某种细菌对该类抗生素的耐药率变化。下列说法正确的是（　　）。

表 4–30

年份	2005	2006	2007	2008
人均使用量 /g	0.074	0.12	0.14	0.19
某细菌耐药率 /%	2.6	6.11	11.9	25.5

A. 细菌耐药率的不断升高是人工选择的结果

B. 碳青霉烯类抗生素使细菌的基因发生了定向变异

C. 2005 ～ 2008 年细菌种群的基因频率发生了定向改变

D. 细菌的耐药性可能是由于基因突变或染色体变异产生的

（3）达尔文在南美洲加拉帕戈斯群岛的不同岛屿上发现分别生活着 15 种陆龟，它们形态各异，食性和栖息场所也各不相同。经过研究发现它们都保留着南美洲西海岸大陆龟类的痕迹，是由大陆龟进化而来的。请用现代生物进化理论分析说明大陆龟的进化过程及原因。

①大陆龟进化的原材料来自________________，进化的本质是______

____________。

②刚开始进化时不同岛屿之间的陆龟因为有____________而不能进行基因交流。

③不同岛屿上的地理环境条件不同，使得不同岛屿上的龟的形态结构向不同方向发生改变，当这种改变达到一定程度就会产生____________，导致众多新物种的形成。

④若某龟种群中基因型 AA、Aa、aa 的个体分别占 30%、60%、10%，那么这个种群中基因 A 的频率是____________。

参考答案

1. 操作过程性评价

分析与讨论：（1）会影响，这是因为许多浅色个体可能在没有交配、产卵前就已被天敌捕食。 （2）是表现型。因为天敌看到的是桦尺蛾的体色而不是控制体色的基因。

实验结论：自然选择

2. 试题评价示例

（1）B （2）C （3）①突变和基因重组 种群基因频率的改变 ②地理隔离 ③生殖隔离 ④ 60%

三、模拟生物体维持 pH 的稳定

（一）实验原理

生命活动最主要的特征之一就是生物体内各种物质按一定的规律不断进行新陈代谢，以实现生物体与外界的物质交换、自我更新和机体内环境的相对稳定。机体的新陈代谢又必须在酸碱度适宜的内环境中才能正常进行，体液酸碱度的相对恒定就显得特别重要。以人体为例，每天不断地从消化道吸收酸性或碱性食物，同时新陈代谢过程也不断产生酸和碱，正常人的血液 pH 在 7.35 ～ 7.45，是在很窄范围内变动的弱碱性[1]。如果血浆 pH 低于 7.35，就会出现酸中毒，高于 7.45，就会出现碱中毒，

[1] 王岚，尤琳浩，常彦忠 . 人体维持酸碱平衡的机制 [J]. 生物学通报，2013，48（2）：1-2.

严重的酸中毒（pH ＜ 6.9）和碱中毒（pH ＞ 7.8）都会危及生命[1]。人体内环境中含有的多对缓冲对是 pH 能维持稳定的重要因素之一，常见的缓冲对有 5 种类型：弱酸和弱酸盐，如 H_2CO_3-$NaHCO_3$；多元酸的两种盐，Na_2HPO_4-NaH_2PO_4；弱碱和弱碱盐，$NH_3 \cdot H_2O$-NH_4Cl；氨基酸溶液；蛋白质溶液[2]。

酸碱缓冲液是指能够抵抗外加少量强酸、强碱以及水的稀释作用，并维持溶液 pH 基本不变的溶液。常见的缓冲液需具备酸碱缓冲对，缓冲对可以是两种不同的物质，也可以是一种物质里同时含有互为共轭酸碱的不同基团。缓冲液通过互为酸碱缓冲对之间的酸碱平衡移动来抵御外加少量酸、碱以及稀释作用。但是，任何缓冲液的缓冲能力都是有限的，当大量的 H^+ 或 OH^- 进入溶液时，缓冲液中的缓冲对将被大量消耗，抗碱、抗酸的作用也随之减弱直到消失[3]。

磷酸盐缓冲液：磷酸盐缓冲液的 pH 范围与一些生物活性物质存活的酸碱环境接近，所以在生化实验中应用较多。由于磷酸是三元酸，因此磷酸盐缓冲液的缓冲对可以为 $H_3PO_4/H_2PO_4^-$、$H_2PO_4^-/HPO_4^{2-}$ 或 HPO_4^{2-}/PO_4^{3-}。但生化实验中常用的磷酸盐缓冲液一般主要由 $H_2PO_4^-/HPO_4^{2-}$ 的钠盐或钾盐配制而成。溶液中用来维持 pH 稳定的平衡移动体系：

$$H_2PO_4^- + H_2O \rightleftharpoons HPO_4^{2-} + H_3O^+$$

该缓冲液维持的 pH 范围一般为 6.2 ～ 8.2。在相关生化实验中通常在其中加入 NaCl 或者 KCl 构成磷酸盐缓冲生理盐水（简称 PBS）来使用[4]。

本实验通过向自来水、缓冲液和肝匀浆等生物组织材料中加入酸、碱溶液，测量引起的 pH 变化，说明人体内环境更类似于缓冲液，从而证明生物体维持 pH 相对稳定的机制。

（二）发展素养

“模拟生物体维持 pH 的稳定”实验是 2007 年版人教版高中生物教

[1] 李维芬 . 人体血液中的缓冲溶液及其作用 [J]. 承德民族师专学报，1993（3）：64-66.
[2] 杜永新 . 人体内环境 pH 值缓冲调节原理分析 [J]. 中学生物教学，2020（21）：65-66.
[3] 于梦雪，邹淑君 . 几种缓冲溶液简介及应用 [J]. 化学与粘合，2020，42（6）：456-458，464.
[4] 同 [3].

材（以下简称实验教材）必修3第1章第2节“内环境稳态的重要性”的内容（旧称“生物体维持pH稳定的机制”），在2019年版人教版高中生物学教材（以下简称新教材）中属于选择性必修1第1章“人体的内环境与稳态”中第2节“内环境的稳态”的内容。与实验教材相比，新教材简化了实验背景，同时也简化了实验材料（删去了马铃薯匀浆、用5倍的水稀释的鸡蛋清、黄瓜匀浆三种生物材料）。本实验通过比较加入酸、碱后各种材料的pH变化，思考人体pH变化的机理，能够提升学生深入研究生命活动规律的意识和科学探究能力。通过实验得出的结论，有助于学生理解“以血糖、体温、pH和渗透压等为例，阐明机体通过调节作用保持内环境的相对稳定，以保证机体的正常生命活动”，进而构建“内环境的变化会引起机体的自动调节，以维持内环境的稳态”这一重要概念。通过绘出pH变化曲线，有助于学生理解生物体内环境更类似于缓冲液，同时培养学生收集和处理数据的能力。具体而言，本实验对发展学生生物学学科核心素养的作用如下：

学生通过选择性必修1第1章第1节（“细胞生活的环境”）的学习，已经掌握内环境的定义、成分、理化性质等知识，初步了解到正常人的血浆近中性，pH为7.35～7.45，血浆的pH之所以能够保持稳定，与其中含有的H_2CO_3、HCO_3^-等物质有关。本实验让学生亲身观察到生物体维持pH稳定的现象，并尝试解释生物体维持pH稳定的机制，给学生更多的感性认识，为构建“稳态”概念提供事实支撑，有利于深入理解“稳态”的含义及其重要意义，进而也对“个体”“群体”水平的稳态调节等概念的学习起到重要作用[1]。通过“模拟生物体维持pH的稳定”这一实验，学生能够理解生物体内环境的pH能维持在一定范围内，为接下来学习机体通过各系统、器官的协调统一，维持着内环境的相对稳定打下基础，促使学生形成稳态与平衡观，进而引导学生形成科学的生命观念。

本实验采用对比实验的方法，通过小组合作探究生物体维持pH稳定

[1] 李霞，唐俊颖．“生物体维持pH稳定的机制”实验教学设计与组织[J]. 生物学通报，2016，51（11）：16-20.

的机制，分析实验现象并得出结论，帮助学生认识科学探究的严谨性，提升科学探究能力。通过构建不同实验材料 pH 变化的数学模型，尝试对生物材料维持 pH 稳定的机制进行解释，有助于发展学生比较与分类、分析与综合、模型与建模等科学思维能力。学生能够运用稳态的主要调节机制，解释一些生命现象，认同积极的生活态度和健康的生活方式，并能主动向他人提出合理的建议，进一步提升社会责任感。

（三）研究综述

梳理与本实验相关的文献研究，很多学者结合一线教学经验归纳出本实验在目前高中生物学课堂中存在的问题主要集中在实验材料、实验方法用具方面：

在以往的实验教学中，本实验学生的完成度不高，分析原因有：pH 试纸辨色困难；实验组较多，学生难以在一节课内完成所有实验，且使用多张 pH 试纸，操作烦琐，易造成误差；用 pH 计测量溶液 pH，每次使用后都要清洗维护，影响课堂效率；教材推荐使用的生物材料并不完全与本节内容相匹配，无法反映实验效果是细胞内容物的作用还是细胞外液的作用。

基于以上问题，许多学者在实验材料、实验用具、实验方法上进行了改进与创新，主要包括以下几个方面：

（1）优选实验材料，提升教学效果。

郑自展等[1]辨析了不同生物液体的来源及性质，澄清迷思概念，建议使用制备的新鲜兔血浆作为哺乳动物典型的内环境。这样能较好地模拟内环境生理生化特征。

苑国英[2]经过多次实验后得到各种生物材料对酸和碱的耐受性，比较数据发现：实验材料最好选择肝匀浆、鸡蛋清（不稀释）等动物材料，植物材料和加水稀释的动物材料在滴入 30 滴酸或碱后 pH 的变化幅度都较大，不足以得出“生物体在一定范围内能够维持 pH 稳定”的结论。

---

[1] 郑自展，李常欢，霍静．“生物体维持 pH 稳定的机制”实验在“稳态”大概念教学中的作用 [J]. 生物学通报，2019，54（11）：36-38.

[2] 苑国英．提高“生物体维持 pH 稳定的机制”实验的教学效果 [J]. 生物学教学，2014，39（1）：46.

（2）更新实验用具，加强课堂效率。

刘执平等[1]利用灵敏且能精确记录数据的pH计取代粗略估测的pH试纸采集数据，能够准确、灵敏、快速地反映不同实验材料的缓冲效果，提高实验效率，尤其是使得实验数据的准确性得到了提高。

李霞等[2]建议使用pH传感器代替传统pH试纸，此操作可缩短实验时间，保证实验在一节课内完成，实验结果也更为直观。

（3）改进实验方案，创新教学组织。

苑国英[3]在教学过程中，将学生分组，每组测一种材料加入酸或碱后pH的变化情况，然后把数据填在黑板的表格中供全班共享，可节省实验时间。

代红春[4]让学生自主提出实验方案，结合实验效果得出4种不同的实验方案：显色法、比色法、传感器测量法、虚拟实验法。比较4种实验方案的优势和缺陷，引导学生学会判断，在不同情境下使用不同的实验手段。

（4）拓展实验内容，落实核心素养。

潘明山[5]分析讨论了由一种离子构成的缓冲液的缓冲效果，得出由缓冲离子对构成的缓冲液缓冲能力更强。此外他也探究了不同实验材料对酸、碱的缓冲能力，发现鸡血对酸的缓冲能力比较强，鸡蛋清对碱的缓冲能力比较强。

朱云鹏[6]在模拟实验的基础上，新增化学分析实验——检验CO_2的存在，证明血浆中确实含有缓冲物质。新增的实验可以增强学生的探究能力。

---

[1] 刘执平，胡亚辉．“生物体维持pH稳定的机制”实验的改进 [J]. 中学教学参考，2019（29）：94-95.

[2] 李霞，唐俊颖．“生物体维持pH稳定的机制”实验教学设计与组织 [J]. 生物学通报，2016，51（11）：16-20.

[3] 苑国英．提高“生物体维持pH稳定的机制”实验的教学效果 [J]. 生物学教学，2014，39（1）：46.

[4] 代红春．“生物体维持pH稳定的机制”的教学设计 [J]. 实验教学与仪器，2020，37（Z1）：43-44.

[5] 潘明山．用数字化设备探究生物体维持pH稳定的机制 [J]. 实验教学与仪器，2019，36（10）：37-39.

[6] 朱云鹏．基于生物学学科核心素养的实验教学创新：以“探究生物体维持pH稳定的机制的实验”为例 [J]. 中学生物学，2019，35（5）：42-43.

综上所述，人教版高中生物学选择性必修 1 教材所提出的实验方案是较为科学合理的，在实际操作过程中具有可模仿、可复制性，学者们提出的改进建议多聚焦于实验用具的优化、实验效率的提高，随着现代科技设备的普及利用，这些建议将会得到更好的实践、落实。

（四）实验优化

（1）实验中建议购买价格便宜、测量速度快的简单型 pH 计。需注意 pH 计是通过一个敏感球泡感知溶液 pH 的，测定一个溶液的稳定时间不超过 2 min。被测溶液中如含有污染敏感球泡或堵塞液接界的物质则会使电极钝化，读数不稳定，或读数稳定所需时间变长。为此，应根据污染物的性质，以适当的溶液清洗球泡使之复新[1]。

（2）若有条件，可以选购 pH 传感器，使用 pH 传感器代替传统 pH 试纸，将测量方式从定性向定量转变，使 pH 值读数更准确、具体；还克服了传统实验的不足，如传统实验要求生物材料的提取液必须是无色或浅色的，否则材料颜色对实验结果会产生很大的影响。在使用 pH 传感器开展实验前，教师需讲述 pH 传感器的原理，演示 pH 传感器的使用方法，明确实验操作的有关要求、注意事项。

（3）在实验室缺少 pH 计等用具的情况下，可考虑使用酸碱指示剂来判断 pH 变化（显色法），比如紫甘蓝汁等。显色法通过颜色变化快慢、颜色变化幅度来判断生物体维持 pH 稳定能力的强弱，便于观察和记录。如使用酸碱指示剂，应避免选择如肝匀浆这类具有较深颜色的实验材料。

（4）本实验的选材及处理过程中存在概念混淆的嫌疑：用细胞内液和细胞外液的混合体系中维持 pH 稳定的机制去解释机体内环境（细胞外液）维持 pH 的机制，显然这样的选材缺乏科学性。所以，建议以动物血清为材料进行实验，以使概念更加准确严谨。但在自主制备血清时需要注意血清和血浆的区别：一般处理血液时会加入柠檬酸钠后静置一段时间，得到上层血浆，其中含有纤维蛋白原；而血清是离体的血液中不加抗凝剂，

[1] 刘成权．“内环境稳态的重要性”的教学及相关实验设计 [J]. 生物学教学，2009，34（4）：38-40.

让血液迅速凝固，凝血块收缩后周围析出的淡黄色液体。常规实验中，为避免抗凝剂的干扰，血液中许多化学成分的分析都以血清为样品[1]。

（5）本实验的操作并不复杂，重点是在教学中选取合适的材料、确定材料的最佳配比，从而得到最佳实验效果，以及在1节课内如何完成教学。因此教师要充分做好预实验。选取一些常见且较易处理的生物材料，通过查阅文献资料、预实验后确定用量和配比，比如：稀肝匀浆、1∶1土豆汁、1∶1白菜汁、1∶1胡萝卜汁（均指与水稀释）[2]。此外由于缓冲液比体液的缓冲能力弱，需要通过预实验对加入的酸（碱）用量作出预判，才能保证实验成功。通过预实验，找到在一定的反应体系中，每次加入具体的酸（或碱）的量（例如10 mL的体系，每次加入10 μL的1.2 mol/L的HCl或1.2 mol/L的NaOH），为进一步实施实验和观察“缓冲”的动态变化过程做好准备[3]。

（6）实验中为准确比较不同生物材料的缓冲效果，需要让缓冲液、自来水和生物材料的初始pH大致相同，然后滴加酸或碱，再观察变化趋势。因此应选择初始pH接近的生物材料进行实验。同时，也需要测定自来水的初始pH，避免不同地区的水质差异对实验产生影响，可以通过将自来水煮沸或充入二氧化碳等方式降低水的初始pH，再用于实验开展[4]。

（7）教材实验中通过比较自来水、缓冲液和生物材料在加入酸或碱后pH的变化，推测生物体可能是含有缓冲物质用于维持pH稳定。在实际教学中，通过这样的类比推理得出的可能性结果缺乏可靠性。所以可增加化学分析实验，证明血浆中确实含有缓冲物质。比如学生推测出内环境中可能存在的缓冲物质是H_2CO_3/HCO_3^-，于是联系化学知识：因为HCO_3^-、H_2CO_3、CO_3^{2-}这3种基团或分子在溶液中可通过电离或水解彼此转化，所以只要确定溶液中含有其中一种，即可说明溶液中存在多种。又

[1] 徐月明．“内环境与稳态”一节中几个值得关注的问题[J]. 中学生物教学，2011（8）．45-47.

[2] 李霞，唐俊颖．“生物体维持pH稳定的机制”实验教学设计与组织[J]. 生物学通报，2016，51（11）：16-20.

[3] 同[1].

[4] 同[2].

因 HCO_3^-、CO_3^{2-}都可与 HCl 发生反应生成 CO_2。因此可以通过向材料中滴加 HCl，检测是否有 CO_2 的生成，来确定溶液中是否含有 H_2CO_3/HCO_3^- 这对缓冲物质。实验要注意设置对照组（向蒸馏水中滴加 HCl），排除无关变量的干扰[1]。

（五）教学组织

1. 关于课堂导入的建议

学生学习完“细胞生活的环境”后，对“细胞外液的酸碱度”等有了一定了解，但对生物体如何维持酸碱度还不清楚。本实验可选取“酸碱体质理论”这一伪科学问题导入。该理论认为：体质的酸化是百病之源，而体质酸化是由于吃了“酸性食物”。所谓的酸性食物包括鱼、肉、米饭、酒等主副食品。在举出实例后，教师提出问题串：①机体自身代谢以及食物在消化吸收后经代谢会不会产生一些酸性或碱性物质？②当这些酸性或碱性物质进入内环境，内环境还能否维持 pH 的稳定？③生物体维持 pH 稳定的机制又是什么？利用社会热点问题创设问题情境，一方面有利于激发学生的探究欲；另一方面能培养学生正确地运用所学的生物学知识和方法，依托实验，对社会热点问题做出理性解释，辨别迷信和伪科学，从而增强学生的社会责任感[2]。

此外，教师也可利用 POE 教学策略，在课堂一开始让学生进行预测（predict）：教师给出问题，学生根据自己已有的经验和知识预测最终会有何种现象或结果。比如提出疑问：生物体进行生命活动会产生一些酸性或碱性物质，这些物质进入到血浆中，会大幅改变血浆 pH 吗？鸡血浆与人血浆 pH 接近，若以鸡血浆作为实验材料，向鸡血浆中加入酸性或碱性物质，鸡血浆的 pH 会大幅改变吗？在实验前利用学生已经掌握的知识进行预测，充分暴露出学生各自的前概念和对稳态概念的理解，激发学生对于“生物体维持 pH 稳定的机制”实验的期待。教师也能够更好地了解学

---

[1] 朱云鹏 . 基于生物学学科核心素养的实验教学创新：以“探究生物体维持 pH 稳定的机制的实验”为例 [J]. 中学生物学，2019，35（5）：42-43.

[2] 同 [1].

生的前概念，针对学生表现出的问题，改进教学思路，建构认知冲突，在学生的最近发展区内进行概念转变，建构正确的稳态概念[1]。

2. 利用信息化工具加深学生理解，建构数学模型

教师可利用现代信息技术，与学生共同设计“模拟人体维持 pH 稳定的机制”的动画演示（如图 4-47 所示），展示当酸性物质或碱性物质进入人体内环境中发生的相应代谢过程，同时以曲线的形式呈现内环境中 pH 的变化。内环境稳态的调节过于抽象，运用形象直观的信息技术支撑课堂教学，可以帮助学生更好地理解知识内容[2]。

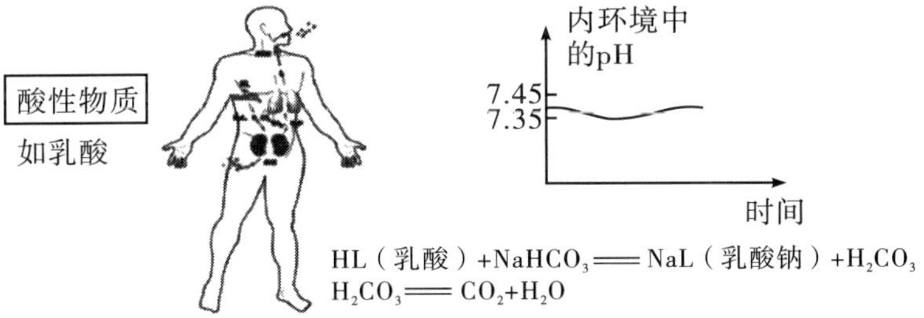

图 4-47　人体维持 pH 稳定的机制动画演示

本实验内容较多，实验过程只是整个实验教学的一个环节，而能力的培养尤为重要。本实验的目的之一是使学生学会收集实验数据并建立数学模型。在本实验中可以利用计算机辅助教学软件模拟人体的 pH 稳定的维持，通过建立数学模型帮助学生达成生物体稳态与平衡这一生命观念[3]。学生在学习生物学的过程中，经常要分析很多实验数据，这些数据是如何得到的，本实验可以给学生一个明确的范例。利用数据建构曲线图，既是实验结果的表达形式之一，又是将具体数据上升为数学模型的途径之一，通过现代化信息设备可更好地实现曲线图的建构。

---

[1] 贡青．用 POE 策略进行概念教学：以实验“生物体维持 pH 稳定的机制”为例 [J]. 数理化解题研究，2020（12）：95-96.

[2] 朱云鹏．基于生物学学科核心素养的实验教学创新：以“探究生物体维持 pH 稳定的机制的实验”为例 [J]. 中学生物学，2019，35（5）：42-43.

[3] 同 [2].

3. 加强小组合作，提升课堂效率

本实验体现了新课程理念，是提高学生科学素养的经典实验。没有本实验的感性认识，就没有学生对内环境稳定的理性理解。本实验除了培养学生的操作能力、数形转换能力，还有利于合作精神的培养。本实验操作步骤重复次数多，适合以小组为单位，分工完成实验。完成实验后，全班学生共享实验数据。进行这样的分组实验，学生可以明确实验任务，相互合作，节约时间，提高教学效率。

4. 联系生活实际，培养健康生命观

本实验证明加入过量的酸或碱后，缓冲液的 pH 都会发生明显的变化，这说明生物材料的缓冲能力是有限的。所以在实验操作结束后，在学生对实验结果产生直观体验的基础上，可以引导学生联想：若这种现象发生在人体内，可能会引发一些疾病。比如：引入“呼吸性碱中毒”（由于肺过度通气导致血液中 CO_2 减少、pH 升高导致的疾病）的病例。教师通过视频展示呼吸性碱中毒的症状以及解决办法（用塑料袋或纸袋罩住患者口鼻，使呼出的 CO_2 重新吸入来减轻症状）。通过这样的学习历程，学生不仅明白酸碱失衡对机体健康的影响，同时也获取了相应的医学常识，进而培养了学生正确对待健康和生活的生命观。

（六）过程及评价

1. 操作过程性评价

表 4–31 “模拟生物体维持 pH 的稳定”评价体系

<table>
<tr><th>项目</th><th colspan="2">操作要点及评价指标</th><th>结果</th><th>评价</th></tr>
<tr><td>实验操作</td><td>（1）设计记录表</td><td>以 4 人为一组。在记录本中，设计一个如下所示的记录表。
<table>
<tr><td rowspan="3"></td><td colspan="7">加入 0.1 mol/L HCl</td><td colspan="7">加入 0.1 mol/L NaOH</td></tr>
<tr><td colspan="7">加入不同数量液滴后的 pH</td><td colspan="7">加入不同数量液滴后的 pH</td></tr>
<tr><td>0</td><td>5</td><td>10</td><td>15</td><td>20</td><td>25</td><td>30</td><td>0</td><td>5</td><td>10</td><td>15</td><td>20</td><td>25</td><td>30</td></tr>
<tr><td>自来水</td><td></td><td></td><td></td><td></td><td></td><td></td><td></td><td></td><td></td><td></td><td></td><td></td><td></td><td></td></tr>
<tr><td>缓冲液</td><td></td><td></td><td></td><td></td><td></td><td></td><td></td><td></td><td></td><td></td><td></td><td></td><td></td><td></td></tr>
<tr><td>生物材料 1</td><td></td><td></td><td></td><td></td><td></td><td></td><td></td><td></td><td></td><td></td><td></td><td></td><td></td><td></td></tr>
<tr><td>生物材料 2</td><td></td><td></td><td></td><td></td><td></td><td></td><td></td><td></td><td></td><td></td><td></td><td></td><td></td><td></td></tr>
</table>
</td><td></td><td></td></tr>
</table>

续表

项目	操作要点及评价指标		结果	评价
实验操作	（2）测酸对自来水 pH 的影响	将 25 mL 自来水倒入 50 mL 烧杯中，测自来水的初始 pH；一次加一滴 0.1 mol/L 的 HCl 溶液并轻轻摇动，加入 5 滴后再测 pH，重复这一步骤直到加了 30 滴为止。将 pH 测定结果记入表中		
	（3）测碱对自来水 pH 的影响	将 25 mL 自来水倒入 50 mL 烧杯中，测自来水的初始 pH；一次加一滴 0.1 mol/L 的 NaOH 溶液并轻轻摇动，加入 5 滴后再测 pH，重复这一步骤直到加了 30 滴为止。将 pH 测定结果记入表中		
	（4）测缓冲液 pH 的变化	充分冲洗烧杯，用缓冲液代替自来水，重复步骤（2）和步骤（3），记录结果		
	（5）测其他实验材料 pH 的变化	充分冲洗烧杯，用肝匀浆、马铃薯匀浆等代替自来水，重复步骤（2）和步骤（3），记录结果		
	（6）画曲线图	待实验完成后，根据所得数据，以酸和碱的滴数为横轴，以测得的 pH 为纵轴，在坐标图上画出各材料的 pH 变化曲线。不同实验材料用不同的线条加以区分		

续表

项目	操作要点及评价指标	结果	评价
分析与讨论	（1）从加入酸或碱后 pH 的变化来看，生物材料是更像自来水还是更像缓冲液？ ____________________ （2）分析为什么缓冲液的 pH 变化情况与自来水的不同？ ____________________ ____________________ ____________________ ____________________ （3）尝试对生物实验材料维持 pH 稳定的机制进行解释。 ____________________ ____________________ ____________________ ____________________ ____________________		
实验结论	通过对实验结果的分析与讨论，可以得出以下结论：（1）比较以上曲线的变化规律可知，生物材料的性质类似于__________而不同于__________，说明生物材料内含有__________，能维持 pH 相对稳定。 （2）不同的实验材料对酸或碱的缓冲效果不同，对酸缓冲能力依次增加的是：__________；对碱缓冲能力依次增加的是：__________		
评价等第			

注：操作过程性评价等第分为优秀（100～90 分）、良好（89～80 分）、合格（79～60 分）与不合格（< 60 分）四个等第。实验操作不合格者，按规定需重新测试。

实验教学建议及注意事项：

（1）加入酸或碱时，要一滴一滴地加入，并严格控制滴数。

（2）盐酸和 NaOH 溶液都有腐蚀性，应避免与皮肤和眼睛接触，也不要入口。若溅入眼睛或不慎与皮肤接触，要立即用水冲洗 15 min，并告诉老师。

（3）所选的生物材料最好是既有动物材料又有植物材料。

2. 试题评价示例

（1）人体血液的pH维持在7.35～7.45，适量CO_2对维持pH起主要作用，其原理可用化学方程式表示：$H_2O+CO_2 \xrightleftharpoons{肺} H_2CO_3 \xrightleftharpoons{血液} H^++HCO_3^-$。又知人体在正常情况下呼出的气体中$CO_2$的体积分数约为5%，下列说法正确的是（　　）。

A. 人在安静状态下，长时间太快且太深的呼吸会使呼出气体中CO_2的体积分数大于5%

B. 人在痛苦中，长时间太深的呼吸会导致血液pH降低

C. 人在安静状态下，长时间太浅的呼吸会导致血液pH降低

D. 窒息而死的人血液pH维持在7.35～7.45

（2）取甲、乙两支试管，向甲试管内加入血浆，乙试管内加入等量蒸馏水，用pH试纸检测。向甲、乙试管内各滴入等量的盐酸或NaOH溶液。摇匀后，再用pH试纸检测。下列关于此实验的过程和结果的判断错误的是（　　）。

A. “等量”是对照实验中对无关变量的要求，在这种条件下，实验结果才可靠

B. “摇匀”使酸性或碱性物质与试管中的血浆或水充分混合，确保pH试纸检测结果的准确性

C. 结果是甲试管中血浆的pH变化不明显，乙试管中蒸馏水的pH变化明显

D. 可见血浆中有缓冲物质，pH稳定不变

（3）图4-48为体内细胞与内环境之间的物质交换示意图，据图回答下列问题。

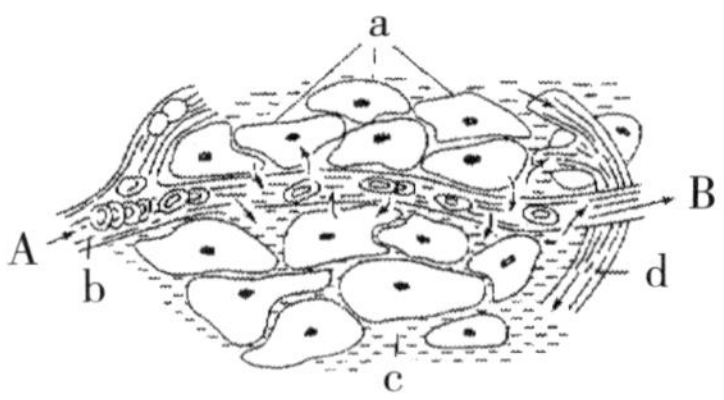

图 4-48

①此图表示了细胞与周围环境的关系，其中毛细血管壁细胞生活的具体内环境是______________。（填标号）

②血浆、组织液和淋巴三者之间既有密切联系，又有一定区别。一般情况下，b 和 c 成分上的主要区别是______________。

③在一些病理条件下，血浆、组织液和淋巴三者的量都可能发生变化。请举出由于病理引起 c 增多的实例：______________。

④如果该图为肝脏组织局部结构模式图，则 B 端与 A 端液体相比较，明显增多的物质有______________。

⑤正常人 b 内的 pH 通常维持在______________之间，直接起调节作用的是血液中的______________物质。

（4）某同学分别以清水、缓冲液（含 Na_2HPO_4、KH_2PO_4 的溶液，pH=7）和血浆为实验材料进行实验，探究“血浆是否具有维持 pH 稳定的功能”，主要实验步骤如下：

分别加入 25 mL 实验材料→测 pH →滴加 5 mL 0.1 mol/L 的 HCl 溶液、摇匀→测 pH →倒去烧杯中溶液后充分冲洗→重复实验并记录。试回答下列有关问题。

①实验开始时都应测三种材料的 pH，其目的是______________。

②该同学用如图 4-49 所示曲线来预期探究结果，试回答下列问题。

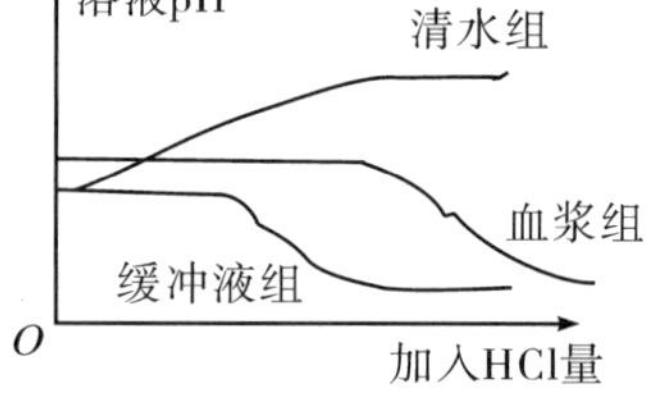

图 4-49

a. 预期结果中明显不符合科学的是____组，理由是______________。

b. 实验中清水组和缓冲液组起_________作用。由实验可以得出的结论是______________。

③如果要证明血浆确实具有维持 pH 稳定的功能，本探究实验还应该______________。

参考答案

1. 操作过程性评价

分析与讨论：

（1）更像缓冲液。（2）缓冲液加入少量酸性或碱性物质后，pH 变化不明显，原因是磷酸缓冲液中含有 NaH_2PO_4/Na_2HPO_4，其中 NaH_2PO_4 溶液显酸性，当加入少量 NaOH 时，可以中和 OH^-；Na_2HPO_4 呈碱性，当加入少量 HCl 时，可中和 H^+，自来水则没有这种缓冲功能，因而加入酸碱后 pH 变化明显。（3）生物材料中含有缓冲对 NaH_2PO_4/Na_2HPO_4、$H_2CO_3/NaHCO_3$ 等，它们能够对 pH 的变化起缓冲作用。此外，机体还可通过对生理活动进行调节来维持 pH 稳定。

实验结论：（1）缓冲液　自来水　缓冲物质　（2）自来水＜黄瓜匀浆＜马铃薯匀浆＜肝匀浆＜鸡蛋清＜缓冲液　自来水＜鸡蛋清＜黄瓜匀浆＜马铃薯匀浆＜肝匀浆＜缓冲液

2. 试题评价示例

（1）C　（2）D　（3）①bc　②b 中蛋白质含量更高（或 b 的蛋白质含量比 c 高）③过敏反应、毛细淋巴管堵塞、肾小球肾炎、营养不良（回答一个即可）④二氧化碳、尿素（回答一个即可）⑤7.35 ～ 7.45　缓冲　（4）①获得实验前数据，以便与实验后溶液的 pH 做比较　②a. 清水　向清水中加 HCl 溶液后，溶液 pH 应下降　b. 对照　血浆与缓冲液一样具有维持 pH 相对稳定的功能，且血浆的这种能力比较强（或血浆与缓冲液一样可以在一定范围内保持 pH 相对稳定）③加入 NaOH 溶液后，血浆 pH 仍可在一定范围内保持稳定（或添加 NaOH 溶液组）

第四节 模型构建实验案例研究

一、制作 DNA 双螺旋结构模型

（一）实验原理

1953 年，沃森（Watson）和克里克（Crick）在前人研究成果的基础上，提出了 DNA 双螺旋结构模型，引起了科学界的巨大反响。这个模型不仅明确阐述了基因的分子结构，将结构和功能联系起来，有效地解释了遗传现象的本质，也为后续研究 DNA 的复制、转录、表达和调控等奠定了基础。DNA 双螺旋结构模型的建立标志着现代分子生物学时代的到来，极大地推动了生命科学的发展。

1.DNA 双螺旋结构模型建立的主要依据

提出 DNA 双螺旋结构模型的依据主要有以下三个方面。

（1）查哥夫法则的发现。1950 年，美国的生物化学家查哥夫（Chargaff）及其同事定量分析了大量不同来源的 DNA 的碱基组成，发现不同生物的 DNA 碱基组成存在较大的差异，并且发现 DNA 中四种碱基的量也不是完全相同的，这就推翻了早先提出的四种碱基以相同比例存在的“四核苷酸理论”[1]。同时，查哥夫等发现不论是何种生物，在所有 DNA 中，其碱基组成是有规律的，即 DNA 中腺嘌呤的量等于胸腺嘧啶的量，鸟嘌呤的量等于胞嘧啶的量，即 [A]=[T]、[G]=[C] 或 [A]+[G]=[T]+[C][2]。这种碱基组成的定量关系被称为查哥夫法则，它为 DNA 双螺旋结构模型的建立提供了重要线索。

（2）高质量的 DNA 衍射图谱。1951 年，英国生物物理学家威尔金斯（Wilkins）及其同事富兰克林（Franklin）利用 X 射线衍射技术对 DNA 晶体进行了研究，得到了高质量的 DNA 衍射图谱。衍射图谱显示 DNA 分子极有可能是一个螺旋结构，并且具有 0.34 nm 和 3.4 nm 两个周期性结

---

[1] 姚连生，郑仲承 . 核酸与生命 [M]. 北京：科学出版社，1985：28-32.

[2] 张曼夫 . 生物化学 [M]. 北京：中国农业大学出版社，2002：149.

构[1]。这一发现为 DNA 是两条链的螺旋结构奠定了基础。

（3）碱基对间能通过氢键连接。通过 X 射线、光谱研究、核磁共振等研究，证实了 DNA 碱基的互变异构体是以酮基的形式存在，而不是以烯醇式的形式存在的[2]。此外，四种碱基的物化数据表明 A 与 T、G 与 C 配对时，两个碱基对的大小相近，它们的酮基与氨基及其键长、键角表明两个碱基对之间能够形成氢键保持稳定[3]。同时，酸碱滴定验证了碱基对间能形成氢键这一观点，为双螺旋模型的建立提供了重要依据。

正是在这三个重要依据的基础上，沃森和克里克建立了 DNA 双螺旋结构模型。

2. 沃森和克里克的 DNA 双螺旋结构模型的基本特征

DNA 双螺旋结构由两条反向平行的多核苷酸链构成，两条多核苷酸链围绕同一中心轴旋转成右手双螺旋。双螺旋的表面有两条深浅不同的凹沟，较深的是大沟，较浅的是小沟。

两条多核苷酸链中的脱氧核糖和磷酸交替连接排列在双螺旋的外侧，碱基按照 A 与 T、G 与 C 配对的方式形成碱基对排列在内侧。两条链上处于同一平面的碱基通过形成氢键来维持配对关系。A 与 T 配对，形成 2 个氢键；G 与 C 配对，形成 3 个氢键。糖环的平面与纵轴平行，碱基平面与纵轴垂直，并重叠形成碱基堆[4]。

双螺旋的直径为 2 nm，两个相邻的碱基对之间相距的高度为 0.34 nm，两个核苷酸之间的夹角为 36° ，每 10 对碱基组成一圈双螺旋，每一圈螺旋的高度（螺距）为 3.4 nm（0.34 nm × 10=3.4 nm）[5]。

沃森和克里克的 DNA 双螺旋结构模型如图 4-50 所示。

---

[1] 吴赛玉 . 生物化学 [M]. 合肥：中国科学技术大学出版社，2005：12-13.

[2] 同 [1].

[3] 张曼夫 . 生物化学 [M]. 北京：中国农业大学出版社，2002：149.

[4] 桂兴芬，石渊渊，安玉会，等 . 生物化学 [M]. 郑州：河南医科大学出版社，2000：27-29.

[5] 同 [1].

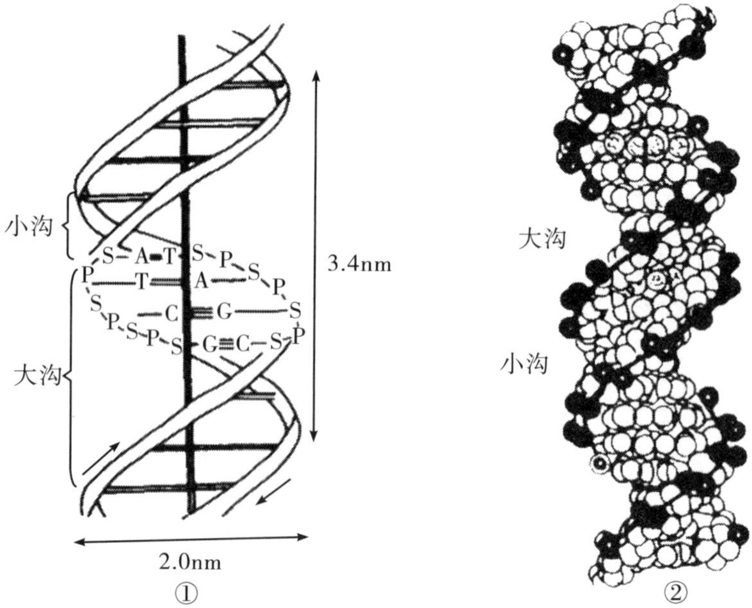

① DNA 主链走向（P：磷酸基；S：脱氧核糖） ② DNA 的实体模型

图 4-50 沃森和克里克的 DNA 双螺旋结构模型

（二）发展素养

“制作 DNA 双螺旋结构模型”实验是 2007 年版人教版高中生物教材（以下简称实验教材）必修 2 第 3 章第 2 节的内容，在 2019 年版人教版高中生物学教材（以下简称新教材）中属于必修 2 第 3 章“基因的本质”第 2 节“DNA 的结构”的内容。与实验教材相比，新教材增加用扭扭棒作为实验材料的建议。在制作 DNA 双螺旋结构的过程中，学生能够加深对 DNA 结构特点的认识和理解，有助于“亲代传递给子代的遗传信息主要编码在 DNA 分子上”这一概念的构建；在模型构建过程中，能够发展学生的模型与建模思维，提高学生的动手操作能力和合作能力。具体而言，本实验对发展学生生物学学科核心素养的作用如下：

学生在学习生物学必修 1 时学习过核酸，已经知道了 DNA 是由四种脱氧核苷酸连接而成的长链；在制作 DNA 双螺旋结构模型之前，学生也学习了 DNA 的立体结构，对 DNA 的双螺旋结构有了大体的认识。DNA

分子属于分子水平，无法在显微镜下进行观察，如果仅通过语言描绘，学生很难掌握其结构。通过构建 DNA 双螺旋结构模型的实验，学生能够深入理解“DNA 是由两条单链组成的，这两条单链按反向平行方式盘旋成双螺旋结构”“DNA 中的脱氧核糖与磷酸交替连接，排列在外侧，构成基本骨架；碱基排列在内侧”“两条链上的碱基通过氢键连接成碱基对，并且碱基配对具有一定的规律”这些概念，并为后续学习“基因指导蛋白质的合成”打下基础。

模型法是生物学研究的重要方法，在制作 DNA 模型的过程中，不仅能在一定程度上锻炼学生的动手能力、团队协作能力，还能让学生体会模型与建模的思维方法，认识建模的意义，并且能够锻炼学生的评价能力和审美能力。

（三）研究综述

针对该实验，诸多学者提出了关于材料的选择、制作模型的方法流程、制作模型的技术等方面的建议。

（1）对实验材料进行了创新和优化。

沈泉 [1] 秉承环保、低成本的理念，使用简易的材料制作 DNA 双螺旋结构模型。董鸣鸣 [2] 提倡在实验室就地取材。吴圣潘 [3] 提出可以用棉绳或塑料为材料编制 DNA 双螺旋结构模型。

（2）规范了制作 DNA 双螺旋结构模型的步骤。

谭雪云 [4] 提出制作 DNA 双螺旋结构模型共分四步：画（将磷酸模型、脱氧核糖模型、四种碱基模型画在纸上）、剪（将画好的模型剪下来）、订（先将剪好的磷酸模型和碱基模型用订书机分别连接在脱氧核糖模型上，制成脱氧核苷酸模型，分别连接在脱氧核糖模型上，制成脱氧核苷酸模型，用订书机将两条链之间的互补碱基连接好）、旋（双手分别拿起所制模型的两端，进行旋转）。

---

[1] 沈泉 . 一种制作 DNA 双螺旋结构的新方法 [J]. 实验教学与仪器，2015，32（Z1）：80-81.

[2] 董鸣鸣 . 制作 DNA 双螺旋立体结构模型 [J]. 学科教育，1989（1）：50.

[3] 吴圣潘 . 制作 DNA 双螺旋结构模型实验材料的筛选 [J]. 生物学教学，2009，34（5）：50-54.

[4] 谭雪云 . 制作 DNA 双螺旋结构模型的新方法 [J]. 实验教学与仪器，2005（9）：26.

吴圣潘[1]提出应当先做支架，然后制作脱氧核苷酸模型，接着制作多核苷酸长链模型，最后制作 DNA 空间结构模型。

李莺[2]提出的制作过程为：制作基本成分（磷酸的制作、脱氧核糖的制作、4 种碱基的制作）、制作基本单位、制作 DNA 单链、制作 DNA 双链、形成 DNA 双螺旋结构模型。

（3）引入了制作 DNA 双螺旋结构模型的新技术。

沈红梅[3]结合高二学生所学的信息技术，安排学生利用计算机技术，运用 Flash 软件制作 DNA 双螺旋结构模型。

综上所述，除教材中所给的实验材料外，许多学者考虑美观、环保、制作过程简易及成本方面的因素，提供了许多新的实验材料，规范了制作 DNA 双螺旋结构模型的具体操作步骤。随着现代信息技术的提高，运用计算机制作模型也成为可能。

（四）实验优化

（1）实验材料的选择。

制作脱氧核苷酸的材料多种多样，如塑料片、硬纸板、泡沫板、卡纸等；除此之外，磷酸基团还可用橡皮泥、瓶盖、原子球棍模型中的圆球制作；基本单位之间用订书钉或细铁丝进行连接；模型的支架可以用铁架台代替。

（2）实验操作步骤。

制作 DNA 双螺旋结构模型的一般顺序为：基本单位→单链结构→平面结构→空间结构。

（3）创新实验。

①用绳子制作 DNA 双螺旋结构模型[4]。

A. 实验材料：三根棉绳，一根作为主绳（黑绳），两根作为副绳（红绳和绿绳）。

---

[1] 吴圣潘 . 制作 DNA 双螺旋结构模型实验材料的筛选 [J]. 生物学教学，2009，34（5）：50-54.

[2] 李莺 . 用简易材料制作 DNA 双螺旋结构模型 [J]. 生物学通报，2012，47（3）：60-61.

[3] 沈红梅 . 谈运用计算机技术制作 DNA 双螺旋结构模型 [J]. 中学生物学，2012，28（4）：14-15.

[4] 同 [1].

B. 制作方法：如图 4-51 所示，黑绳对折当主绳，用橡皮筋将绿绳和红绳绑紧，重复编制步骤，最后用橡皮筋绑好。

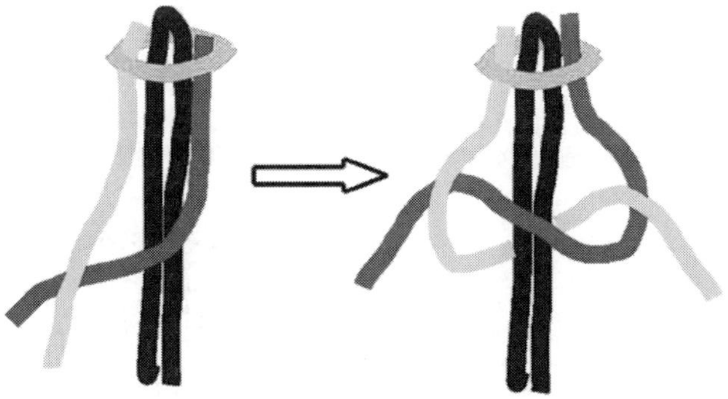

图 4-51　绳子的缠法

C. 实验成果：如图 4-52 所示。

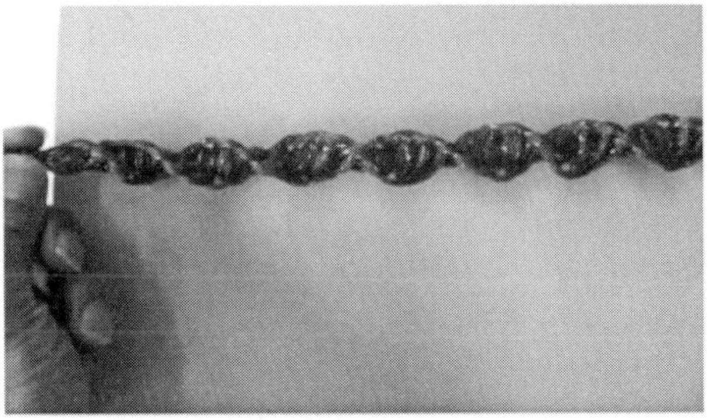

图 4-52　用绳子编制的 DNA 双螺旋结构模型

②用纸张折叠 DNA 双螺旋结构模型[1]。

A. 实验材料：A4 纸或者其他类型纸若干、直尺、镊子、DNA 的型版、剪刀、美工刀、双面胶、吸管、线等。

B. 制作方法：取 A4 纸一张，按照图 4-53 所示的方法折叠。

C. 实验成果：如图 4-54 所示。

[1] 吴圣潘 . 制作 DNA 双螺旋结构模型实验材料的筛选 [J]. 生物学教学，2009，34（5）：50-54.

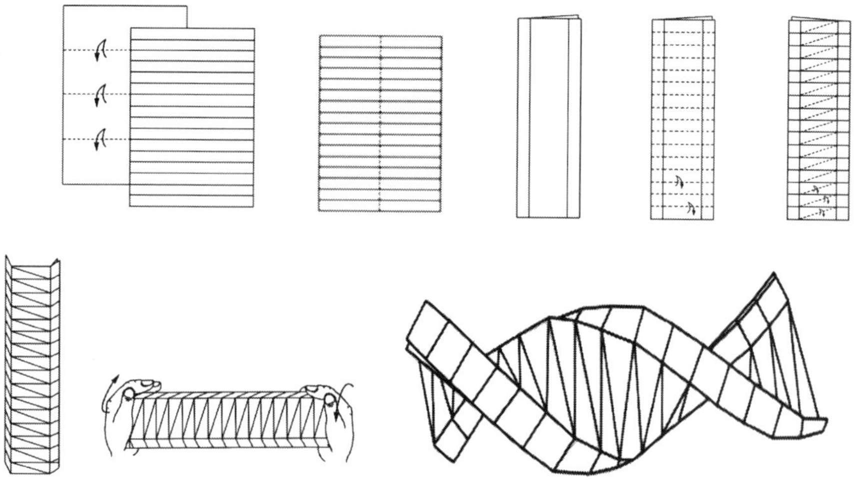

图 4-53　用纸折 DNA 模型的步骤

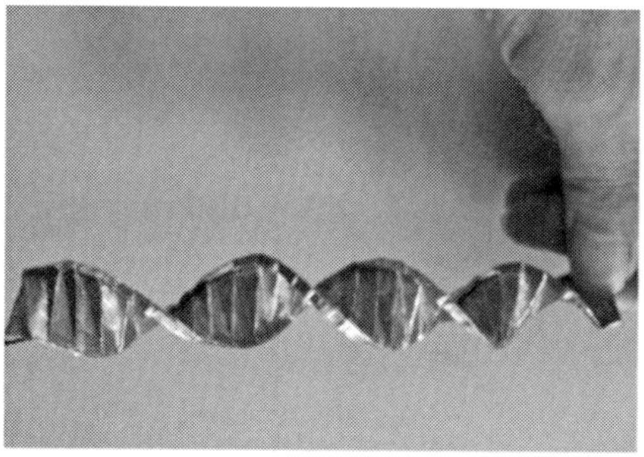

图 4-54　纸折 DNA 模型

（五）教学组织

1. 关于导入的建议

本实验可以通过建立结构概念模型的方式进行复习导入。在本实验之前，学生已经学习了 DNA 的结构，教师按照“空间结构→平面结构→单链结构→基本单位”的顺序，引领学生复习 DNA 分子的结构特点，然后小组讨论组装概念模型剪贴图（如图 4-55）[1]。有了概念模型的基础，物

[1] 孔爱华 . 运用“体验—合作学习模式”构建 DNA 的结构模型：“制作 DNA 分子双螺旋结构模型”的教学案例 [J]. 生物学通报，2010，45（9）：20-22.

理模型的建立将会更加容易。

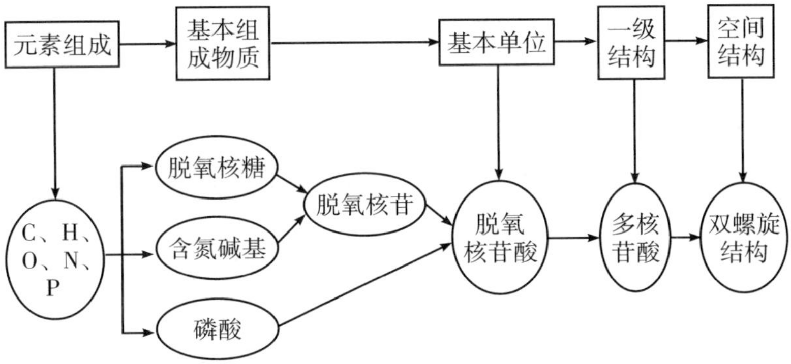

图 4-55　DNA 双螺旋结构的概念模型

2. 关于探究性学习的建议

在进行探究性学习之前，教师可以提出一系列问题，启发学生思考，例如：用哪些材料制作脱氧核糖、含氮碱基、磷酸基团？脱氧核苷酸内部各部分如何进行连接？脱氧核苷酸之间如何连接形成单链？两条单链之间通过什么材料进行连接？如何进行螺旋？让学生在思考问题的过程中完成模型的建构。

本实验可以安排在学习“DNA 的结构”相关知识之后，也可以在学习 DNA 双螺旋结构的过程中进行穿插，即给学生提供 DNA 研究过程的一些重要突破，让学生利用这些信息，开动脑筋，自己完成 DNA 结构的“拼图”，制作 DNA 模型。这样的教学组织，把模仿水平的技能目标提升为独立操作水平，把学生的学习兴趣和探究欲望充分调动起来。而且给学生提供的 DNA 研究史实中涉及了 α - 螺旋和 DNA 的模型构建，让学生切实感受到“模型法”在科学研究中的意义；涉及了 X 射线衍射技术对 DNA 研究的巨大推动作用，为 STS 教育提供了机会；还涉及了物理、化学、数学在 DNA 研究中的应用，使学生体会生物学的自然科学属性，对科学研究中的合作与竞争也有所感悟[1]。

[1] 荆林海 .“制作 DNA 分子双螺旋结构模型”实验的教学组织 [J]. 生物学通报，2011，46（10）：23-25.

3. 关于结束的建议

在模型建构结束后，教师应当让各小组展示其成果，在此过程中，各小组对其成果进行评价，评价的主要方面有模型的科学性、美观性、创新性、环保性等。

教师还可提出拓展问题：根据 DNA 的结构，你将如何解释 DNA 的自我复制？并过渡到下一节内容“DNA 的复制”的学习。

（六）过程及评价

1. 操作过程性评价

表 4–32 “制作 DNA 双螺旋结构模型”评价体系

项目	操作要点及评价指标		结果	评价
实验操作	（1）制作三种基本组成物质	计算出需要的脱氧核苷酸数目，并依据脱氧核苷酸数目分别准备相应材料，制作磷酸、脱氧核糖和四种含氮碱基		
	（2）制作四种脱氧核苷酸	按脱氧核苷酸的结构，将一分子磷酸、一分子脱氧核糖和一分子含氮碱基制作成若干个脱氧核苷酸		
	（3）制作两条脱氧核苷酸链	先制作一条脱氧核苷酸链，再根据碱基互补配对原则，制作另一条脱氧核苷酸链，将两条链组装成一个双链 DNA 分子（注意两条链的方向）		
分析与讨论	（1）组成 DNA 分子的基本单位是什么？ DNA 分子是由哪几种物质构成的？这几种物质之间是在什么部位相互连接的？ （2）在 DNA 分子中，每个脱氧核苷酸之间是在什么部位相互连接成长链的？ （3）DNA 分子两条链的方向是怎样的？它们之间的碱基是怎样连接的？ DNA 分子的立体构型是怎样的？			
评价等第				

注：操作过程性评价等第分为优秀（100 ～ 90 分）、良好（89 ～ 80 分）、合格（79 ～ 60 分）与不合格（＜ 60 分）四个等第。实验操作不合格者，按规定需重新测试。

2. 试题评价示例

（1）某研究小组用图 4-56 所示的 6 种卡片、脱氧核糖和磷酸之间的连接物、脱氧核糖和碱基之间的连接物、碱基对之间（代表氢键）的连接物若干，成功搭建了一个完整的 DNA 模型，模型中有 4 个 T 和 6 个 G。下列说法正确的是（　　）。

图 4-56

A. 碱基对之间（代表氢键）的连接物有 24 个

B. 代表胞嘧啶的卡片有 4 个

C. 脱氧核糖和磷酸之间的连接物有 38 个

D. 理论上能搭建出 410 种不同的 DNA 模型

（2）下列是一组有关双链 DNA 分子中含氮碱基的问题，请回答：

①若 A 占 20%，则 G 占____________。

②若双链 DNA 中 A 占 20%，且一条链中的 A 占 20%，则此链中 C 所占比例的最大值是____________。

③一条链中（A + C）/（T + G）= 0.4，互补链中的此值是__________________。

④一条链中（A + T）/（C + G）= 0.4，互补链中的此值是__________________。

⑤若 A 有 p 个，占全部碱基数的 20%，则该 DNA 分子中的 G 有__________个。

参考答案

试题评价示例

（1）C　（2）① 30%　② 60%　③ 2.5　④ 0.4　⑤ 1.5p

二、培养液中酵母菌种群数量的变化

（一）实验原理

酵母菌是一种单细胞的真核微生物，属于真菌，酵母菌大多数为腐生，主要生长在偏酸性（pH 为 4.5 ～ 6）的潮湿的含糖环境中。酵母菌具有培养简单、生长周期短、增殖速度快等特点，是研究种群数量的变化以及种群内部因素和外部因素对种群个体数量影响的良好实验材料。

1. 液体培养基扩菌原理

酵母菌可以用液体培养基进行培养，液体培养基具有可以进行同期培养、振荡培养的优点，有利于细胞生长，提高微生物数量。培养液中的酵母菌种群数量的增长情况与培养液中的成分、空间、温度和pH等因素相关，可以根据培养液中的酵母菌数量为纵坐标，时间作为横坐标作曲线，掌握酵母菌种群数量的变化情况[1]。

2. 血细胞计数板及其操作原理

利用血细胞计数板在显微镜下计数是一种较为常用的细胞计数方法，这种抽样检测方法可以测定样品中的细胞数目，所以常用于单细胞微生物数量的测定。血细胞计数板是一种专门用于计数较大单细胞微生物的仪器，主体是一块比普通载玻片厚的特制玻片，中间有四条下凹的槽，构成三个平台；中间的平台较宽，其中间又被一短横槽隔为两半，每半边上面刻有一个方格网；短横槽上有 9 个大方格，称计数室；每个血细胞计数板上有两个计数室，计数室每一大方格都是由 400 个小方格组成[2]。

取血细胞计数板，将盖玻片盖在计数室上，把培养酵母菌的试管摇匀后，用滴管吸取少许培养液（菌液），从计数板中间平台两侧的沟槽内沿盖玻片的边缘滴入一小滴，让培养液自行渗入。培养液会沿着沟槽扩散，充满计数区，多余的培养液用吸水纸吸去。静置数分钟，待全部酵母菌细胞沉降到计数室底部，将计数板放在显微镜载物台中央，先用低倍显微镜观察，找到计数板刻度后，换上高倍显微镜计数，将结果记录下来。每个样品计数通常应重复 3 次以上，取平均值，求出每个小方格中的酵母菌平均数，再按一定的计数方法计算试管中的酵母菌总数[3]。血细胞计数板上

[1] 孙万儒 . 酵母菌 [J]. 生物学通报，2007，42（11）：5-10.

[2] 郭军英 . 关于血球计数板的使用及注意事项 [J]. 教学仪器与实验，2009，25（4）：26-28.

[3] 教育部教学仪器研究所，凯普生物科技有限公司 . 高中生物新课程探究实验指导 [M]. 北京：人民教育出版社，2007：30-31.

的计数室盖上盖玻片之后，计数室的体积是一定的，可以根据显微镜下观察到的细胞数目来计算单位体积的细胞总数目。

3. 建立数学模型

数学模型是用于描述一个系统或其性质的数学形式，是联系实际问题与数学的桥梁，具有解释、判断、预测等重要功能，也是发现问题、解决问题和探索新规律的有效途径之一。学生可以在构建、分析数学模型的过程中建立生物学概念 [1]。

实验之所以选用酵母菌作为观察种群数量变化的实验材料，主要基于以下几个方面的考虑：

（1）酵母菌是常见的菌种，在生活生产中应用广泛，例如酿酒、面包发酵，与学生生活相联系，同时易于获取。

（2）酵母菌的培养较为简单，培养周期短，增殖速度快，用酵母菌作为实验材料更易于操作。

（3）酵母菌体积较大，容易观察，便于学生利用血细胞计数板进行计数并构建数学模型。

（二）发展素养

“培养液中酵母菌种群数量的变化”实验是 2007 年版人教版高中生物教材（以下简称实验教材）必修 3 第 4 章（旧称“种群和群落”）第 2 节的内容，在 2019 年版人教版高中生物学教材（以下简称新教材）中属于选择性必修 2 第 1 章“种群及其动态”中第 2 节“种群数量的变化”的内容。与实验教材相比，新教材调整了讨论探究思路，将之前的提示作为思路中的小点，使酵母菌的计数方式更加全面、系统。生物学课程标准中对本节内容的描述体现了对学生“模型与建模”科学思维的培养，让学生用数学模型来描述生物现象，也能反映研究对象的生命本质和规律。本实验旨在使学生研究一个真实的种群，以此探索酵母菌种群的数量特征和变化规律，理解生物种群数量的变化，通过显微镜观察，设计实施实验，

[1] 马会放，刘恩山 . 实验教学中围绕重要概念进行问题设计：以“种群数量的变化”为例 [J]. 生物学通报，2017，52（1）：25-29.

提升学生收集、整理、分析数据的能力；通过让学生建立数学模型，培养学生的科学思维能力。具体而言，本实验对发展学生生物学学科核心素养的作用如下：

经过初中阶段“生物的多样性”的学习，多数学生已经能够“描述酵母菌的主要特征”，具备了“利用显微镜观察酵母菌细胞”的实验技能。高中阶段通过“种群和群落”的学习和有关探究活动的体验，学生对种群数量特征以及影响种群数量变化的因素有了基本的了解[1]。学生通过探究培养液中酵母菌种群数量的变化这一实验，利用实验归纳出在封闭环境中酵母菌种群数量的变化规律，培养学生的科学思维能力，进而说明种群数量的逻辑斯谛增长呈“S”形曲线的特点，体验通过建立数学模型解释生物学问题的科学过程，运用“S”形曲线的数学模型解释资源和空间有限条件下种群数量的变化[2]。

本实验在帮助学生在进行模型建构方面有着重要意义，有助于培养学生的综合分析能力、模型与建模能力，在学生进行科学探究的过程中培养学生的科学思维；同时，酵母菌在日常生活中应用广泛，有助于学生回忆起关于酵母菌的相关科学概念；学生通过实验真正理解在资源和空间有限的现实条件下的“S”形生长模型，可以帮助学生培养维持生态平衡、保护濒危生物、防止物种入侵等意识，提高社会责任感，同时建立稳态与平衡观的生命观念。

（三）研究综述

为提高本实验的成功率，很多学者对实验选材、实验方法进行了思考和改进，主要有以下几个方面：

（1）优化实验材料以达到更好的实验效果。

陈慧[3]建议用大肠杆菌代替酵母菌。杨楠楠等[4]采用与教材不同的3

---

[1] 陈维．探究温度对酵母菌种群数量的影响[J]. 生物学通报，2008，43（12）：46-48.

[2] 曹仁明．“探究培养液中酵母种群数量动态变化”的实验教学组织[J]. 生物学通报，2011，46（9）：26-29.

[3] 陈慧．“培养液中酵母菌种群数量的变化”实验优化[J]. 中学生物教学，2020（23）：73-74.

[4] 杨楠楠，周先叶．以草履虫、果蝇、浮萍为材料探究“种群数量的变化”实验[J]. 中学生物教学，2018（21）：44-46.

种材料——草履虫、果蝇和浮萍来探究种群数量的变化。

（2）实验器材及方法的改进。

杨春香[1]建议在记录种群数量的过程中使用数码显微互动技术。杜静等[2]建议改用分光光度计测定菌液浓度来代替血细胞计数板计数。张瑾[3]建议学生使用 SPSS 软件构建数学模型，培养学生运用现代化信息技术科学分析实验数据的能力。

（3）对培养液的改进。

郭少纯[4]建议将马铃薯培养液（操作烦琐、容易污染、液体浑浊、影响观察）改为葡萄糖培养液（取材更简便、溶液更澄清、效果更明显）。周俊等[5]在 20 ℃、25 ℃和 30 ℃ 3 个温度，0、10%、20% 和 40% 4 个马铃薯培养液浓度，以及 0、2%、5% 和 8% 4 个葡萄糖浓度条件下，通过三种因素交互实验，探究酵母菌在不同组合条件下的种群数量增长模式，探讨哪种条件更适合进行数学建模教学。

（4）实验流程的改进。

丁海华[6]认为酵母菌的培养耗时长且操作要求高，建议教师上课时直接提供培养 1 ～ 7 d 的酵母菌培养液，这样就可以在一节实验课内完成计数。陈菊等[7]建议在酵母菌培养过程中滴加固定液（2% 的戊二醛），来提升实验效率。何万红[8]通过调整接种量和培养温度，使培养液中的酵母

---

[1] 杨春香 . 数码显微互动系统在“种群数量的变化”教学中的运用 [J]. 高考，2019（13）：19-20.

[2] 杜静，吕乐 . 高中生物“探究酵母菌种群数量的变化”实验方案改进 [J]. 科教导刊（下旬刊），2020（21）：150-151，160.

[3] 张瑾 . 基于深度学习的实验教学设计与实践：以“探究培养液中酵母菌种群数量的动态变化”为例 [J]. 生物学教学，2020，45（9）：40-43.

[4] 郭少纯 .“探究培养液中酵母菌种群数量的动态变化”教学设计 [J]. 生物学通报，2019，54（4）：20-23.

[5] 周俊，席贻龙，李志超 .“培养液中酵母菌种群数量的变化”实验研究 [J]. 生物学通报，2014，49（5）：42-44.

[6] 丁海华 .“培养液中酵母菌种群数量的变化”实验改进 [J]. 中学生物教学，2015（14）：49-50.

[7] 陈菊，沈晓媛，郭燕萍，等 .“培养液中酵母菌种群数量的变化”实验中固定方法的改进 [J]. 生物学教学，2020，45（8）：57-58.

[8] 何万红 .“探究培养液中酵母菌种群数量的变化”实验的改进 [J]. 生物学教学，2015，40（1）：45-46.

菌 8 h 就可以达到种群数量相对稳定的状态，这种稳定的状态可以维持 72 h，有效缩短实验周期。

综上所述，人教版高中生物学教材所提出的实验是较为科学合理的，并且具备一定的综合性，在实际的操作过程中也比较容易取得好的效果。大多数学者的实验改进意见聚焦于实验耗时较长且操作要求较高这一问题上，并且提出了一系列的解决方案和备选方案。随着实验设备的不断更新、实验环境水平的不断提高，实验面临的问题也将逐步得到解决。

（四）实验优化

（1）用于观察种群数量变化的对象，除可选用酵母菌之外，还可以选用大肠杆菌、果蝇、小球藻、草履虫和浮萍，有的实验对象可以缩短培养时间，有的实验对象更便于学生计数，降低实验难度。要注意不同的实验对象有不同的计数方法和培养方式，例如果蝇是通过用麻醉瓶将其麻醉后计数的，可以根据教学需求进行选择。

（2）培养酵母菌的培养液除了可以用马铃薯培养液和肉汤，还可以选用葡萄糖培养液（取材更简便、溶液更澄清、效果更明显）。

（3）由于整个实验的观察耗时较长，建议教师对学生进行分组，各小组负责记录酵母菌不同时期的种群数量；除此之外，教师还可以在学生进行实验活动之前进行预实验，并在实验前一周对酵母菌进行培养并固定，以提高实验效率，缩短实验时长。

（4）对酵母菌进行计数时，并不一定要使用血细胞计数板，也可以用分光光度计测量培养液浓度再进行计数，每次取样后均置于 4 ℃冰箱中，待实验结束后统一测定，每个样品测定 3 次，取平均值。分光光度计测定法便于学生操作且减小实验误差。

（5）为了提高数学模型的可信度，防止数据较少导致建立的数学模型与教材上的增长曲线相差较大，可以引导学生利用 SPSS 软件中的曲线拟合功能，将酵母菌种群数量的数据与“S”形曲线拟合，得到拟合度较高的曲线。

（五）教学组织

1. 关于课堂导入的建议

学生已经学习过种群的数量特征的相关知识，对影响种群的因素有了初步的了解。在教学过程中教师可以向学生展示蝗虫成灾的报道，例如“在1936年的一次蝗虫大灾中，天空中出现了一个宽5 km的蝗虫群，该蝗虫群以每小时15 km的飞行速度整整飞了3天才飞过一个小观测点，所到之处遮天蔽日、天昏地暗”。创设情境引导学生交流探讨为什么蝗虫会成灾以及对环境的影响[1]。此外，经过初中阶段“生物的多样性”的学习，多数学生已经能够“描述酵母菌的主要特征”。在日常生活中我们也经常用到酵母菌，教师可以让学生思考讨论我们日常生活中在哪些过程用到过酵母菌，激发学生的学习热情，唤醒学生对于酵母菌部分知识的认识。接着提出问题：那么酵母菌是怎么培养的？它们的数量是如何变化的？从而导入本实验。

2. 关于科学探究中进行模型建构的建议

通过本实验的教学，学生需要收集、统计、分析实验数据并依据实验数据构建数学模型。模型构建作为一种认识手段和思维方式，是科学研究中常用的重要方法之一，基于系列探究实验构建模型的方法，有利于提高生物学课堂的学习效率、教学目标的落实[2]。建议教师在实验前给学生提供如下表格（表4-33），便于学生进行数据统计。在构建数学模型时可以辅以SPSS软件进行拟合，既能达到预期的效果，同时也能培养学生运用现代化信息技术科学分析实验数据的能力[3]。

---

[1] 邢严，袁芳，皇甫豫龙，等．“种群数量的变化”的教学设计[J]. 教育教学论坛，2014（5）：180-181.

[2] 郑悦康，叶志英，刘洪波．5种培养基对酵母菌培养效果的比较[J]. 华南预防医学，2013，39（2）：99-100.

[3] 段颖华．基于系列探究实验的模型构建：以“种群的数量变化”为例[J]. 生物学通报，2017，52（4）：33-35.

表 4–33

时间 /d	0	1	2	3	4	5	6	7
酵母菌数量 /（ $\times 10^6$ 个 /mL）								

3. 关于实验过程中进行误差控制的建议

在本实验的教学过程中，学生需要用到血细胞计数板对酵母菌进行计数，通过观察学生在计数时出现的情况，对学生进一步提出问题。问题 1：如何从培养液中取样？问题 2：如果一个小方格内菌体过多，难以计数，应如何处理，在计算菌体数量时应如何处理？问题 3：对于压在小方格线上的酵母菌，应该怎样计数？问题 4：在实施实验过程中要不要进行重复实验？通过这一系列问题，帮助学生建立在实验中应尽量减少误差的意识，规范学生的实验操作，提高学生的实验操作能力。

（六）过程及评价

1. 操作过程性评价

表 4–34 “培养液中酵母菌种群数量的变化”评价体系

<table>
<tr><th>项目</th><th colspan="3">操作要点及评价指标</th><th>结果</th><th>评价</th></tr>
<tr><td rowspan="4">实验操作</td><td rowspan="4">酵母菌培养</td><td>（1）配制</td><td>配制马铃薯培养液和酵母菌母液</td><td></td><td></td></tr>
<tr><td>（2）分装</td><td>向 A 组试管中加入 10 mL 培养液，B 组试管中加入 10 mL 无菌水
分装后，每支试管加塞后捆扎，用记号笔注明组别、日期</td><td></td><td></td></tr>
<tr><td>（3）灭菌</td><td>100 kPa 高压蒸汽灭菌 20 min</td><td></td><td></td></tr>
<tr><td>（4）接种</td><td>用灭菌后的 1 mL 刻度吸管每次吸取 0.1 mL 酵母菌母液，加入各组试管</td><td></td><td></td></tr>
</table>

续表

<table>
<tr><th>项目</th><th colspan="3">操作要点及评价指标</th><th>结果</th><th>评价</th></tr>
<tr><td rowspan="5">实验操作</td><td rowspan="3">酵母菌培养</td><td>（5）计数</td><td>将各组试管摇匀后用血细胞计数板计数起始酵母菌的数量，并做记录。先将盖玻片放在计数室上，用吸管吸取培养液，滴于盖玻片边缘，让培养液自行渗入。多余培养液用滤纸吸取。稍等片刻，待酵母菌细胞全部沉降到计数室底部，将计数室放在载物台中央，计数一个小方格内的酵母菌数量，并估算试管中的酵母菌总数</td><td></td><td></td></tr>
<tr><td>（6）培养</td><td>置于 28 ℃的恒温箱中培养</td><td></td><td></td></tr>
<tr><td>（7）计数</td><td>保持每天取样时间大体一致，每次各组按序号取一支试管。计数过程遵守无菌操作规范，取样的吸管干净且分开使用，每次取样前将试管震荡摇匀。计数操作同步骤（5）。连续观察 7 天</td><td></td><td></td></tr>
<tr><td>记录</td><td colspan="2">将各组每天的计数数量及估算值进行整理，填入表中。
<table>
<tr><th rowspan="3">时间/d</th><th colspan="8">酵母菌数量 /（ $\times 10^6$ 个 /mL）</th></tr>
<tr><th colspan="4">A 组</th><th colspan="4">B 组</th></tr>
<tr><th>A_1</th><th>A_2</th><th>A_3</th><th>平均</th><th>B_1</th><th>B_2</th><th>B_3</th><th>平均</th></tr>
<tr><td>0</td><td></td><td></td><td></td><td></td><td></td><td></td><td></td><td></td></tr>
<tr><td>1</td><td></td><td></td><td></td><td></td><td></td><td></td><td></td><td></td></tr>
<tr><td>2</td><td></td><td></td><td></td><td></td><td></td><td></td><td></td><td></td></tr>
<tr><td>3</td><td></td><td></td><td></td><td></td><td></td><td></td><td></td><td></td></tr>
<tr><td>4</td><td></td><td></td><td></td><td></td><td></td><td></td><td></td><td></td></tr>
<tr><td>5</td><td></td><td></td><td></td><td></td><td></td><td></td><td></td><td></td></tr>
<tr><td>6</td><td></td><td></td><td></td><td></td><td></td><td></td><td></td><td></td></tr>
<tr><td>7</td><td></td><td></td><td></td><td></td><td></td><td></td><td></td><td></td></tr>
</table></td><td></td><td></td></tr>
<tr><td>绘图</td><td colspan="2">将所得数值用曲线图表示出来</td><td></td><td></td></tr>
</table>

续表

项目	操作要点及评价指标	结果	评价
分析与讨论	（1）从试管中吸出培养液进行计数之前，为什么需要将试管轻轻振荡几次？ （2）本实验需要设置对照吗？如果需要，请讨论对照组应怎样设计和操作；如不需要，请说明理由。 （3）需要做重复实验吗？ （4）如果一个小方格内酵母菌数目过多，难以数清，应当采取怎样的措施？ （5）对于压在小方格界线上的酵母菌，应当怎样计数？ （6）如何清洁血细胞计数板？ 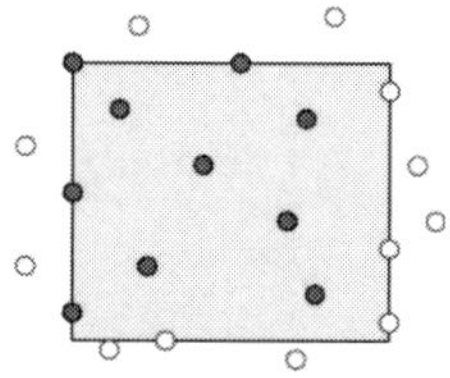		
实验结论	（1）各小组向全班汇报 7 天的数据，算出每天全班各组数据的平均值，根据平均值重新绘制酵母菌种群数量的增长曲线。将这个增长曲线与各小组的曲线进行比较，分析其相似程度，并做出合理解释。 （2）根据各组平均数据绘制的增长曲线有没有什么总趋势？如果有，做出说明。 （3）影响酵母菌的种群数量增长的因素可能有哪些？		
评价等第			

注：操作过程性评价等第分为优秀（100 ～ 90 分）、良好（89 ～ 80 分）、合格（79 ～ 60 分）与不合格（< 60 分）四个等第。实验操作不合格者，按规定需重新测试。

2. 试题评价示例

（1）下列有关“培养液中酵母菌种群数量的变化”的实验叙述正确的是（　　）。

A. 对酵母菌进行计数可采用抽样检测的方法

B. 计数时，小方格界线上的酵母菌不计数

C. 将培养液滴入计数室内，盖上盖玻片

D. 制片前要轻轻振荡试管，否则实验数据一定会偏大

（2）某小组开展酵母菌培养实验，图 4-57 是摇瓶培养中酵母菌种群变化曲线。下列相关叙述正确的是（　　）。

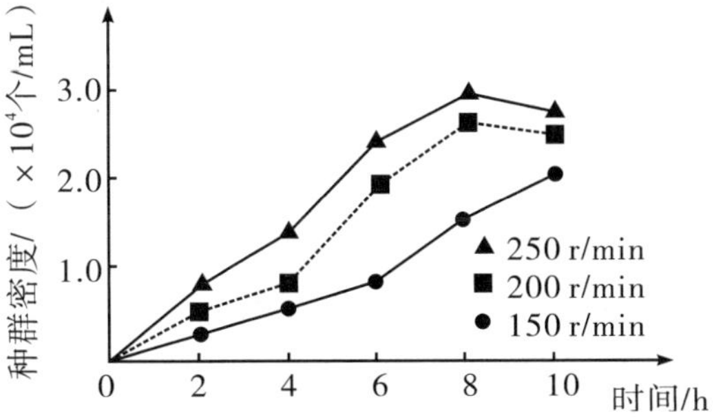

图 4-57

A. 培养初期，酵母菌因种内竞争强而生长缓慢

B. 转速为 150 r/ min 时，预测种群增长曲线呈“S”形

C. 该实验中酵母菌计数应采用稀释涂布平板法

D. 培养后期，酵母菌的呼吸场所由胞外转为胞内

（3）某小组进行“培养液中酵母菌种群数量的变化”实验时，同样实验条件下分别在 4 支试管中进行培养（见表 4-35），均获得了“S”形增长曲线。根据实验结果判断，下列说法错误的是（　　）。

表 4–35

试管号	Ⅰ	Ⅱ	Ⅲ	Ⅳ
培养液体积 / mL	10	5	10	5
起始酵母菌数 /（ $\times 10^3$ 个）	10	5	5	10

A. 4 支试管内的种群在初始阶段都经历了类似“J”形的增长

B. 试管Ⅲ内的种群比试管Ⅰ内的先到达 K 值

C. 试管Ⅲ内的种群的 K 值与试管Ⅱ不同

D. 试管Ⅳ内的种群数量先于试管Ⅱ下降

（4）回答下列有关酵母菌种群数量变化的问题。

①请设计实验探究温度对培养液中酵母菌种群数量变化的影响。（要求：写出实验思路和实验结果的检测指标）________________________

____

____。

②对培养液中酵母菌逐个计数是非常困难的，所以常采用__________的方法进行计数。以下是某同学对酵母菌进行计数的部分实验操作过程：

a. 从静置的试管中吸取酵母菌培养液，滴入计数室后盖上盖玻片；

b. 立即对酵母菌数量进行计数，得到酵母菌的初始数量；

c. 在此之后连续观察 7 天，分别记录下这 7 天的数值。

请指出并改正该同学实验操作中的 3 处错误：

____

____

____。

③血细胞计数板（1 mm × 1 mm）计数室中含有 25 个中格，每个中格中包含 16 个小格，盖玻片下的培养液厚度为 0.1 mm。利用五点取样法，5 个中格分别含有 49、61、52、60、53 个酵母菌，则 10 mL 培养液中含有酵母菌__________个。如果方格内酵母菌过多难以计数，应采取的措施是______________________________。

参考答案

1. 操作过程性评价

分析与讨论：（1）使酵母菌混合均匀。（2）不需要，因为不同时间取样已形成对照。（3）需要。尽量减少误差。对每个样品计数三次，取平均值。（4）稀释培养液。稀释的目的是便于酵母菌悬液的计数，以每个小方格内含有 4 ～ 5 个酵母菌为宜，一般稀释 10 倍即可。（5）

只计数相邻两边及其顶角的酵母菌细胞数。　（6）用自来水冲洗，不用硬物洗刷。洗后自行晾干或用吹风机吹干，或者用95%的酒精、无水乙醇等有机溶剂脱水使其干燥。通过显微镜检查每个小格内是否残留菌体或其他沉淀物，若不干净，必须重复清洗直到干净为止。

2. 试题评价示例

（1）A　（2）B　（3）B　（4）①在不同温度条件下培养酵母菌，每隔一段时间统计培养液中的酵母菌数量，连续观察多天　②抽样检测“从静置的试管中吸取酵母菌培养液”改为“摇匀后再吸取酵母菌培养液”；“滴入计数室后盖上盖玻片”改为“先在计数室上盖上盖玻片，再在盖玻片边缘滴酵母菌培养液，让培养液自行渗入”；“立即对酵母菌数量进行计数”改为“稍待片刻，待酵母菌细胞全部沉降到计数室底部，再进行计数”　③ 1.375×10^8　适当稀释

第五章

生物学实验教学评价

评价是指对一件事或人物进行判断、分析后的价值判断。生物学实验教学要强化评价的诊断、发展与激励功能，要注重形成性评价与终结性评价并重，通过诊断性评价为发展性评价夯实基础。具体实践中，评价标准与量规的编制应清晰、完备，以保证评价的信度与公平性。要强调定性评价与定量评价有效结合，给学生充分展示自我的机会和可能性。评价结果要能为学生提供大量的反馈信息，增强学生学习的自信心和自我完善的主动性，能帮助教师作出决策以改进优化实验教学。要充分利用包括5G、人工智能、物联网、虚拟现实等信息技术手段创新实验教学评价方式，建立基于“移动互联”“万物互联”的实验教学新评价形式与标准。

让我们一起走入本章，叩开核心素养发展视域下的生物学实验教学评价大门，一起探寻高中生物学实验教学评价的规律与奥秘。

第一节　核心素养背景下的实验教学评价

《普通高中生物学课程标准》确定的课程理念之一是提高生物学科学素养，而高中生物学实验教学是培养科学素养的重要载体和直接切入点。首先，生物学实验能激发学生的学习兴趣，提供学生认知的学习情境，使学生获得生物学知识；其次，生物学实验十分注重科学研究的过程、学习科学研究的方法，通过实验能培养学生以实践能力为基础的实验观察能力、实验操作能力、收集和处理信息的能力、思维能力、初步研究能力和创造能力等，对实验获取事实的归纳、分析，可以帮助学生形成概念，深化对概念内涵的理解；再次，实验能培养学生科学研究的观念，使他们养成实事求是的科学态度，初步养成勇于探索、不断创新的精神和团队合作意识[1-2]。生物学实验本身的特点及其在生物学教学中的地位决定了它在生物学教学中有着举足轻重的作用。

与现行的《普通高中生物学课程标准（2017 年版）》配套的 2019 年版高中生物新课标教材（以下简称新教材）已正式启用，其实验内容与实验版教材相比有许多不同。新教材的实验课程由高度关注学生学习过程中的实践经历，强调学生学习的过程是主动参与的过程，让学生积极参与动手动脑的活动，转变为倡导学生探究性学习，力图促进学生学习方法的变革，引导学生主动参与探究过程、勤于动手和动脑，逐步培养学生搜集和处理科学信息的能力、获取新知识的能力、批判性

[1] 刘恩山，刘晟 . 核心素养作引领　注重实践少而精:《普通高中生物学课程标准》修订思路与特色 [J]. 生物学通报，2017，52（8）：8-11.

[2] 王杨杨 .2017 年普通高中生物学课程标准解读 [J]. 现代交际，2017（5）：171.

思维的能力、分析和解决问题的能力以及交流与合作的能力等，重在培养创新精神和实践能力。以新教材必修1为例，其中安排了12个“探究•实践”活动，与实验版必修1比较，新教材删掉3个实验，调整了1个实验，补充了1个实验。尽管新教材中的实验在数量上变化不大，由实验版的13个缩减为12个，但更注重可操作性、可观察性和实验的价值性。新教材在每个实验的具体内容上也做了一些调整，还增加了实验结果的彩图。有利于学生对照判断自己的实验结果。另外，新教材附上了“生物学实验室的基本安全规则”引导学生规范操作。

一、评价目标向考查学生核心素养的发展

评价是检验教学效果的重要方式，是教学的重要环节，同时评价又可以指导课堂教学改革的方向，对课堂教学发挥着“指挥棒”的作用。有什么样的评价，就会指挥、倡导什么样的教学。

科学的教学评价方式通常以以下几种形式呈现：一是诊断性评价，也称教学性评价、准备性评价，一般是指在某项教学活动开始之前对学生的知识、技能以及情感等状况进行的预测 [1]。通过这种预测可以了解学生的知识基础和准备状况，以判断他们是否具备实现当前教学目标所要求的条件，为实现因材施教提供依据。二是形成性评价，是指在教学过程中为了解学生的学习情况，及时发现教学中的问题而进行的评价 [2]。形成性评价常采用非正式考试或单元测验的形式来进行。通过形成性评价，教师可以随时了解学生在学习上的进展，获得教学过程中的连续反馈，为教师随时调整教学计划、改进教学方法提供参考。三是总结性评价，又称终结性评价、事后评价，一般是指在教学活动告一段落后，为了了解教学活动的最终效果而进行的评价 [3]。学期末或学年末进行的各科考试、考核都属于这种评价，其目的是检验学生的学业是否最终达到了各科教学目标的要求。

核心素养背景下的评价方式，除要综合运用上述评价方式外，还应使

[1] 王杨杨 .2017 年普通高中生物学课程标准解读 [J]. 现代交际，2017（5）：171.

[2] 李伟成 . 教学过程中的诊断性评价研究 [J]. 教育导刊：上半月，2011（3）：76-79.

[3] 吴继平，陈倩 . 高中生物教学评价体系研究 [J]. 教育教学论坛，2015（48）：228-229.

用表现性评价。表现性评价是指教师让学生在真实或模拟的生活环境中，运用先前获得的知识解决某个新问题或创造某种东西，以考查学生知识与技能的掌握程度，以及实践、问题解决、交流合作和批判性思考等多种复杂能力的发展状况[1]。表现性评价是注重过程的评价，在课堂教学与评价中受到普遍的重视和推广。

从 1981 年恢复生物高考开始，中学生物学实验的考查开始以试题方式出现在中考和高考试卷中，考查的难度从实验过程的识记及简单分析到实验设计以及现象或结果分析，内容不断增多。这是中学生物学实验的早期评价方式，是体现了终结性评价，也体现了诊断性评价的评价方式，但是评价的形式主要还是纸笔考查。

目前，生物学实验考查已经成为初中和高中毕业考查内容之一。监考老师通过学生对某个具体实验的操作，对学生的操作过程和实验结果进行评价，这种评价方式体现得更加全面，包括了诊断性评价、过程性评价以及终结性评价，能够对学生的实验操作水平做出全方位的评价，比较公平公正。

二、评价方式和评价手段呈现多元化发展

核心素养背景下的高中生物学实验教学，对学生的评价方式也要与时俱进。既要有传统的纸笔考查方式，也要结合生物学实验教学和学生的发展现状，进行阶段性的综合应用诊断性评价，还要有体现在学生毕业考及高考中的终结性评价。

针对高一入校的新生，可以设计一些以初中接触过的实验为基础的实验。比如：以初中教材中“观察植物细胞”实验为切入点，设计一个使用显微镜的实验，提供洋葱、黑藻、随机采摘的植物叶片，请学生重现初中时该实验的操作，制作临时装片，观察多种多样的细胞，并绘制出观察到的细胞结构简图。通过对学生操作过程的观察，评价学生对显微镜的实际

[1] 谢进 . 英国生物实验教学对我国高中生物创新实验开发和研究的启发 [J]. 中学生物学，2011，27（11）：46-48.

操作能力；根据学生完成实验报告（其中包含填空题、细胞结构图的绘制等）的情况，对学生做出实验技能的初步评价，并以此来制订下一步的实验教学计划。根据教材，结合学生的实际情况，调整实验开展的顺序，总结实验开展过程中需要注意的问题，从而使实验教学更加匹配本校的学生，取得更好的教学实效。

美国课程理论学家斯塔弗尔比姆说："评价的最终目的不是为了证明（prove）而是为了改进（improve）。"因此实验教学创新不仅体现在实验材料和实验方法的改进，还要关注到实验评价机制的改进，变终结性评价为过程性评价，变单一性评价为多方位评价，关注学生的实验结果，更关注学生在实验中的种种表现[1]。我们可以采用记录学生实验档案的方法实现这一转变。如"观察根尖分生区组织细胞有丝分裂"实验，在根尖培养过程中，学生可制作 PPT 介绍培养心得。具体实验中，可设计表格记录实验数据，并分析绘制曲线图构建数学模型。实验结束后，学生可对实验过程做总结评价，完成实验报告。教师应对学生实验中的某一个好的实验设计、一份优秀的实验报告、一组精确的实验数据、一个创见、一个小教具等及时点评，及时反馈给学生，使每个学生都能认识到自己的优点，增强自信心，在原有基础上有所进步。

在"交流评价"环节中可设置两个交流模块，一个放在实验前，交流个人提出的问题及实验设计方案，重点评价学生能否提出值得探究的问题；另一个放在实验中，主要评价上课时学生发言的积极性、主动探究及主题活动的表现等，可以采取学生自评和小组评议的方式，并且鼓励学生本人、同学及学生家长参与到评价之中，让学生学会自我评价[2]。开始时，学生可能不知道该如何评价别人，有时在评价中甚至发生争议和冲突，教师可以抓住这个机会，引导学生客观公正地评价自己和他人。还可以采用课堂纪律评价，在课堂中观察学生是否遵守课堂纪律，是否按照要求去做；或采取民主评价，即小组评价与任课教师评价相结合，从而约束学生

---

[1] 安茂金 . 浅谈高中物理实验教学 [J]. 考试周刊，2012（22）：141-143.

[2] 吕冰华 . 高中生物实验教学的优化策略 [J]. 读写算，2018（20）：181.

的行为，保证稳定的课堂秩序，有利于课堂教学的正常进行。“交流评价”环节还可以放在实验操作之后，对实验结果的分析交流以及对实验中的各种特异情况做进一步的探究，重点评价学生能否独立正确地完成实验操作，能否科学地观察实验现象、如实记录实验数据，能否对实验现象或收集到的实验数据进行分析、归纳或概括出实验结论[1]。可在班级中设置成果展示栏，对学生的优秀实验报告、课外实验探究、创新实验设计、研究性成果进行展示汇报，让学生感受和分享成功的快乐，激发学生参与实验的热情和探究欲望。

第二节　实验教学的纸笔测试

一、纸笔测试

纸笔测试是指借助于纸和笔进行的，测量学生在学科知识方面学习成就高低或在认知能力方面发展强弱的一种评价方式。试题一般由学校教师或学科专家编制，绝大多数事先规定了题量，由学生在规定时间内完成。过去的纸笔测试主要立足于考试大纲，过分重视生物学学科知识的考核，过分重视结果，忽视过程，因此纸笔测试这种评价方式并没有充分展示出它应有的魅力。其实，纸笔测试作为一种评价工具，本身并无明显的优缺点，关键在于能否恰当地被使用，并且为谁服务。根据《普通高中生物学课程标准（2017 年版）》（以下简称“新课标”），生物学教学要着眼于学生适应未来社会发展和个人生活的需要，从生命观念、科学思维、科学探究和社会责任等方面发展学生的学科核心素养。新课标提倡在评价中注重学生的个体差异和发展需求，协助学生理解自我、创建自信，改进学习方式，促进生物学学科核心素养的形成。因此，在新课标指导下的纸笔

[1] 熊祥青 . 以技能认知规律为导向探讨高中生物实验教学的优化思路和措施 [J]. 科技资讯，2011（30）：214-215.

测试首先要在目标上克服单纯知识导向，要重视学生生物学学科核心素养的形成。有了这个明确的目标，才能很好地运用纸笔测试这种工具。

二、实验教学的纸笔测试评价设计原则

纸笔测试评价在生物学实验教学中的应用很广泛，自新课标实施以来，尽管评价的内容和方式都发生了很大的变化，但纸笔测试仍然在实验教学评价中占有重要地位。因此，在新课标背景下，如何解决传统纸笔测试评价中存在的问题，让纸笔测试更好地为发展学生的核心素养服务，是本节所要研究的问题。

在设计实验纸笔测试评价时，要关注个体差异，以学生的发展为本，以生物学课程内容、学业质量标准为依据，以生物学大概念、重要概念等主干知识为依托，检测学生的生物学学科核心素养发展水平[1]。实验教学中纸笔测试的编制原则如下：

1. 纸笔测试的设计应遵循立德树人的指导思想，指导学生爱国主义和社会责任感的形成。

2. 纸笔测试的设计应指向学生核心素养的发展。评价不应只重视知识和技能的掌握情况，而是要为学生以后的人生发展提供有积极意义的支持性信息，使学生能够发现自己在哪些方面的素养有欠缺，从而制定改进策略，并提供合适的方法和途径指导学生进行改进。

3. 纸笔测试的设计应注意学生对生物学大概念的理解。教师在教学中要围绕大概念和重要概念展开教学与评价，尽量给学生设定一个真实情境，且情境中呈现的学习任务是有价值的，让学生运用已有的知识完成这个有价值的学习任务，力求让学生深入理解科学的本质。

4. 应注重纸笔试题设计的多样性。新课标背景下纸笔试题的设计要适当增加开放性试题的比例，促使学生灵活运用所学知识。开放性试题具有答案多元、思维发散与内容开放等特点，能为学生提供充分的思维空间，有利于培养学生探究精神和自主建构知识的能力。

---

[1] 李文送 . 高中生物学课程标准的五大教学取向 [J]. 教师教育论坛，2018，31（6）：25-28.

第三节 实验教学的表现性评价

表现性评价（performance evaluation）是一种质性评价，斯廷金斯将表现性评价定义为：测量学习者运用所获知识解决新问题或完成特定任务的过程，其形式主要包括建构式反应题、书面报告、作文、演说、操作实验、资料收集、作品展示等。目前，对表现性评价公认的定义是美国国会技术评价办公室1992年提出的描述性定义：要求学生创造出答案或产品以展示其知识或技能的测验[1]。表现性评价是指针对学生在学习过程中所展现出来的内在能力或倾向的行为表现进行直接评价的过程，包括对认知能力和非认知结果的评价。相比较传统标准化测验，设计良好的表现性评价能够有效测验复杂成就和情意表现。此外，表现性评价还具有阐明学习目标、能够评价学生动手能力、紧密联系教学活动等优点。

进入21世纪，随着核心素养的提出，各学科也相继提出学科核心素养，生物学学科核心素养被概括为：生命观念、科学思维、科学探究、社会责任。基于生物学学科核心素养设计的表现性评价就显得尤其重要。

生物学实验教学中通常采用检核表、工作单、信息技术辅助等方法来对学生的行为操作、思维流畅性、创造力等表现维度进行评价。

一、检核表是实验操作技能考查的基本工具

检核表法是指美国创造学家奥斯本率先提出的一种创造技法。它几乎适用于任何类型和场合的创造活动，因此被称为“创造技法之母”。这种技法的特点就是根据需要解决的问题，或需要创造发明的对象，列出有关的问题，然后一个个来核对讨论，以期引发出新的创造性设想来。

检核表法实际上是一种多路思维的方法，人们根据检查项目，可以从每个方面，即一条一条地想问题。这种方法不仅有利于系统和周密地思考问题，使思维更具条理性，也有利于较深入地发掘问题和有针对性地提出

[1] HAMBLETON R K. Handbook of educational psychology [M]. New York：Simon & Schuster Macmillan，1996：899.

更多的可行设想。这种方法后来被人们逐渐充实发展，并引入了为避免思考和评论问题时发生遗漏的“5W2H”检查法，最后逐渐形成了今天的检核表法。

生物学实验中能用检核表来对学生实验的操作及结果进行检查，如：高中生物学实验中“检测生物组织中的脂肪”，设计合理的检核表在实验操作中至关重要。

实验名称：检测生物组织中的脂肪。

（一）实验目的

检测花生子叶中的脂肪。

（二）材料用具

花生种子，镊子，刀片，滴管，载玻片，盖玻片，培养皿，毛笔，吸水纸，显微镜，苏丹Ⅲ染液，体积分数为50%的酒精溶液，蒸馏水等。

（三）实验过程（表5-1）

表5–1

实验步骤	操作考查要点	评分要点	赋分
1. 取材	切取花生种子的薄片	（1）剥除浸泡过的花生种子的种皮，切取若干薄片放入盛有清水的培养皿中	1分
		（2）选取最薄的切片，用毛笔蘸取放在载玻片中央	1分
2. 染色	用苏丹Ⅲ染液染色，用吸水纸吸去染液	（3）在花生子叶薄片上滴2～3滴苏丹Ⅲ染液，染色3 min左右，用吸水纸吸去染液	1分
3. 去浮色	用酒精溶液洗去浮色，用吸水纸吸去子叶切片表面上的酒精	（4）在染色的切片上滴加1～2滴体积分数为50%的酒精溶液，洗去浮色，用吸水纸吸去切片表面上的酒精	1分

续表

实验步骤	操作考查要点	评分要点	赋分
4. 制片	用洗去浮色后的薄片制作临时切片	(5) 在洗去浮色后的切片上滴一滴蒸馏水，盖上盖玻片	1分
		(6) 临时装片制作规范，装片无明显气泡	1分
5. 观察	在低倍显微镜下找出材料最薄处，移至视野中央（请举手示意）；换用高倍显微镜进一步观察细胞中的脂肪液滴（请举手示意）；经观察，脂肪液滴呈________色（注意：请考生填空）	(7) 先用低倍显微镜观察，找出材料最薄处，移至视野中央	1分
		(8) 换用高倍显微镜观察，寻找到细胞中被染色的脂肪液滴	1分
		(9) 正确记录实验现象	1分
6. 整理	整理材料用具，将废弃物放入指定容器，保持桌面整齐清洁	(10) 按时完成实验，整理材料用具，规范投放废弃物，保持桌面整齐清洁	1分

二、工作单结合 PTA 量表可有效开展表现性评价

（一）工作单

工作单是一种国际科学教育界用来评价科学过程技能的工具。《牛津高阶英汉双解词典》中对工作单的定义为“用于记录已经完成或正在进行的工作的纸”。这是一种广义的界定，结合生物学实验探究的特点，工作单就是让学生动手探究，同时把探究的过程和结果记录在一张单子上，实验结束后由教师对单子的内容进行延时评分的一种评价工具。在工作单上列有关于探究内容的背景知识、过程，能在实验中给予学生一定程度的提示。[1]

[1] 邱梦姣. 结构性工作单对高中生物实验探究能力的评价研究 [D]. 南京：南京师范大学，2015：4.

另一种被国际科学教育界认可的评价科学探究能力的方法是观察法，即让学生动手探究，评分者在现场进行观察并辅以询问，给予即时评分[1]。评分者不仅可以观察学生的外显行为，还可以针对不清楚之处询问学生，以了解外显行为与内隐思维是否一致。这样，评分者的观察和询问可以相互印证，从而获得最丰富最可靠的探究信息，因此观察法被公认是最有效的探究能力评价方法。但观察法也有劣势，即人力、物力和时间等成本太高，所以，这种评价方式在我国现阶段甚少使用。通过比较以上两种评价方式，不难发现，现阶段，我们很难用高效度、高成本的现场观察法来大规模评价学生的探究能力；对于效度和成本次之的工作单，既可以用在实验室大规模评价学生的整体探究能力，也可以事先布置一些新颖的探究任务，由学生在课余时间完成，在规定时间内提交[2]，因此，工作单作为评价科学探究能力的工具在各学科被广泛应用。

工作单的类型可视具体情况而定。按照提示程度，工作单可分为三种类型：无提示的开放性工作单、有一定提示的结构性工作单、充分提示的引导性工作单。开放性工作单给学生提供一个探究课题，为学生提供的创造性空间很大，学生可以自己决定探究的途径。但它对学生自身能力水平要求最高，评分者的一致性也较难达成。引导性工作单类似于实验报告中的实验步骤，学生仅需"照方抓药"即可，探究程度最低，但易于评分。结构性工作单给出了一定的探究框架，可以帮助学生把自己的想法和做法有条理地、如实地表达出来。不同类型的工作单适用于不同的学生群体，结构性工作单对于高中生来说难度适中，易于评分，且能够给予学生一定的开放性和自主性，是评价大部分学生科学探究能力的最优秀的工作单类型。

结构性工作单可以在探究实验的不同阶段使用。表 5-2 是"探究影响酶活性因素"实验中"提出问题"阶段给学生提供的工作单样例[3]。该工作单给出了两个情境，通过提示，引导学生提出有关问题。表内附有"提

[1] 罗国忠．国外科学探究评价方法及其启示 [J]. 外国中小学教育，2009（12）：30-32.

[2] 罗国忠．科学探究能力的评价方法 [J]. 教育科学，2007，26（3）：7-10.

[3] 曹仁明．"探究影响酶活性的因素"的实验教学组织 [J]. 生物学通报，2011，46（4）：21-23.

出问题的能力”评价的二级指标，根据李克特五分度量法让学生对自己的目标达成满意程度打分。例如，某学生为“明确的表达”二级指标打 4 分，那么他在这个二级指标的自我评价得分就是 4/5 × 该指标的学生自我评价权重值。

表 5–2 “探究影响酶活性因素”实验工作单

<table>
<tr><td colspan="4">姓名：　　　　　　　　　　　　　　班级：</td></tr>
<tr><td colspan="4">在你的实验桌上有如下器材：
材料和试剂：
2% 淀粉酶溶液、3% 可溶性淀粉溶液、沸水、60 ℃水、冰块、碘液、3% 过氧化氢溶液、新鲜肝脏研磨液、1 mol/L 盐酸、1 mol/L NaOH 溶液、蒸馏水。
器具：
试管、量筒、小烧杯、大烧杯、滴管、试管夹、酒精灯、三脚架、温度计、恒温水浴锅、卫生香、pH 试纸、火柴</td></tr>
<tr><td colspan="4">提出问题：
（1）血液凝固是一系列酶促反应，采集到的血液样本在 37.5 ℃的环境温度中凝固的速度比在其他环境温度中凝固的速度快。
（2）食物中的淀粉，首先在口腔中的唾液淀粉酶催化作用下分解为麦芽糖，唾液淀粉酶进入胃后就失去了催化作用，接着食物在消化道内又被另一种酶再次催化，最终水解为可被人体吸收的葡萄糖。已知消化道内 pH 在 6.8 ～ 8 之间。
请根据你的生活经验，提出一个可以用桌面器材来进行探究的问题。</td></tr>
<tr><td rowspan="6">提出问题的能力</td><td>能力目标</td><td>学生自我评价</td><td>教师评价</td></tr>
<tr><td>与生物学认知水平相关</td><td>1 2 3 4 5</td><td>1 2 3 4 5</td></tr>
<tr><td>具有探究意义</td><td>1 2 3 4 5</td><td>1 2 3 4 5</td></tr>
<tr><td>明确的表达</td><td>1 2 3 4 5</td><td>1 2 3 4 5</td></tr>
<tr><td>问题与情境的相关性</td><td>1 2 3 4 5</td><td>1 2 3 4 5</td></tr>
<tr><td>具有新颖性</td><td>1 2 3 4 5</td><td>1 2 3 4 5</td></tr>
<tr><td colspan="4">注：请你结合表格“能力目标”中的项目，在“学生自我评价”栏中对自己的目标达成的满意程度打分（1 为最低分，5 为最高分），在相应的数字上打“√”。</td></tr>
</table>

（二）PTA 量表法

PTA 是 Primary Trait Analysis 的缩写，意思是基本要素分析。这种评价方法是由美国教师沃尔佛德和安迪生等人设计的，最初是用于学生作业特别是开放性作业的评分工具[1]。它的理论假设：任何一种行为表现（包括认知行为表现），都会有一系列基本的要素，这些要素构成学生学习某些知识、技能或行为表现的基本单元，只要找出这些基本单元，并对学生在这些基本单元上的行为表现做出准确的评定，学生在完成这些具体任务时的总体特征就可以得到适当评定。

PTA 是一种具有明确清晰标准参照的评分工具，在国内被研究者们广泛用于开放性试题的评分。用 PTA 量表法评价学生的表现具有明显的可操作性，可以高效率、大规模地用于学业成绩评定之中。运用 PTA 制定评价量表，可以为生物学实验探究能力的评价提供一个明确的参照标准，化抽象为具体，使生物学实验探究能力的评价具有可操作性。运用这种量化的评价方法既可以具体诊断学生在生物学实验探究能力中某些要素方面的优势和不足，又可以看到学生的整体情况，以便进行更有效的教学。

（三）高中生物学实验探究能力评价指标体系的建立

PTA 量表评定的程序大致分为以下几个步骤：第一步，确定可能对评价起重要作用的要素。评价的内容不同，评价的要素也就不同。要素的确定并非易事，首先评价者本人必须对评价的要素有大致的了解，之后评价者还要和同事交流、讨论，以及通过对学生的作业分析来不断地修改、完善评价要素。第二步，编制测试学生每一个要素的评价量表。在这一步，教师必须根据要素的重要性进行化权，也可以赋予各要素相应的分数。第三步，以这些标准来评价学生的表现。教师可得到学生在各个要素的得分情况，也可以将各要素的得分相加，得到学生在整个任务中的表现分数或等级。

---

[1] 文庆城，许应华 . PTA 量表法评价化学猜想与假设能力探讨 [J]. 教学与管理，2005（6）：39-40.

1. 一级指标的建立

按照 PTA 量表的理论，建立生物学实验探究能力评价体系，首先必须明确评价要素。对于影响学生生物学实验探究能力的因素，《义务教育生物学课程标准(2011 年版)》中要求学生初步学会生物学探究的一般方法，发展学生提出问题、做出假设、制订计划、实施计划、得出结论、表达和交流的科学探究能力。《普通高中生物学课程标准（2017 版）》中明确提出教学过程要注重实践：本课程高度关注学生学习过程中的实践经历，强调学生学习的过程是主动参与的过程，让学生积极参与动手和动脑的活动，通过探究性学习活动或完成工程学任务，加深对生物学概念的理解，提升应用知识的能力，培养创新精神，进而能用科学的观点、知识、思路和方法，探讨或解决现实生活中的某些问题。据此可将工作单的生物学实验探究能力要素归纳如表 5-3。

表 5-3　基于工作单的高中生物学实验探究能力评价要素与标准

生物学实验探究能力要素	评价标准
提出问题的能力	通过生物情境发现与生物学相关的问题 运用生物语言清晰、明确地表达相关问题 认识相关问题的探究意义
做出假设的能力	以科学知识为依据做出假设 初步预测探究实验的结果 估计假设的可检验性
制订计划与设计实验的能力	根据实验目的设计对应的方案 合理选择实验器材和方法 注意控制实验中的变量
进行实验与收集数据的能力	根据实验方案进行实验，正确使用器材 正确记录实验数据与现象 具有安全操作实验的意识
分析与论证的能力	分析实验数据，得到相应的结论 具体描述和解释结论

续表

生物学实验探究能力要素	评价标准
评估的能力	分析假设和实验结果的差异并找出原因 尝试改进实验方案
交流与合作的能力	用数据或图标阐明实验结果 听取他人意见，做必要的反思和修改

2. 二级指标的建立

基于 PTA 量表的理论，为确保评分的公平性和可靠性，通过分析文献和咨询专家对一级指标进行拆解，并逐一分析解释，形成二级指标。

（1）提出问题的能力。

提出问题的能力的二级指标可以初步归纳为：

与生物学认知水平相关：学生提出的探究问题不能过难或过易，问题过难，学生无法进行探究；问题过易，没有探究价值。

具有探究意义：学生提出的问题要有一定的辩证分析性，是学生在已有知识的基础上，通过自身的努力和教师的指导能够解决的问题。

明确的表达：学生提出的问题必须简洁明了，不能含糊不清或者有歧义。

问题与情境的相关性：学生所提出的问题必须与工作单中所设置的探究情境相吻合，不能偏题和跑题，这是完成探究过程的基础。

具有新颖性：在合乎探究情境的基础上，如果学生提出的问题新颖独特，恰好能反映出他的探究兴趣。

（2）做出假设的能力。

做出假设的能力的二级指标可以初步归纳为：

以已有的科学知识和事实为依据：科学假设必须建立在一定的事实材料和科学知识基础之上，缺乏科学根据的假设，无论表面上多么动人，也不能说是科学假设。

做出合理科学的猜想：虽然假设是一种假定的设想，但并非胡思乱想。假设要以关于研究对象的科学事实为依据，不能凭空臆想。

合理预测实验结果：假设要能够根据已有的知识和条件，根据逻辑关系预测提出问题的结果。

表述具有逻辑性和连贯性：良好的书面表达能力也是一位优秀的探究者应具备的基本素质，同时假设表达的逻辑性和连贯性也会影响评价者对被测者做出假设能力的判断。

（3）制订计划与设计实验的能力。

制订计划与设计实验的能力的二级指标可以初步归纳为：

明确自变量与因变量的关系：学生在设计实验之前，应对该实验中涉及的自变量、因变量进行辨别，并能分析出自变量的改变给因变量带来怎样的变化。

具有控制无关变量的意识且实验符合单一变量原则：实验设计的原则之一就是单一变量原则，也就是整个实验中除了变量不同，其他实验条件均应保持一致。

观察或测量变量的方法科学、合理：在观察和测量变量的过程中如何采取措施控制无关变量，怎样设置对照试验，也是评价学生制订计划与设计实验能力的一个重要因素。

列出主要步骤及所需的材料器具：学生表达出来的实验计划要明确写出主要的实验步骤和所需要的材料用具，让评价者一目了然，以便判断此方案是否可以检验假设。

具有可操作性：受实验室条件和课堂教学的限制，所设计的实验方案用到的实验仪器和材料必须是可获取的，因此，设计的实验方案必须能用桌面上提供的仪器和材料进行探究。

（4）进行实验与收集数据的能力。

进行实验与收集数据的能力的二级指标可以初步归纳为：

按照设计方案执行步骤：实施实验的过程是一个实事求是、严格按照实验方案和操作规程完成实验的过程。其中，严格控制实验条件和尽力排除各种干扰因素是保证实验成功的关键。

正确使用基本仪器：能熟练、规范地使用实验仪器是生物学实验的最基本要求，同时也是实验中最重要的部分，因为实验操作是否规范直接影响实验结果的准确性，同时规范的实验操作也是实验安全的保证。

正确记录实验数据与现象：实验现象的记录是进行后续的数据整理与分析的前提，也是影响评价者评判被测者观察实验现象能力的重要因素。实验记录的内容应包括实验组与对照组实验前的状况、实验后的状况以及反应时间等。

重复收集实验数据：偶然误差是由难以察觉的原因，或由实验者实验时的辨别差异以及某些不易控制的外界因素引起的。偶然误差通常可以通过进行多次平行实验的方法，取其实验平均值予以校正。一般来说，重复实验的次数越多，偶然误差的概率就越小。

具有安全操作意识：安全地使用实验器具（如玻璃器具、酒精灯、锋利的器具等）和实验药品（如化学试剂）是生物学实验的基本技能，学生应遵守实验安全规则，增强自我保护意识。

（5）分析与论证的能力。

分析与论证的能力的二级指标可以初步归纳为：

科学处理实验数据：在实验过程中被测者已经记录了实验现象和数据，如何分析这些实验数据从而得出结论，反映了被测者探究过程中的逻辑思维能力。

得出合理的结论：探究者所获得的结论必须是合理的，符合已有知识和科学依据的。

具体描述与解释结论：处理实验数据的最终目的就是得出结论，所以结论描述的准确与否，直接影响评价者对被测者探究能力的判断。

（6）评估的能力。

评估的能力的二级指标可初步归纳为：

分析假设与实验结果的差异：探究实验是一个不断尝试的过程，生物学实验并不一定能成功。如果对实验数据的处理结果与当初的假设存在较大差异，要找出造成实验结果差异的因素并给予合理的分析与解释。

找出造成实验结果差异的原因：倘若探究结果与理论不相符，被测者能否正确分析出导致实验失败的可能性原因，同样影响评价者对其探究能力的评价。

改进实验方案的想法：当实验结果表明探究者的实验方案存在不足时

怎样对方案做适当改进，给后续相关探究者提供参考，也能反映出被测者的实验探究能力。

（7）交流与合作的能力。

交流与合作的能力的二级指标可以初步归纳为：

用准确的术语、图表介绍探究方法和结果，阐明观点：探究者表达内容一定要科学，在生物学实验中常采用作图法和列表法来表示实验结果，这样可使实验结果清楚明了。

利用证据对自己的结论进行解释：在交流过程中可能会有同学质疑自己的结论，探究者要坚定立场，用科学事实进行辩证。

听取他人意见，做必要的反思和修改：实验过程中出现问题是不可避免的，要想做进一步操作，听取他人意见，对实验做适当调整是不可缺少的，善于与他人交流的探究者往往更容易在探究过程中取得成功。

在此基础上，初步构建基于工作单的高中生物学实验探究能力评价指标体系，如表 5-4 所示。

表 5–4　基于工作单的高中生物学实验探究能力评价指标体系

一级指标	二级指标
一、提出问题	与生物学认知水平相关
	具有探究意义
	明确的表达
	问题与情境的相关性
	具有新颖性
二、做出假设	以已有的科学知识和事实为依据
	做出合理科学的猜想
	合理预测实验结果
	表述具有逻辑性和连贯性

续表

一级指标	二级指标
三、制订计划与设计实验	明确自变量与因变量的关系
	具有控制无关变量的意识且实验符合单一变量原则
	观察或测量变量的方法科学、合理
	列出主要步骤及所需的材料器具
	具有可操作性
四、进行实验与收集数据	按照设计的方案执行步骤
	正确使用基本仪器
	正确记录实验数据与现象
	重复收集实验数据
	具有安全操作意识
五、分析与论证	科学处理实验数据
	得出合理的结论
	具体描述与解释结论
六、评估	分析假设与实验结果的差异
	找出造成实验结果差异的原因
	改进实验方案的想法
七、交流与合作	用准确的术语、图表介绍探究方法和结果，阐明观点
	利用证据对自己的结论进行解释
	听取他人意见，做必要的反思和修改

3. 权重体系的建立

各个指标在评价体系中所占的分值并不是均等的，而应该是有差异的。各个评价指标的权重即各个评价指标在整个评价指标体系中的相对重要性的数量表示，权重确定的合理与否对评价工作结果和评价工作质量有着决定性的影响。对于已经初步建立的指标体系，可采用层次分析法（Analytic Hierarchy Process，简称 AHP）进行权重分析。层次分析法是指将决策问题的有关元素分解成目标、准则、方法等层次，在此基础上进行定性分析和定量分析的一种决策方法。应用层次分析法确定各个评价指标的权重，首先要求把复杂问题分解成多个组成因素，并将这些因素按支配元素分组，形成有序的递阶层次结构（即构建指标体系）。通过两两比较的形式确定每一层次中各因素的相对重要性，然后在递阶层次结构内进行合成以得到决策因素相对于目标重要性的总排序[1]。

参照初步构建的基于工作单的高中生物学实验探究能力评价指标中的7个一级指标和28个二级指标，将生物学实验探究能力评价分为教师评价和学生自我评价两大部分，设计相关因素重要性问卷用于确定各指标的权重。问卷作答群体包括高中生物学青年教师和经验丰富的老教师。作答首先需要对指标进行优先级排序，7为“最优先”，6为“次优先”，以此类推。然后再根据排序结果对各指标的相对重要性进行评分，参照李克特五分度量法进行优先级排序，5分为“至关重要”，4分为“比较重要”，3分为“次要”，2分为“不重要”，1分为“无关紧要”。根据问卷数据结果，按照层次分析法计算各指标权重。层次分析法的计算要求在建立层次结构模型的基础上，构建判断矩阵，并用方根法计算矩阵最大特征根和相对应的特征向量，以确定各因素权重。判断矩阵的构建一般采用1～9及其导数的Saaty标度法，Saaty标度如表5-5所示[2]。

表5–5　Saaty标度的意义

标度（优先系数）	重要性分值差异	说明
1	Z_i-Z_j 值几乎为0	Z_i 与 Z_j 同等重要，两者对目标的贡献相等
3	$0.25 < Z_i-Z_j < 0.5$	Z_i 比 Z_j 略微重要，根据经验一个比另一个评价稍有利
5	$0.75 < Z_i-Z_j < 1.0$	Z_i 比 Z_j 明显重要，根据经验一个比另一个评价更为有利

[1] 何堃.层次分析法的标度研究[J].系统工程理论与实践，1997（6）：59-62，103.

[2] 同[1].

续表

标度（优先系数）	重要性分值差异	说明
7	$1.25 < Z_i - Z_j < 1.5$	Z_i 比 Z_j 强烈重要，一个比另一个评价更为有利，优势在实践中已证实
9	$1.75 < Z_i - Z_j$	Z_i 比 Z_j 极端重要，重要程度可以断言为最高
2，4，6，8		需要折中时采用
以上非零数字的倒数	若 Z_i 与 Z_j 比较时规定 Z_i 具有以上非零数字之一，则 Z_i 与 Z_j 比较时，Z_j 具有相应的非零数字的倒数	

以 7 个一级指标的权重计算为例：首先计算各个指标项的重要性平均分值，结果如表 5-6 所示。由表可知，“分析与论证”指标的平均分最高，以其为最重要指标，依次求出和其他指标的差值与优先系数。

表 5–6　一级指标重要性均值、分值差异和优先系数

一级指标	重要性均值	分值差异	优先系数
提出问题	4.06	0.32	3
做出假设	3.75	0.63	4
制订计划与设计实验	4	0.38	3
进行实验与收集数据	4.19	0.19	2
分析与论证	4.38	0	1
评估	4.19	0.19	2
交流与合作	3.56	0.82	5

假设“分析与论证”的指标值 =5，则“提出问题”的指标值 =5/3，“做出假设”的指标值 =5/4，“制订计划与设计实验”的指标值为 =5/3，“进行实验与收集数据”的指标值 =5/2，“评估”的指标值 =5/2，“交流与合作”的指标值 =1。据此构造判断矩阵并计算出权重如图 5-1。

$$
A=\begin{bmatrix}
1 & 4/3 & 1 & 2/3 & 1/3 & 2/3 & 5/3 \\
3/4 & 1 & 3/4 & 1/2 & 1/4 & 1/2 & 5/4 \\
1 & 4/3 & 1 & 2/3 & 1/3 & 2/3 & 5/3 \\
3/2 & 2 & 3/2 & 1 & 1/2 & 1 & 5/2 \\
3 & 4 & 3 & 2 & 1 & 2 & 5 \\
3/2 & 2 & 3/2 & 1 & 1/2 & 1 & 5/2 \\
3/5 & 4/5 & 3/5 & 2/5 & 1/5 & 2/5 & 1
\end{bmatrix}
\xrightarrow{\text{行连乘并开7次方}}
\begin{bmatrix}
0.853 \\ 0.640 \\ 0.853 \\ 1.280 \\ 2.560 \\ 1.280 \\ 0.512
\end{bmatrix}
\xrightarrow{\text{平均}}
\begin{bmatrix}
0.107 \\ 0.080 \\ 0.107 \\ 0.160 \\ 0.321 \\ 0.160 \\ 0.064
\end{bmatrix}
$$

图 5-1

由此可以确定，基于工作单的高中生物学实验探究能力评价的 7 个一级指标权重值如表 5-7 所示。

表 5–7　7 个一级指标权重

一级指标	权重
提出问题	0.107
做出假设	0.080
制订计划与设计实验	0.107
进行实验与收集数据	0.160
分析与论证	0.321
评估	0.160
交流与合作	0.064

第四节　实验教学的档案袋评价

一、档案袋评价的含义及意义

档案袋（portfolio）是有目的地对学生的作品进行收集、整理，用来体现学生在研究的相关领域的努力与进步等，从而进行展示与评定的一种工具。

档案袋评价是一种表现性评价，是依据一定的教育目标与计划，在一定的时间段内主动收集与组织学生学习成果的档案，并最终由教师、学生来对其学习成果进行评定以判断学生在该时间段内的进步与努力，以及为教师的教育行为与学生制订下一步的发展计划提供反馈的一种评价方法。

生物学实验教学的档案袋评价，是指评价者（学生自己、教师、家长或同学）依据生物学实验档案袋中的材料，对学生生物学实验学习的过程和结果所进行的一种客观、综合的评价，以检查学生的努力、进步、过程和成就。通过生物学实验教学的档案袋，教师和家长可以了解学生实验的学习情况，并对学生的学习过程和成长历程做出恰当的判断，从而帮助学生制订进一步的发展计划。同时，学生可以通过和同学交流自己的生物学实验学习档案，展示自己独特的生物学实验学习过程，反思自己的生物学实验学习的情况，进行自我评价，促进个性的发展[1]。依据培养学生的生物学科学素养的功能可将生物学实验档案中的材料划分为四大类：（1）过程型材料，即反映学生生物学实验学习过程的原始性材料，重点呈现与展示学生学习进步、探索、进取、达到目标的历程，如实验材料的选择、实验方案的设计与完善过程、实验的实施等。（2）成果展示型材料，即展现学生生物学实验学习成果的材料，如观察和描述、实验设计方案、实验结果及分析、实验报告等。（3）评价型材料，即反映教师、家长、同学对自己学习生物学实验的过程和结果所做出的评价材料，如生物学实验

---

[1] 赵志峰，周静秋．档案袋评价在生物实验教学中的应用 [J]. 聊城大学学报（自然科学版），2005，18（3）：105-107，110.

课的评价表和生物学实验情况记录表、生物学实验过程监控表等。（4）反思型材料，即学生自己对生物学实验学习过程与结果进行自我反省的一类材料，如实验探究方法总结、实验成败之处及原因分析、实验改进的建议和体会等。

二、生物学档案袋设计

（一）明确评价目标

物理、化学等自然科学也是实验科学，但同物理实验和化学实验相比，生物学实验有其独特之处，包括以下特点：

1. 实验场所灵活多样：生物学面向广阔的自然界，自然界中的大大小小的生命系统都可以成为生物学实验的对象，不同的动植物的生命活动都可以用来达到同样的教学认识目的。所以除了生物学实验室，校内的生物角、生物园，校外的农田、山林、江河湖海、动物园、植物园、自然博物馆、自然保护区等，都可以用来作为生物学实践活动的实验场所。

2. 实验周期较长：生物的生命活动，一般都要持续一段较长的时间。因此，生物学实验的周期往往较长。如种子的萌发实验需要 3 ～ 5 天的时间，观察某些动物的行为需要几个月的时间。

3. 目前对学生生物学实验的考核通常是口头回答实验步骤、考核实验操作、完成实验报告、回答实验思考题等，或在测试中放入一定比例的实验题。这种评价忽略了实验过程中学生所表现出来的实际能力，探索精神，个人的情感、态度、价值观，导致学生只关注实验的结论，轻视实验过程，造成实验效率不高的结果，不利于人才的培养。《普通高中生物学课程标准（2017 年版）》（以下简称“新课标”）中明确指出：评价应遵循立德树人的指导思想，重视学生爱国主义情操和社会责任感的形成；……评价应指向学生生物学学科核心素养的发展；……评价方式应具有多样性。使评价既促进学生核心素养水平的提升，又推动教师教学水平的提高，实现评价者和被评价者共同发展的目的。因此，高中生物学实验教学档案袋评价应依托多元评价体系，落实生物学学科核心素养，以达到科学育人的目的。

对于生物学这门学科来说，在建立生物学学习档案袋对学生进行评价时，必须事先了解生物学课程标准对学生的学习和教师的教学所设立的目标。教师提前进行调查，确定建立学生生物学实验学习档案袋的目标：

（1）让学生通过生物学学习档案袋里收集的内容看到自己经过努力所取得的进步和成长，从而增强学习生物学的自信心，提高对生物学的学习兴趣。

（2）把学生学习上的成功和失败直接反馈给学生本人，以便他们及时进行自我反省，促进学生进步与发展。

（3）引导学生正确地评价自己，学会客观、公正地评价他人，做到取长补短。

（4）了解学生的反思对改进学习所带来的影响。

（5）了解学生的表现，以便教师及时调整教学。

（二）确定评价体系

新课标明确指出："科学探究"是指能够发现现实世界中的生物学问题，针对特定的生物学现象，进行观察、提问、实验设计、方案实施以及对结果的交流与讨论的能力。高中生物学教学应既能让学生获得基础的生物学知识，又能让学生领悟生物学家在研究过程中所持有的观点以及解决问题的思路和方法。课堂上，需要学生主动地参与学习，在亲历提出问题、获取信息、寻找证据、检验假设、发现规律等过程中习得生物学知识，形成积极的科学态度，发展科学探究的能力。伴随着现代信息技术的发展，教师应精心设计教学，积极开发和利用信息技术课程资源，改进课堂教学方式，增强学生的自主探究活动，让学生利用校园网上的微课、微视频等课程资源以及各种自然资源，开展自主探究，拓宽学科视野，使探究活动真正起到发展科学思维、培养探究能力的作用。

综上所述，档案袋评价应包括以下原则：

1. 主体性原则：在学生的学习档案袋评价过程中，学生既是被评价的对象，又是评价的主体。评价标准的确立、评价内容的选择、评价过程的实施等，学生都参与其中，学生的主体地位和主体人格得到充分的体现。

2. 全面性原则：档案袋评价着眼于学生的全面发展。在档案袋的综合管理中，必须体现“以人为本”，进行评价时要求从管理手段和方法等层面入手，以实现综合运用，促进学生的全面发展。具体体现在：（1）在评价对象的一般适应性上，与学生发展的实际需求相对应；（2）在评价的内容上，让学生在知识的获取、迁移、归纳、提升、创造性思辨等方面得到增强；（3）在评价的过程与方法上，关注学生个体纵向变化，做到全面反馈，形成一定的问题思维模式和导向；（4）在评价的情感与价值观方面，使学生在过程中找到自我价值实现的需要。

3. 差异性原则：每一名学生都是独立存在的个体，不同的学生在家庭环境、身体机能、认知水平、心理状态以及个性特征等方面都存在着差异，尊重学生间的差异，就要客观公平公正地处理学生个体的差异，使每一个学生都得到发展，使档案袋可以为学生提供展现个性的空间。

4. 发展性原则：要用发展的眼光看待学生，既要看到学生现有的静态的发展，也要看到学生潜在的动态的发展。在建立学生档案袋时，应给学生创造发展的良好机会，以促进学生全面发展为着眼点。

5. 定性评价与定量评价相结合的原则：档案袋评价应科学地将定性评价和定量评价相结合。定量的评价，主要以学生的学业测评数据为依据，展现学生能力的提升；而定性的评价，则针对学生心理、态度和学习方式的变化，给予阶段性评价。

6. 反馈性原则：档案袋可以及时反馈学生的学习信息，这些信息有助于学生更清晰地了解自我知识的掌握情况，也有助于教师调整教学节奏、课程安排，与学生在学习过程和方法上达成一致。这是知识的迁移、能力的提升、归纳与总结能力水平提高的必要手段。

7. 多元性原则：（1）评价者的多元性，参与评价的人除教师以外，还有学生、家长、社会上的有关人士；（2）评价角度的多元性，不仅评价学生的学业成绩，还对学习过程、学习态度、学习能力等方面进行评价。

（三）确定评价内容

建立生物学实验档案袋的目的是通过对大量实验素材的收集和反思，客观而形象地反映学生在生物学实验中的进步、成就和问题，使教师能够评价学生的每一点进步，从而有针对性地对学生进行有效的指导，同时培养学生的自我评价习惯和能力。

1. 研究生物学的课程目标，再把相应的课程目标具体转化为档案袋的指标，以界定重要的表现或学生需要达成的学习目标。为了使档案袋评价更具有教育评价的特性，可以设计简易的评价项目表，提高档案袋的客观性和可操作性。

通过学生生物学实验操作技能评价表，可以方便了解学生在进行实验过程中所遇到的困难，包括他们对实验知识的理解能力与实验操作动手能力。

2.《普通高中生物课程标准（实验）》中指出新课程的基本理念之一就是改变学生以往的学习方式，不断培养学生表达交流与合作学习的能力。而实验正是可以促使学生学会合作学习，加强学生合作能力、培养合作意识并激发求知欲望的一个机会。同时为了能更好展现学生之间的交流与讨论情况，以及他们在讨论过程中的表现情况，可以建立小组评价量表，并通过对小组讨论过程中的积极表现者加以肯定，激发学生之间团结协作的精神。

3. 实验的结果必定包含成功与失败，建立生物学实验反思表有利于学生对实验进行领悟与反思，并分析在实验过程中出现的问题，有利于学生发现自己的知识盲点，提升自己的思维能力，从而调整学习的计划；同时也有利于学生发现自身的优点，从而增强自信心。

4. 在使用档案袋评价的过程中允许学生将自己最满意的实验作品放入档案袋中进行保存，这样不仅能够体现素质教育理念，还能够使学生按照自己的意愿选择，从而提高他们学习的积极性。

三、生物学实验教学档案袋材料的类别

（一）课堂记录评价

课堂记录评价应该以人的发展为本，认同评价主体的个性化和差异化。学生的学习情况很大程度反映在课堂上，档案袋中可以保留一些直接反映学生课堂表现的记录表，作为每节课后对学生学习情况的一个反馈，以达到帮助学生改善学习方式，更好地养成实验学习习惯，进行自主学习、探究学习和合作学习的目的。教师可以根据事先准备好的评价表，选择某一

个教学内容，在一节课中对某位学生适当关注，课后根据课堂上对该学生的观察，对学生学习该内容的情况做出综合评价，全面了解学生实验课堂状态。以下列两种课堂记录表（表 5-8、表 5-9）为例。

表 5–8　课堂记录表 1

项目	优秀	良好	合格	不合格	评分
课堂纪律	（10 ~ 8 分） 课堂认真听讲，积极思考	（7 ~ 6 分） 大部分时间能够认真听讲，不做与课堂无关的事情	（5 ~ 2 分） 大部分时间认真听讲，但表现出想做与课堂无关的事情	（< 2 分） 未认真听讲或持续做与课堂无关的事情	
课堂答疑	（20 ~ 16 分） 回答问题积极，且回答正确率高	（15 ~ 12 分） 回答问题积极，正确率一般	（11 ~ 4 分） 回答问题不积极	（< 4 分） 拒绝回答问题	
组内讨论	（10 ~ 8 分） 积极参与小组讨论，能够提出自己的意见并带动组内成员积极参与	（7 ~ 6 分） 积极参与讨论，没有自己的意见	（5 ~ 2 分） 能参与讨论	（< 2 分） 不参与讨论	
设问能力	（20 ~ 16 分） 主动提出问题，思路清晰、问题新颖、具有代表性，尝试自己解决	（15 ~ 12 分） 主动提出问题，思路清晰，但不具备代表性	（11 ~ 4 分） 能提出问题	（< 4 分） 不能提出问题	
分析能力	（10 ~ 8 分） 问题分析到位，思路清晰	（7 ~ 6 分） 问题分析基本到位，思路清晰	（5 ~ 2 分） 思路不清晰	（< 2 分） 不能分析问题	
知识应用	（20 ~ 16 分） 能够正确、灵活地运用所学的知识	（15 ~ 12 分） 能够运用所学知识，但不灵活	（11 ~ 4 分） 基本能够正确运用所学知识	（< 4 分） 不能运用所学知识	

续表

项目	优秀	良好	合格	不合格	评分
表达能力	（10～8分）能够清楚、准确表达自己的观点	（7～6分）表达观点比较清楚、准确	（5～2分）表达观点较为模糊	（<2分）表达不清	

总分值为100分，85～100分为优秀，70～84分为良好，55～69为合格，<55分为不合格。

表5-9　课堂记录表2

评价项目	评价指标	分值
情感、态度与价值观	积极参与活动，认真准备	4
	在实验和活动中能遵守纪律，服从管理	4
	在活动中吃苦耐劳，有责任心	6
	在实验和活动中认真探讨实验原理、步骤、结果	6
	实验过程不浪费材料，不损坏实验仪器，不虐待动物	4
	按要求整理实验用具和清理实验台	4
学习知识	自己想办法及时解决有疑惑的问题（如查书、资料，问老师）	7
	了解实验过程，实验中能理解活动的原理和目的	7
	回答课堂提问基本正确，并能加入自己的理解	6
	认真、详细、实事求是地观察、记录实验及活动结果	9
	能正确分析实验结果，得出探索性的实验结论，比较好地完成实验报告	9
能力运用	学会搜集、整理活动相关的资料、文献	9
	实验探究设计合理，操作正确	9
	能把所学的生物学知识与生活实际相联系	7
	能及时写好实验心得和自我反思	9

总分值为100分，85～100分为优秀，70～84分为良好，55～69分为合格，<55分为不合格。

（二）实践操作技能评价

操作技能是学习生物学实验的一项基本技能，在实践操作过程中要求学生能够明确实验的目的，掌握实验原理与意义，能够明确实验的方法与步骤，知道仪器的使用方法与注意事项，实践探究合理、操作正确，知道实验数据的处理方法，能够把所学习的知识理论运用到实践中并获得实践经验，能够正确、客观地分析实验结果并完成实验报告。新课标要求学生通过亲手操作、体验实验，能够规范操作实验仪器，遵守课堂纪律与安全守则，针对实验不足提出合理的改进措施，知道观察实验现象、及时记录数据，遇到问题时能自我思考或主动寻找帮助，从而加深对课本知识的理解并通过评价来反思掌握的情况。评价方式如表 5-10、表 5-11 所示。

表 5–10 实践操作评价表

评价内容	评价标准	分值	学生自评	学生互评	教师评价
实验目的	观察目的明确	15			
实验原理	把握实验原理和意义	15			
实验计划	熟悉实验操作程序	10			
操作过程记录	遵守实验安全守则、实验纪律，认真记录实验过程	10			
结果记录	实事求是，记录实验结果	12			
数据分析	分析数据，得出正确的结论，能够达到实验目的	10			
结果分析	对实验数据中不合理的部分提出质疑和改进措施	10			
实验态度	仔细、认真完成实验内容，做合作实验时具有合作精神	10			
知识迁移	能够提出实验中有待解决的问题，具有探索精神	8			

总分值为 100 分，85 ～ 100 分为优秀，70 ～ 84 分为良好，55 ～ 69 分为合格，＜ 55 分为不合格。

表 5–11 实验实施过程监控表

时间	内容	活动形式	实践和活动记录	实验内容	实验结果	总结与报告	心得与反思
教师评价							
家长评价							

（三）电子档案袋

随着信息技术的快速发展，档案袋发生了很大的变化，体现在形式、内容上面，形成了电子档案袋。

海伦·巴莱特（Helen Barrette）研究电子档案袋多年，他对电子档案袋提出一个公式，即电子档案袋=多媒体开发+档案袋，将其定义为：“电子档案袋应用电子技术，允许档案袋开发者以多种媒体形式收集、组织档案袋内容（音频、视频、图片、文本）。”在巴莱特教授的定义中可以看出，电子档案袋已不仅是数字化变现形式，在收集过程中也需要使用信息技术。美国电子档案袋协会（ePortConsortium）在 2003 年制定的电子档案袋协会白皮书中指出：电子档案袋的本质是长期在一定的学科收集和展示作品，组织前后的对比议论，并从各类主体，像指导者、老师、学生、伙伴朋友那里得到反馈，伴随着时间来逐渐证实成果和前进。电子档案袋是由教师和学生建立的，主要用于存放反映学生学习过程和学习进步的各类学习成果。电子档案袋可以作为一种储存器，将学生的学习过程、学习成果存放在一起，便于教师、学生收集和评价。电子档案袋将信息技术和档案技术结合，可以利用线上学习平台全面地收集、保存、查阅、分析、综合、判断学生的学习信息，实现对学生进行形成性评价、多元性评价、真实性评价和综合性评价的一种评价方法。电子档案袋使档案袋评价更加便利、更加科学化，实现对学习评价的真实性、多元性。

建立档案袋，一生一袋。这些评价全面反映学生的学习情况，可以检查学生学习的努力、进步程度，并对很多测验的结果做出相应的解释；可以总体把握学生的学习情况和心理状况，有利于正确引导学生的学习和生活。对评价结果的科学分析和及时反馈，有利于提高评价的时效性。以上各项评价进行周汇总、月总结，利用评语、谈话、奖励等形式对学生的学习情况进行及时反馈。同时应注重发现和发展学生的潜能，激发学生学习的积极性和主动性，促进学生生物学学科核心素养的养成。

第六章

生物学实验教学平台建设与研究

生物学实验教学平台是指开展生物学实验教学所需要的环境或条件。毫无疑问，传统实验室依然是当前中学生物学最常见的实验教学平台。建设、管理、利用好实验室对高质量推进中学生物学课程的实践与变革意义重大。但是，受应试教育等教育观影响，以及经费投入不足、日常管理维护成本高、实验员的专业化程度低等因素影响，当前的实验室建设、管理、利用与开放等还存在不同程度的问题，需要加以关注。此外，我们要借助云技术、人工智能、物联网、数码显微镜、传感器等多种技术手段与工具，推进中学生物学实验室建设，让生物学实验实现从定性分析走向定量分析、从实证走向探究、从探究走向实践、从完成教学任务走向深入分析生命活动规律本质的持续迭代进化。

让我们走入本章，共同学习研究中学生物学实验室的建设、管理、利用之道，寻求其良性发展之策，探索现代化实验室建设、利用与维护的优化路径策略。

第一节　常规教学实验室的建设

随着课程改革和教育教学改革的深入，新的培养目标和教学理念将逐步形成，并在教学实践中取代旧的教学理念。因此，在建设实验室时应充分关注并依照新的理念，为新的课程标准的实施打好物质基础。

（一）实验室布局基本要求

1. 要符合科学实验的基本要求

实验室是一个严肃的工作、学习场所，是开展实验教学最主要的基地，因此在建设时一定要保证它符合完成科学实验的基本要求，不能因为是中学实验室就随意降低标准。一旦在建设时有疏忽的地方，会令以后的实验教学很难顺利开展。这方面可参考《科学实验室建筑设计规范》。以组织培养室为例，《科学实验室建筑设计规范》提出：生物培养室应防止人流交叉感染。宜布置在建筑物的尽端，不宜开设外窗。有外窗时，应做双层密闭窗及遮光百叶。……生物培养室与各功能房间玻璃隔断墙上的门，宜采用推拉门。

2. 实验室布局要适应探究性学习方式

新课程理念倡导探究性学习，因此，生物学实验室的配置与布局也需做出相应的调整，尽可能多地让学生参与实验和其他实践活动，目前最重要的一点就是应该有利于开展小组合作和讨论，这样的理念和以往的指导思想不同。因此，在实验室的设计和布置上，应尽量为学生着想，力争满足学生的多种需求。例如，提供足够的实验桌面，保证水、电甚至燃气的供给；保持实验仪器、药品的开放性，常用的、工具性的仪器最好有固定的位置，并配有详细的使用说明书，供学生随时使用；利用实验室剩余的零散空间摆放一些标本、模型，以及一些正在培养的实验材料，展示这些不常拿出来的教学资源，激发学生的好奇心和探知欲。

3. 实验室的布局应适于培养学生的合作探究精神

科学探究常常是协作性的活动，因此学生们应该在小组合作中认识到进行信息、观念、思考的分享和相互启发的意义，并获得交流合作的经验和能力。现在的教育不单要培养学生独立解决问题的能力，还应注重培养学生之间的交流与合作能力。新课标中提出的实验类型有很多，其中有很多材料分析、小组讨论、合作探究的内容，灵活多样。实验分组和实验桌的排布有关，目前流行的 2 人一组不利于开展小组探究活动，实验桌的组合性能也差，应着手研究合理解决这一问题的方案。根据实验内容、类型的不同，学生分组可能会是 1 人、2 人、3 人、6 人甚至 8 人或更多。美国 BSCS 高中教材中对学生分组的要求不是固定的，依实验内容的不同而变化：课外观察、记录和查阅等必须自己完成，所以 1 人 1 组；实验室中的实验分组为 1 ～ 6 人。操作性较强的实验器材可以做到 2 人 1 份或 1 人 1 份，而像“探究环境因素对光合作用强度的影响”实验的器材和许多的生理生化实验器材以及较大的模型就没必要那么多了，每组 1 份就足够了。

分组不同，实验桌的布置也应不同。过去的生物学实验室常常是两名学生共用一张实验桌，面向黑板，和教室相仿，突出教师的作用，这是和以往验证性实验和强调操作技能的演示实验要求相适应的，但是无法提供小组合作、共同讨论的环境。另外，有很多学校设置两间实验室，一间供显微镜观察用，一间供解剖用，中间设有两排水槽和供水、排水管道，占用了许多宝贵的空间。显然这些设置也和新教材实验内容安排不相符，毕竟新教材没有那么多的解剖实验。实验桌的排布为实验的内容服务，可以采取灵活多变的方式，例如应用一些岛式的、组合式的或可移动的实验桌椅，为学生尽可能提供宽大的实验台面，方便小组活动与讨论。实验室桌椅排布的组合形式是多种多样的，不应该把所有的实验室都设置成一个模样。许多学校受条件所限，不能应用岛式的或组合式的实验桌椅，那么可以考虑用大一些的实验桌，比如 4 人桌或 6 人桌。这并不代表设备上的倒退，看似实验分组少了，但仪器的配备标准不能降，工具性的器材，如显微镜，最好是每人一台，变的只是实验环境和氛围以及实验教学的理念。

4. 生物学实验室的布置应充满生命气息

每个实验室必须要有实验室的文化。充满生物学信息的实验室将直接影响学生的发展。例如，某校这样布置实验室的环境，学生一走进实验室大门，右边有 2 m 长的鱼缸，游动着五彩缤纷、自由自在的热带鱼；左边种植着一棵四季常青的发财树。走廊两侧布置着配合生物学教学的图片：细胞的结构、植物根尖细胞有丝分裂的各个时期……这些图片都由实验室管理员制作，并根据教材内容进度定期更换，常换常新，使生物学实验室有着浓厚的生命科学气息。观看图片后，学生经常感慨地说："生物学真有趣，实验室布置得那么生动、丰富多彩，提高了我们学习生物学的兴趣。"

（二）生物学实验室的改造

1. 实验室的重新分配

在对实验室的实际改造过程中，不可避免地要遇到实验室重新分配的问题。高中新课标在增加了学生实验及实践内容的同时，也增加了实验的灵活性和可选择性，特别是在选修课程和校本课程中，可供选择的实验内容多了，但每一个实验参与的学生人数可能会减少。这样一来，学校原本就不充裕的实验室更会显得捉襟见肘。学校应根据实际情况将原有实验室的布局重新调配，以更好地发挥实验室的功能，提高使用率。

根据教学实际需要，生物学实验室可以不区分显微镜实验室、演示室及生物解剖实验室，最好能做到每个普通生物学实验室都能集学生实验、显微镜观察、课堂演示于一体[1]。有条件的学校可以不单设演示室，单独设置的演示室一来利用率较低，二来其演示功能可以在教室或实验室中完成。在"热爱自然、珍爱生命，理解人与自然和谐发展的意义，树立可持续发展的观念"这样的情感态度与价值观的培养目标的指导下，新课程删除了与解剖有关的所有实验，因此生物学解剖实验室就没有保留的意义了。

[1] 张雪梅 . 新课程背景下中学生物实验室的建设与管理 [J]. 中学教学参考，2014（14）：128.

可以根据需要将演示室和解剖室改造为更符合探究性学习的实验室。

另外，标本室也是占据面积较大而利用率较低的，若要进行改造，又将面临标本无处放置的问题。标本对保存的环境条件是有一定要求的，如防虫、防霉、防晒等。如果将那些对保存条件要求不高、体积较小的标本（如一些浸制的或干制的标本）放置于实验室四周，就可以减少标本室所占面积，同时给学生提供在上课间隙观察标本的机会，更好地体现标本的价值。

有条件的学校应增设植物组织培养室、现代生物学实验室（分子生物实验室）等具有探究性的实验室，以满足新课标的要求。这类实验具有一定的科研、实践色彩，不一定面向全体学生，因此对实验室的专业要求高，面积不需要很大。在建设这类实验室时要注意一些特殊性要求。例如，组织培养室中的接种室和培养室要求达到无菌状态；现代生物学实验室的多数仪器对环境有较高的要求，需要有平稳、固定的台面，相对安静的环境等。因此在设计时，应统筹考虑，根据具体要求合理分配各实验室的位置、大小。这类实验室的布置也应和普通实验室有一定的区别，应该突出其研究氛围。用中央实验台代替固定的学生实验桌椅，以方便教师授课、学生讨论及实验。实验仪器和试剂分别固定放置在实验室的某一位置，学生可以根据实验方案的需要自己选择，并在教师的指导下进行操作。

2. 设置实验准备室

新课程的实施在很大程度上加大了实验员的工作量，过去实验员就是准备实验材料，配备实验试剂，不管教学。新课程实施后实验员要参与到整个实验教学的过程中，即使是准备材料、配备试剂也比过去困难很多，因为材料、试剂的种类多了，有些还是需要特殊培养（如微生物材料）或配制（如培养基）的。完成如此繁重的工作必须具备一个操作空间。实验准备室宜设在离各个实验室都相对较近的位置，最好能与实验室直接连通，方便实验员准备实验。

3. 配置计算机信息技术设备

探究性实验不仅包括动手实践的环节，还包括查找资料、分析、讨论等过程，因此，有条件的学校可以在实验室中引入多媒体设备。学校可以根据实际需要将诸如投影仪、计算机、视频展示台、生物显微演示装置、数码显微镜中的某些设备引入实验室。在生物学实验室中装备数码显微镜系统，以方便学生与教师、学生与学生之间的交流与互动。

4. 实验室的安全性措施

对学校来说，保证学生及教师的安全是非常重要的。我国的国情决定了多数学校是学生多、实验室少。因此在建设和改造实验室时要特别考虑实验室的安全性，而这点也是容易被很多学校忽视的。保证实验室安全性的措施有多项：首先要保证生物实验室面积达标，这也是最基本的安全保证。保证安全出口和通道的畅通也是非常重要的，有些学校因为学生多，就占用了门（特别是后门）的位置放置实验桌或其他物品，有些学校实验室虽然有两个门，但后门从来不开。这样在发生危险时，会很不利于学生的疏散。实验室中间的纵向通道及实验桌端部与墙面间的通道也是安全疏散通道，一定要严格按各标准规范的要求保证这些通道的畅通。其次要提高安全设备的配备。国外的实验室不但配备有灭火器，而且为学生配备了防护围裙、护目镜、防护手套、防火毯等。相关的措施还包括设置电源、水源、气源的总开关，以便突发事件时教师采取措施；采用耐酸、碱和抗腐蚀的实验台面；采用防漏电的电源并合理安排水源、电源位置等。

另外，随着实验室仪器设备的不断增多，实验室的开放性加强，学生在使用仪器时发生危险的可能性也随之增加。一些危险性大的仪器，如离心机、高压灭菌锅等在放置时要选择好位置，并随时处于教师的监管之中。

第二节　生物学实验室的管理

一、目前实验室管理和利用中存在的问题

（一）实验室缺少生机

目前，许多学校对实验室建设都非常重视，花费一定的资金建起了现代化的生物学实验室。实验室内的标本、模型、器具摆放整齐、有序，但缺少生机，与“生物学”有点名不相符。标本、模型大多数被锁在橱柜里，

学生只能看，不能动。实验室使用率也不高，学生在实验室内活动的时间少，探究学习的机会更少。

（二）实验室及器材设备的配备也不能满足新课改的需要

面对新课改，实验室的建设还不能完全满足探究性学习活动的需要。新课改下的实验教学，除了传统的验证性实验、测定性实验和仪器使用技能训练性实验，还增加了大量的探究性实验，而传统的实验室布置只是为学生的实验观察和解剖提供了很好的平台，很难给学生创设探究的欲望。实验室内的器材设备也不能完全适应新课改的需要，一些新增加的探究性实验还不能找到相应的器材或替代品，导致一些实验不能进行。

（三）实验室缺少专职的实验员

实验员的工作不仅包括搞好卫生、保管仪器，还包括掌握初中或高中生物学学科各年级开设的各类实验，提前准备好实验用品，帮助任课老师组织学生做好每一个实验。而现在很多学校因为教师少，多数情况是任课老师兼任实验员，或者是一个实验员同时管理物理、化学、生物学等多个实验室，对每一科的实验要求和规则都不够了解，这样实验员就不能很好地准备实验，只能负责实验室的卫生及器材管理，实验准备工作只好由任课教师完成。但是新教材实验多，任课教师也没有充足的准备时间，而且现在的评价方法仍然是单一的考试，这就只好教师讲，学生听、记，与新课改中培养学生动手、提高操作技能的理念是不相适应的。

二、实验室的有效管理

生物学实验室的管理主要包括实验设备管理、实验教学管理和实验室常规管理。其中，实验设备管理是实验室管理的基础，实验教学管理是实验室管理的核心，实验室常规管理是实验室管理的保证。生物学实验室管理的原则是配置好、使用好和管理好。其中，配置是基础，使用是目的，管理是关键。

（一）实验室设备管理

教材改革导致实验内容猛增，显微镜、粉碎机、电子秤等实验仪器的使用频率大幅提高，特别是显微镜这种精密的光学仪器。对于显微镜，每次使用前都要求学生认真检查，发现问题及时报告并予以解决；实验结束后，实验员一定要及时检查目镜、物镜，并用专用的清洁剂清洗；收藏时要注意防尘、防潮、防油等。粉碎机、电子秤等设备使用后要及时清理并收好。水浴锅、干燥箱、恒温箱等设备要做到用完即关闭电源。一些锐器（如解剖刀、剪刀等物品）使用时一定要提醒学生注意安全。玻璃仪器使用时应遵循轻拿轻放的原则。实验结束后实验仪器必须全部入橱，分类存放，合理排列，定橱定位，并根据重下轻上、水平或竖直放置的原则做适当的调整，为特高特大的仪器设专柜，教师演示仪器与学生使用仪器分开存放，做到科学合理、美观大方、取用方便，确保各仪器随时处于可用状态。备用仪器另行装箱，列清单备查待用，破损仪器及时报废。

（二）实验试剂管理

新课标的实施，使中学生物学教材中实验数量大幅增多，要用到的实验药品也越来越多，据统计，中学生物学实验中所需的药品有 60 余种，涉及单质、氧化物、酸、碱、无机盐、指示剂、染色剂、激素等类别，有的药品（如酸、碱、盐、酒精等）还要配制成多种不同浓度的溶液，还未包括生物学探究性实验和实践活动，以及学生自己设计的方案中所用到的药品。用科学环保的绿色理念管理和使用各种试剂，做到节约资源、减少污染，不仅是生物学教师和实验员在教学和管理中要注意的，而且是培养学生良好的实验习惯、提高综合生物学科学素养不可缺少的环节。

药品要分门别类地放在药品橱内。要避光保存的药品，不宜放在有玻璃门的橱内。危险品和有毒药品，应严格管理和使用，如制定双人双锁制度。酸、碱等腐蚀药品，应严格要求学生按规范使用。

1. 一般药品的保管

保护标签：刚购回的药品，应尽量保留原装标签。在标签外面涂上石蜡，或用较宽的透明胶带贴在标签外面以防标签脱落或遭受腐蚀，瓶口涂蜡密封；使用时，按先出厂先用（没有出厂日期的按先购入先用）的原则，用完一瓶再开一瓶；学生实验用的分装药品和溶液的试剂瓶也要在标签上涂蜡防腐，溶液要标明浓度，记录配制日期。

分类存放：较大规模的实验室，应设置生物学试剂专柜或生物学试剂保管室，先按无机物和有机物分大类，再按酸、碱、盐、指示剂、染色剂等分成小类存放，以便用时查找。

妥善保管：注意酸、碱分开放置，氧化剂与还原剂分开放置，易燃品分开放置；有毒药品更要特别保管，记录用量，专柜上锁；药品柜或药品室应设置在阴凉、通风、干燥、远离火源和电源的地方。

学生实验用试剂瓶，可用木盒（或塑料提篩）统一装好，再放入柜中保存，减少拿取药瓶时的碰撞，节约实验准备的时间。

一些易挥发或带腐蚀性的药品，如石油醚、酒精、浓盐酸、浓硫酸等，不宜用带胶头的滴瓶分装，应采用带磨口玻璃塞的细口试剂瓶分装，以减少试剂挥发和因胶头腐蚀造成的试剂污染和浓度变化。

2. 一般药品的使用

不能用手直接接触药品，更不能让药品接触伤口。固体试剂要用洁净的药匙或镊子取用，液体试剂从试剂瓶中倒出后，要立即塞好瓶塞，不可搞错瓶塞。嗅闻气体应采用“招气入鼻”的方式，不要把鼻孔凑到容器口去闻药品或反应生成物的气味，不得尝任何药品的味道，实验后要注意洗手。

注意按实验规定用量取用药品，不得随意增减。如果没有说明用量和浓度，一般按最少用量取用，即固体只需盖满试管底部，液体取 1 ～ 2 mL。绝不允许将试剂任意混合，以免发生意外。未经教师和实验员同意，严禁学生将试剂带出实验室外。

用滴管或移液管取用试剂时，最好是专管专用，不能用未经洗净的同一滴管或移液管取用其他试剂。一些对试剂纯度要求较高的实验，如验证酶的高效性、酶的专一性、影响酶活性的条件等实验，保证实验器具的洁净和专用试剂的纯度，是实验成功的前提之一。

3. 部分特殊药品的科学保管方法（见表 6-1）

表 6–1　部分特殊药品的科学保管方法

过氧化氢	过氧化氢受热、见光易分解，应密封在棕色瓶或不透明的塑料瓶中，避光放阴凉处保存。使用时要注意检查试剂的实时浓度
浓盐酸	具有强腐蚀性，刺激性，应密封保存在阴凉、通风、避光处，不可与碱、金属一起放置
浓硫酸	浓硫酸具有强烈的吸水性、脱水性和氧化性，对有机物有强烈的腐蚀性，保存时注意密封和干燥、通风，不可与氧化物、有机物、金属、碱等一起放置
冰乙酸	冰乙酸易燃，具腐蚀性，温度较低时（15.1 ℃）凝固为冰状结晶体，应密封防冻保存，置于 16 ℃以上处，以防凝固而致使容器破裂
氢氧化钠	有强烈的腐蚀性。因强碱能腐蚀玻璃，保存时，盛碱的瓶子不宜采用玻璃塞，宜采用橡皮塞或塑料塞。将盛过药的带塑料盖的小玻璃瓶或塑料瓶洗净晾干用来盛碱性药品或溶液，既科学又节约。使用氢氧化钠时要小心，防止眼睛、皮肤、衣服被腐蚀，保存时要密封、防潮，不能和酸及镁、铝等金属一起放置
碘化钾	配制碘液时需要用到碘化钾，碘化钾遇光易分解，保存时，要用棕色瓶装，注意放置在避光、干燥、阴凉通风处
碘	碘受热易升华，宜密封、置于阴凉处保存
乙醚	生物解剖时常用的麻醉试剂。易挥发，常压下沸点为 35 ℃，极易燃烧，见光分解。宜避光、置阴凉处密封保存，使用时注意安全
苯胺	见光分解，宜避光、密封、置阴凉处保存
α - 淀粉酶	淀粉酶容易受潮结块，市面上工业产品一般为软包装。拆封后宜用塑料瓶装，密封置干燥、阴凉处保存。使用前检查试剂的实时效果，如果出现结块，可用研钵研碎后再溶解使用

4. 实验室物品的绿色化处理

活体材料在实验结束后应放归自然。例如，小鱼、蝌蚪、蚯蚓、草履虫、蚂蚁、鼠妇等，实验结束后放回原生活环境中。

组织器官综合利用：实验后的植物种子，用剩的肝脏研磨液、蛋白质、苹果组织液、淀粉及淀粉酶，解剖后的心脏、肾脏等可用来作为饲料喂养动物。

及时清理容易变质的物品：蛋白质、淀粉、淀粉酶、蔗糖溶液、肝脏研磨液等实验物品常温下容易变质。实验后要及时将物体从试剂瓶中倒出并洗净试剂瓶、滴管等器具，以免这些实验药品和材料变质发霉而污染试剂瓶。

回收：色素分离用的层析液有毒，实验时要提醒学生不能随意倒掉，必须回收。

废液利用和处理：实验产生的废液，提醒学生不要乱倒，宜分类集中回收处理。许多废液可以再利用，如废酸可以用来洗涤沾上甲紫溶液的器皿或装过石灰水的试管和试剂瓶，还可以用来冲洗厕所；废碱可以去油污，吸收二氧化碳，中和废酸等。学校实验室不能再利用的废液应经无害化处理后再排放或深埋。

5. 安全防护

安全重在预防：实验中要求学生遵守实验室规则，规范操作，加强学生基本实验技能的训练。准备一些防护目镜、乳胶手套、实验室工作服等防护用品，供实验人员使用；准备灭火器、水、水桶、沙等灭火器材；常备一些常用药品和器具，如纱布、绷带、剪刀、镊子、棉签、凡士林、红药水、紫药水、体积分数为 75% 的酒精溶液、烫伤油膏、2% 的乙酸溶液、10% 的碳酸氢钠溶液、1% 的硼酸溶液、消炎粉等，以防万一。

遭受酸腐蚀时，先用大量水冲洗，再用 1% ～ 3% 的碳酸氢钠溶液冲洗，最后用水冲洗，拭干后涂上烫伤油膏。稀释浓硫酸时，一定要把浓硫酸沿器壁慢慢注入水中，并不断搅拌，切不可将水倒进浓硫酸里。

遭受碱腐蚀时，先用大量水冲洗，再用 2% 的乙酸溶液冲洗，最后用水冲洗，拭干后涂上烫伤油膏。

注意保管和防范有毒物质：生物学实验中常见的有毒物质有苯、丙酮、甲醛、二甲苯、四氯化碳、二苯胺、乙醚以及制作标本的防腐剂、防虫剂等。保存和使用这些有毒物质时要注意以下几点：（1）保证实验室通风条件良好；（2）使用后要及时用肥皂洗手；（3）尽量少使用有毒性的试剂，用比较环保的试剂替代。例如，绿叶中色素的提取和分离实验，提取液可用95%酒精替代丙酮，分离试剂可用92号汽油替代层析液。

保管好易燃品：生物学实验试剂中，酒精、乙醚、苯、丙酮、汽油、石油醚等都是易燃物品，使用和存放时要小心，注意防高温、防明火、防碰跌，密封放置在阴凉通风、带防护措施的药品室或专门设置的砖混结构的药品柜中，采用隔离法保管，不和其他仪器、材料放在一起。

在环境问题日益受到关注的今天，实验室的科学化、绿色化管理也越来越引起人们的重视。管理是为了更好地使用，作为生物学教师和生物学实验员，既要积极想办法开设新课标要求的生物学实验和生物学实践活动，又要科学规范地管理好实验室，树立绿色环保的理念，言传身教，培养学生的环保意识和科学素养。

（三）标本、模型和挂图的管理

动物标本要按分类系统放入标本柜内，注意通风、防腐、防霉、防蛀。浸制标本的瓶口封蜡要严，保存液要随时补充并保持没过标本材料。各类模型使用后要及时归位。有不少模型不可擦拭或不便擦拭，可经常用橡皮球吹去其表面灰尘或用鸡毛掸轻轻拂拭。生物学教学挂图可以装上镜框，编上号码，这样取放方便，利于保管、使用。

（四）实验室教学管理

1. 明确教学目标，构建教学体系

开展实验教学前，合理制定教学目标，摒弃传统的机械式实验教学观念；以实验促教学，用实验谋发展，将学生核心素养的发展作为主向导。统筹整合优质资源，构建集理论教学、实验教学、学生自主探究、课外工程实践、多元化教学评价等为一体的教学体系，从而实现理论实验互促进，线上线下双整合，探究创新共提升，有效助力素养提升。

2. 做好实验前期准备

实验课开课前，要做好充分的准备，主要包含以下三个方面：首先教师要与实验员做好实验前的沟通工作，提前熟悉实验内容；其次实验员要根据需要准备好充足的实验材料，并确保相关仪器能够正常使用，同时应准备一些备用材料与仪器，以便实验中进行补充或更换；最后教师可以对将要教授的实验进行预实验，确保教学时实验顺利开展。

3. 组织学生活动，规范实验操作

教师要提前组织学生对实验进行预习，思考问题，激发探究欲，做好实验前的安全教育工作；部分实验可提前对学生进行分组，安排相应组长来协助教师组织实验教学[1]。在正式教学时，教师应做好教学演示，按照规章制度组织学生进行实验，确保学生都有充分动手的机会，且做好场边指导，规范学生的实验操作，培养良好实验习惯[2]。

4. 实现评价贯穿教学

依托实验分组，可以对成员的课前预习、课堂表现、实验操作、成果展示等进行及时的评价，实现自主评价、小组互评和教师点评的整合，对学生的表现进行有效评价，以起到督促反思、自我肯定、激励创新的作用。

5. 做好实验相关记录填写

在整个实验教学中要做好相应的记录填写，例如“学生实验座次表”“教学情况记载表”“学生实验收获表”“教学情况反馈表”[3]等，实验员、教师做好保管。这样一方面利于一些情况的溯源处理，优化实验室管理；另一方面实现了教师与学生的双向反馈，有利于实验教学的提升。

三、中学生物学实验室的开放

实验室的开放包括教学思想的开放和管理方式的开放。教师不能因怕仪器、药品损耗就限制学生使用，在鼓励学生开展实验的同时应注意制定方便教师指导与管理的实验室制度。实验室也应具有很强的灵活性以适应不断变化的课程改革的需要。普通实验室应增强通用性，既能满足分科教学的需求，又能承担综合的理科实验，充分提高实验室的利用率。仪器设备强调平台功能，为学生实验与探究搭建平台。减少功能单一或演示性的实验仪器的种类和数量。实验室的开放性和灵活性还应体现在实验教学的

---

[1] 周光华 . 初中生物常规实验课教学管理策略 [J]. 理科考试研究（初中版），2015，（1）：88-89.

[2] 孙杰 . 初中生物实验室的管理 [J]. 现代教育科学（中学校长），2007（6）：40，32.

[3] 同 [2].

组织上。目前，每班五六十人一起做实验，实验效率低，并且实验室的使用频率受大班授课的制约而无法提高。今后应提倡开展小班实验课教学，特别是实施高中新课标后，小班实验课教学可以减少每次实验的学生数，加强教师对学生的指导，增加每个学生的实际操作机会，提高实验室的利用率。

随着教学改革的发展和教学理念的更新，高中新课程标准对实验教学的最高要求已由验证性实验向学生自主探究性实验转变，新的实验教学目标和模块化的教材内容对实验场地和条件的要求更加丰富和多层次，在时间上分布不平均，有时几个实验同时开，有时实验室又很空闲。这种情况下应该在保证质量完成实验课教学的同时，面向全体学生开放实验室，允许学生随时到实验室做实验，提高现有实验室的使用效率[1]。

（一）实验室的开放提高了直观教具的利用率

在生物学教学中，有些知识难度较大，又较为抽象。为了取得较好的教学效果，必须充分利用标本、模型、挂图等直观教具。而这些教具往往又是跟着教师走，上课带来，下课带走，不用就闲置在实验室内，没有全面发挥其应有的作用。开放实验室后，学生可随时到实验室来，借助这些教具轻松愉快地进行学习。

（二）使生物学实验探究落到实处，有利于培养学生动手、动脑能力

由于生物学教学时间紧、任务重，实验教学往往被忽视。有些实验由于难度大，即使做了也往往得不到理想的效果，甚至出现“做实验不如看实验，看实验不如讲实验”的不正常现象。开放实验室后，学生可随时到实验室来，自己动手，补做或选做自己要做的实验；也可通过参观，复习课本知识和实验探究内容。这样就使实验探究和实验教学落到了实处，使学生动手、动脑的能力得到发展，使学生成绩不断提高。例如，“观察根尖分生区组织细胞的有丝分裂”实验，如果不是偶然，做一次是无法达到理想效果的。开放实验室能够使学生反复摸索，掌握技巧，获得良好的学

[1] 王璐 . 提高高中生物学实验教学有效性的研究 [D]. 兰州：西北师范大学，2013：36-37.

习效果。

开放实验室也是新课标教学理念的需要。许多生物学探究活动需要学生利用课外时间在实验室里完成。这就要求向学生开放实验室，提高实验室的利用率，为学生提供更多的动手、动脑的机会。学生利用课外时间进行实验操作、观察与思考，可进一步提升实验能力、操作能力和创新能力。在这种自我控制的实验中，学生会产生一种内在的探索知识的动力，这也与新课标倡导“主动参与、乐于探究、勤于动手”的探究学习方式不谋而合。

（三）使学生的特长和爱好得到发展

实验室的开放，给有兴趣的学生提供了锻炼自己、展示才能的场所和机会，可以培养学生综合运用实验技能的能力，也能促进实验教师自身水平的提高。有些学生，特别是刚刚跨入初中的新生，本来对生物学学科很感兴趣，但陈旧的教学模式和理论脱离实际的课堂教学方法使他们越来越失望。开放性实验室的出现，可以激发学生的兴趣，增强学生对生物学学习的热爱之情 [1]。

[1] 王璐 . 提高高中生物学实验教学有效性的研究 [D]. 兰州：西北师范大学，2013：36-37.

○ 参考文献 ○

[1] 马建兴，季忠云 . 在高中生物学教学中显化科学探究技能教育的教学建议 [J]. 生物学通报，2013，48（12）：39-42.

[2] 刘敏 . 提升人力资本　支撑创新发展战略 [J]. 宏观经济管理，2016（1）：29-32.

[3] 马建兴 . STEM 教育的缘起及本土化实施的路径策略 [J]. 福建教育，2019（14）：16-19.

[4] 中华人民共和国教育部 . 普通高中生物学课程标准（2017 年版）[M]. 北京：人民教育出版社，2018：2.

[5] 王飞 . 高中生物探究性实验教学的现状与反思：以甘肃省为例 [J]. 天津师范大学学报（基础教育版），2019，20（2）：22-28.

[6] 陈桂梅，徐世才 . 高中生物实验教学现状调查研究 [J]. 科教导刊（上旬刊），2018（19）：134-136.

[7] 侯国萍，肖麟，胡兴昌 . 贵州西南地区部分农村中学生物实验教学现状调查 [J]. 教学仪器与实验，2011，27（3）：14-16.

[8] 宋建陵 . 中学生物学实验教学百年回顾 [J]. 生物学教学，2004，29（9）：23-26.

[9] 吴文中 . 澄清石灰水与二氧化碳的作用机理和实验探究 [J]. 化学教学，2017（8）：50-54.

[10] 赵娟 . 江苏省普通高中生物实验教学现状调查及成因

分析 [D]. 南京：南京师范大学，2012.

[11] 张成军 . 中学生物学实验教学 [M]. 北京：科学出版社，2009.

[12] 周素英 . 初中生物学实验教学研究 [J]. 生物学通报，2001，36（7）：28-30.

[13] 陈薇 . 高中生物学实验教学培养学生科学探究能力的研究 [D]. 武汉：华中师范大学，2019.

[14] 顾良国 . 加强实验技能训练　促进学生思维发展 [J]. 实验教学与仪器，2015，32（1）：21-22.

[15] 汪忠 . 新编生物学教学论 [M]. 上海：华东师范大学出版社，2006.

[16] 吴志华，崔玉影 . 关于目前中学生物实验课教学的思考 [J]. 课程·教材·教法，2001（8）：47-50.

[17] 赵占良 . 试论中学生物学的学科本质 [J]. 中学生物教学，2016（Z1）：4-8.

[18] 赵锡鑫 . 生物学教学论 [M]. 北京：高等教育出版社，1988.

[19] 罗世军 . 高中生物学实验教学技能目标的理解与实施 [J]. 高考（综合版），2015（8）：60.

[20] 谯思才，王江，杨朝和 . 高中生物实验教学方法改进与创新策略研究 [C]// 十三五规划科研管理办公室 . 十三五规划科研成果汇编（第六卷），2018：76-79.

[21] 张华平，张苗，安建梅 . 中学生物实验教学的现状与改革探析 [J]. 实验室科学，2018，21（6）：235-236.

[22] 张云，林颖韬 . 中学生物学教师实验技能的“短板”：基于福建省“中小学教师教学技能大赛” 的分析 [J]. 中学生物教学，2020（13）：41-43.

[23] 袁毅君，梁燕，卢文倩，等 . 天水市省级示范高中生物学实验教学现状调查研究：学生学习状况调查 [J]. 天水师范学院学报，2018，38（5）：112-115.

[24] 郑春和 . 中学生物学探究教学模式的研讨 [J]. 课程·教材·教法，2001（11）：39-44.

[25] National Research Council. A framework for K-12 science education：practices，crosscutting concepts，and core ideas [M]. Washington，D. C.：The National Academies Press，2012.

[26] 张永勤，王哲平，宋雨梅，等 . 还原糖测定方法的比较研究 [J]. 食品工业科技，2010，31（6）：321-323，326.

[27] 李环，陆佳平，王登进 .DNS 法测定山楂片中还原糖含量的研究 [J]. 食品工业科技，2013，34（18）：75-77.

[28] 赵玉柱 . 斐林试剂与双缩脲试剂的比较 [J]. 生物学通报，2011，46（7）：15-16.

[29] 尚莉萍，赵群英 .“检测生物组织中的糖类、脂肪、蛋白质和淀粉”实验随堂化的创新改进及实施建议 [J]. 教学仪器与实验，2013（11）：12-13.

[30] 王明，文慧慧，汤静，等 .“检测生物组织中的糖类、脂肪和蛋白质”实验的探究与创新 [J]. 吉林省教育学院学报（下旬），2014（9）：115-116.

[31] 李兰 .“检测生物组织中的糖类、脂肪和蛋白质”实验改进 [J]. 实验教学与仪器，2016，33（Z1）：47，60.

[32] 张云，林颖韬，陈巧，等 .“生物组织中可溶性还原糖检测”的疑问探讨 [J]. 生物学教学，2014，39（10）：60-61.

[33] 陈海萍 .“检测生物组织中的糖类、脂肪和蛋白质”的实验教学探究 [J]. 生物学教学，2016，41（7）：29-30.

[34] 霍湘 . 检测生物组织中的糖类、脂肪和蛋白质实验改进 [J]. 教育与装备研究，2010，26（11）：18-19.

[35] 余忠亮 .“检测生物组织中的糖类和蛋白质”活动改进和教学实践 [J]. 中学生物教学，2017（21）：43-45.

[36] 于智勇，林颖韬 . 基于核心素养下的高中生物实验拓展式教学模式的实践研究：以“检测生物组织中的糖类、脂肪和蛋白质”为例 [J]. 中学生物学，2016，32（10）：42-44.

[37] 秦浩然，马魁英 . 浅谈叶绿体色素的提取、分离实验的基本原理 [J].

生物学通报，1989（9）：6-8.

[38] 杨建胜，罗秀艳，姜海燕 . 再谈叶绿体色素提取及分离实验的原理与改进 [J]. 生物学通报，2011，46（11）：44-46.

[39] 杜卫政 .“叶绿体中色素的提取和分离”实验原理补充 [J]. 中学生物教学，2007（5）：25.

[40] 孙宁娟，孙志浩 .“绿叶中色素的提取和分离”实验方法改进 [J]. 中学生物教学，2018（22）：59.

[41] 吕淑芳，王征宏 . 叶绿体色素不同提取方法的比较研究 [J]. 现代园艺，2012（5）：6-7.

[42] 王丹丹 .“绿叶中色素的提取和分离”实验的优化设计 [J]. 中学生物教学，2018（7）：55-56.

[43] 殷根深，窦玉敏 .“绿叶中色素的提取和分离”实验的改进 [J]. 实验教学与仪器，2018，35（11）：30-31.

[44] 刘孔烽 .“绿叶中色素的提取和分离”实验优化 [J]. 生物学通报，2017，52（9）：55-56.

[45] 廖红芳 .“绿叶中色素的提取和分离”实验改进与教学设计 [J]. 生物学教学，2019，44（2）：50-51.

[46] 舒孝和 . 绿叶中色素的提取和分离实验创新改进 [J]. 实验教学与仪器，2018（S1）：46-47.

[47] 周翔 . 利用 AiSchool 云平台进行高中生物实验教学：以“绿叶中色素的提取和分离”为例 [J]. 实验教学与仪器，2018（9）：42，48.

[48] 周严，郑慧玉，刘二虎 . 科学探究的课堂内化：以《绿叶中色素的提取和分离》实验为例 [J]. 中学课程资源，2018（1）：57-58，27.

[49] 戚雪银，高婷婷 .“光合色素的提取和分离”分段式实验教学探究 [J]. 中学生物学，2018，34（9）：37-38.

[50] 相银龙 .《绿叶中色素的提取和分离》创新实验设计 [J]. 课程教育研究，2018（43）：169.

[51] 李晓军，张军林，龚大洁 . 对“绿叶中色素的提取与分离”实验的改进 [J]. 中学生物教学，2018（11）：43-45.

[52] 朱慧娟 . 提取和分离叶绿体中光合色素的实验探究与拓展 [J]. 中小学实验与装备，2018，28（1）：20-23.

[53] 郑美莉 .《绿叶中色素的提取和分离》实验教学改进初探 [J]. 课程教育研究，2018（30）：158.

[54] 余文良 . 对“叶绿体色素提取和分离”实验的一点改进 [J]. 科学教育，2008（2）：46-47.

[55] 左小龙，乔秀芹 .“叶绿体色素的提取与分离”实验教学 [J]. 生物学通报，2018，53（3）：46-48.

[56] 刘玉寰，邹伟 . 中美生物学教材中“色素的提取和分离”实验的比较分析 [J]. 中学生物学，2015，31（8）：60-61.

[57] 马晓平，周杭英，孟和，等 . 植物细胞有丝分裂实验教学材料的选择和培养 [J]. 上海交通大学学报（农业科学版），2006（2）：200-203，209.

[58] 张云，林凡 . 观察根尖分生组织细胞有丝分裂的好材料：红葱 [J]. 生物学通报，2013，48（12）：47-49，63.

[59] 朱昊 .“观察根尖分生组织细胞的有丝分裂”实验改进及反思 [J]. 中学生物学，2018，34（6）：43-45.

[60] 陈小清，黄志坚 . 关于“根尖细胞有丝分裂”实验的改进 [J]. 生物学教学，2013，38（6）：51.

[61] 方春妮，叶青玲，陈炳华 .“观察根尖分生组织细胞的有丝分裂”实验细节补充 [J]. 生物学教学，2012，37（9）：30.

[62] 杜晓捷，彭韶冲，吴坎宋 . 观察根尖分生组织细胞的有丝分裂实验中根尖获取方法的改进 [J]. 教学仪器与实验，2008（10）：31.

[63] 季忠云 .“观察根尖分生组织细胞的有丝分裂”实验的优化 [J]. 实验教学与仪器，2015，32（2）：40-42.

[64] 李艳珍 . 观察根尖分生组织细胞有丝分裂实验的改进 [J]. 实验教学与仪器，2014，31（6）：28-29.

[65] 李志超，席贻龙，刘芳 .“观察根尖分生组织细胞有丝分裂”的实验改进 [J]. 课程教育研究，2014（1）：184-185.

[66] 单柳旭 .“观察根尖分生组织细胞的有丝分裂”的教学创新设计 [J]. 中学生物学，2018，34（3）：46-47.

[67] 李琪，李江，胡雪娇，等 .“观察根尖分生组织细胞有丝分裂”实验的改进及应用探究 [J]. 中学生物教学，2015（20）：45-48.

[68] 李志超，席贻龙，周俊 .“观察根尖分生组织细胞有丝分裂”实验研究 [J]. 生物学通报，2014，49（11）：50-52，64.

[69] 何枝芳，张嘉卉，肖义军，等 . 做好“观察根尖分生组织细胞的有丝分裂”实验的几点建议 [J]. 中学生物学，2016，32（5）：52-53.

[70] 李新 .“观察根尖分生组织细胞有丝分裂”实验方法的改进 [J]. 福建基础教育研究，2013（5）：120-121.

[71] 刘梦豪，赵凯强，王雅栋，等 . 蝗虫精母细胞减数分裂各时期的识别 [J]. 遗传，2012，34（12）：1628-1637.

[72] 徐连城，杨保谦 . 蝗虫精母细胞染色体制片法 [J]. 遗传，1988（2）：8.

[73] 陈晓芸，林鸿生，王桔红 . 葱小孢子母细胞减数分裂观察 [J]. 生物学教学，2019，44（8）：54-55.

[74] 胡新忠 . 葱的花药：观察减数分裂过程的好材料 [J]. 生物学杂志，1989（4）：31.

[75] 陈登勤 . 一种减数分裂的好材料：紫露草 [J]. 生物学通报，1984（4）：54.

[76] 周伯春，邓丽萍 . 减数分裂的好材料：紫鸭跖草 [J]. 广州师院学报（自然科学版），2000（5）：89-91.

[77] 吴生茂，甘佑忠 . 用凤仙花的花药作减数分裂实验 [J]. 生物学通报，1988（11）：11，23.

[78] 郑双保，周善娣 . 做减数分裂实验的几种好材料 [J]. 生物学杂志，1990（3）：41，26.

[79] 王妮莎，魏宪辉 . 观察减数分裂的良好实验材料：亚洲百合 [J]. 生物学通报，2019，54（11）：50-51.

[80] 王培，王金贝，李德玺 . 减数分裂的观察与比较 [J]. 生物学通报，

2019，54（11）：47-50.

[81] 周畅 . 蝗虫精原细胞减数分裂实验的改进 [J]. 生物学教学，1997（12）：19.

[82] 赵荣涛，何建瑜，刘慧慧 . 温度休克法在海洋生物多倍体诱导中的应用 [J]. 安徽农业科学，2012，40（36）：17492-17494，17546.

[83] 陈纯宜 . 碱性染料的着色原理 [J]. 中学生物教学，2013（Z1）：71-72.

[84] 程军，马冰瑶，易国栋 . “低温诱导植物染色体数目的变化”实验教学的探究 [J]. 中学生物教学，2014（Z1）：98-99.

[85] 张兴莲，潘宁 . “低温诱导植物染色体数目变化”的实验探究 [J]. 中学生物教学，2011（7）：45-46.

[86] 林荔，肖义军，詹晓梅 . “低温诱导植物染色体数目变化”实验的改进 [J]. 中学生物学，2012，28（1）：51-52.

[87] 杨洁，姜翠萍，戴群 . “低温诱导植物染色体数目变化”实验的改进与思考 [J]. 生物学教学，2012，37（8）：69-70.

[88] 邓琳，李加重 . “低温诱导植物染色体数目变化”实验的探究与思考 [J]. 生物学通报，2017，52（7）：47-49，64.

[89] 潘明山，谢启燕 . “低温诱导植物染色体数目变化”实验的改进和分析 [J]. 福建基础教育研究，2014（2）：126-128.

[90] 祝琳娜，吴晓琳 . “低温诱导植物染色体数目的变化”实验改进 [J]. 生物学通报，2017，52（11）：48-50.

[91] 张云，张锋，林颖韬，等 . 对“低温诱导植物染色体数目的变化”实验的再探讨 [J]. 生物学通报，2015，50（8）：46-49，63.

[92] 袁生 . 微生物学 [M]. 北京：高等教育出版社，2009：197-199.

[93] 王严，宁唤唤，梁鹰，等 . 细菌耐药性的起源与演变 [J]. 基因组学与应用生物学，2015，34（4）．855 861.

[94] MARTÍ J L，BAQUERO F. Emergence and spread of antibiotic resistance：setting a parameter space[J]. Upsala Journal of Medical Sciences，2014，119（2）：68-77.

[95]朱阵，曹明泽，张吉丽，等.细菌耐药性研究进展[J].中国畜牧兽医，2015，42（12）：3371-3376.

[96] 孙涛.抗生素的使用与细菌耐药性[J].中国临床药理学杂志，2014，30（2）：151-155.

[97]谭才邓，朱美娟，杜淑霞，等.抑菌试验中抑菌圈法的比较研究[J].食品工业，2016，37（11）：122-125.

[98] 刘玉庆，李靖冉，杜加法，等.用线性梯度平板准确测定药物敏感性和分离抗药性菌株[J].中国科学：生命科学，2011，41（9）：748-755.

[99]施大华，申定健."探究抗生素对细菌的选择作用"实验拓展设计[J].生物学教学，2020，45（11）：47-49.

[100] FRIEDRICHSEN P J，SADLER T D，GRAHAM K，et al. Design of a socio-scientific issue curriculum unit：antibiotic resistance，natural selection，and modeling[J]. International Journal of Designs for Learning，2016，7（1）.

[101] PEEL A，ZANGORI L，FRIEDRICHSEN P，et al. Students' model-based explanations about natural selection and antibiotic resistance through socio-scientific issues-based learning[J]. International Journal of Science Education，2019，41（6）：1-23.

[102] 张秀玲.关于植物细胞水势的计算问题[J].植物生理学通讯，2008（2）：315-316.

[103]解飞厚.衬质势与植物细胞水势[J].植物生理学通讯，1985（6）：51.

[104] 孙鸿乔.第二十七讲　水势和水流[J].植物生理学通讯，1982（1）：80-88.

[105] 龙华.植物的水势[J].生物学通报，1998，33（3）：18-19.

[106] 杨枝华."观察植物细胞的质壁分离与复原"实验改进[J].实验教学与仪器，2003（6）：21.

[107] 杨建忠."植物细胞的吸水和失水"实验的拓展[J].中学生物学，

2013，29（7）：40-41.

[108] 张松，张丽，戴赟，等 .“质壁分离”有色实验材料拓展的探究 [J]. 生物学通报，2007，42（1）：51-52.

[109] 朱凤云 .“观察植物细胞质壁分离与复原”实验教学设计与拓展 [J]. 中学生物学，2014，30（5）：38-40.

[110] 曹森林 .“植物细胞吸水和失水”探究实验设计 [J]. 中学生物教学，2018（4）：42-44.

[111] 张进 .“物质跨膜运输的实例”的类比教学设计 [J]. 生物学教学，2016，41（11）：42-44.

[112] 刘欣 .5E 教学模式在“植物细胞的吸水和失水”实验教学中的应用 [J]. 生物学教学，2016，41（3）：37-39.

[113] 许志忠，李晓春 . 过氧化氢分解影响因素分析 [J]. 染整技术，2006（1）：33-35，38.

[114] 吴洪达，黄映恒 . 过氧化氢的分解反应 [J]. 河池师专学报（自然科学版），2002（2）：27-30，75.

[115] 韦友欢，李燕丽，陈小华，等 . 略谈影响 H_2O_2 分解的因素 [J]. 南宁师范高等专科学校学报，2004（1）：85-86.

[116] 刘中兴，谢传欣，石宁，等 . 过氧化氢溶液分解特性研究 [J]. 齐鲁石油化工，2009，37（2）：99-102，105.

[117] 宋全文 . 催化剂对过氧化氢分解反应的影响探究 [J]. 实验教学与仪器，2016（S2）：45-47.

[118] 殷杰 . 过氧化氢催化分解的研究进展 [J]. 当代化工研究，2016（10）：25-26.

[119] 陈承声，区永麟 . 酶与二氧化锰对过氧化氢催化分解作用的比较 [J]. 广东教育学院学报，2009，29（3）：67-71.

[120] 王芳 .“比较过氧化氢在不同条件下的分解”实验失败原因分析及改进 [J]. 生物学教学，2010，35（8）：47.

[121] 曹引航 . 对新教材中“比较过氧化氢在不同条件下分解”实验的拓展 [J]. 中学生物学，2013，29（5）：39-40.

[122] 李永华 . 比较过氧化氢在不同条件下的分解实验改进 [J]. 实验教学与仪器，2011，28（5）：30.

[123] 王磊，沈雁吉 . 氧气传感仪在高中生物学实验中的应用 [J]. 生物学教学，2014，39（2）：50-51，79.

[124] 李丽卡 .“比较过氧化氢在不同条件下的分解”实验装置改进 [J]. 生物学教学，2017，42（7）：47.

[125] 袁晓娟，禹萍 . 巧用注射器优化“比较过氧化氢在不同条件下的分解”实验 [J]. 中学生物教学，2018（17）：53-54.

[126] 李守宇，吴苏娜 . 对“比较过氧化氢在不同条件下的分解”实验设计的探讨 [J]. 中学生物学，2013，29（2）：43-44.

[127] 谭庚林，汤井林 . 关于“比较过氧化氢在不同条件下的分解”实验的再商榷 [J]. 中学生物学，2008，24（7）：43-44.

[128] 丁稳双 .“比较过氧化氢在不同条件下的分解”实验的注意事项及改进措施 [J]. 生物学通报，2006，41（10）：59.

[129] 张嘉卉，何枝芳，肖义军，等 . 如何做好“比较过氧化氢在不同条件下的分解”实验 [J]. 中学生物学，2016，32（4）：43-44.

[130] 左开俊 .“比较过氧化氢在不同条件下的分解”探究实验的改进 [J]. 生物学通报，2016，51（11）：58-59.

[131] 朱慧，林金哲，陈立宣 .“比较过氧化氢在不同条件下的分解”实验材料的改进 [J]. 生物学教学，2016，41（11）：46-47.

[132] 袁勤生，赵健 . 酶与酶工程 [M]. 上海：华东理工大学出版社，2005：152.

[133] 桂兴芬，石渊渊，安玉会，等 . 生物化学 [M]. 郑州：河南医科大学出版社，2000.

[134] 袁勤生 . 现代酶学 [M]. 上海：华东理工大学出版社，2001：48.

[135] 朱小碗，黄淑峰 .“探究影响酶活性的条件”实验中的几项注意点 [J]. 生物学通报，2011，46（7）：57-58.

[136] 李非非，杨金石 .pH 对酶活性的影响实验的探索与改进 [J]. 教学仪器与实验，2014，30（7）：35-36.

[137] 钟燕 .“影响酶活性的条件”探究实验的常见错误与改进 [J]. 生物学教学，2011，36（10）：33-34.

[138] 黄志刚 . 关于“影响酶活性的条件”实验的设计、改进及探讨 [J]. 中学生物教学，2016（5）：31-34.

[139] 王晨 .“探究 pH 对酶活性的影响”的创新设计 [J]. 生物学通报，2016，51（7）：52-53，64.

[140] 殷亚妮，吉祖筠 . 激活剂和抑制剂对酶活性的影响 [J]. 中学生物教学，2013（9）：50-52.

[141] 陈电容 . 生物化学与生化药品 [M]. 郑州：郑州大学出版社，2004：28.

[142] 王雯斌，解金辉 .“不同 pH 对酶活性的影响”实验方法的讨论及改进 [J]. 中学生物教学，2008（6）：50.

[143] 吴举宏 . 关于“pH 对酶活性的影响”3 种实验方案的比较分析 [J]. 生物学通报，2008，43（5）：43-44.

[144] 戴圣吉，吴敏 .“影响酶活性的条件”的教学反思与再探究 [J]. 中学生物教学，2013（6）：57-59.

[145] 吴建华，王雪 .“探究酵母菌细胞呼吸的方式”实验的问题探讨 [J]. 生物学通报，2014，49（2）：51-53.

[146] 李俊生 . 乙醇与酸性重铬酸钾溶液反应变色问题的研究 [J]. 中学化学，2014（6）：22-24.

[147] 闫计春 .“探究酵母菌细胞呼吸方式”的实验探讨 [J]. 生物学通报，2013，48（9）：52-54，63.

[148] 吴文中 . 澄清石灰水与二氧化碳的作用机理和实验探究 [J]. 化学教学，2017（8）：50-54.

[149] 奚菲，陶洁敏 .“探究酵母菌细胞呼吸方式”数字化实验教学的探讨 [J]. 生物学通报，2017，52（6）：21-24.

[150] 谢明桂 .“探究酵母菌细胞的呼吸方式”的实验创新 [J]. 生物学通报，2012，47（3）：56-58.

[151] 刘翠丽 . 探究酵母菌细胞呼吸的方式实验的改进 [J]. 实验教学与

仪器，2018（S1）：43-44.

[152] 俞如旺，苏烨 .“探究酵母菌细胞呼吸的方式”实验改进研究 [J]. 生物学教学，2013，38（5）：45-47.

[153] 周有寿 .“探究酵母菌细胞呼吸的方式”实验有效性探究 [J]. 青海教育，2018（7）：46-47.

[154] 刘学，黎江娃 .“探究酵母菌细胞呼吸的方式”一节探究教学尝试 [J]. 生物学通报，2017，52（9）：26-28.

[155] 武维华 . 植物生理学 [M]. 2 版 . 北京：科学出版社，2008：182-187.

[156] 樊晓红 . 一套探究环境因素对光合作用强度影响的装置 [J]. 生物学通报，2016，51（9）：57-59.

[157] 张云亭 .“探究环境因素对光合作用强度的影响”实验优化与教学设计 [J]. 中学生物学，2016，32（7）：39-40.

[158] 张大海 .“环境因素对光合作用强度的影响”实验改进 [J]. 中学生物教学，2012（6）：46-47.

[159] 王菁 .“探究环境因素对光合作用强度的影响”实验教学设计 [J]. 生物学教学，2018，43（8）：63-64.

[160] 于爱玲，段桂荣 . 探究“环境因素对光合作用强度的影响”实验改进建议和实验延伸 [J]. 生物学通报，2017，52（8）：44-47.

[161] 韩子煜，朱利川 .“环境因素对光合作用强度的影响”实验改进方案 [J]. 中学生物学，2017，33（2）：35-37.

[162] 卢江 . 环境因素对光合作用强度影响实验的改进 [J]. 教学仪器与实验，2015，31（6）：24-25.

[163] 徐业义 . 用金鱼藻定量探究环境因素对植物光合强度的影响 [J]. 生物学教学，2018，43（9）：49-50.

[164] 李金月，李韶山，丁丽卿 . 利用手持技术探究“环境因素对光合作用强度的影响”[J]. 中学生物学，2018，34（1）：33-35.

[165] 汪铁辉，符桂芹 .“探究光照强弱对光合作用强度的影响”实验改进与创新 [J]. 中学生物学，2017，33（8）：54-55.

[166] 李宝霞 . 使用传感器探究环境因素对植物光合作用强度的影响 [J]. 中学生物学，2012，28（10）：45-46.

[167] 李俐 .“探究环境因素对光合作用强度的影响”实验改进与教学设计 [J]. 生物学通报，2014，49（10）：34-37，63.

[168] 刘毓森，张昕，张富国 . 生物学实验论 [M]. 南宁：广西教育出版社，2001：35.

[169] 唐加富 . 浅谈生物模拟实验的设计与应用 [J]. 实验教学与仪器，2005（12）：26-27.

[170] 吴红漫 .“性状分离比模拟实验”的分析与拓展 [J]. 生物学教学，2010，35（4）：37-39.

[171] 刘正旺 . 高中生物学实验高效教学案例：“性状分离比的模拟”实验教学的再加工 [J]. 生物学通报，2013，48（5）：34-36.

[172] 何小彪 . 积极挖掘生活化资源　努力优化生物学实验：“性状分离比的模拟”实验优化 [J]. 中学生物学，2016，32（8）：39-40.

[173] 彭飞 . 性状分离比模拟实验的优化和拓展 [J]. 生物学教学，2018，43（4）：62-63.

[174] 甄树山 . 性状分离比模拟实验的改进意见 [J]. 生物学教学，2006，31（1）：50.

[175] 贾春东 . 改进实验教学　提高科学素养 [J]. 甘肃教育，2012（17）：69.

[176] 卢仕俊 . 两种实验方法在“性状分离比模拟实验”中的应用与反思 [J]. 中学生物教学，2017（6）：56-58.

[177] 蒋敏 . 巧用玻珠做“性状分离比的模拟实验”[J]. 生物学教学，2007，32（12）：36.

[178] 李静，夏焦兵 . 扑克牌是“性状分离比模拟”实验的好材料 [J]. 生物学通报，2013，48（10）：47-48.

[179] 丁稳双，徐丽萍 . 谈“性状分离比的模拟实验”的改进 [J]. 生物学通报，2004，39（7）：35.

[180] 房杰 . 哈迪–温伯格定律的应用举例 [J]. 生物学教学，2018，43

（6）：46-48.

[181] 孙儒泳，李博，诸葛阳，等．普通生态学 [M]. 北京：高等教育出版社，1993：82.

[182] 雷默特．生态学 [M]. 北京：科学出版社，1988：92.

[183] 陈玲玲，彭贵子，张伟丽，等．突变在基因组进化中的意义 [J]. 遗传，2006（5）：631-638.

[184] BIGGS A，HAGINS W C，KAPICKA C，et al. Biology：the dynamics of life [M]. Ohio：McGraw-Hill Inc，2004.

[185] 黄凤珍．“自然选择对种群基因频率变化的影响”的模拟活动 [J]. 中学生物学，2010，26（3）：40-41.

[186] 卢一安．使“现代生物进化理论的主要内容（一）”的教学体现理性之善 [J]. 生物学教学，2012，37（3）：22-23.

[187] 张彩云，贺东奇．基于交互式电子白板的模拟实验在高中生物教学中的应用：以“自然选择对种群基因频率变化的影响”实验为例 [J]. 教育实践与研究（B），2018（9）：48-50.

[188] 沈小青．“自然选择对种群基因频率变化的影响”的模拟实验 [J]. 生物学教学，2020，45（1）：46-48.

[189] 钟金鑫，邓美英，樊立立．基于模型构建的“探究自然选择对种群基因频率变化的影响”的教学设计 [J]. 生物学教学，2020，45（2）：39-42.

[190] 王岚，尤琳浩，常彦忠．人体维持酸碱平衡的机制 [J]. 生物学通报，2013，48（2）：1-2.

[191] 李维芬．人体血液中的缓冲溶液及其作用 [J]. 承德民族师专学报，1993（3）：64-66.

[192] 杜永新．人体内环境 pH 值缓冲调节原理分析 [J]. 中学生物教学，2020（21）：65-66.

[193] 于梦雪，邹淑君．几种缓冲溶液简介及应用 [J]. 化学与粘合，2020，42（6）：456-458，464.

[194] 李霞，唐俊颖．“生物体维持 pH 稳定的机制”实验教学设计与

组织 [J]. 生物学通报，2016，51（11）：16-20.

[195] 郑自展，李常欢，霍静.“生物体维持 pH 稳定的机制”实验在“稳态”大概念教学中的作用 [J]. 生物学通报，2019，54（11）：36-38.

[196] 苑国英.提高“生物体维持 pH 稳定的机制”实验的教学效果 [J]. 生物学教学，2014，39（1）：46.

[197] 刘执平，胡亚辉.“生物体维持 pH 稳定的机制”实验的改进 [J]. 中学教学参考，2019（29）：94-95.

[198] 代红春.“生物体维持 pH 稳定的机制”的教学设计 [J]. 实验教学与仪器，2020，37（Z1）：43-44.

[199] 潘明山.用数字化设备探究生物体维持 pH 稳定的机制 [J]. 实验教学与仪器，2019，36（10）：37-39.

[200] 朱云鹏.基于生物学学科核心素养的实验教学创新：以“探究生物体维持 pH 稳定的机制的实验”为例 [J]. 中学生物学，2019，35（5）：42-43.

[201] 刘成权.“内环境稳态的重要性”的教学及相关实验设计 [J]. 生物学教学，2009，34（4）：38-40.

[202] 徐月明.“内环境与稳态”一节中几个值得关注的问题 [J]. 中学生物教学，2011（8）：45-47.

[203] 贡青.用 POE 策略进行概念教学：以实验“生物体维持 pH 稳定的机制”为例 [J]. 数理化解题研究，2020（12）：95-96.

[204] 姚连生，郑仲承.核酸与生命 [M]. 北京：科学出版社，1985：28-32.

[205] 张曼夫.生物化学 [M]. 北京：中国农业大学出版社，2002：149.

[206] 吴赛玉.生物化学 [M]. 合肥：中国科学技术大学出版社，2005：12-13.

[207] 沈泉.一种制作 DNA 双螺旋结构的新方法 [J]. 实验教学与仪器，2015，32（Z1）：80-81.

[208] 董鸣鸣.制作 DNA 双螺旋立体结构模型 [J]. 学科教育，1989

（1）：50.

[209] 吴圣潘 . 制作 DNA 双螺旋结构模型实验材料的筛选 [J]. 生物学教学，2009，34（5）：50-54.

[210] 谭雪云 . 制作 DNA 双螺旋结构模型的新方法 [J]. 实验教学与仪器，2005（9）：26.

[211] 李莺 . 用简易材料制作 DNA 双螺旋结构模型 [J]. 生物学通报，2012，47（3）：60-61.

[212] 沈红梅 . 谈运用计算机技术制作 DNA 双螺旋结构模型 [J]. 中学生物学，2012，28（4）：14-15.

[213] 孔爱华 . 运用“体验—合作学习模式”构建 DNA 的结构模型：“制作 DNA 分子双螺旋结构模型”的教学案例 [J]. 生物学通报，2010，45（9）：20-22.

[214] 荆林海 .“制作 DNA 分子双螺旋结构模型”实验的教学组织 [J]. 生物学通报，2011，46（10）：23-25.

[215] 孙万儒 . 酵母菌 [J]. 生物学通报，2007，42（11）：5-10.

[216] 郭军英 . 关于血球计数板的使用及注意事项 [J]. 教学仪器与实验，2009，25（4）：26-28.

[217] 教育部教学仪器研究所，凯普生物科技有限公司 . 高中生物新课程探究实验指导 [M]. 北京：人民教育出版社，2007：30-31.

[218] 马会放，刘恩山 . 实验教学中围绕重要概念进行问题设计：以“种群数量的变化”为例 [J]. 生物学通报，2017，52（1）：25-29.

[219] 陈维 . 探究温度对酵母菌种群数量的影响 [J]. 生物学通报，2008，43（12）：46-48.

[220] 曹仁明 .“探究培养液中酵母种群数量动态变化”的实验教学组织 [J]. 生物学通报，2011，46（9）：26-29.

[221] 陈慧 .“培养液中酵母菌种群数量的变化”实验优化 [J]. 中学生物教学，2020（23）：73-74.

[222] 杨楠楠，周先叶 . 以草履虫、果蝇、浮萍为材料探究“种群数量的变化”实验 [J]. 中学生物教学，2018（21）：44-46.

[223] 杨春香 . 数码显微互动系统在“种群数量的变化”教学中的运用 [J]. 高考，2019（13）：19-20.

[224] 杜静，吕乐 . 高中生物“探究酵母菌种群数量的变化”实验方案改进 [J]. 科教导刊（下旬刊），2020（21）：150-151，160.

[225] 张瑾 . 基于深度学习的实验教学设计与实践：以“探究培养液中酵母菌种群数量的动态变化”为例 [J]. 生物学教学，2020，45（9）：40-43.

[226] 郭少纯 .“探究培养液中酵母菌种群数量的动态变化”教学设计 [J]. 生物学通报，2019，54（4）：20-23.

[227] 周俊，席贻龙，李志超 .“培养液中酵母菌种群数量的变化”实验研究 [J]. 生物学通报，2014，49（5）：42-44.

[228] 丁海华 .“培养液中酵母菌种群数量的变化”实验改进 [J]. 中学生物教学，2015（14）：49-50.

[229] 陈菊，沈晓媛，郭燕萍，等 .“培养液中酵母菌种群数量的变化”实验中固定方法的改进 [J]. 生物学教学，2020，45（8）：57-58.

[230] 何万红 .“探究培养液中酵母菌种群数量的变化”实验的改进 [J]. 生物学教学，2015，40（1）：45-46.

[231] 邢严，袁芳，皇甫豫龙，等 .“种群数量的变化”的教学设计 [J]. 教育教学论坛，2014（5）：180-181.

[232] 郑悦康，叶志英，刘洪波 .5 种培养基对酵母菌培养效果的比较 [J]. 华南预防医学，2013，39（2）：99-100.

[233] 段颖华 . 基于系列探究实验的模型构建：以“种群的数量变化”为例 [J]. 生物学通报，2017，52（4）：33-35.

[234] BAXTER G P，SHAVELSON R J，PINE G J. Evaluation of procedure - based scoring for hands-on science assessment[J]. Journal of Educational Measurement，1992，29（1）：1-17.

[235] 曹仁明 .“探究影响酶活性的因素”的实验教学组织 [J]. 生物学通报，2011，46（4）：21-23.

[236] 何堃 . 层次分析法的标度研究 [J]. 系统工程理论与实践，1997

（6）：58-61,103.

[237] 罗国忠 . 科学探究能力的评价方法 [J]. 教育科学，2007（3）：7-10.

[238] 邱梦姣 . 结构性工作单对高中生物实验探究能力的评价研究 [D]. 南京：南京师范大学，2015.

[239] 文庆城，许应华 . PTA 量表法评价化学猜想与假设能力探讨 [J]. 教学与管理，2005（6）：39-40.

[240] 徐岩，吴成军 . 中学生物学科中的表现性评价及其实例 [J]. 课程・教材・教法，2011，31（8）：75-80.

[241] 张海和 . IEA 国际科学教育研究中的实作评量 [J]. 比较教育研究，2002（11）：49-54.

[242] 蔡梦芳 . 中学生物实验室利用率的调查及对开放实验室的研究 [D]. 扬州：扬州大学，2015.

[243] 曹菁 . 初中生物实验室的建设与管理：以华东师范大学附属双语学校为例 [J]. 实验教学与仪器，2019，36（6）：72-73.

[244] 陈彩平 . 浅谈如何加强对初中生物实验室的管理 [J]. 科技资讯，2016，14（26）：120，122.

[245] 洪晓云 . 浅析高中生物实验室管理中存在的问题及对策 [J]. 新课程导学，2017（26）：21.

[246] 孙杰 . 初中生物实验室的管理 [J]. 现代教育科学（中学校长），2007（6）：40，32.

[247] 刘龙 . 从高考看生物实验教学的重要性及改进措施 [J]. 实验教学与仪器，2010（S1）：80-81.

[248] 张雪梅 . 新课程背景下中学生物实验室的建设与管理 [J]. 中学教学参考，2014（14）：128.

[249] 赵珏，刘雪蕾，李恩敬 . 普通高校实验室生物废弃物管理实践与探索 [J]. 实验技术与管理，2019，36（5）：246-250.

[250] 任尚福 . 喀什地区高中生物实验教学现状与思考 [J]. 喀什大学学报，2017，38（3）：108-111.

[251] 张振霞，陈俊惠，郑玉忠 . 粤东地区中学生物实验教学现状调查和分析 [J]. 韩山师范学院学报，2018，39（6）：83-89.

[252] 谭永平 . 生物学学科核心素养：内涵、外延与整体性 [J]. 课程•教材 • 教法，2018，38（8）：86-91.

[253] 张丽，张松，俞佩芳 . 对高中“质壁分离”实验的探索 [J]. 生物学教学，2006，31（11）：44-46.

[254] 孟笑男 .“探究酵母菌细胞呼吸的方式”实验的改进 [J]. 实验教学与仪器，2017，34（4）：26-27.

[255] 刘恩山，刘晟 . 核心素养作引领 注重实践少而精：《普通高中生物学课程标准》修订思路与特色 [J]. 生物学通报，2017，52（8）：8-11.

[256] 王杨杨 . 2017 年普通高中生物学课程标准解读 [J]. 现代交际：学术版，2017（5）：171.

[257] 李伟成 . 教学过程中的诊断性评价研究 [J]. 教育导刊：上半月，2011（3）：76-79.

[258] 吴继平，陈倩 . 高中生物教学评价体系研究 [J]. 教育教学论坛，2015（48）：228-229.

[259] 谢进 . 英国生物实验教学对我国高中生物创新实验开发和研究的启发 [J]. 中学生物学，2011，27（11）：46-48.

[260] 安茂金 . 浅谈高中物理实验教学 [J]. 考试周刊，2012（22）：141-143.

[261] 吕冰华 . 高中生物实验教学的优化策略 [J]. 读写算，2018（20）：181.

[262] 熊祥青 . 以技能认知规律为导向探讨高中生物实验教学的优化思路和措施 [J]. 科技资讯，2011（30）：214-215.

[263] 李文送 . 高中生物学课程标准的五大教学取向 [J]. 教师教育论坛，2018，31（6）：25-28.

[264] HAMBLETON R K. Handbook of educational psychology [M]. New York：Simon & Schuster Macmillan，1996：899.

[265] 罗国忠 . 国外科学探究评价方法及其启示 [J]. 外国中小学教育，

2009（12）：30-32.

[266] 赵志峰，周静秋．档案袋评价在生物实验教学中的应用 [J]. 聊城大学学报（自然科学版），2005，18（3）：105-107，110.

[267] 岳贵玲．档案袋评价法在高一化学教学中的应用研究 [D]. 新乡：河南师范大学，2016.

[268] 李梁．关于中学信息技术课程评价方法的探讨 [J]. 考试周刊，2011（72）：156-157.

[269] 王璐．提高高中生物学实验教学有效性的研究 [D]. 兰州：西北师范大学，2013.